R 1905
F.c.2.

(Suppl. 227)

COURS

DE

PHILOSOPHIE POSITIVE.

IMPRIMERIE DE BACHELIER,
rue du Jardinet, n° 12.

COURS

DE

PHILOSOPHIE POSITIVE,

PAR M. AUGUSTE COMTE,

ANCIEN ÉLÈVE DE L'ÉCOLE POLYTECHNIQUE, RÉPÉTITEUR D'ANALYSE TRANSCENDANTE
ET DE MÉCANIQUE RATIONNELLE A LADITE ÉCOLE.

TOME DEUXIÈME,

CONTENANT

LA PHILOSOPHIE ASTRONOMIQUE ET LA PHILOSOPHIE
DE LA PHYSIQUE.

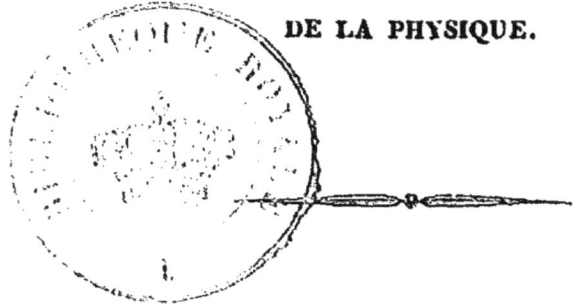

PARIS,

BACHELIER, IMPRIMEUR-LIBRAIRE

POUR LES SCIENCES,

QUAI DES AUGUSTINS, N° 55.

1835

AVIS DE L'AUTEUR.

Le premier volume de cet ouvrage, renfermant les préliminaires généraux et la philosophie mathématique, a paru en juillet 1830. La crise extraordinaire survenue dans la librairie, à la suite des événemens politiques, a long-temps interrompu cette publication, que les premiers éditeurs se sont vus contraints d'abandonner. Confiée maintenant à un nouvel éditeur, dont le nom est une garantie, elle sera désormais continue, de façon à être terminée à la fin de l'année 1835.

Il peut être utile de rappeler ici que, suivant le plan général exposé dès l'origine, ce second volume comprend la philosophie astronomique et la philosophie de la physique proprement dite; le troisième sera consacré à la philosophie chimique et à la philosophie physiologique; enfin, le quatrième contiendra la philosophie sociale et les conclusions philosophiques qui résultent de l'ensemble de l'ouvrage; chaque volume étant composé de dix-huit leçons.

COURS

DE

PHILOSOPHIE POSITIVE.

DIX-NEUVIÈME LEÇON.

Considérations philosophiques sur l'ensemble de la science astronomique.

L'astronomie est jusqu'ici la seule branche de la philosophie naturelle dans laquelle l'esprit humain se soit enfin rigoureusement affranchi de toute influence théologique et métaphysique, directe ou indirecte; ce qui rend particulièrement facile de présenter avec netteté son vrai caractère philosophique. Mais, pour se faire une juste idée générale de la nature et de la composition de cette science, il est indispensable, en sortant des définitions vagues qu'on en donne encore habituellement, de commencer par circonscrire avec exactitude le véritable champ des connaissances positives que nous pouvons acquérir à l'égard des astres.

Parmi les trois sens propres à nous faire apercevoir l'existence des corps éloignés, celui de la vue est évidemment le seul qui puisse être employé relativement aux corps célestes; en sorte qu'il ne saurait exister aucune astronomie pour des espèces aveugles, quelque intelligentes qu'on voulût d'ailleurs les imaginer; et, pour nous-mêmes, les astres obscurs, qui sont peut-être plus nombreux que les astres visibles, échappent à toute étude réelle, leur existence pouvant tout au plus être soupçonnée par induction. Toute recherche qui n'est point finalement réductible à de simples observations visuelles nous est donc nécessairement interdite au sujet des astres, qui sont ainsi de tous les êtres naturels ceux que nous pouvons connaître sous les rapports les moins variés. Nous concevons la possibilité de déterminer leurs formes, leurs distances, leurs grandeurs et leurs mouvemens; tandis que nous ne saurions jamais étudier par aucun moyen leur composition chimique, ou leur structure minéralogique, et, à plus forte raison, la nature des corps organisés qui vivent à leur surface, etc. En un mot, pour employer immédiatement les expressions scientifiques les plus précises, nos connaissances positives par rapport aux astres sont nécessairement limitées à leurs seuls phénomènes géométriques et mécaniques, sans pouvoir nullement embrasser les autres recherches physiques, chimiques, physiologiques, et même sociales, que comportent les êtres accessibles à tous nos divers moyens d'observation.

Il serait certainement téméraire de prétendre fixer avec une précision rigoureuse les bornes nécessaires de nos connaissances dans chaque partie déterminée de la philosophie naturelle; car, en s'engageant dans le détail, on les placerait presque inévitablement ou trop près ou trop loin. Une telle appréciation est d'ailleurs singulièrement influencée par l'état de notre développement intellectuel. Ainsi, tel esprit, entièrement étranger aux conceptions mathématiques, ne comprend pas même qu'on puisse estimer avec certitude les distances et les dimensions des corps célestes, puisqu'ils ne sont point accessibles; tandis que tel autre, à demi éclairé sous ce rapport, admettra sans difficulté la possibilité de semblables mesures, mais niera à son tour qu'on puisse peser indirectement le soleil et les planètes. Nonobstant ces remarques évidentes, il n'en est pas moins indispensable, ce me semble, de poser à cet égard des limites générales, pour que l'esprit humain ne se laisse point égarer dans le vague de recherches nécessairement inabordables, sans que cependant il s'interdise celles qui sont vraiment accessibles par des procédés plus ou moins indirects, quelque embarras qu'on doive éprouver à concilier ces deux conditions également fondamentales. Cette conciliation si délicate me paraît essentiellement établie à l'égard des recherches astronomiques par la maxime philosophique ci-dessus énoncée, qui les circonscrit dans les deux seules catégories des phénomènes géométriques et des phénomènes mécaniques. Une telle règle n'a rien d'arbitraire, puisqu'elle résulte évidemment d'une comparaison générale entre les objets à étudier et nos moyens pour les explorer. Son application peut seule présenter quelque difficulté, qu'un examen spécial plus approfondi fera presque toujours disparaître dans chaque cas particulier, en continuant à procéder d'après le même principe fondamental. Ainsi, pour fixer les idées, dans la célèbre question des atmosphères des corps célestes, on pouvait certainement concevoir, même avant la découverte des ingénieux moyens imaginés pour leur exacte exploration, qu'une telle recherche nous présentait quelque chose d'accessible, à cause des phénomènes lumineux plus ou moins appréciables que ces atmosphères doivent évidemment produire; mais il est tout aussi sensible, par la même considération, que nos connaissances, à l'égard de ces enveloppes gazeuses, sont nécessairement bornées à celles de leur existence, de leur étendue plus ou moins grande, et de leur vrai pouvoir réfringent, sans que nous puissions nullement déterminer ni leur composition chimique, ni même leur densité ; en sorte qu'il y aurait une grave inadvertance à supposer, par exemple, comme on l'a fait quelquefois, l'atmosphère de Vénus aussi dense que notre atmosphère, d'après la réfraction horizontale d'environ un demi-degré qui leur est commune, car la nature chimique des gaz influe autant que leur densité sur leur puissance réfringente.

En général, dans chaque espèce de question que nous pouvons imaginer sur les astres, ou nous apercevons clairement qu'elle ne dépend en dernier lieu que d'observations visuelles plus ou moins directes, et alors nous n'hésitons pas à la déclarer tôt ou tard accessible; ou bien nous reconnaissons avec évidence qu'elle exigerait par sa nature, quelque autre genre d'exploration, et dans ce cas nous ne devons pas balancer davantage à l'exclure comme radicalement inabordable; ou, enfin, nous ne voyons nettement ni l'un ni l'autre, et dès lors nous devons complètement suspendre notre jugement, jusqu'à ce que le progrès de nos connaissances réelles vienne nous fournir quelques indications décisives, disposition d'esprit malheureusement fort rare et pourtant bien nécessaire. Cette règle est d'autant plus aisément applicable que l'observation scientifique n'emploie jamais et ne saurait employer d'autres moyens que l'observation la plus vulgaire dans des circonstances analogues; seulement elle en perfectionne et en étend l'usage.

La détermination des températures est probablement la seule à l'égard de laquelle la limite précédemment établie pourra paraître aujourd'hui trop sévère. Mais, quelques espérances qu'ait pu faire concevoir à ce sujet la création si capitale de la thermologie mathématique par notre immortel Fourier, et spécialement sa belle évaluation de la température de l'espace dans lequel nous circulons, je n'en persiste pas moins à regarder toute notion sur les véritables températures moyennes des différens astres comme devant nécessairement nous être à jamais interdite. Quand même toutes les influences thermologiques proprement dites, relatives aux échanges de chaleur entre les divers corps célestes, auraient été mathématiquement analysées, ce qui d'ailleurs me semble peu admissible, la question renfermerait toujours un élément qui doit être éternellement inconnu, et qui cependant est peut-être prépondérant pour certains astres, l'état interne de chacun d'eux, et, dans beaucoup de cas, la manière non moins inconnue dont la chaleur est absorbée par son atmosphère. Ainsi, par exemple, la tentative de Newton, pour évaluer la température de la comète de 1680 à son périhélie, était certainement illusoire; car un tel calcul, refait même aussi convenablement qu'il peut l'être aujourd'hui, apprendrait, tout au plus, quelle serait la température de notre terre si, sans rien changer à sa constitution actuelle, on la supposait transportée dans cette position : ce qui, vu les différences physiques et chimiques, peut s'écarter extrêmement de la température effective de la comète.

D'après les considérations précédentes, je crois donc pouvoir définir l'astronomie avec précision, et néanmoins d'une manière assez large, en lui assignant pour objet de découvrir les lois des phénomènes géométriques et des phénomènes mécaniques que nous présentent les corps célestes.

A cette limitation nécessaire portant sur la nature des phénomènes observables, il faut, ce me semble, pour être pleinement dans la réalité scientifique, en ajouter une autre relative aux corps qui peuvent être le sujet de telles explorations. Cette dernière restriction n'est point sans doute absolue comme la première, et il importe beaucoup de le remarquer; mais, dans l'état présent de nos connaissances, elle est presque aussi rigoureuse.

Les esprits philosophiques auxquels l'étude approfondie de l'astronomie est étrangère, et les astronomes eux-mêmes, n'ont pas suffisamment distingué jusqu'ici, dans l'ensemble de nos recherches célestes, le point de vue que je puis appeler *solaire,* de celui qui mérite véritablement le nom d'*univcrsel.* Cette distinction me paraît néanmoins iudispensable pour séparer nettement la partie de la science qui comporte une entière perfection, de celle qui, par sa nature, sans être sans doute purement conjecturale, semble cependant devoir toujours rester presque dans l'enfance, du moins comparativement à la première. La considération du système solaire dont nous faisons partie nous offre évidemment un sujet d'étude bien circonscrit, susceptible d'une exploration complète, et qui devait nous conduire aux connaissances les plus satisfaisantes. Au contraire, la pensée de ce que nous appelons l'*univers* est par elle-même nécessairement indéfinie, en sorte que, si étendues qu'on veuille supposer dans l'avenir nos connaissances réelles en ce genre, nous ne saurions jamais nous élever à la véritable conception de l'ensemble des astres. La différence est extrêmement frappante aujourd'hui, puisque, à côté de la haute perfection acquise dans les deux derniers siècles par l'astronomie solaire, nous ne possédons pas même encore, en astronomie sidérale, le premier et le plus simple élément de toute recherche positive, la détermination des intervalles stellaires. Sans doute nous avons tout lieu de présumer, comme j'aurai soin de l'expliquer plus tard, que ces distances ne tarderont pas à être évaluées, du moins entre certaines limites, à l'égard de plusieurs étoiles, et que, par suite, nous connaîtrons, pour ces mêmes astres, divers autres élémens importans, que la théorie est toute prête à déduire de cette donnée fondamentale, tels que leurs masses, etc. Mais l'importante distinction établie ci-dessus n'en sera nullement affectée. Quand même nous parviendrions un jour à étudier complètement les mouvemens relatifs de quelques étoiles multiples, cette notion, qui serait d'ailleurs très précieuse, surtout si elle pouvait concerner le groupe dont notre soleil fait probablement partie, ne nous laisserait évidemment guère moins éloignés d'une véritable connaissance de l'univers, qui doit inévitablement nous échapper toujours.

Il existe, dans toutes les classes de nos recherches et sous tous les grands rapports, une harmonie constante et nécessaire entre l'étendue de nos vrais besoins intellectuels et la portée effective, actuelle ou future, de nos connaissances réelles. Cette harmonie, que j'aurai soin de signaler dans tous les phénomènes, n'est point, comme les philosophes vulgaires sont tentés de le croire, le résultat ni l'indice d'une cause finale. Elle dérive simplement de cette nécessité évidente : nous avons seulement besoin de connaître ce qui peut agir sur nous, d'une manière plus ou moins directe; et, d'un autre côté, par cela même qu'une telle influence existe, elle devient pour nous tôt ou tard un moyen certain de connaissance. Cette relation se vérifie d'une manière remarquable dans le cas présent. L'étude la plus parfaite possible des lois du système solaire dont nous faisons partie, est pour nous d'un intérêt capital, et aussi sommes-nous parvenus à lui donner une précision admirable. Au contraire, si la notion exacte de l'univers nous est nécessairement interdite, il est évident qu'elle ne nous offre point, excepté pour notre insatiable curiosité, de véritable importance. L'application journalière de l'astronome montre que les phénomènes intérieurs de chaque système solaire, les seuls qui puissent affecter ses habitans, sont essentiellement indépendans des phénomènes plus généraux relatifs à l'action mutuelle des soleils, à peu près comme nos phénomènes météoroliques vis-à-vis des phénomènes planétaires. Nos tables des événemens célestes, dressées, long-temps d'avance, en ne considérant dans l'univers aucun autre monde que le nôtre, s'accordent jusqu'ici rigoureusement avec les observations directes, quelque minutieuse précision que nous y apportions aujourd'hui. Cette indépendance si manifeste se trouve d'ailleurs pleinement expliquée par l'immense disproportion que nous savons certainement exister entre les distances mutuelles des soleils et les petits intervalles de nos planètes. Si, suivant une grande vraisemblance, les planètes pourvues d'atmosphères, comme Mercure, Vénus, Jupiter, etc., sont effectivement habitées, nous pouvons en regarder les habitans comme étant en quelque façon nos concitoyens, puisque, de cette sorte de patrie commune, il doit résulter nécessairement une certaine communauté de pensées et même d'intérêts; tandis que les habitans des autres systèmes solaires nous doivent être entièrement étrangers. Il faut donc séparer plus profondément qu'on n'a coutume de le faire le point de vue solaire et le point universel, l'idée de monde et celle d'univers : le premier est le plus élevé auquel nous puissions réellement atteindre, et c'est aussi le seul qui nous intéresse véritablement.

Ainsi, sans renoncer entièrement à l'espoir d'obtenir quelques connaissances sidérales, il faut concevoir l'astronomie positive comme consistant essentiellement dans l'étude géométrique et mécanique du petit nombre de corps célestes qui composent le *monde* dont nous faisons partie. C'est seulement entre de telles limites que l'astronomie mérite par sa perfection le rang suprême qu'elle occupe aujourd'hui parmi les sciences naturelles. Quant à ces astres innombrables disséminés dans le ciel, ils n'ont guère, pour l'astronome, d'autre intérêt principal que celui de nous servir de jalons dans nos observations, leurs positions pouvant être regardées comme fixes relativement aux mouvemens intérieurs de notre système, seul objet essentiel de notre étude.

En considérant, dans tout le développement de ce cours, la succession des divers ordres de phénomènes naturels, je ferai soigneusement ressortir une loi philosophique très importante, et tout-à-fait inaperçue jusqu'à présent, dont je dois signaler ici la première application. Elle consiste en ce que, à mesure que les phénomènes à étudier deviennent plus compliqués, ils sont en même temps susceptibles, par leur nature, de moyens d'exploration plus étendus et plus variés, sans que toutefois il puisse y avoir une exacte compensation entre l'accroissement des difficultés et l'augmentation des ressources; en sorte que, malgré cette harmonie, les sciences relatives aux phénomènes les plus complexes n'en restent pas moins nécessairement les plus imparfaites, suivant l'échelle encyclopédique établie dès le début de cet ouvrage. Ainsi, les phénomènes astronomiques étant les plus simples, doivent être ceux pour lesquels les moyens d'exploration sont les plus bornés.

Notre art d'observer se compose, en général, de trois procédés différens : 1° l'observation proprement dite, c'est-à-dire l'examen direct du phénomène tel qu'il se présente naturellement; 2° l'expérience, c'est-à-dire la contemplation du phénomène plus ou moins modifié par des circonstances artificielles, que nous instituons expressément en vue d'une plus parfaite exploration; 3° la comparaison, c'est-à-dire la considération graduelle d'une suite de cas analogues, dans lesquels le phénomène se simplifie de plus en plus. La science des corps organisés, qui étudie les phénomènes du plus difficile accès, est aussi la seule qui permette véritablement la réunion de ces trois moyens. L'astronomie, au contraire, est nécessairement bornée au premier. L'expérience y est évidemment impossible; et, quant à la comparaison, elle n'y existerait que si nous pouvions observer directement plusieurs systèmes solaires, ce qui ne saurait avoir lieu. Reste donc la simple observation, et réduite même, comme nous l'avons remarqué, à la moindre extension possible, puisqu'elle ne peut concerner qu'un seul de nos sens. Mesurer des angles et compter des temps écoulés, tels sont les seuls moyens d'après lesquels notre intelligence puisse procéder à la découverte des lois qui régissent les phénomènes célestes. Mais ces moyens n'en sont pas moins parfaitement adaptés à la nature des véritables recherches astronomiques, car il ne faut pas autre chose pour observer des phénomènes géométriques ou des phénomènes mécaniques, des grandeurs ou des mouvemens. On doit seulement en conclure que, entre toutes les branches de la philosophie naturelle, l'astronomie est celle où l'observation directe, quelque indispensable qu'elle soit, est par elle-même la moins significative, et où la part du raisonnement est incomparablement la plus grande, ce qui constitue le premier fondement de sa dignité intellectuelle. Rien de vraiment intéressant ne s'y décide jamais par la simple inspection, contrairement à ce qui se passe en physique, en chimie, en physiologie, etc. Nous pouvons dire, sans exagération, que les phénomènes, quelque réels qu'ils soient, y sont pour la plupart essentiellement construits par notre intelligence ; car on ne saurait *voir* immédiatement la figure de la terre, ni la courbe décrite par une planète, ni même le mouvement journalier du ciel : notre esprit seul peut former ces diverses notions, en combinant, par des raisonnemens souvent très prolongés et fort complexes, des sensations isolées, que, sans cela, leur incohérence rendrait presque entièrement insignifiantes. Ces difficultés fondamentales propres aux études astronomiques, qui offrent un attrait de plus aux intelligences d'un certain ordre, inspirent ordinairement au vulgaire une répugnance très pénible à surmonter.

La combinaison de ces deux caractères essentiels, extrême simplicité des phénomènes à étudier, et grande difficulté de leur observation, est ce qui constitue l'astronomie une science si éminemment mathématique. D'une part, la nécessité où l'on s'y trouve sans cesse de déduire d'un petit nombre de mesures directes, soit angulaires, soit horaires, des quantités qui ne sont point par elles-mêmes immédiatement observables, y rend l'usage continuel de la mathématique abstraite absolument indispensable. D'une autre part, les questions astronomiques étant toujours en elles-mêmes ou des problèmes de géométrie, ou des problèmes de mécanique, elles tombent naturellement dans le domaine de la mathématique concrète. Enfin, sous le rapport géométrique, la parfaite régularité des formes astronomiques, et, sous le rapport mécanique, l'admirable simplicité de mouvemens s'opérant dans un milieu dont la résistance est jusqu'ici négligeable et sous l'influence d'un petit nombre de forces constamment assujetties à une même loi très facile, permettent d'y conduire, beaucoup plus loin qu'en tout autre cas, l'application des méthodes et des théories mathématiques. Il n'est peut-être pas un seul procédé analytique, une seule doctrine géométrique ou mécanique, qui ne trouvent aujourd'hui leur emploi dans les recherches astronomiques, et la plupart même n'ont pas eu jusqu'ici d'autre destination primitive. Aussi est-ce surtout en étudiant convenablement une telle application qu'on peut acquérir un juste sentiment de l'importance et de la réalité des spéculations mathématiques.

En considérant la nature éminemment simple des recherches astronomiques, et la facilité qui en résulte d'y appliquer de la manière la plus étendue l'ensemble des moyens mathématiques, on conçoit pourquoi l'astronomie est unanimement placée aujourd'hui à la tête des sciences naturelles. Elle mérite cette suprématie, 1° par la perfection de son caractère scientifique; 2° par l'importance prépondérante des lois qu'elle nous dévoile.

Je ne dois point envisager ici sa haute utilité pratique pour la mesure des temps, pour la description exacte de notre globe, et surtout pour le perfectionnement de la navigation; car une telle considération ne saurait devenir un moyen de classement entre les différentes sciences, qui, à cet égard, sont en réalité essentiellement équivalentes. Mais il importe de remarquer à ce sujet, comme rentrant pleinement dans l'esprit général de cet ouvrage, que l'astronomie nous offre l'exemple le plus étendu et le plus irrécusable de l'indispensable nécessité des spéculations scientifiques les plus sublimes pour l'entière satisfaction des besoins pratiques les plus vulgaires. En se bornant au seul problème de la détermination des longitudes en mer, on voit que sa liaison intime avec l'ensemble des théories astronomiques a été établie, dès l'origine de la science, par son plus éminent fondateur, le grand Hipparque. Or, quoiqu'on n'ait, depuis cette époque, rien ajouté d'essentiel à l'idée fondamentale de cette relation, il a fallu tous les immenses perfectionnemens successivement apportés jusqu'ici à la science astronomique pour qu'une telle application devînt susceptible d'être suffisamment réalisée. Sans les plus hautes spéculations des géomètres sur la mécanique céleste, qui ont tant augmenté la précision des tables astronomiques, il serait absolument impossible de déterminer la longitude d'un vaisseau avec le degré d'exactitude que nous pouvons maintenant obtenir; et, bien loin que la science soit à cet égard plus parfaite que ne l'exige la pratique, il est au contraire certain que si nous ne pouvons pas encore connaître toujours sûrement notre position avec une erreur de moins de trois ou quatre lieues dans les mers équatoriales, cela tient essentiellement à ce que la précision de nos tables n'est point encore assez grande. De telles réflexions sont propres à frapper ces esprits étroits qui, s'ils pouvaient jamais dominer, arrêteraient aveuglément le développement des sciences, en voulant les restreindre à ne s'occuper que de recherches immédiatement susceptibles d'utilité pratique.

En examinant scrupuleusement l'état philosophique actuel des diverses sciences fondamentales, nous aurons lieu de reconnaître, comme je l'ai déjà indiqué, que l'astronomie est aujourd'hui la seule qui soit enfin réellement purgée de toute considération théologique ou métaphysique. Tel est, sous le rapport de la méthode, son premier titre à la suprématie. C'est là que les esprits philosophiques peuvent efficacement étudier en quoi consiste véritablement une science; et c'est sur ce modèle qu'on doit s'efforcer, autant que possible, de constituer toutes les autres sciences fondamentales, en ayant toutefois convenablement égard aux différences plus ou moins profondes qui résultent nécessairement de la complication croissante des phénomènes.

Sans doute, la géométrie abstraite et la mécanique rationnelle sont, en réalité, des sciences naturelles, et les premières de toutes, comme je me suis efforcé de le montrer dans le premier volume; elles sont supérieures à l'astronomie elle-même, à cause de la perfection de leurs méthodes et de l'entière généralité de leurs théories. En un mot, nous avons établi qu'elles constituent le véritable fondement primitif de toute la philosophie naturelle, et cela est particulièrement sensible à l'égard de l'astronomie. Mais, quelque réel que soit leur caractère physique, leurs phénomènes sont d'une nature trop abstraite pour qu'elles puissent être habituellement, sous ce rapport, appréciées d'une manière convenable, surtout à cause de l'esprit vicieux qui domine encore dans leur exposition ordinaire. Nos intelligences ont besoin jusqu'ici de voir ces combinaisons générales de figures ou de mouvemens se spécifier dans des corps existans, comme le fait si complètement l'astronomie, pour que leur réalité devienne suffisamment manifeste. Quoique la connaissance des lois géométriques et mécaniques soit, en elle-même, extrêmement précieuse, il est certain que, dans l'état présent de l'esprit humain, elle est bien plus employée comme un puissant et indispensable moyen d'investigation dans l'étude des autres phénomènes naturels, que comme une véritable science directe. Ainsi, le premier rang, dans la philosophie naturelle proprement dite, reste incontestablement à l'astronomie.

Ceux qui font consister la science dans la simple accumulation des faits observés, n'ont qu'à considérer avec quelque attention l'astronomie, pour sentir combien leur pensée est étroite et superficielle. Ici, les faits sont tellement simples, et d'ailleurs si peu intéressans, qu'il devient impossible de méconnaître que leur liaison seule, l'exacte connaissance de leurs lois, constituent la science. Qu'est-ce réellement qu'un fait astronomique? rien autre chose habituellement que : tel astre a été vu à tel instant précis et sous tel angle bien mesuré; ce qui, sans doute, est, en soi-même, fort peu important. La combinaison continuelle et l'élaboration mathématique plus ou moins profonde de ces observations caractérisent uniquement la science, même dans son état le plus imparfait. L'astronomie n'a pas réellement pris naissance quand les prêtres de l'Égypte ou de la Chaldée ont fait sur le ciel une suite d'observations empiriques plus ou moins exactes, mais seulement lorsque les premiers philosophes grecs ont commencé à ramener à quelques lois géométriques le phénomène général du mouvement diurne. Le véritable but définitif des recherches astronomiques étant toujours de prédire avec certitude l'état effectif du ciel dans un avenir plus ou moins lointain, l'établissement des lois des phénomènes offre évidemment le seul moyen d'y parvenir, sans que l'accumulation des observations puisse être, en elle-même, d'aucune utilité pour cela, autrement que comme fournissant à nos spéculations un fondement solide. En un mot, il n'y a pas eu de véritable astronomie tant qu'on n'a pas su, par exemple, prévoir, avec une certaine précision, au moins par des procédés graphiques, et surtout par quelques calculs trigonométriques, l'instant du lever du soleil ou de quelque étoile pour un jour et pour un lieu donnés. Ce caractère essentiel de la science a toujours été le même depuis son origine. Tous ses progrès ultérieurs ont seulement consisté à apporter définitivement dans ces prédictions une certitude et une précision de plus en plus grandes, en empruntant à l'observation directe le moins de données possible pour la prévoyance la plus lointaine. Aucune partie de la philosophie naturelle ne peut donc manifester avec plus de force la vérité de cet axiome fondamental : *toute science a pour but la prévoyance,* qui distingue la science réelle de la simple érudition, bornée à raconter les événemens accomplis, sans aucune vue d'avenir.

Non-seulement le vrai caractère scientifique est plus profondément marqué dans l'astronomie qu'en aucune autre branche de nos connaissances positives; mais on peut même dire que, depuis le développement de la théorie de la gravitation, elle a atteint la plus haute perfection philosophique à laquelle une science puisse jamais prétendre sous le rapport de la méthode, l'exacte réduction de tous les phénomènes, soit quant à leur nature, soit quant à leur degré, à une seule loi générale ; pourvu toutefois que, suivant l'explication précédemment établie, on ne considère que l'astronomie solaire. Sans doute, la complication graduelle des phénomènes doit nous faire envisager une telle perfection comme absolument chimérique dans toutes les autres sciences fondamentales. Mais tel n'en est pas moins le type général que les diverses classes de savans doivent sans cesse avoir en vue, en s'efforçant d'en approcher autant que le comportent les phénomènes correspondans, comme je tâcherai de le montrer successivement dans les différentes parties de cet ouvrage. C'est toujours là qu'il faut remonter désormais pour sentir, dans toute sa pureté, ce que c'est que l'*explication* positive d'un phénomène, sans aucune enquête sur sa cause ou première ou finale; c'est là enfin qu'on doit apprendre le véritable caractère et les conditions essentielles des *hypothèses* vraiment scientifiques, nulle autre science n'ayant fait de ce puissant secours un usage à la fois aussi étendu et aussi convenable. Après avoir exposé la philosophie astronomique de manière à faire ressortir, le plus qu'il me sera possible, ces grandes propriétés générales, je m'efforcerai ensuite de les appliquer, plus profondément qu'on ne l'a fait encore, à perfectionner le caractère philosophique des autres sciences principales.

En général, chaque science, suivant la nature de ses phénomènes, a dû perfectionner la méthode positive fondamentale sous quelque rapport essentiel qui lui est propre. Le véritable esprit de cet ouvrage consiste, à cet égard, à saisir successivement ces divers perfectionnemens, et ensuite à les combiner, d'après la hiérarchie scientifique établie dans la deuxième leçon, de manière à acquérir, comme résultat final d'un tel travail, une connaissance parfaite de la méthode positive, qui, j'espère, ne laissera plus aucun doute sur l'utilité réelle de semblables comparaisons pour les progrès futurs de notre intelligence.

En considérant maintenant l'ensemble de la science astronomique, non plus relativement à la méthode, mais quant aux lois naturelles qu'elle nous dévoile effectivement, sa prééminence est tout aussi incontestable.

J'ai toujours regardé comme un véritable trait de génie philosophique, de la part de Newton, d'avoir intitulé son admirable traité de Mécanique céleste : *Philosophiæ naturalis principia mathematica.* Car, on ne pouvait indiquer avec une plus énergique concision que les lois générales des phénomènes célestes sont le premier fondement du système entier de nos connaissances réelles.

La loi encyclopédique établie au commencement de cet ouvrage me dispense de grands développemens à ce sujet. Il est évident que l'astronomie doit être par sa nature, essentiellement indépendante de toutes les autres sciences naturelles, et qu'elle a seulement besoin de s'appuyer sur la science mathématique. Les divers phénomènes physiques, chimiques et physiologiques, ne peuvent certainement exercer aucune influence sur les phénomènes astronomiques, dont les lois ne sauraient éprouver la moindre altération même par les plus grands bouleversemens intérieurs de chaque planète sous tous ces autres rapports naturels. La physique, il est vrai, et même, à quelques égards secondaires, la chimie (1), ont pu fournir à l'astronomie, lorsqu'elle a été très avancée, des secours indispensables pour perfectionner ses observations; mais il est clair que cette influence accessoire n'a été nullement nécessaire à sa constitution scientifique. L'astronomie avait certainement, entre les mains d'Hipparque et de ses successeurs, tous les caractères d'une véritable science, au moins sous le rapport géométrique, pendant que la physique, la chimie, etc., étaient encore profondément enfouies dans le chaos métaphysique et même théologique. A une époque toute moderne, Képler a découvert ses grandes lois astronomiques d'après les observa-

(1) C'est évidemment la chimie, par exemple, qui a fourni à Wollaston l'ingénieux procédé par lequel on obtient aujourd'hui les meilleurs fils micrométriques.

tions faites par Tycho-Brahé, avant les grands perfectionnemens des instrumens, et essentiellement avec les mêmes moyens matériels qu'employaient les Grecs. Les instrumens de précision n'ont aussi nullement contribué à la découverte de la gravitation; et c'est seulement depuis lors qu'ils sont devenus nécessaires pour correspondre à la nouvelle perfection que la théorie permettait désormais dans les déterminations astronomiques. Le grand instrument qui réellement produisit toutes les découvertes fondamentales de l'astronomie, ce fut d'abord la géométrie, et plus tard la mécanique rationnelle, dont les progrès sont, en effet, à chaque époque, un excellent critérium pour présumer, avec une entière certitude, l'état général des connaissances astronomiques correspondantes. L'indépendance de l'astronomie, relativement aux autres branches de la philosophie naturelle, demeure donc incontestable.

Mais, au contraire, il est certain que les phénomènes physiques, chimiques, physiologiques, et même sociaux, sont essentiellement subordonnés, d'une manière plus ou moins directe, aux phénomènes astronomiques, indépendamment de leur coordination mutuelle. L'étude des autres sciences fondamentales ne peut donc avoir un caractère vraiment rationnel, qu'en prenant pour base une connaissance exacte des lois astronomiques, relatives aux phénomènes les plus généraux. Notre esprit pourrait-il penser, d'une manière réellement scientifique, à aucun phénomène terrestre, sans considérer auparavant ce qu'est cette terre dans le monde dont nous faisons partie, sa situation et ses mouvemens devant nécessairement exercer une influence prépondérante sur tous les phénomènes qui s'y passent? Que deviendraient nos conceptions physiques, et par suite chimiques, physiologiques, etc., sans la notion fondamentale de la gravitation, qui les domine toutes? Pour choisir l'exemple le plus défavorable, où la subordination est la moins manifeste, il faut reconnaître, quoique cela puisse d'abord sembler étrange, que, même les phénomènes relatifs au développement des sociétés humaines, ne sauraient être conçus rationnellement sans la considération préalable des principales lois astronomiques. On pourra le sentir aisément en observant que si les divers élémens astronomiques de notre planète, comme sa distance au soleil, et, par suite, la durée de l'année, l'obliquité de l'écliptique, etc., éprouvaient quelques changemens importans, ce qui, en astronomie, n'aurait guère d'autre effet que de modifier quelques coefficiens, notre développement social en serait sans doute notablement affecté, et deviendrait même impossible si ces altérations étaient poussées trop loin. Je ne crains nullement de mériter le reproche d'exagération, en établissant à ce sujet, que la physique sociale n'était point une science possible, tant que les géomètres n'avaient pas démontré, comme résultat général de la mécanique céleste, que les dérangemens de notre système solaire ne sauraient jamais être que des oscillations graduelles et très limitées autour d'un état moyen nécessairement invariable. Comment espérerait-on, en effet, former avec certitude quelques lois naturelles relativement aux phénomènes sociaux, si les données astronomiques, sous l'empire desquelles ils s'accomplissent, pouvaient comporter des variations indéfinies? Je reprendrai cette considération d'une manière spéciale dans la dernière partie de cet ouvrage. Il me suffit, quant à présent, de l'indiquer pour faire comprendre que le système général des connaissances astronomiques est un élément aussi indispensable à combiner dans la formation rationnelle de la physique sociale qu'à l'égard de toutes les autres sciences principales.

On n'aurait qu'une idée imparfaite de la haute importance intellectuelle des théories astronomiques, si l'on se bornait à envisager ainsi leur influence nécessaire et spéciale sur les diverses parties de la philosophie naturelle, quelque essentielle que soit d'ailleurs une telle considération. Il faut encore avoir égard à l'action générale qu'elles exercent directement sur les dispositions fondamentales de notre intelligence, à la rénovation de laquelle les progrès de l'astronomie ont plus puissamment contribué que ceux d'aucune autre science.

Je n'ai pas besoin de signaler expressément ici, comme trop évident par lui-même et trop communément apprécié aujourd'hui, l'effet des connaissances astronomiques pour dissiper entièrement les préjugés absurdes et les terreurs superstitieuses, tenant à l'ignorance des lois célestes, au sujet de plusieurs phénomènes remarquables, tels que les éclipses, les comètes, etc. Ces dispositions naturelles ont cessé ou cessent de jour en jour dans les esprits les plus vulgaires, même indépendamment de la diffusion des vraies notions astronomiques, par l'éclatante coïncidence de ces événemens avec les prédictions scientifiques. Toutefois, nous ne devons jamais oublier à cet égard que, suivant la juste remarque de Laplace, elles renaîtraient promptement si les études astronomiques pouvaient jamais cesser d'être cultivées.

Mais je dois principalement insister dans cet ouvrage sur une action philosophique plus générale et plus profonde, jusqu'ici bien moins sentie, inhérente à l'ensemble même de la science astronomique, et qui résulte de la connaissance de la vraie constitution de notre monde et de l'ordre qui s'y établit nécessairement. Je la développerai soigneusement à mesure que l'examen philosophique des diverses théories astronomiques m'en fournira l'occasion. En ce moment, il me suffira de l'indiquer.

Pour les esprits étrangers à l'étude des corps célestes, quoique souvent très éclairés d'ailleurs sur d'autres parties de la philosophie naturelle, l'astronomie a encore la réputation d'être une science éminemment religieuse, comme si le fameux verset : *Cœli enarrant gloriam Dei* avait conservé toute sa valeur (1). Il est cependant certain, ainsi que je l'ai établi, que toute science réelle est en opposition radicale et nécessaire avec toute théologie ; et ce caractère est plus prononcé en astronomie que partout ailleurs, précisément parce que l'astronomie est, pour ainsi dire, plus *science* qu'aucune autre, suivant la comparaison indiquée ci-dessus. Aucune n'a porté de plus

---

(1) Aujourd'hui, pour les esprits familiarisés de bonne heure avec la vraie philosophie astronomique, les cieux ne racontent plus d'autre gloire que celle d'Hipparque, de Képler, de Newton, et de tous ceux qui ont concouru à en établir les lois.

terribles coups à la doctrine des causes finales, généralement regardée par les modernes comme la base indispensable de tous les systèmes religieux, quoiqu'elle n'en ait été, en réalité, qu'une conséquence. La seule connaissance du mouvement de la terre a dû détruire le premier fondement réel de cette doctrine, l'idée de l'univers subordonné à la terre et par suite à l'homme, comme je l'expliquerai spécialement en traitant de ce mouvement. D'ailleurs, l'exacte exploration de notre système solaire ne pouvait manquer de faire essentiellement disparaître cette admiration aveugle et illimitée qu'inspirait l'ordre général de la nature, en montrant, de la manière la plus sensible, et sous un très grand nombre de rapports divers, que les élémens de ce système n'étaient certainement point disposés de la manière la plus avantageuse, et que la science permettait de concevoir aisément un meilleur arrangement (1). Enfin, sous un dernier point de vue

(1) Il convient d'observer à ce sujet, comme trait caractéristique que, lorsque des astronomes se livrent aujourd'hui à un tel genre d'admiration, il porte essentiellement sur l'organisation des animaux, qui leur est entièrement étrangère; tandis que les anatomistes, au contraire, qui en connaissent toute l'imperfection, se rejettent sur l'arrangement des astres, dont ils n'ont aucune idée approfondie et ce qui est propre à mettre en évidence la véritable source de cette disposition d'esprit.

encore plus capital, par le développement de la vraie mécanique céleste depuis Newton, toute philosophie théologique, même la plus perfectionnée, a été désormais privée de son principal office intellectuel, l'ordre le plus régulier étant dès lors conçu comme nécessairement établi et maintenu, dans notre monde et même dans l'univers entier, par la simple pesanteur mutuelle de ses diverses parties.

Si les philosophes qui, de nos jours, tiennent encore à la doctrine des causes finales n'étaient point, ordinairement, dépourvus d'une véritable instruction scientifique un peu approfondie, ils n'auraient pas manqué de faire ressortir, avec leur emphase habituelle, une considération générale fort spécieuse, à laquelle ils n'ont jamais eu égard, et que je choisis exprès comme l'exemple le plus défavorable. Il s'agit de ce beau résultat final de l'ensemble des travaux mathématiques sur la théorie de la gravitation, mentionné ci-dessus pour un autre motif, la stabilité essentielle de notre système solaire. Cette grande notion, présentée sous l'aspect convenable, pourrait sans doute devenir aisément la base d'une suite de déclamations éloquentes, ayant une imposante apparence de solidité. Et, néanmoins, une constitution aussi essentielle à l'existence continue des espèces animales est une simple conséquence nécessaire, d'après les lois mécaniques du monde, de quelques circonstances caractéristiques de notre système solaire, la petitesse extrême des masses planétaires en comparaison de la masse centrale, la faible excentricité de leurs orbites, et la médiocre inclinaison mutuelle de leurs plans; caractères qui, à leur tour, peuvent être envisagés avec beaucoup de vraisemblance, ainsi que je le montrerai plus tard suivant l'indication de Laplace, comme dérivant tout naturellement du mode de formation de ce système. On devait d'ailleurs *à priori* s'attendre, en général, à un tel résultat, par cette seule réflexion que puisque nous existons, il faut bien, de toute nécessité, que le système dont nous faisons partie soit disposé de façon à permettre cette existence, qui serait incompatible avec une absence totale de stabilité dans les élémens principaux de notre monde. Pour apprécier convenablement cette considération, il faut observer que cette stabilité n'est nullement absolue ; car elle n'a pas lieu à l'égard des comètes, dont les perturbations sont beaucoup plus fortes, et peuvent même s'accroître presque indéfiniment par le défaut des conditions de restriction que je viens d'énoncer, ce qui ne permet guère de les concevoir habitées. La prétendue cause finale se réduirait donc ici, comme on l'a déjà vu dans toutes les occasions analogues, à cette remarque puérile : il n'y a d'astres habités, dans notre système solaire, que ceux qui sont habitables. On rentre, en un mot, dans le principe des conditions d'existence, qui est la vraie transformation positive de la doctrine des causes finales, et dont la portée et la fécondité sont bien supérieures.

Tels sont, en aperçu, les services immenses et fondamentaux rendus par le développement des théories astronomiques à l'émancipation de la raison humaine. Je m'efforcerai de les mettre en évidence dans les différentes parties de l'examen philosophique dont je vais m'occuper.

Après avoir expliqué l'objet réel de l'astronomie, et m'être efforcé de circonscrire, avec une sévère précision, le véritable champ de ses recherches; après avoir établi sa vraie position encyclopédique, par sa subordination nécessaire à la science mathématique et par son rang incontestable à la tête des sciences naturelles; après avoir enfin signalé ses propriétés philosophiques, quant à la méthode et quant à la doctrine, il ne me reste plus, pour compléter cet aperçu général, qu'à envisager la division principale de la science astronomique, qui découle tout naturellement des considérations déjà exposées dans ce discours.

Nous avons précédemment établi le principe que les phénomènes étudiés en astronomie sont, de toute nécessité, ou des phénomènes géométriques, ou des phénomènes mécaniques. De là résulte immédiatement la division naturelle de la science en deux parties profondément distinctes, quoique maintenant combinées de la manière la plus heureuse : 1°. l'astronomie géométrique, ou la *géométrie céleste*, qui, pour avoir eu, si long-temps avant l'autre, le caractère scientifique, a conservé encore le nom d'astronomie proprement dite ; 2°. l'astronomie mécanique, ou la *mécanique céleste*, dont Newton est l'immortel fondateur, et qui a reçu, dans le siècle dernier, un si vaste et si admirable développement. Il est d'ailleurs évident que cette division convient aussi bien à l'astronomie sidérale, si jamais elle existe véritablement, qu'à notre astronomie solaire, la seule que je doive avoir essentiellement en vue par les raisons expliquées ci-dessus, et qui, dans toute hypothèse, occupera toujours le premier rang. Une telle distribution dérive si directement aujourd'hui de la nature même de la science, qu'on la voit dominer presque spontanément dans toute exposition un peu méthodique, bien qu'elle n'ait jamais été, ce me semble, rationnellement examinée.

Il importe de remarquer à cet égard que cette division est parfaitement en harmonie avec la règle encyclopédique posée au commencement de cet ouvrage, et que je m'efforcerai toujours de suivre, autant que possible, dans la distribution intérieure de chaque science fondamentale. Il est clair, en effet, que la géométrie céleste est, par sa nature, beaucoup plus simple que la mécanique céleste : et, d'un autre côté, elle en est essentiellement indépendante, quoique celle-ci puisse contribuer singulièrement à la perfectionner. Dans l'astronomie proprement dite, il ne s'agit que de déterminer la forme et la grandeur des corps célestes, et d'étudier les lois géométriques suivant lesquelles leurs positions varient, sans considérer ces déplacemens relativement aux forces qui les produisent, ou, en termes plus positifs, quant aux mouvemens élémentaires dont ils dépendent. Aussi a-t-elle pu faire et a-t-elle fait réellement les progrès les plus importans avant que la mécanique céleste eût aucun commencement d'existence; et, même depuis lors, ses découvertes les plus remarquables ont encore été dues à son développement spontané, comme on le voit si éminemment dans le beau travail du grand Bradley sur l'aberration et la nutation. Au contraire, la mécanique céleste est, par sa nature, essentiellement dépendante de la géométrie céleste, sans laquelle elle ne saurait avoir aucun fondement solide. Son objet, en effet, est d'analyser les mouvemens effectifs des astres, afin de les ramener, d'après les règles de la mécanique rationnelle, à des mouvemens élémentaires régis par une loi mathématique universelle et invariable; et, en partant ensuite de cette loi, de perfectionner à un haut degré la connaissance des mouvemens réels, en les déterminant *à priori* par des calculs de mécanique générale, empruntant à l'observation directe le moins de données possible, et néanmoins toujours confirmés par elle. C'est par là que s'établit, de la manière la plus naturelle, la liaison fondamentale de l'astronomie avec la physique proprement dite; liaison devenue telle aujourd'hui, que plusieurs grands phénomènes forment de l'une à l'autre une transition presque insensible, comme on le voit surtout dans la théorie des marées. Mais il est évident que ce qui constitue toute la réalité de la mécanique céleste, ainsi que je m'attacherai à le faire ressortir en son lieu, c'est d'avoir pris son point de départ dans l'exacte connaissance des véritables mouvemens, fournie par la géométrie céleste. C'est précisément faute d'avoir été conçues d'après cette relation fondamentale, que toutes les tentatives faites avant Newton pour former des systèmes de mécanique céleste, et entre autres celle de Descartes, ont dû être nécessairement illusoires sous le rapport scientifique, quelque utilité qu'elles aient pu avoir d'ailleurs momentanément sous le point de vue philosophique.

La division générale de l'astronomie en géométrique et mécanique n'a donc certainement rien d'arbitraire, ni même de scolastique : elle dérive de la nature même de la science; elle est à la fois historique et dogmatique. Il serait inutile d'insister davantage sur un principe aussi évident, et que personne n'a jamais contesté. Quant aux subdivisions, d'ailleurs très aisées à établir, ce n'est point le moment de s'en occuper : elles seront expliquées à mesure que le besoin s'en fera sentir.

Relativement au point de vue où le lecteur doit se placer, je renvoie aux judicieuses remarques de Delambre sur l'innovation tentée par Lacaille, qui, pour simplifier son exposition, avait imaginé de transporter son observateur à la surface du soleil. Il est certain que la conception des mouvemens célestes devient ainsi beaucoup plus facile; mais on ne saurait plus comprendre par quel enchaînement de connaissances on a pu s'élever à une telle conception. Le point de vue solaire doit être le terme et non l'origine d'un système rationnel d'études astronomiques. L'obligation de partir de notre point de vue réel est surtout prescrite par la nature de cet ouvrage, où l'analyse de la méthode scientifique et l'observation de la filiation logique des idées principales doivent avoir encore plus d'importance que l'exposition plus claire des résultats généraux.

Il convient, enfin, d'avertir ceux de mes lecteurs qui seraient étrangers à l'étude de l'astronomie, mais qui, doués d'un véritable esprit philosophique, voudraient se former une juste idée générale de ses méthodes essentielles et de ses principaux résultats, que je leur suppose préalablement au moins une exacte connaissance des deux phénomènes fondamentaux, le mouvement diurne et le mouvement annuel, telle qu'on peut l'obtenir par les plus simples observations, faites sans aucun instrument précis, et seulement élaborées par la trigonométrie. Je les renvoie pour cet objet, comme, en général, pour toutes les autres données nécessaires, à l'excellent traité de mon illustre maître en astronomie, le judicieux Delambre. Il ne s'agit point ici d'un traité, même sommaire, d'astronomie; mais d'une suite de considérations philosophiques sur les diverses parties de la science : toute exposition spéciale de quelque étendue y serait donc déplacée.

Ayant ainsi considéré, sous tous les aspects essentiels, le système de la science astronomique, je dois procéder maintenant à l'examen philosophique de ses diverses parties, dans l'ordre établi ci-dessus. Mais il faut auparavant jeter un coup d'œil général sur l'ensemble des moyens d'observation nécessaires aux astronomes, ce qui fera l'objet de la leçon suivante.

VINGTIÈME LEÇON.

Considérations générales sur les méthodes d'observation en astronomie.

Toutes les observations astronomiques se réduisent nécessairement, comme nous l'avons vu, à mesurer des temps et des angles. La nature de cet ouvrage ne comporte nullement une exposition, même sommaire, des divers procédés par lesquels on a enfin obtenu, dans ces deux sortes de mesures, l'étonnante précision que nous y admirons aujourd'hui. Il s'agit seulement ici de concevoir, d'une manière générale, l'ensemble des idées fondamentales qui ont pu successivement conduire à une telle perfection.

Cet ensemble se compose essentiellement, pour l'un et l'autre genre d'observations, de deux ordres d'idées bien distincts, quoiqu'il y ait entre eux une harmonie nécessaire : le premier est relatif au perfectionnement des instrumens; le second concerne certaines corrections fondamentales apportées par la théorie à leurs indications, et sans lesquelles leur précision serait illusoire. Telle est la division naturelle de nos considérations générales à cet égard. Nous devons commencer par celles sur les instrumens.

Quoique les moyens gnomoniques aient dû être rejetés avec raison par les modernes, comme n'étant pas susceptibles de la précision nécessaire, il convient d'abord de les signaler ici dans leur ensemble, à cause de leur extrême importance pour la première formation de la géométrie céleste par les astronomes grecs.

Les ombres solaires, et même, à un degré moindre, les ombres lunaires, ont été, dans l'origine de l'astronomie, un instrument très précieux, immédiatement fourni par la nature, aussitôt que la propagation rectiligne de la lumière a été bien reconnue. Elles peuvent devenir un moyen d'observation astronomique sous deux rapports : envisagées quant à leur direction, elles servent à la mesure du temps; et, par leur longueur, elles permettent d'évaluer certaines distances angulaires.

Sous le premier point de vue, lorsque l'uniformité du mouvement diurne apparent de la sphère céleste a été une fois admise, il suffisait, évidemment, de fixer un style dans la direction, préalablement bien déterminée, de l'axe de cette sphère, pour que l'ombre qu'il projetait sur un plan ou sur toute autre surface fît connaître, à toute époque dans chaque lieu correspondant, les temps écoulés, par le seul indice de ses diverses positions successives. En se bornant au cas le plus simple, celui d'un plan perpendiculaire à cet axe, duquel tous les autres cas peuvent être aisément déduits par des moyens graphiques, il est clair que les angles horaires sont exactement proportionnels aux déplacemens angulaires de l'ombre depuis sa situation méridienne. Toutefois, de semblables indications doivent être imparfaites, puisqu'elles supposent que le soleil décrit chaque jour le même parallèle de la sphère céleste, et que, par conséquent, elles exigent une correction, impossible à exécuter sur l'appareil lui-même, à raison de l'obliquité du mouvement annuel, outre celle qui correspond à son inégalité ; ce qui rend de tels instrumens inapplicables à des observations précises.

Sous le second point de vue, il est évident que la longueur variable de l'ombre horizontale projetée à chaque instant par un style vertical, étant comparée à la longueur fixe et bien connue de ce style, on en conclut immédiatement la distance angulaire correspondante du soleil au zénith ; ce rapport constituant par lui-même la tangente trigonométrique de cet angle, dont il a primitivement inspiré l'idée aux astronomes arabes. De là est résulté un moyen long-temps précieux, d'observer les variations qu'éprouve la distance zénithale du soleil aux divers instans de la journée, et celles plus importantes de sa position méridienne aux différentes époques de l'année. L'inexactitude inévitable des procédés gnomoniques consiste, à cet égard, dans l'influence de la pénombre, qui laisse toujours une incertitude plus ou moins grande sur la vraie longueur de l'ombre, dont l'extrémité ne peut jamais être nettement terminée. Cette influence, qui affecte d'une manière nécessairement fort inégale les diverses distances au zénith, peut bien être atténuée par l'emploi de très grands gnomons ; mais il est évidemment impossible de s'y soustraire tout-à-fait.

Cette double propriété des indications gnomoniques avait été réalisée, dès l'origine de la science, par l'ingénieux instrument connu sous le nom d'hémisphère creux de Bérose, qui servait à mesurer simultanément les temps et les angles, quoique, d'ailleurs, il fût encore moins susceptible d'exactitude que les instrumens imaginés plus tard d'après le même principe.

L'imperfection fondamentale des procédés gnomoniques, la difficulté d'une exécution suffisamment rigoureuse, et l'inconvénient de cesser d'être applicables précisément aux instans les plus convenables pour l'observation, ont déterminé les astronomes à y renoncer entièrement, aussitôt qu'il a été possible de s'en passer. Dominique Cassini est le dernier qui en ait fait un usage important, à l'aide de ses grands gnomons, pour sa théorie du soleil. Toutefois, la spontanéité d'un tel moyen d'observation, lui conservera toujours une valeur réelle, pour procurer une première approximation de certaines données astronomiques, lorsqu'on se trouve placé dans des circonstances défavorables, qui ne permettent pas l'emploi des instrumens modernes. Il est resté, d'ailleurs, dans nos observatoires actuels, la base de l'importante construction de la ligne méridienne, envisagée comme divisant en deux parties égales l'angle formé par les ombres horizontales de même longueur qui correspondent aux deux parties symétriques d'une même journée. Dans ce cas spécial, les deux causes fondamentales d'erreur signalées ci-dessus sont essentiellement éludées; car la pénombre affecte évidemment au même degré les deux ombres conjuguées; et, quant à l'obliquité du mouvement du soleil, il est facile d'en éviter presque entièrement l'influence en faisant l'opération aux environs des solstices, surtout vers le solstice d'été. On peut, en outre, la vérifier et la rectifier aisément par l'observation des étoiles.

Considérons maintenant les procédés les plus exacts, en séparant, comme il devient indispensable de le faire, ce qui se rapporte à la mesure du temps de ce qui concerne celle des angles, et en examinant d'abord la première.

Il faut, à cet égard, reconnaître, avant tout, que le plus parfait de tous les chronomètres est le ciel lui-même, par l'uniformité rigoureuse de son mouvement diurne apparent, en vertu de la rotation réelle de la terre. Il suffit, en effet, d'après cela, lorsqu'on sait exactement la latitude de son observatoire, d'y mesurer, à chaque instant, la distance au zénith d'un astre quelconque, dont la déclinaison, d'ailleurs variable ou constante, est actuellement bien connue, pour en conclure l'angle horaire correspondant, et, par une suite immédiate, le temps écoulé, en résolvant le triangle sphérique que forment le pôle, le zénith et l'astre, et dont les trois côtés sont ainsi donnés. Si l'on avait dressé, dans chaque lieu, des tables numériques très étendues de ces résultats pour quelques étoiles convenablement choisies, ce moyen naturel deviendrait, sans doute, beaucoup plus praticable qu'il ne le semble d'abord. Mais il ne saurait, évidemment, jamais comporter toute l'actualité nécessaire pour qu'il pût entièrement suffire, outre le grave inconvénient qu'il présente de faire dépendre la mesure du temps de celle des angles, qui est réellement aujourd'hui moins parfaite. Aussi ce procédé chronométrique n'est-il employé qu'à défaut de tout autre moyen exact, comme c'est essentiellement le cas en astronomie nautique. Sa grande propriété usuelle consiste, dans nos observatoires, à régler avec précision la marche de toutes les autres horloges, en la confrontant à celle de la sphère céleste. Et, cette importante vérification se fait même le plus souvent sans exiger aucun calcul trigonométrique; car on peut se borner à modifier le mouvement du chronomètre jusqu'à ce qu'il marque très exactement vingt-quatre heures sidérales, entre les deux passages consécutifs d'une même étoile quelconque à une lunette fixée, aussi invariablement que possible, dans une direction d'ailleurs arbitraire.

Les moyens artificiels pour mesurer le temps avec précision par des instrumens de notre création sont donc indispensables en astronomie. Cherchons à en saisir l'esprit général.

Tout phénomène qui présente des changemens graduels quelconques est réellement susceptible de nous fournir, par l'étendue des changemens opérés, une certaine appréciation du temps employé à les produire. Dans ce sens général, l'homme semble pouvoir choisir à cet égard entre toutes les classes des phénomènes naturels. Mais son choix devient, en réalité, infiniment restreint, quand il veut obtenir des estimations précises. Les divers ordres de phénomènes étant, de toute nécessité, d'autant moins réguliers qu'ils sont plus compliqués, cette loi nous prescrit de chercher seulement parmi les plus simples nos vrais moyens chronométriques. Ainsi, les mouvemens physiologiques eux-mêmes (1) pourraient, à cet égard, nous procurer quelques indications, en comptant, par exemple, le nombre de nos pulsations dans l'état sain, ou le nombre de pas bien réglés, ou celui des sons vocaux, etc., pendant le temps à évaluer, et, quelque grossier que soit nécessairement un tel procédé, il peut néanmoins avoir une véritable utilité dans certaines occasions où tout autre nous est interdit. Mais

(1) On peut utilement remarquer à ce sujet, d'après les poëmes d'Homère et les récits de la Bible, que, dans l'enfance de la civilisation, les fonctions sociales elles-mêmes servaient, jusqu'à un certain point, à marquer et à mesurer le temps.

il est évident, en général, que les divers mouvemens des corps vivans varient d'une manière beaucoup trop irrégulière pour qu'on puisse jamais les employer à la mesure du temps. Il en est encore essentiellement de même, quoiqu'à un degré bien moindre, des phénomènes chimiques. La combustion d'une quantité déterminée de matière quelconque homogène, peut devenir, par exemple, un moyen d'évaluer, avec une grossière approximation, le temps écoulé. Mais la durée totale de cette combustion, et surtout celle de ses diverses parties, sont évidemment trop incertaines et trop variables pour qu'on en déduise aucune détermination précise. Ainsi, puisqu'il a fallu écarter les phénomènes astronomiques, comme seulement destinés à la vérification, quoiqu'ils soient, par leur nature, les plus réguliers, ce n'est donc que dans les mouvemens physiques proprement dits, et surtout dans ceux dus à la pesanteur, que nous pouvons réellement chercher des procédés chronométriques susceptibles d'exactitude. C'est aussi là où ils ont été puisés de tout temps, aussitôt qu'on a senti le besoin de ne plus se borner aux moyens gnomoniques.

Les anciens ont d'abord employé le mouvement produit par la pesanteur dans l'écoulement des liquides : de là leurs diverses clepsydres, et les sabliers encore usités à bord de nos vaisseaux. Mais il est évident que de tels instrumens, même en les supposant aussi perfectionnés que le permettraient nos connaissances actuelles, ne sont pas susceptibles, par leur nature, d'une grande précision, à cause de l'irrégularité nécessaire de tout mouvement dans les liquides. C'est pourquoi on a été rationnellement conduit, dans le moyen âge, à substituer les solides aux liquides, en imaginant les horloges fondées sur la descente verticale des poids. Ainsi, en cherchant, parmi tous les phénomènes naturels, des moyens exacts de mesurer le temps, on a été successivement conduit à se borner à un principe unique de chronométrie, qui semble, d'après l'analyse précédente, être en effet le seul propre à nous fournir définitivement une solution convenable du problème, et qui, sans doute, servira toujours de base à nos horloges astronomiques. Mais il s'en fallait de beaucoup qu'il pût suffire par lui-même, sans une longue et difficile élaboration, qui se rattache aux plus hautes questions mathématiques. En effet, le mouvement vertical des corps pesans, bien loin d'être uniforme, étant, au contraire, nécessairement accéléré, les indications d'un tel instrument sont donc naturellement vicieuses, quoique assujetties à une loi régulière. Le ralentissement indispensable de la chûte, à l'aide des contre-poids, ne rémédie en rien à ce défaut capital, puisque, affectant proportionnellement les diverses vitesses successives, il ne saurait altérer leurs rapports : il peut seulement diminuer la résistance de l'air, qui n'est là qu'une cause fort accessoire. Le problème chronométrique fondamental n'était donc nullement résolu jusqu'à ce que la création de la dynamique rationnelle par le génie de Galilée eût conduit à découvrir, dans une modification capitale du mouvement naturel des corps pesans, la parfaite régularité qu'on avait jusqu'alors vainement cherchée.

On a long-temps disputé à Galilée la gloire d'avoir eu, le premier, l'idée de mesurer le temps par les oscillations d'un pendule; et la discussion attentive de ce point d'érudition a montré, ce me semble, que c'était à tort. Mais il est, dans tous les cas, scientifiquement incontestable que ses belles découvertes en dynamique devaient y amener naturellement. Car, il en résultait nécessairement que la vitesse d'un poids qui descend suivant une courbe verticale décroît à mesure qu'il s'approche du point le plus bas, en raison du sinus de l'inclinaison horizontale de chaque élément parcouru : de sorte qu'on pouvait aisément concevoir que, par une forme convenable de la courbe, l'isochronisme des oscillations serait obtenu si le ralentissement se trouvait, en chaque point, compenser exactement la diminution de l'arc à décrire. La solution de ce dernier problème mathématique était réservée à Huyghens, la géométrie n'étant point assez avancée à l'époque de Galilée pour qu'il fût encore accessible. Galilée paraît avoir été seulement conduit par l'observation à regarder comme rigoureusement isochrones les oscillations circulaires, sans avoir nullement connu la restriction relative à leur amplitude très petite, quoique ses propres théorèmes permissent de l'apercevoir aisément.

A partir de la première idée du pendule, et de la connaissance du défaut d'isochronisme rigoureux dans le cercle, l'histoire, impossible à développer ici, de la solution de ce beau problème par les immortels travaux d'Huyghens devient un des plus admirables exemples de cette relation intime et nécessaire qui fait dépendre les questions pratiques les plus simples en apparence des plus éminentes recherches scientifiques. Après avoir découvert que l'égalité parfaite de la durée des oscillations quelconques n'appartenait qu'à la cycloïde, Huyghens, pour faire décrire cette courbe à son pendule, imagina un appareil aussi simple que possible, fondé sur la belle conception des développées, qui, transportée ensuite dans la géométrie abstraite, en est devenue un des élémens fondamentaux. Les difficultés d'une exécution précise, et surtout l'impossibilité pratique de maintenir un tel appareil suffisamment inaltérable, ont dû faire entièrement renoncer au pendule cycloïdal. Quand Huyghens l'eut reconnu, il déduisit de sa théorie un moyen heureux de revenir enfin au pendule circulaire, le seul vraiment admissible, en démontrant que, le rayon de courbure de la cycloïde à son sommet étant égal à la longueur totale de son pendule, il pouvait transporter, d'une manière suffisamment approchée, au cercle osculateur tout ce qu'il avait trouvé sur l'isochronisme et sur la mesure des oscillations cycloïdales, pourvu que les oscillations circulaires fussent toujours très petites, ce qu'il assura par l'ingénieux mécanisme de l'échappement, en appliquant le pendule à la régularisation des horloges. Mais cette belle solution ne pouvait encore devenir entièrement pratique, sans avoir préalablement traité une dernière question fondamentale, qui tient à la partie la plus élevée de la dynamique rationnelle, la réduction du pendule composé au pendule simple, pour laquelle Huyghens inventa le célèbre principe des forces vives, et qui, outre qu'elle était indispensable, indiquait à l'art de nouveaux moyens de modifier les oscillations sans changer les dimensions de l'appareil. Par un tel ensemble de découvertes pour une même destination, le beau traité *De Horologio oscillatorio* est peut-être l'exemple le plus remarquable de recherches spéciales que nous offre jusqu'ici l'histoire de l'esprit humain tout entière.

Depuis ce grand résultat, le perfectionnement des horloges astronomiques a été uniquement du domaine de l'art. Il a porté essentiellement sur deux points : la diminution du frottement, par un meilleur mode de suspension, et la correction des irrégularités dues aux variations de température, par l'ingénieuse invention des appareils compensateurs. Je n'ai point d'ailleurs à considérer ici les chronomètres portatifs, fondés sur la distension graduelle d'un ressort métallique plié en spirale, et dont l'étonnante perfection, presque égale aujourd'hui à celle des horloges astronomiques, est due essentiellement à l'art, la science y ayant peu contribué.

Tel est, en aperçu, l'ensemble des moyens par lesquels le temps est habituellement mesuré, d'une manière sûre, dans nos observations astronomiques, à une demi-seconde près, et quelquefois même avec une précision encore plus grande.

Considérons maintenant, sous un point de vue

général, le perfectionnement de la mesure des angles, dont l'histoire n'offre point toutefois un ensemble de recherches aussi intéressant.

Pour concevoir nettement d'abord, en quoi consiste, à cet égard, la difficulté essentielle, il suffit, ce me semble, de se représenter que, lorsqu'on se propose d'évaluer un angle seulement à une minute près, il faudrait, d'après un calcul très facile, un cercle de sept mètres de diamètre environ, en y accordant aux minutes une étendue d'un millimètre; et l'indication directe des secondes sexagésimales, en réduisant chacune à occuper un dixième de millimètre, exigerait un diamètre de plus de quarante mètres. D'un autre côté, en restant même fort au-dessous de dimensions aussi impraticables, l'expérience a démontré que, indépendamment de l'exécution difficile et de l'usage incommode, la grandeur des instrumens ne pouvait excéder certaines limites assez médiocres sans nuire nécessairement à leur précision, à cause de leur déformation inévitable par le poids, la température, etc. Les astronomes arabes du moyen âge ont vainement employé des instrumens gigantesques, sans en obtenir l'exactitude qu'ils y avaient cherchée; et on y a généralement renoncé depuis plusieurs siècles. Les télescopes à grandes dimensions qu'on remarque dans nos observatoires actuels sont uniquement destinés à procurer de forts grossissemens pour voir les astres les moins apparens, et ils seraient entièrement impropres à aucune mesure exacte. Tous les observateurs conviennent aujourd'hui que les instrumens destinés à mesurer les angles ne sauraient avoir sans inconvénient plus de trois ou quatre mètres de diamètre, quand il s'agit d'un cercle entier; et les plus usités n'ont guère que deux mètres. Cela posé, la question consiste essentiellement à comprendre comment on a pu parvenir à évaluer les angles à une seconde près, comme on le fait habituellement aujourd'hui, avec des cercles dont la grandeur permettrait à peine d'y marquer les minutes.

Trois moyens principaux ont concouru à produire un aussi grand perfectionnement : l'application des lunettes aux instrumens angulaires; l'usage du vernier; et enfin la répétition des angles.

Les astronomes se sont long-temps bornés à employer leurs lunettes pour distinguer dans le ciel de nouveaux objets, sans penser à l'usage bien plus important qu'ils en pouvaient faire pour augmenter la précision des mesures d'angles. Mais la curiosité primitive une fois satisfaite, le télescope devait être naturellement appliqué, comme il le fut par Morin un demi-siècle environ après son invention, à remplacer dans les instrumens angulaires les alidades des anciens et les pinnules du moyen âge, pour permettre de viser plus exactement. Cette heureuse idée put être entièrement réalisée lorsque Auzout eut imaginé, trente ans après, le réticule, destiné à fixer avec la dernière précision l'instant effectif du passage d'un astre par l'axe optique de la lunette. Enfin, ces importans perfectionnemens furent complétés, un siècle plus tard, par la mémorable découverte que fit Dollond, des objectifs achromatiques, qui ont tant augmenté la netteté des observations.

L'ingénieux procédé imaginé par Vernier, en 1631, pour subdiviser un intervalle quelconque en parties beaucoup moindres que les plus petites qu'on y puisse marquer distinctement, est la seconde cause fondamentale à laquelle nous devons la pércision actuelle des mesures angulaires. Les transversales de Tycho-Brahé avaient offert pour cela un premier moyen, d'un usage incommode et très limité, que l'emploi du vernier a fait avec raison entièrement oublier. On a pu ainsi déterminer aisément les angles, à une demi-minute près, par exemple, avec des cercles divisés seulement en sixièmes de degré. Ce simple appareil semble pouvoir procurer, par lui-même, une précision en quelque sorte indéfinie, qui n'est limitée, en réalité, que par la difficulté d'apercevoir assez distinctement la coïncidence des traits du vernier avec ceux du limbe.

Quelle que soit l'importance de la lunette et du vernier, la combinaison de ces deux moyens aurait été néanmoins insuffisante pour porter la mesure des angles jusqu'à la précision des secondes, sans une dernière cause essentielle de perfectionnement, l'idée éminemment heureuse de la répétition des angles, conçue d'abord par Mayer et réalisée plus tard par Borda, avec les modifications qu'exigeait la nature des observations astronomiques. Il est vraiment singulier qu'on ait été aussi long-temps à reconnaître que, l'erreur des instrumens angulaires étant nécessairement indépendante de la grandeur des angles à évaluer, il y aurait avantage, pour l'atténuer, à augmenter exprès, dans une proportion connue, chaque angle proposé, pourvu que cette multiplication s'effectuât sans dépendre en rien de l'exactitude de l'instrument : un procédé analogue était habituellement employé depuis des siècles, dans d'autres genres d'évaluation, il est vrai, et entre autres dans l'approximation indéfinie des racines numériques, qui repose directement sur le même principe. Quoi qu'il en soit, la répétition des angles était immédiatement exécutable, par un mécanisme très simple, relativement aux mesures terrestres, à cause de l'immobilité des points de mire. Mais, au contraire, le déplacement continuel des corps célestes, présentait, dans l'application d'un tel moyen, une difficulté spéciale, que Borda parvint à surmonter. En se bornant, comme on le peut presque toujours, à mesurer les distances zénithales des astres lorsqu'ils traversent le méridien, il est clair que, malgré son déplacement, l'astre reste, à cette époque, sensiblement à la même distance du zénith, pendant un temps assez long pour permettre d'opérer la multiplication de l'angle. Cette remarque est le fondement de la disposition imaginée par Borda.

C'est d'après ces diverses bases essentielles que d'habiles constructeurs ont pu donner aux instrumens angulaires une précision en harmonie avec celle des instrumens horaires, et qui impose maintenant à l'observateur la stricte obligation de pratiquer, avec une constance infatigable, les précautions minutieuses et les nombreuses rectifications dont l'expérience a fait reconnaître successivement la nécessité, pour tirer réellement de ces puissans appareils tous les avantages possibles.

Afin de compléter cet aperçu général des moyens fondamentaux sur lesquels repose la perfection des mesures astronomiques, il est indispensable de signaler ici l'instrument capital inventé par Roëmer sous le nom de *lunette méridienne*. Il est destiné à fixer avec une merveilleuse exactitude le véritable instant du passage d'un astre quelconque à travers le plan du méridien. Avec quelque soin que pût être exécuté un méridien matériel, il laisserait toujours à cet égard une incertitude inévitable. C'est pour l'éluder que Roëmer imagina de réduire ce plan à être purement géométrique, en le décrivant par l'axe optique d'une simple lunette convenablement disposée, ce qui suffit quand on veut seulement connaître le moment précis du passage. La distance zénithale correspondante est d'ailleurs mesurée nécessairement sur un cercle effectif; mais il peut ne pas coïncider entièrement avec le vrai méridien, sans qu'il en résulte aucune inexactitude sur cette distance, qui est, à une telle époque de mouvement, sensiblement invariable.

Enfin, il faut encore mentionner, comme instrumens essentiels, les divers appareils micrométriques successivement imaginés pour mesurer avec précision les diamètres apparens des astres, et généralement tous les petits intervalles angulaires.

Quoique la théorie en soit extrêmement facile, depuis le simple micromètre réticulaire jusqu'au micromètre à double image, il est néanmoins remarquable qu'ils aient tous été inventés par des astronomes, sans que les constructeurs y aient eu aucune part essentielle, comme le montre, au reste, l'histoire de tous les instrumens de précision. Cela tient principalement, sans doute, à l'éducation si imparfaite de la plupart des constructeurs habiles, dont plusieurs ont évidemment témoigné par leurs productions un génie mécanique plus que suffisant pour inventer spontanément les instrumens qu'ils se bornaient à exécuter, s'ils eussent pu en mieux sentir l'importance et en comprendre plus clairement la destination.

Après avoir considéré le perfectionnement des mesures astronomiques, soit angulaires, soit horaires, relativement aux principaux moyens matériels qu'on y emploie, il faut maintenant envisager les moyens intellectuels qui sont au moins aussi nécessaires, c'est-à-dire la théorie des corrections indispensables que les astronomes doivent faire subir à toutes les indications de leurs instrumens pour les dégager des erreurs inévitables dues à diverses causes générales, et surtout aux réfractions et aux parallaxes.

Il existe, comme je l'ai indiqué ci-dessus, une

harmonie fondamentale entre ces deux ordres de perfectionnemens. Car il faut des instrumens d'une certaine précision pour que la réfraction et la parallaxe deviennent suffisamment appréciables; et, d'un autre côté, il serait parfaitement inutile d'inventer des instrumens extrêmement exacts, si la réfraction ou la parallaxe devaient, à elles seules, apporter dans les observations une incertitude supérieure à celle qu'on se propose d'éviter par l'amélioration des appareils. Pourquoi, par exemple, les Grecs se seraient-ils efforcés de perfectionner beaucoup leurs instrumens, lorsque l'impossibilité où ils étaient de tenir compte des réfractions et des parallaxes introduisait nécessairement dans leurs mesures angulaires des erreurs habituelles de un à deux degrés, et quelquefois même davantage? C'est sans doute dans une telle corrélation qu'il faut chercher l'explication véritable de la grossièreté des instrumens grecs, qui forme un contraste si frappant avec la sagacité d'invention et la finesse d'exécution dont les anciens ont donné tant de preuves irrécusables dans d'autres genres de productions.

Ces corrections fondamentales peuvent être distinguées, d'après leurs causes, en deux classes. Les unes tiennent, d'une manière directe et évidente, à la position de l'observateur, et n'exigent aucune connaissance approfondie des phénomènes astronomiques : ce sont la réfraction et la parallaxe ordinaire proprement dite. Les autres, qui ont sans doute, au fond, la même origine, puisqu'elles proviennent des mouvemens de la planète sur laquelle l'observateur est situé, sont fondées, au contraire, sur le développement même des principales théories astronomiques : ce sont la parallaxe annuelle, la précession, l'aberration et la nutation. Nous devons nous borner, en ce moment, à envisager les premières, qui sont d'ailleurs habituellement les plus importantes, les autres étant plus convenablement examinées à mesure qu'il sera question des phénomènes compliqués dont elles dépendent.

Considérons, en premier lieu, la théorie générale des réfractions astronomiques.

La lumière qui nous vient d'un astre quelconque doit être, inévitablement, plus ou moins déviée par l'action de l'atmosphère terrestre, qu'elle est obligée de traverser dans toute son étendue avant d'agir sur nous. De là une source fondamentale d'erreur, dont toutes nos observations astronomiques ont besoin d'être soigneusement dégagées, avant de pouvoir servir à former aucune théorie précise. Conçue d'une manière générale, son influence consiste évidemment, d'après la loi de la réfraction, à rapprocher constamment l'astre du zénith, en le laissant toujours dans le même plan vertical; et cet effet, qui ne peut être rigoureusement nul qu'au zénith seul, devient graduellement de plus en plus considérable à mesure que l'astre descend vers l'horizon. La manifestation la plus simple de cette altération s'obtient en mesurant la hauteur du pôle, en un lieu quelconque, comme étant la moyenne entre les deux hauteurs méridiennes d'une même étoile circompolaire. Cette hauteur, qui naturellement devrait être exactement la même de quelque étoile qu'on se fût servi, éprouve au contraire des variations très sensibles suivant les diverses étoiles employées; et elle devient d'autant plus grande que l'étoile descend plus près de l'horizon, ce qui rend évidente l'influence de la réfraction.

Quoique l'altération qui provient d'une telle cause ne puisse porter immédiatement que sur les distances zénithales, il est clair que, par une suite nécessaire, elle doit affecter indirectement toutes les autres mesures astronomiques, à l'exception des azimuths, qui restent seuls inaltérables. Par cela même que l'astre se trouve élevé dans son plan vertical, sa distance au pôle, l'instant de son passage au méridien, l'heure de son lever et de son coucher, etc., éprouvent des modifications inévitables. Mais ces effets secondaires seraient évidemment très faciles à calculer avec exactitude par de simples formules trigonométriques, si l'effet principal était une fois bien connu. Toute la difficulté se réduit donc à découvrir la véritable loi suivant laquelle la réfraction diminue les diverses distances zénithales, et c'est en cela que consiste le grand problème des réfractions astronomiques, dont il s'agit maintenant d'apprécier la nature.

On en peut chercher la solution par deux voies opposées : l'une rationnelle, l'autre empirique, que les astronomes ont fini par combiner.

Si l'atmosphère terrestre pouvait être regardée comme homogène, la lumière n'y subirait qu'une seule réfraction à son entrée, et sa direction demeurant ensuite invariable, il serait aisé de calculer *à priori* la déviation, d'après la célèbre loi du rapport constant qui existe entre les sinus des angles que le rayon réfracté et le rayon incident font avec la normale à la surface réfringente : il resterait tout au plus à déterminer, par l'observation, un seul coefficient, si l'on ignorait la vraie valeur de ce rapport. Tel est le procédé très simple d'après lequel Dominique Cassini construisit la première table de réfractions un peu satisfaisante;

lorsque Descartes et Snellius eurent découvert cette loi générale de la réfraction. Il avait heureusement, jusqu'à un certain point, compensé, à son insu, ce que l'hypothèse d'homogénéité avait de profondément défectueux, en supposant à l'atmosphère une hauteur totale beaucoup trop petite. Mais la diminution de la densité des différentes couches atmosphériques à mesure qu'on s'élève est trop considérable, et d'ailleurs trop intimement liée à la notion même d'atmosphère, pour qu'une telle solution puisse être envisagée comme vraiment rationnelle. Or, c'est là ce qui fait la difficulté, jusqu'ici insurmontable, de cette importante recherche. Car il résulte de cette constitution nécessaire de l'atmosphère, non pas une réfraction unique, mais une suite infinie de petites réfractions toutes inégales et croissantes à mesure que la lumière pénètre dans une couche plus dense, en sorte que sa route, au lieu d'être simplement rectiligne, forme une courbe extrêmement compliquée, dont il faudrait connaître la nature pour calculer, par sa dernière tangente comparée à la première, la véritable déviation totale. La détermination de cette courbe deviendrait un problème purement géométrique, d'ailleurs plus ou moins difficile à résoudre, si la loi relative à la variation de la densité des couches atmosphériques pouvait être une fois exactement obtenue; ce qui, en réalité, doit être jugé impossible lorsqu'on veut tenir compte de toutes les causes essentielles.

Sans doute, en considérant l'équilibre mathématique de notre atmosphère comme simplement produit par la pression de ses diverses couches les unes sur les autres, en vertu de leur seule pesanteur, on trouve aisément la loi suivant laquelle leur densité varie; mais un tel état est évidemment tout-à-fait idéal. D'abord, l'atmosphère n'est jamais et ne saurait être en équilibre, et ses mouvemens peuvent altérer beaucoup la densité statique de ses diverses parties, en changeant leurs pressions. De plus, en supposant cet équilibre, il est clair que l'abaissement graduel et très considérable qu'éprouvent les températures atmosphériques à mesure qu'on s'élève, et même leurs variations non moins réelles dans le sens horizontal, doivent altérer notablement le mode de changement des densités qui correspondrait à la seule considération des pressions. La solution rationnelle du problème des réfractions astronomiques ne serait donc réductible à des difficultés purement mathématiques, qui pourraient bien d'ailleurs se trouver finalement très grandes, que si l'on avait préalablement découvert la véritable loi de la température dans l'atmosphère, sur laquelle nous n'avons encore aucune donnée exacte, et qu'on ne saurait guère espérer d'obtenir jamais d'une manière assez précise pour une telle destination. C'est pourquoi les travaux de Laplace et de quelques autres géomètres à cet égard ne peuvent être raisonnablement envisagés que comme de simples exercices mathématiques, dont l'influence sur le perfectionnement réel des tables de réfraction est fort équivoque. Il faut donc renoncer, au moins dans l'état présent de la science, et probablement aussi pour jamais, à établir d'une manière purement rationnelle une vraie théorie des réfractions astronomiques.

Quant au procédé empirique, il est aisé de comprendre que si les réfractions étaient rigoureusement constantes à une même hauteur, on en pourrait dresser facilement, par l'observation, des tables fort exactes et suffisamment étendues, pour les diverses distances zénithales. On peut d'abord mesurer la vraie hauteur du pôle, sans avoir besoin de connaître exactement les réfractions, par les deux hauteurs méridiennes d'une étoile très rapprochée du pôle, comme la polaire, entre autres, ce qui est surtout susceptible d'exactitude dans les latitudes supérieures à 45°. Cela posé, il suffit de choisir une étoile qui passe au méridien extrêmement près du zénith : en observant, à l'instant de ce passage, sa distance zénithale, qui fera connaître immédiatement sa distance polaire, on pourra calculer d'avance, par la simple résolution d'un triangle sphérique, sa véritable distance au zénith à telle époque précise qu'on voudra de son mouvement diurne. La parallaxe des étoiles étant tout-à-fait insensible, comme il sera dit plus bas, l'excès plus ou moins grand que l'on trouvera ainsi sur la distance apparente directement observée sera dû entièrement à la réfraction, dont il mesurera l'influence effective. Le grand nombre d'étoiles qui admettent convenablement de telles comparaisons permet, évidemment, des vérifications très multipliées, qui peuvent d'ailleurs être complétées, sous un autre point de vue, par la confrontation des résultats obtenus dans des observatoires différens, inégalement rapprochés du pôle. Telle est, en effet, essentiellement la marche laborieuse, mais sûre, que suivent les astronomes pour dresser leurs tables de réfraction, depuis que la grande précision de leurs instrumens, soit angulaires, soit horaires (sans laquelle ce procédé serait évidemment illusoire), a permis de l'adopter. Ils emploient néanmoins, d'une manière secondaire, l'une ou l'autre des diverses formules rationnelles proposées par les géomètres, mais seulement pour se diriger, ou pour remplir les lacunes inévitables que laisse l'observation. L'usage réel de ces formules est tellement peu fondamental désormais, dans les déterminations de ce genre, que l'on regarde comme presque indifférent, par exemple, de supposer la réfraction proportionnelle au sinus ou à la tangente de la distance zénithale apparente. Si des tables qu'on présente comme fondées sur des hypothèses mathématiquement aussi différentes coïncident néanmoins, en réalité, d'une manière presque absolue, jusqu'à 80° du zénith, c'est sans doute parce que ces hypothèses n'ont pas joué un rôle effectif bien important dans leur construction.

La marche ainsi caractérisée laisserait peu de regrets, du moins quant aux observations astronomiques, sur l'imperfection nécessaire de la théorie mathématique des réfractions, si l'on pouvait supposer une constance rigoureuse dans les résultats obtenus; mais il est malheureusement évident que les innombrables variations qui doivent survenir continuellement dans la densité, et par suite dans la puissance réfringente de chaque couche atmosphérique, en résultat de l'agitation de l'atmosphère et de ses changemens thermométriques, barométriques, et même hygrométriques, ne sauraient manquer d'altérer plus ou moins la fixité des réfractions. On tient compte, il est vrai, maintenant, d'une partie de ces modifications, en notant avec soin l'état du baromètre et celui du thermomètre au moment de chaque observation, ce qui permet d'apprécier, d'après deux lois physiques actuellement bien établies, les changemens survenus dans la densité, et par suite dans les réfractions. Mais, quelque précieuses que puissent être ces corrections, elles sont nécessairement fort imparfaites. Outre qu'elles ne concernent qu'une partie des causes d'altération, il faut encore y noter que, même à l'égard de cette partie, nos instrumens ne peuvent nous instruire, suivant la juste remarque de Delambre, que des variations thermométriques et barométriques de l'atmosphère à l'endroit où nous observons, et nullement de celles qu'ont pu éprouver toutes les autres portions du trajet de la lumière, et qui, quoique relatives à des couches moins denses, ont peut-être beaucoup contribué à l'effet total. Aussi ne faut-il point s'étonner des dissidences plus ou moins graves que présentent des tables de réfractions également bien dressées pour des observatoires différens, et même pour un lieu unique, en divers temps. On sait que Delambre a trouvé, du jour au lendemain, des différences inexplicables, et pourtant certaines, de quatre ou cinq minutes dans la réfraction horizontale, après avoir cependant tenu compte des indications du baromètre et du thermomètre, à la manière ordinaire. Toutefois, il importe de reconnaître, pour ne rien exagérer, que ces fâcheuses irrégularités deviennent seulement sensibles dans le voisinage de l'horizon, et disparaissent presque entièrement à 10° ou 15° d'élévation, ce qui fait présumer qu'elles proviennent principalement de l'état éminemment variable de la surface terrestre. Ainsi, la conclusion pratique de cet ensemble de considérations est qu'il faut, autant que possible, éviter d'observer très près de l'horizon, à cause de la trop grande incertitude des réfractions correspondantes, et c'est ce qu'on peut presque toujours faire en astronomie, tandis qu'on n'en a point, au contraire, la faculté dans les opérations géodésiques. Avec une telle précaution, la réfraction, qui est seulement d'une minute à 45° de distance zénithale, de 5′ ou 6′ à 80°, et d'environ 34′ à l'horizon, doit être regardée comme suffisamment connue, dans l'état actuel des mesures angulaires, d'après les tables maintenant usitées, surtout si l'on a soin de préférer, toutes choses d'ailleurs égales, dans chaque observatoire, celles qui y ont été construites. On voit donc que les inextricables difficultés fondamentales du problème des réfractions astronomiques n'exercent point, à beaucoup près, sur l'imperfection réelle de nos observations ordinaires, autant d'influence effective qu'elles semblent d'abord devoir le faire inévitablement.

Passons maintenant à la considération générale de la théorie des parallaxes, qui est, par sa nature, beaucoup plus facile, et par suite, bien plus satisfaisante.

Les observations célestes faites en des lieux différens ne seraient pas exactement comparables, si on ne les ramenait point sans cesse, par la pensée, à celles qu'on ferait d'un observatoire idéal, situé au centre de la terre, qui est d'ailleurs le véritable centre des mouvemens diurnes apparens. Cette correction, qu'on a nommée la *parallaxe*, est parfaitement analogue à celle que l'on fait journellement dans les opérations géodésiques, sous la dénomination plus rationnelle de *réduction au centre de la station;* et elle suit exactement les mêmes lois, sauf la difficulté d'évaluer les coefficiens.

Il est d'abord évident que l'effet de la parallaxe porte directement, comme celui de la réfraction, sur la seule distance zénithale, et consiste, en laissant toujours l'astre dans le même plan vertical, à l'éloigner du zénith, tandis que la réfraction l'en rapproche. Cette nouvelle déviation, qui aussi n'est rigoureusement nulle qu'au zénith, croît d'ailleurs constamment à mesure que l'astre descend vers l'horizon, ainsi que dans le cas de la réfraction, quoique ce ne soit pas suivant la même loi mathématique. De l'altération fondamentale de la distance au zénith, résultent pareillement aussi des modifications secondaires pour toutes les autres quantités astronomiques, excepté encore à l'égard des seuls azimuths; et qui s'en déduisent absolument de la même manière que dans la théorie des réfractions; en sorte que les mêmes formules trigonométriques servent pour les deux cas, en changeant seulement le signe de la correction et les valeurs des coefficiens. Toute la difficulté essentielle se réduit donc également à déterminer la rectification que doit subir la distance zénithale; ce qui, pour être effectué de la manière la plus rationnelle, consiste simplement ici dans un problème élémentaire de trigonométrie rectiligne, au lieu de présenter cet ensemble de profondes recherches physiques et mathématiques qui fera toujours le désespoir des géomètres dans la théorie des réfractions. Il convient, au reste, de noter que cette opposition d'effets assujettis à une marche semblable, a dû contribuer beaucoup à empêcher les astronomes de prendre plus promptement en considération, soit la réfraction, soit la parallaxe, dont une telle opposition tend à dissimuler, quoique très imparfaitement sans doute, l'influence propre dans les observations effectives.

A l'inspection du triangle rectiligne formé par le centre de la terre, l'observateur et l'astre, il est clair que la loi mathématique de la parallaxe consiste en ce que le sinus de la parallaxe est nécessairement proportionnel à celui de la distance zénithale apparente. La raison constante de ces deux sinus, qui constitue ce qu'on appelle justement la parallaxe horizontale, est évidemment égale au rapport entre le rayon de la terre et la distance de son centre à l'astre; du moins en supposant la terre sphérique, ce qui est pleinement suffisant dans toute cette théorie. D'après ces lois simples et exactes, il est sensible que la parallaxe ne produit point, comme la réfraction, un effet commun sur tous les astres, son influence est, au contraire, fort inégale suivant les astres que l'on considère, et même selon les diverses situations de chacun d'eux. Elle est complètement insensible pour tous ceux qui sont étrangers à notre système solaire, à cause de leur immense éloignement; et elle varie extrêmement, dans l'intérieur de ce système, depuis la parallaxe horizontale d'Uranus, qui ne peut jamais atteindre entièrement une demi-seconde, jusqu'à celle de la lune, qui peut quelquefois surpasser un degré. C'est là ce qui établit, dans les calculs astronomiques, une profonde distinction entre la théorie des parallaxes et celle des réfractions.

La détermination rationnelle de tout ce qui concerne les parallaxes repose donc finalement sur l'évaluation des distances des astres à la terre; et en ce sens, cette théorie préliminaire ne fait pas seulement partie, comme celle des réfractions, des méthodes d'observation en astronomie; elle constitue déjà une portion directe de la science proprement dite; et même elle se rattache à l'ensemble de la géométrie céleste, par le besoin qu'elle a de connaître la loi du mouvement de chaque astre, pour prendre facilement en considération les changemens continuels de ces distances. Sous ce rapport, nous devons nécessairement renvoyer à la leçon suivante pour l'estimation *à priori* des coefficiens propres à la théorie des parallaxes. Mais, quoique ce mode d'évaluation soit, sans aucun doute, le plus sûr et le plus précis, il importe néanmoins de remarquer ici que ces coefficiens peuvent être essentiellement déterminés, en éludant la connaissance directe des distances des astres à la terre, par un procédé empirique, analogue à celui expliqué ci-dessus à l'égard des réfractions.

Il suffit, en effet, après avoir choisi un lieu et un temps tels, que l'astre proposé passe au méridien très près du zénith, de mesurer, pendant quelques jours consécutifs, sa distance polaire, de manière à pouvoir connaître fort approximativement la valeur de cette distance à un instant quelconque de la durée de l'opération. Cela posé, en calculant pour cet instant, d'après l'angle horaire et ses deux côtés, la vraie distance de l'astre au zénith, quand il en est très éloigné, sans cependant qu'il approche trop de l'horizon, à 75° ou 80°, par exemple, la comparaison de cette distance avec celle qu'on observera réellement en ce moment fera évidemment apprécier la parallaxe correspondante, et par suite, la parallaxe horizontale; pourvu toutefois que la distance apparente ait été, préalablement, bien corrigée de la réfraction. Tel est le procédé par lequel on constate le plus aisément que la parallaxe de toutes les étoiles est absolument insensible. Il présente, évidemment, le grave inconvénient de faire immédiatement dépendre la détermination des parallaxes, de celle des réfractions, et de transporter, par conséquent, à la première, toute l'incertitude qui existera toujours plus ou moins pour la seconde. Cette incertitude a peu d'influence dans une telle application, lorsqu'il s'agit d'un astre dont la parallaxe est très forte, comme la lune surtout. Mais elle devient très sensible à l'égard des astres plus éloignés; et, pour le soleil, par exemple, une telle méthode pourrait produire une erreur d'un tiers ou même de moitié, en plus ou en moins, sur la vraie valeur de sa parallaxe horizontale. Enfin, le procédé deviendrait totalement inapplicable aux corps les plus lointains de notre monde, et non-seulement à Uranus, mais à Saturne, et même à Jupiter. Pour tous ces astres, il devient indispensable de recourir à la détermination directe de leurs distances à la terre, qui seront considérées dans la leçon suivante. J'ai cru, néanmoins, que l'indication générale d'un tel procédé présentait ici un véritable intérêt philosophique, en montrant que, jusqu'à un certain point, les astronomes pouvaient connaître, par des observations faites en un lieu unique, les vraies distances des astres à la terre, au moins comparativement à son rayon; ce qui semble d'abord géométriquement impossible.

Pour avoir un aperçu complet de l'ensemble actuel des moyens d'observation nécessaires en astronomie, je crois devoir enfin y faire rentrer, contrairement aux usages ordinaires, la formation de ce qu'on appelle un catalogue d'étoiles, c'està-dire un tableau mathématique des directions exactes suivant lesquelles nous apercevons les diverses étoiles. Relativement à l'astronomie sidérale, une telle détermination constitue sans doute une connaissance directe et fondamentale; mais, pour notre astronomie solaire, on n'y peut voir réellement qu'un précieux moyen d'observation, qui nous fournit des termes de comparaison, indispensables à l'étude des mouvemens intérieurs de notre monde. Tel est, en effet, depuis Hipparque, l'usage essentiel des catalogues d'étoiles.

Afin de marquer exactement les positions angulaires respectives de tous les astres, les astronomes emploient constamment, d'après Hipparque qui en eut le premier l'idée, deux coordonnées sphériques fort simples, qui ont une parfaite analogie avec nos deux coordonnées géographiques, dont, au reste, Hipparque est également l'inventeur. L'une, analogue à la latitude terrestre, est la *déclinaison* de l'astre, c'est-à-dire sa distance à l'équateur céleste, mesurée sur le grand cercle mené du pôle à l'astre. L'autre, connue sous la dénomination peu heureuse d'*ascension droite*, correspond à notre longitude géographique : elle consiste dans la distance du point où le grand cercle précédent vient couper l'équateur à un point fixe choisi sur cet équateur, et qui est ordinairement celui de l'équinoxe du printemps pour notre hémisphère. Il faut d'ailleurs, évidemment, afin que la détermination soit rigoureusement complète, noter le signe de chaque coordonnée, ce que les astronomes ont l'habitude de faire en distinguant les déclinaisons en boréales et australes, et les ascensions droites, en orientales et occidentales.

Le moyen le plus simple de mesurer avec précision ces deux coordonnées angulaires à l'égard d'un astre quelconque, consiste à observer son passage au méridien. L'heure exacte de ce passage, donnée par la lunette méridienne et l'horloge astronomique, étant comparée à celle qui correspond au passage du point équinoxial, fait connaître immédiatement l'ascension droite de l'astre, après avoir converti les temps en degrés, suivant la règle ordinaire du mouvement diurne. D'une autre part, la distance de l'astre au zénith, exactement évaluée à l'aide du cercle répétiteur, étant comparée à la hauteur du pôle, donne évidemment la déclinaison par une simple addition ou soustraction. Il est d'ailleurs bien entendu que les indications des deux instrumens doivent être préalablement rectifiées d'après les deux corrections fondamentales de la réfraction et de la parallaxe examinées ci-dessus, qui se réduisent à la première pour les étoiles. Nous considérerons plus tard les autres corrections moins considérables, mais nécessaires aujourd'hui. Tel est le procédé facile et exact d'après lequel on construit tous les catalogues d'étoiles.

Pour que ces catalogues remplissent convenablement l'office auquel ils sont destinés, il importe sans doute qu'ils comprennent le plus grand nombre d'astres possible; mais il est encore plus essentiel que ces astres se trouvent répartis dans toutes les régions du ciel. Du reste, les astronomes sont, à cet égard, à l'abri de tout reproche, par l'excellente habitude qu'ils ont contractée de déterminer, autant qu'ils le peuvent, les coordonnées de chaque nouvelle étoile qu'ils viennent à apercevoir; ce qui a dû finir par rendre nos catalogues nécessairement très volumineux, au point de comprendre aujourd'hui jusqu'à cent vingt mille étoiles, quoique l'hémisphère austral soit encore peu exploré.

Il serait inutile de mentionner spécialement ici le système de classification et de nomenclature que les astronomes emploient pour cette multitude d'astres.

Ce système est sans doute, extrêmement peu

rationnel, surtout en ce qui concerne la nomenclature, qui porte encore si profondément l'empreinte barbare de l'état théologique primitif de l'astronomie. Il ne serait certainement pas difficile de le remplacer, si l'on en éprouvait vivement le besoin, par un système vraiment méthodique. On y rencontrerait, évidemment, bien moins d'obstacles que n'en présentait la formation de la nomenclature chimique, par exemple, les objets à classer et à désigner étant ici de la plus grande simplicité possible, puisque tout se réduit essentiellement à des positions. Mais c'est précisément cette extrême simplicité qui doit empêcher les astronomes d'attacher une importance majeure à un système rationnel, quoiqu'il pût faciliter secondairement leurs observations, en permettant, s'il était heureusement construit, de retrouver plus promptement dans le ciel la position d'une étoile d'après son seul nom méthodique, et réciproquement. Un tel perfectionnement, qui finira, sans doute, par s'établir dans la suite, n'est nullement urgent. Ce qui fait réellement reconnaître et retrouver une étoile, ce n'est pas son nom, qui pourrait presque être totalement supprimé sans inconvénient; ce sont uniquement les valeurs assignées par le catalogue à ses deux coordonnées sphériques; et, sous ce rapport essentiel, la classification, qui résulte de la division fondamentale du cercle, est certainement aussi parfaite que possible, ainsi que la nomenclature correspondante : tout le reste est de peu d'importance. Je ne crois donc pas devoir proposer ici aucun changement à cet égard dans les usages établis, qui, quelque imparfaits qu'ils soient, ont l'immense avantage d'être universellement adoptés. Je me borne seulement à demander à ce sujet qu'on remplace désormais, ce qui serait très facile, par l'expression exacte de *clarté,* la dénomination vicieuse de *grandeur* appliquée aux étoiles, qui a l'inconvénient de tendre à induire en erreur, en faisant supposer que les étoiles les plus brillantes sont nécessairement les plus grandes ; tandis que la proximité compense peut-être, en réalité, la petitesse, dans un grand nombre de cas ; ce que nous ignorons totalement jusqu'ici. Le mot *clarté* aurait l'avantage d'être le strict énoncé du fait.

Tels sont, en aperçu, dans leur ensemble total, les divers moyens généraux d'observation propres à l'astronomie, et dont la réunion a été indispensable pour apporter dans les déterminations modernes l'admirable précision qui les distingue maintenant. On peut aisément résumer, sous ce rapport, l'ensemble des progrès depuis l'origine de la science, d'après ce simple rapprochement : en ce qui concerne les mesures angulaires, par exemple, les anciens observaient à la précision d'un degré tout au plus ; Tycho-Brahé parvint le premier à pouvoir répondre ordinairement d'une minute, et les modernes ont porté la précision habituelle jusqu'aux secondes. Ce dernier perfectionnement est tellement récent que toutes les observations qui remontent au-delà d'un siècle à partir d'aujourd'hui, c'est-à-dire qui sont antérieures à l'époque de Bradley, de Lacaille et de Mayer, doivent être regardées comme inadmissibles dans la formation exacte des théories astronomiques actuelles, attendu qu'elles n'ont point la précision qu'on y exige aujourd'hui.

Je me suis particulièrement attaché, dans cette revue philosophique, à faire nettement ressortir l'harmonie fondamentale qui existe nécessairement entre les différens moyens d'observation. Si cette harmonie a sans doute puissamment contribué à leur perfectionnement respectif, il faut également reconnaître qu'elle y pose des limites inévitables, indépendamment de celles plus éloignées qui tiennent à la nature de l'organisation humaine, puisque ces moyens se bornent mutuellement. Quelle pourrait être, par exemple, l'importance astronomique réelle d'un accroissement notable dans la précision actuelle des instrumens angulaires ou horaires, tant que la connaissance des réfractions restera aussi imparfaite qu'elle l'est? Mais, d'ailleurs, rien évidemment n'autorise à penser que nous ayons déjà atteint à cet égard les limites qui nous sont naturellement imposées par l'ensemble des conditions du sujet.

Après avoir suffisamment considéré, pour la destination de cet ouvrage, les instrumens généraux, matériels ou intellectuels, de l'observation astronomique, nous devons commencer, sans autre préparation, dans la leçon suivante, l'examen philosophique de la géométrie céleste, c'est-à-dire, étudier de quelle manière la connaissance précise des phénomènes géométriques des astres de notre monde a pu être exactement ramenée à de simples élaborations mathématiques, basées sur des mesures dont nous avons ci-dessus apprécié les divers procédés fondamentaux.

VINGT-UNIÈME LEÇON.

Considérations générales sur les phénomènes géométriques élémentaires des corps célestes.

Les phénomènes géométriques qui peuvent être le sujet de nos recherches dans le système solaire dont nous faisons partie forment deux classes bien distinctes : les uns se rapportent à chaque astre envisagé comme immobile, et comprennent sa distance, sa figure, sa grandeur, l'atmosphère dont il est peut-être entouré, etc., en un mot tous les élémens essentiels qui le caractérisent directement; les autres sont relatifs à l'astre considéré dans ses déplacemens, et se réduisent à la comparaison mathématique des diverses positions qu'il occupe aux différentes époques de sa course périodique. Le premier ordre de phénomènes est, par sa nature, tout-à-fait indépendant du second, quoique, pour obtenir des déterminations plus exactes, on soit fréquemment obligé, comme nous allons le voir, de l'y rattacher. Il continuerait d'avoir lieu quand même le ciel ne nous offrirait plus d'autre spectacle que la rigoureuse invariabilité de son mouvement journalier : il serait, dans cette hypothèse idéale, le seul objet de nos études astronomiques. Au contraire, le second ordre de phénomènes dépend nécessairement du premier, au moins en ce qui concerne les positions. Enfin, l'étude des derniers phénomènes doit être, par sa nature, plus difficile et plus compliquée, en même temps qu'elle constitue seule le véritable but définitif de la géométrie céleste, la prévision exacte de l'état du ciel à une époque quelconque, à l'égard duquel la connaissance des premiers phénomènes n'est qu'un préliminaire indispensable. Cette division n'est donc point purement artificielle. On pourra l'exprimer commodément en employant les expressions de phénomènes *statiques* pour le premier ordre, et phénomènes *dynamiques* pour le second, à la condition toutefois de n'attacher ici à ces termes qu'un simple sens géométrique. Telle est la division rationnelle d'après laquelle je me propose d'examiner l'esprit de la géométrie céleste. Cette leçon sera essentiellement consacrée à la considération des phénomènes statiques, et je ne ferai qu'y ébaucher l'analyse des phénomènes dynamiques, dont l'examen, nécessairement bien plus étendu, sera le sujet spécial des deux leçons suivantes, conformément au tableau synoptique contenu dans le premier volume de cet ouvrage.

La détermination la plus fondamentale à l'égard des astres consiste dans l'évaluation de leurs distances à la terre, et, par suite, entre eux, qui est la première base nécessaire de toutes les spéculations mathématiques dont les corps célestes peuvent être l'objet, soit sous le point de vue géométrique, soit sous le point de vue mécanique. Cherchons à nous faire une juste idée générale des moyens par lesquels on a pu obtenir cette donnée capitale, relativement à tous les astres de notre monde.

Il ne saurait exister à cet égard d'autre procédé élémentaire que celui imaginé, dès l'origine de la géométrie, pour connaître, en général, les distances des corps inaccessibles. Une telle distance ne peut jamais être déterminée par la seule direction précise dans laquelle le corps est aperçu d'un point de vue unique, mais en comparant exactement la différence des directions qui correspondent à deux points de vue distincts avec l'écartement mutuel, préalablement bien connu, de ces deux points de vue. En termes plus géométriques, il est clair que la distance angulaire observée à chacune des deux stations, entre l'astre et l'autre station, conjointement avec l'intervalle linéaire de ces stations, permet de résoudre le triangle rectiligne formé par l'astre et les deux points de vue, ce qui fait connaître la distance cherchée. Telle est la méthode fondamentale qui semble, par sa nature, devoir être exactement applicable à quelque distance que ce soit.

Mais, en l'examinant avec plus d'attention, on reconnaît, au contraire, qu'elle est en réalité nécessairement limitée, dans les cas astronomiques, par l'imperfection plus ou moins inévitable des mesures angulaires, dont le degré actuel de précision a été fixé dans la leçon précédente. En effet, la résolution de ce triangle exige indispensablement la connaissance du troisième angle, celui dont le sommet est au point inaccessible proposé. Si donc, par l'immensité de la distance, ou par la petitesse de la base, cet angle se trouve être extrêmement petit, il sera fort mal connu, et, par suite, la distance sera très inexactement calculée. Cet inconvénient est d'autant plus possible, qu'un tel angle ne pouvant être, par sa nature, directement évalué, mais seulement conclu des deux autres, suivant la règle ordinaire, comme étant le supplément de leur somme, l'incertitude des observations y sera nécessairement doublée ; en sorte que, dans l'état présent de nos mesures, on n'en pourra pas répondre ordinairement à moins de deux secondes près. Il suit de là que si l'angle est, en réalité, moindre que deux secondes, il ne saurait être nullement connu, et que, dans ce cas, on pourra seulement déterminer une limite inférieure de la distance cherchée, sans savoir, en aucune manière, si cette distance est effectivement beaucoup au-delà ou très rapprochée d'une telle limite.

Dans tous les cas terrestres, nous avons, il est vrai, la faculté d'échapper complètement à cet inconvénient radical, quelque grande que puisse être la distance proposée, en augmentant convenablement l'intervalle des deux stations. C'est pourquoi les longueurs terrestres sont susceptibles d'être mesurées avec beaucoup plus de précision que les distances célestes, l'angle à l'objet étant non-seulement toujours très sensible, mais pouvant même avoir constamment la grandeur que nous jugeons la plus favorable à l'exactitude du résultat. Il ne saurait en être ainsi pour les cas célestes, la nécessité qui nous renferme dans les limites de notre planète imposant des bornes fort étroites, et souvent, en effet, très insuffisantes, à l'agrandissement possible de nos bases. Telle est la difficulté fondamentale que présente la détermination des distances astronomiques, et qui restreint considérablement nos connaissances à cet égard, comme nous allons l'expliquer en examinant sous ce rapport les différens cas principaux.

Envisageons d'abord, pour bien fixer les idées, l'astre dont la distance peut être le plus exactement calculée, en mesurant sur la terre une très grande base. Quand on voulut déterminer avec toute la précision possible la parallaxe horizontale de la lune, vers le milieu du siècle dernier, Lacaille se transporta au cap de Bonne-Espérance et Lalande à Berlin, afin d'y observer la distance zénithale de cet astre en un même instant, bien convenu d'avance d'après un signal céleste quelconque, par exemple au milieu d'une éclipse exactement prévue. Les latitudes et les longitudes des deux stations, choisies, pour plus de facilité, sous deux méridiens très rapprochés, permettaient préalablement de connaître sans peine, du moins comparativement au rayon de la terre, la grandeur linéaire de la base, qui est à peu près la plus étendue que notre globe puisse effectivement nous offrir. Cela posé, l'observation directe des deux distances zénithales procurait immédiatement toutes les données nécessaires à la résolution du triangle rectiligne d'où résultait la distance cherchée. Une telle opération, dans laquelle l'angle à la lune était presque de deux degrés, devait faire connaître très exactement la distance de cet astre, qui, dans sa valeur moyenne, est d'environ soixante rayons terrestres, et sur laquelle on peut ainsi garantir que l'erreur n'excède point deux myriamètres.

Le même moyen pourrait être directement appliqué, quoique avec une précision bien moins grande, à quelques astres plus éloignés, surtout à Vénus et même à Mars, dans le moment où ces deux planètes sont à leur moindre distance de la terre. Mais il devient beaucoup trop incertain à l'égard du soleil, sur la distance duquel une semblable opération laisserait une incertitude d'au moins un huitième, ou d'environ deux millions de myriamètres. Enfin, il est tout-à-fait insuffisant envers les astres plus lointains de notre système.

L'ingénieux procédé général d'après lequel les astronomes sont enfin parvenus à surmonter ces difficultés fondamentales, consiste à se servir des plus petites distances, à l'égard desquelles les bases terrestres suffisent, afin de s'élever aux plus grandes, d'après la liaison qu'établissent entre elles certains phénomènes, long-temps inaperçus ou négligés; de manière, en quelque sorte, à utiliser les premières, comme d'immenses bases nouvelles, pour l'évaluation des autres. Considérons, en général, la nature et les limites nécessaires d'un tel procédé.

Il faut, à cet effet, distinguer deux cas essentiels : celui du soleil, et ensuite celui de tous les autres astres.

Dès l'origine de la véritable astronomie, Aristarque de Samos avait imaginé un moyen fort ingénieux de rattacher la distance du soleil à celle de la lune par une considération très simple, propre à faire comprendre, plus aisément qu'aucune autre, en quoi peuvent généralement consister de semblables rapprochemens. Nous ne pouvons évaluer directement le rapport de ces deux distances, parce que, dans le triangle où elles se trouvent, l'angle à la terre est le seul qui puisse être immédiatement observé, tandis que, cependant, il faudrait encore connaître l'angle à la lune, ce qui semble exiger, en général, que les distances soient données. Or, il y a, dans le cours mensuel de la lune, un instant particulier où cet angle se trouve être naturellement tout estimé d'avance; c'est celui de l'un ou l'autre quartier, où il est nécessairement droit. Il suffirait donc d'observer la distance angulaire de la lune au soleil au moment exact de la quadrature, pour avoir aussitôt, par la sécante de cet angle, la valeur du rapport entre la distance solaire et la distance lunaire. Telle est la méthode d'Aristarque. Mais, malheureusement, elle ne comporte, en réalité, aucune précision, vu l'impossibilité de saisir avec l'exactitude nécessaire le véritable instant de la dichotomie, et la grande influence qu'une erreur médiocre à cet égard peut exercer sur le résultat final, l'angle à la terre se trouvant être presque droit. Aussi Aristarque avait-t-il trouvé par là que la distance du soleil était seulement dix-neuf à vingt fois celle de la lune, ce qui est environ vingt fois trop petit. Sans doute, une opération de ce genre recommencée aujourd'hui donnerait une conclusion beaucoup moins erronée. Mais il est certain qu'on ne saurait déterminer ainsi la distance du soleil, même avec autant d'exactitude que le permettrait l'emploi immédiat d'une base terrestre. La méthode d'Aristarque ne peut donc servir qu'à indiquer nettement l'esprit général de ces procédés indirects.

L'observation des passages de Mercure, et surtout de Vénus, sur le soleil, a offert à Halley, vers le milieu du siècle dernier, un moyen bien plus détourné, et qui supposait un bien plus grand développement de la géométrie céleste, mais qui est aussi infiniment plus exact, et le seul admissible aujourd'hui, pour déterminer la parallaxe relative de chacun de ces astres et du soleil, et par suite la distance de celui-ci à la terre, d'après la seule indication de la différence très sensible que peut présenter la durée du passage observé en deux stations fort éloignées. Je ne dois caractériser ce procédé que dans la vingt-troisième leçon quand j'aurai convenablement examiné les lois astronomiques sur lesquelles il est fondé. Il me suffit ici, après l'avoir mentionné, de dire, par anticipation, qu'il permet, comme nous le verrons, d'évaluer la distance du soleil à la terre à moins d'un centième près. C'est ainsi que les fameuses opérations exécutées sur le plan de Halley, par divers astronomes, au sujet des passages de Vénus en 1761, et surtout en 1769, ont assigné; à la parallaxe horizontale moyenne du soleil, une valeur définitive de 8",6; ce qui revient à dire que la distance du soleil à la terre est, à très peu près, quatre cents fois plus grande que la moyenne distance de la lune, indiquée ci-dessus. L'incertitude d'un tel résultat est, au plus, de 160000 myriamètres.

Cette distance fondamentale étant, ainsi, bien déterminée, la connaissance du mouvement de la terre permet de la prendre pour base de l'estimation des autres distances astronomiques plus considérables. Il suffit, en effet, d'observer la distance angulaire du soleil à l'astre proposé, à deux époques séparées par un intervalle de six mois, qui correspond à deux positions diamétralement opposées de la terre dans son orbite. On a dès lors, pour calculer la distance linéaire de cet astre, un triangle immense, dont la base est double de la distance de la terre au soleil. C'est ainsi que la découverte du mouvement de notre planète nous a permis d'appliquer, à la mesure des espaces célestes, une base vingt-quatre mille fois plus étendue que la plus grande qui puisse être conçue sur notre globe. A la vérité, quand il s'agit d'une planète, ce qui est jusqu'ici le seul cas réel, le déplacement de l'astre, pendant le temps qui s'écoule entre les deux observations comparatives, doit nécessairement affecter plus ou moins l'exactitude du résultat. Mais, il faut considérer, à ce sujet, qu'un tel procédé est exclusivement destiné, par sa nature, aux planètes les plus lointaines, qui sont, de toute nécessité, comme nous l'expliquerons dans la suite, les moins rapides; en sorte qu'on pourrait d'abord, pour une première approximation, négliger entièrement leur déplacement, surtout à l'égard d'Uranus. Cela est d'autant moins nuisible que les proportions de notre monde n'exigent nullement un intervalle de six mois, supposé ci-dessus afin de présenter d'un seul coup toute la portée du procédé; deux mois et même un seul suffisent pleinement, envers les planètes les plus éloignées, pour obtenir, en choisissant des situations favorables, un angle à l'astre qui soit très appréciable : or, pendant un temps aussi court, une planète, telle que Saturne par exemple, qui met environ trente ans à parcourir le ciel, pourra être envisagée comme sensiblement immobile; et, si l'astre est moins lent, il ne faudra, par compensation, qu'un moindre intervalle, puisqu'il sera plus rapproché. Enfin, il est possible de prendre en suffisante considération le petit déplacement de la planète, d'après la théorie géométrique de son mouvement propre, dans l'application de laquelle on pourra se contenter ici de la première approximation déjà obtenue pour la distance cherchée.

C'est ainsi que les astronomes ont pu déterminer avec exactitude les positions réelles des astres les plus lointains dont notre monde soit composé. Quand on considère les valeurs de ces distances en myriamètres, ou seulement même en rayons terrestres, elles sont nécessairement affectées de l'incertitude indiquée plus haut sur la distance de la terre au soleil. Mais, si l'on se borne à envisager leurs rapports à cette dernière distance, ce qui est le cas le plus ordinaire et le seul important en astronomie, il est clair que le procédé précédent comporte une précision bien supérieure. Les nombres par lesquels on exprime habituellement ces rapports, sont certains aujourd'hui jusqu'à la troisième décimale au moins.

L'immense accroissement de la base d'observation, qui résulte de la connaissance du mouvement de la terre, est, évidemment, le plus grand qui nous soit permis : si nous avons pu, en quelque sorte, franchir ainsi les limites de notre globe, celles de l'orbite qu'il parcourt sont nécessairement insurmontables. Or, cette base, quelque prodigieuse qu'elle doive nous paraître, devient, à son tour, du moins jusqu'ici, totalement illusoire, aussitôt que nous voulons estimer l'éloignement des astres étrangers à notre système. En lui donnant alors toute l'étendue possible, par un intervalle de six mois entre les deux observations, la somme des deux distances angulaires ne laisse point, pour l'angle à l'étoile, une quantité qui soit même légèrement supérieure à l'erreur totale d'une telle mesure, dans l'état actuel de nos moyens. Nous ne pouvons donc assigner encore, à cet égard, qu'une simple limite inférieure, nécessairement insuffisante, en établissant seulement avec certitude que l'étoile la plus voisine est, au moins, deux cent mille fois plus éloignée que le soleil, ou dix mille fois plus lointaine que la dernière planète de notre système; ce qui suffit pleinement, il est vrai, pour constater l'indépendance de notre monde. J'indiquerai dans la suite l'ingénieux procédé récemment imaginé par M. Savary, et d'après lequel on peut espérer d'obtenir plus tard, pour certaines étoiles, des limites supérieures de distance, plus ou moins rapprochées des limites inférieures.

Après avoir déterminé exactement les distances de tous les astres de notre monde à la terre, il est aisé de comprendre comment on calcule leurs distances mutuelles, puisque, dans le triangle où chacune est contenue, deux côtés sont déjà donnés et l'angle à la terre peut toujours être mesuré. C'est seulement pour la lune et le soleil que les distances à la terre méritent d'être soigneusement retenues. Quant à tous nos autres astres, de telles distances sont beaucoup trop variables et d'ailleurs trop peu importantes en astronomie pour qu'il convienne de les considérer directement. On doit se borner, comme le font depuis long-temps les astronomes, à mentionner les distances des planètes au soleil, et celle de chaque satellite à sa planète, lesquelles n'éprouvent que de légères variations, dont nous aurons plus tard à nous occuper.

Tel est l'ensemble des moyens que possède aujourd'hui l'astronomie pour déterminer les diverses distances célestes. On voit que, comme le bon sens l'indiquait d'avance, nous les connaissons d'autant plus exactement qu'elles sont plus petites, au point d'ignorer totalement les plus considérables. On doit aussi remarquer déjà cette harmonie qui lie profondément entre elles toutes les parties de la science astronomique, puisque la détermination la plus simple et la plus élémentaire se trouve finalement dépendre, dans la plupart des cas, des théories les plus délicates et les plus compliquées de la géométrie céleste.

J'ai cru devoir insister sur cette première recherche, comme étant la plus fondamentale, en même temps qu'elle me paraît la plus propre à faire ressortir l'esprit général des méthodes astronomiques. Cela nous permettra, d'ailleurs, d'examiner maintenant avec plus de rapidité, sous le point de vue philosophique de cet ouvrage, les autres déterminations statiques dont la géométrie céleste est composée.

Les distances des astres à la terre étant une fois bien connues, l'étude de leur figure et de leur grandeur ne peut plus présenter d'autre difficulté que celle d'une observation suffisamment précise, en réservant toutefois la question à l'égard de notre propre planète, qui sera ci-après spécialement considérée. Cette recherche est, en effet, par sa nature, du ressort de l'inspection immédiate. L'éloignement même où ces grands corps sont placés de nos yeux est une circonstance éminemment favorable qui nous permet d'embrasser d'un seul regard l'ensemble de leur forme, en même temps que leur mouvement ou le nôtre nous les fait voir successivement sous tous les aspects possibles. La distance, il est vrai, pourrait être tellement grande que les dimensions et, par suite, la forme nous devinssent totalement imperceptibles : tel est le cas de tous les astres extérieurs à notre monde, qui ne sont aperçus, dans les plus puissans télescopes, que comme des points mathématiques d'un très vif éclat, et dont la sphéricité ne nous est réellement indiquée que par une induction très forte. C'est aussi ce qui arrive jusqu'ici pour quelques corps secondaires de notre propre système, pour les satellites d'Uranus par exemple, et même, à un certain degré, pour les quatre petites planètes situées entre Mars et Jupiter. Mais tous les astres de quelque importance dans notre monde comportent, à cet égard, une exploration complète, du moins avec nos instrumens actuels. Il suffit donc de mesurer soigneusement, par les meilleurs moyens micrométriques, leurs diamètres apparens dans tous les sens possibles, pour juger immédiatement de leur véritable figure, après avoir toutefois effectué les deux corrections fondamentales de la réfraction et de la parallaxe. Si la figure de la terre a été long-temps mise en question, et si sa connaissance exacte a exigé les recherches les plus difficiles et les plus laborieuses, comme je l'indiquerai plus bas, il n'a jamais pu en être ainsi du soleil et de la lune, et successivement de tous les autres astres de notre système ; à mesure que le perfectionnement de la vision artificielle a permis de les explorer assez distinctement. Un seul cas a dû présenter, à cet égard, une véritable difficulté scientifique. C'est celui des deux singuliers satellites annulaires dont Saturne est immédiatement entouré. L'étrangeté de leur figure a exigé que, pour la bien reconnaître, Huyghens, guidé par des apparences long-temps inexplicables, formât à ce sujet une heureuse hypothèse, qui a satisfait ensuite à toutes les observations. Il en a été ainsi, jusqu'à un certain point, dans l'origine de la science astronomique, à l'égard de la lune, par la diversité de ses aspects, quoique la plus simple géométrie permette ici de décider la question. A ces seules exceptions près, l'inspection immédiate a évidemment suffi pour reconnaître la sphéricité presque parfaite de tous nos astres (1), et pour

(1) Il semble nécessaire d'en excepter les quatre petites planètes dé-

s'apercevoir plus tard qu'ils sont tous légèrement aplatis dans le sens de leur axe de rotation et renflés dans leur équateur. La quantité de cet aplatissement a pu même être exactement mesurée avec des micromètres perfectionnés. Le résultat général de ces mesures a été de montrer, ce me semble, que les astres sont d'autant plus aplatis que leur rotation est plus rapide, depuis l'aplatissement presque imperceptible de la lune ou de Vénus, jusqu'à l'aplatissement d'environ $\frac{1}{12}$ dans Jupiter ou dans Saturne; ce que nous verrons plus tard être conforme à la théorie de la gravitation.

Quant à la véritable grandeur des corps célestes, un calcul très facile la déduit immédiatement de la mesure du diamètre apparent combinée avec la détermination de la distance. Car, la sécante du demi-diamètre apparent d'un corps sphérique est évidemment égale au rapport entre son rayon réel et sa distance à l'œil; ce qui permet d'évaluer maintenant ce rayon, et, par suite, la surface et le volume. L'homme n'a eu si long-temps des idées profondément erronées des vraies dimensions des astres que parce que leurs distances réelles lui étaient inconnues; quoique, d'ailleurs,

---

couvertes depuis le commencement de ce siècle, et dont la forme semble être beaucoup moins régulière, autant que leur faible étendue et leur grand éloignement permettent jusqu'ici d'en juger.

par son ignorance des lois de la vision, il n'ait pas toujours maintenu une exacte harmonie entre les fausses notions qu'il se formait des unes et des autres.

Le résultat général de ces diverses déterminations pour tous les astres de notre monde, comparé avec l'ordre fondamental de leurs distances au soleil, ne se montre assujetti jusqu'à présent à aucune règle. On y remarque seulement que le soleil est beaucoup plus volumineux que tous les autres corps de ce système, même réunis; et, en général, que les satellites sont aussi beaucoup moindres que leurs planètes, comme l'exige la mécanique céleste.

Il est presque superflu d'ajouter ici que notre ignorance à l'égard des distances effectives de tous les corps extérieurs à notre monde, nous interdit toute connaissance de leurs vraies dimensions, quand même nous parviendrions, à l'aide de plus puissans télescopes, à mesurer leurs diamètres apparens. Nous avons seulement lieu de penser vaguement que leur volume doit être analogue à celui de notre soleil.

Une question secondaire, mais qui n'est point sans intérêt, se rattache à l'étude de la figure et de la grandeur des astres, dont elle est, en quelque sorte, un complément minutieux. C'est l'évaluation exacte de la hauteur des petites aspérités qui recouvrent leur surface, à la façon de nos montagnes. Rien n'est plus propre peut-être qu'une telle estimation à rendre sensible la puissance de nos lunettes actuelles et la précision qu'ont acquis nos moyens micrométriques.

On conçoit, en général, que l'un quelconque des astres intérieurs à notre monde doit avoir un hémisphère éclairé par le soleil et un autre hémisphère visible de la terre; et que nous apercevons seulement la portion commune, plus ou moins étendue suivant les divers aspects, de ces deux hémisphères, dont chacun serait d'ailleurs nettement terminé par un cercle, si la surface était parfaitement polie. Cela posé, s'il existe, dans la partie invisible de l'hémisphère éclairé, ou dans la partie obscure de l'hémisphère visible, et tout près de la ligne de séparation, une montagne suffisamment élevée, son sommet nous apparaîtra nécessairement, dans l'image de l'astre, comme un point isolé extérieur au disque régulier, et dont la distance à ce disque, ainsi que la situation, exactement appréciées l'une et l'autre à l'aide d'un bon micromètre, nous permettront de déterminer, avec plus ou moins de précision, par un calcul trigonométrique fort simple, la hauteur cherchée, d'abord comparativement au rayon de l'astre, et finalement en mètres si nous le désirons. Le degré de précision que comporte une estimation aussi délicate dépend, évidemment, de l'étendue et de la netteté du disque; et l'absence d'atmosphère doit aussi contribuer à l'augmenter. Aucun astre, sous ces divers rapports, ne peut être plus exactement exploré, à cet égard, que la lune, dont les principales montagnes sont peut-être mieux mesurées aujourd'hui, d'après les opérations de M. Schroëter, qu'un grand nombre des montagnes terrestres. Il est remarquable qu'elles soient, en général, plus élevées que nos plus hautes montagnes, puisqu'on en trouve de huit mille mètres au moins, ce qui est surtout frappant par contraste avec un diamètre plus de trois fois moindre. La même singularité s'observe à l'égard de Vénus et de Mercure, seules planètes qui aient pu jusqu'ici permettre une semblable détermination, bien moins exacte toutefois que pour la lune; M. Schroëter a trouvé que leurs montagnes atteignent jusqu'à quatre myriamètres environ, dans la première, qui est à peu près égale en grandeur à la terre, et deux dans la seconde, dont le diamètre est presque trois fois moindre.

Une recherche plus importante, qui complète

naturellement l'étude de la figure et de la grandeur des astres, consiste à évaluer l'étendue et l'intensité de leurs atmosphères. Elle est fondée sur la déviation appréciable que ces atmosphères doivent imprimer à la lumière des astres extérieurs à notre monde, devant lesquels vient se placer en ligne droite l'astre intérieur proposé; ce qui constitue ce genre particulier d'éclipses, connu sous le nom d'occultations d'étoiles, et qui est, comme tout autre, et même mieux qu'aucun autre, susceptible d'être exactement calculé. Cette déviation, qui est parfaitement semblable à la réfraction horizontale de notre atmosphère, peut être surtout estimée d'une manière extrêmement précise, par un procédé indirect, qui ne nous serait point applicable, d'après l'influence très sensible qu'elle exerce sur la durée totale de l'occultation. Par le simple mouvement diurne du ciel, cette durée serait naturellement indéfinie; mais elle est, en réalité, plus ou moins longue, suivant le mouvement propre plus ou moins lent de l'astre proposé. On peut la calculer d'avance avec exactitude, d'après la vitesse angulaire et la direction de ce mouvement, comparées au diamètre apparent de l'astre, et modifiées d'ailleurs par le mouvement de l'observateur lui-même. Or, maintenant, la réfraction atmosphérique doit, en réalité, diminuer, plus ou moins selon les différens astres, mais toujours très notablement, cette durée géométrique; car elle retarde le commencement de l'occultation, et elle en accélère la fin. Cette influence, entièrement comparable à celle qui prolonge un peu la présence du soleil sur notre horizon, est d'ailleurs beaucoup plus grande; elle quadruple en quelque sorte l'effet direct de la réfraction, puisqu'on cumule ainsi la déviation éprouvée par la lumière à sa sortie de l'atmosphère aussi bien qu'à son entrée, et cela tant à la fin de l'occultation qu'au commencement. On pourra donc, en comparant la durée effective de cette occultation avec sa durée mathématique, connaître, d'après l'excès plus ou moins grand de celle-ci sur l'autre, la valeur de la réfraction horizontale de l'atmosphère proposée, bien plus exactement que par aucune observation directe. Le degré de précision que comporte cette détermination compliquée, et qui est évidemment mesuré par le temps plus ou moins long que l'occultation doit durer, est très inégal suivant les différens astres. C'est ainsi que, pour la lune, qui offre, il est vrai, le cas le plus favorable, on a pu garantir que la réfraction horizontale, dont la valeur est, sur notre terre, de trente-quatre minutes, ne s'élève pas à une seule seconde, d'après les mesures de M. Schroëter; et que, par conséquent, il n'y existe aucune atmosphère appréciable, ce qui a été confirmé plus tard par M. Arago, d'après un tout autre genre d'observations, relatif à la polarisation de la lumière que réfléchissent sous certaines incidences les surfaces liquides, et d'où il est résulté qu'il n'y a point, à la surface de la lune, de grandes masses liquides, susceptibles de former une atmosphère. Parmi tous les autres cas, le mieux connu est celui de Vénus, où M. Schroëter a constaté une réfraction horizontale de trente minutes vingt-quatre secondes.

Quant à l'étendue des atmosphères, il est clair qu'elle est appréciable, jusqu'à un certain point, en examinant, soit d'après le procédé précédent, soit à l'aide d'une observation directe, à quelle distance de la planète peut cesser l'action réfringente. Mais, comme la réfraction décroît graduellement à mesure qu'on s'éloigne de l'astre, elle finit par devenir assez faible pour ne plus exercer aucune influence bien sensible, quoique les limites de l'atmosphère soient peut-être encore très reculées. Le résultat le plus singulier, à cet égard, est celui des planètes télescopiques, en exceptant Vesta, dont les atmosphères sont vraiment monstrueuses; la hauteur de l'atmosphère de Pallas surtout excède, suivant M. Schroëter, douze fois le rayon de la planète. Le cas normal, dans l'ensemble du système solaire, semble être cependant, comme pour la terre, une très petite étendue atmosphérique comparativement aux dimensions de l'astre, quoique l'extrême incertitude de ce genre d'exploration ne permette encore de rien affirmer bien positivement à ce sujet.

Pour compléter l'examen des phénomènes statiques étudiés en géométrie céleste, il me reste enfin à considérer la question fondamentale de la figure et de la grandeur de la terre, qui a dû ci-dessus être soigneusement réservée, à cause de sa nature toute spéciale.

Si l'inspection immédiate a dû suffire pour connaître, d'après leurs distances, les dimensions et la forme de tous les astres de notre monde, il est évident que cela ne pouvait être à l'égard de la planète que nous habitons. L'impossibilité absolue où nous sommes de nous en écarter assez pour en apercevoir l'ensemble d'un seul coup d'œil ne nous a permis de connaître exactement sa véritable figure qu'à l'aide de raisonnemens mathématiques très compliqués, fondés sur une longue suite d'observations indirectes, laborieusement accumulées. Quoiqu'une telle question se rattache aux plus hautes théories de la mécanique céleste, et malgré même que la première impulsion des plus grands travaux géométriques à cet égard soit réellement due à une conception mécanique, je dois néanmoins me réduire ici, autant que possible, à considérer ce sujet sous le point de vue purement géométrique, devant l'envisager plus tard sous le rapport mécanique.

A la naissance de l'astronomie mathématique, les variations que présente dans les différens lieux le spectacle général du mouvement diurne ont d'abord fourni la preuve géométrique de la figure sphérique de la terre. Il a suffi, pour s'en convaincre, de constater que le changement éprouvé par la hauteur du pôle sur chaque horizon était toujours exactement proportionnel à la longueur du chemin parcouru suivant un même méridien quelconque, ce qui est un caractère évident et exclusif de la sphère. Or, cette comparaison primitive, sans cesse développée et perfectionnée pendant vingt siècles, est la véritable et unique source de toutes nos connaissances géométriques sur la forme et la grandeur de notre planète. L'explication en sera simplifiée si, sans nous occuper d'abord de la figure, et continuant à la supposer parfaitement sphérique, nous cherchons à déterminer la grandeur, comme l'ont réellement fait les astronomes ; car la connaissance de la forme n'a pu être perfectionnée que par la comparaison des mesures effectuées en des lieux différens. Dans ce cas, comme dans tout autre, la figure d'un corps n'est appréciable qu'en comparant ses dimensions en divers sens : il n'y a ici de particulier que la difficulté de les mesurer.

Le principe fondamental de cette importante détermination a été établi, dès les premiers temps de l'école d'Alexandrie, par Ératosthène. Il consiste, sous sa forme la plus simple et la plus ordinaire, à mesurer la longueur effective d'une portion plus ou moins grande d'un méridien quelconque, pour en conclure celle de la circonférence entière, et par suite du rayon, d'après les hauteurs comparatives du pôle observées aux deux extrémités de l'arc. On pourrait choisir, sans doute, au lieu d'un méridien, un grand cercle quelconque, et même un petit cercle ; mais l'opération deviendrait plus compliquée et plus incertaine, sans procurer d'ailleurs aucune facilité réelle.

Quelque reculée que soit l'origine de cette idée générale, elle n'a pu être, en réalité, convenablement appliquée que dans la célèbre opération conçue et exécutée par Picard, vers le milieu de l'avant-dernier siècle, pour mesurer le degré entre Paris et Amiens; soit que, jusque alors, la hauteur du pôle ne pût pas être connue d'une manière suffisamment exacte; soit, surtout, qu'on n'eût point imaginé de déterminer la longueur de l'arc par des procédés purement trigonométriques. Tel est le vrai point de départ des grands travaux géodésiques exécutés depuis, et qui ont très peu changé la valeur moyenne du rayon terrestre que Picard avait obtenue.

Malgré le penchant naturel à regarder la terre comme une sphère parfaite, le simple désir de perfectionner cette mesure fondamentale, en donnant à l'arc plus d'étendue, aurait sans doute inévitablement conduit à découvrir la vraie figure, par la seule inégalité des degrés les plus opposés. Mais cette importante connaissance eût été certainement très retardée, puisque le premier prolongement, inexactement opéré par Jacques Cassini et La Hire, et d'ailleurs trop peu considérable, avait d'abord donné, comme on sait, une figure inverse de la véritable. Cette réflexion doit faire sentir, quoique ce ne soit pas ici le moment de l'expliquer davantage, combien a été nécessaire, pour hâter cette découverte, la grande impulsion donnée par Newton, qui, d'après la seule théorie de la gravitation, et sans aucun autre fait que le simple raccourcissement du pendule à secondes à Cayenne, eut l'heureuse hardiesse de décider que notre globe devait être nécessairement aplati à ses pôles et renflé à son équateur, dans le rapport de 229 à 230.

Ce trait de génie devint l'origine de la controverse, prolongée pendant plus d'un demi-siècle, entre les géomètres proprement dits, pour lesquels la théorie newtonienne avait une pleine évidence, et les astronomes, qui ne croyaient point devoir prononcer contrairement à des mesures directes. Rien n'a plus excité qu'un tel débat à entreprendre les mémorables opérations qui, faisant cesser cette sorte d'anarchie scientifique, ont mis enfin les observations en harmonie avec les principes, et déterminé exactement la forme réelle de notre planète.

Si la terre était rigoureusement sphérique, les degrés du méridien seraient parfaitement égaux, à quelque latitude qu'ils fussent mesurés : ainsi, le seul fait de leur inégalité constate directement le défaut de sphéricité. D'une autre part, si la terre est aplatie dans un sens quelconque, il est clair qu'il faudra parcourir un arc plus étendu pour que le pôle s'élève sur l'horizon d'un degré de plus, à mesure que la courbure deviendra moindre. Toute la question se réduit donc essentiellement à savoir dans quel sens effectif a lieu l'accroissement des degrés. Mais l'aplatissement réel devant, en tout cas, être fort petit, ce qu'indiquait clairement le fait même d'une telle indécision, il ne saurait être sensible dans la comparaison de degrés très rapprochés, et l'on ne pouvait le découvrir irrécusablement qu'en confrontant les degrés les plus différens. Tel est le motif rationnel de la grande expédition scientifique exécutée, il y a un siècle, par les académiciens français, pour aller mesurer, les uns à l'équateur, les autres aussi près que possible du pôle, les deux degrés extrêmes, dont la comparaison, soit entre eux, soit avec le degré de Picard, termina enfin, à la satisfaction générale, cette longue contestation, en confirmant la profonde justesse de la pensée de Newton, et même l'exactitude très approchée de son calcul. Cette conclusion a été de plus en plus vérifiée par toutes les mesures exécutées depuis en divers pays, et surtout par la plus importante d'entre elles, celle que Delambre et Méchain parvinrent à effectuer avec une si merveilleuse précision, au milieu de l'époque la plus orageuse, de Dunkerque à Barcelone, pour la fondation du nouveau système métrique, et qui a été ensuite considérablement prolongée par différens astronomes. Le perfectionnement des procédés a permis de constater, entre des limites moins écartées, l'accroissement continuel des degrés à mesure qu'on s'avance vers le pôle.

En supposant à la terre la forme rigoureuse d'un ellipsoïde de révolution, la seule comparaison entre deux degrés évalués à des latitudes quelconques bien connues doit suffire pour déterminer, d'après la théorie de l'ellipse, le vrai rapport des deux axes. Si donc on en a mesuré un plus grand nombre, en les comparant deux à deux de toutes les manières possibles, on doit toujours trouver le même aplatissement, ou bien la véritable figure ne serait pas encore obtenue, et il faudrait alors construire une nouvelle hypothèse, nécessairement plus compliquée : celle, par exemple, d'un ellipsoïde à trois axes inégaux. Tel est l'état d'indécision où l'on se trouve aujourd'hui, d'après les mesures les plus parfaites. L'aplatissement de $\frac{1}{300}$, indiqué par l'ensemble des opérations, s'écarte trop peu de chacune d'elles, pour qu'on puisse affirmer que cette différence ne tient pas à ce qui reste encore d'incertitude inévitable dans les résultats des observations. D'un autre côté, la comparaison de quelques degrés mesurés à la même latitude, sous des méridiens différens ou dans les deux hémisphères, tend à démontrer que la terre n'est pas un véritable ellipsoïde de révolution. Cette figure et cet aplatissement sont cependant encore généralement adoptés. Quels que puissent être, sous ce rapport, les progrès des opérations futures, il restera toujours bien certain que cette hypothèse s'écarte extrêmement peu de la réalité, et beaucoup moins que la sphère ne différait de l'ellipsoïde régulier. Or, cette dernière différence est déjà assez petite pour être négligeable sans inconvénient dans la plupart des cas usuels, excepté dans les questions les plus délicates de la mécanique céleste. Aucune recherche n'exige jusqu'ici qu'on ait égard à l'irrégularité de l'ellipsoïde; ce qui reste à désirer à ce sujet ne saurait donc avoir une véritable importance. La figure précise de notre planète est probablement très compliquée à cause des influences locales, qui, en descendant dans un détail trop minutieux, doivent nécessairement devenir sensibles. Il faut donc reconnaître que toute connaissance absolue nous est interdite à cet égard, comme à tout autre, et nous devons nous contenter de compliquer nos approximations à mesure que de nouveaux phénomènes viennent réellement à l'exiger.

Aucun exemple ne rend plus sensible cette marche rationnelle de l'esprit humain une fois engagé dans la direction positive, que l'histoire générale des travaux sur la figure de la terre, depuis l'école d'Alexandrie jusqu'à nos jours. Quelque différence qu'aient présentée les opinions scientifiques successivement adoptées à ce sujet, chacune d'elles a conservé indéfiniment la propriété de correspondre aux phénomènes qui l'ont inspirée, et de pouvoir être toujours employée, même aujourd'hui, lorsqu'il s'agit seulement de considérer ces mêmes phénomènes. C'est ainsi que, en conservant une exacte harmonie entre la précision de nos théories et celle dont nous avons besoin dans nos déterminations, l'ensemble de nos études positives présente, en tout genre, malgré les révolutions scientifiques, un véritable caractère de stabilité, propre à détruire entièrement le reproche d'arbitraire suggéré si souvent à des esprits superficiels par le spectacle inattentif de ces variations.

Après avoir suffisamment considéré l'étude générale des phénomènes géométriques que présentent les astres de notre monde envisagés dans l'état de repos, je dois commencer l'examen philosophique de la théorie géométrique de leurs mouvemens, qui sera complété dans les deux leçons suivantes.

Le mouvement d'un astre, comme celui de tout

autre corps, est toujours composé de translation et de rotation. La liaison de ces deux mouvemens est tellement naturelle, ainsi que nous l'avons vu en philosophie mathématique, que la seule connaissance de l'un est un motif extrêmement puissant de présumer l'existence de l'autre. Néanmoins, il est indispensable, en géométrie céleste, de les étudier séparément, car ils présentent des difficultés très inégales.

Quoique les rotations de nos astres aient été connues beaucoup plus tard que leurs translations, vu l'impossibilité de les observer à l'œil nu, leur étude n'en est pas moins, en réalité, bien plus facile sous le point de vue géométrique, et c'est justement l'inverse sous le point de vue mécanique. Il est d'abord évident que ces rotations peuvent être déterminées géométriquement, sans qu'il soit nécessaire d'avoir aucun égard aux mouvemens de l'observateur lui-même, qui doivent être pris, au contraire, en considération essentielle quand il s'agit d'explorer les translations. En second lieu, la connaissance des rotations est en elle-même d'une bien plus grande simplicité, puisque la question d'orbite, qui constitue la principale difficulté de l'étude des translations, en est nécessairement exclue : elle se rapproche beaucoup, par sa nature, des recherches purement statiques dont nous venons de nous occuper. L'ensemble de ces motifs ne permet point d'hésiter, ce me semble, à placer désormais l'étude des rotations avant celle des translations, dans toute exposition rationnelle de la géométrie céleste.

La connaissance des rotations célestes a commencé par la découverte que fit Galilée de la rotation du soleil, la plus aisée de toutes à déterminer, et qui ne pouvait manquer de suivre presque immédiatement l'invention du télescope. La méthode très simple imaginée dans cette première occasion a été, au fond, constamment la même pour tous les autres cas, qui ne diffèrent que par la difficulté plus ou moins grande de l'observation : elle est directement indiquée par la nature même du problème. En effet, la rotation d'une sphère inaccessible et très éloignée serait impossible à apercevoir, si sa surface était parfaitement polie et exactement uniforme. Mais il suffit de pouvoir y distinguer, soit par leur obscurité, soit, au contraire, par leur éclat, ou de toute autre manière, quelques points reconnaissables, qui soient réellement adhérens à la surface, ou du moins susceptibles d'être regardés comme tels pendant un certain temps (et tel est aujourd'hui le cas de presque tous nos astres intérieurs), pour que l'examen attentif de leur déplacement graduel sur l'image totale permette la détermination géométrique de cette rotation. Un cercle étant connu par trois de ses points, on pourrait, à la rigueur, se borner à observer exactement trois positions successives de l'un quelconque des indices ainsi choisis, en notant avec soin les époques correspondantes. D'après ces données, un calcul géométrique, d'ailleurs un peu compliqué, déterminerait entièrement le parallèle décrit par cet indice, comme le temps employé à le parcourir; conséquemment, la durée totale de la rotation et l'axe autour duquel elle s'effectue seraient ainsi exactement connus. Mais il est évidemment indispensable de combiner un plus grand nombre de positions, et surtout de varier, autant que possible, les indices, pour obtenir des moyens de vérification dans des opérations aussi délicates, qui reposent entièrement sur les seules variations de la différence très petite que présentent, à chaque instant, l'ascension droite et la déclinaison de l'indice comparées à celles du centre de l'astre. Ces comparaisons étaient, en outre, primitivement nécessaires afin de constater l'uniformité réelle de la rotation. Il faut d'ailleurs remarquer que l'observation directe de la durée totale d'une révolution, fondée sur le retour exact du même indice à la même situation, fournit un moyen général de vérification très précieux ; pourvu que l'on soit bien assuré de l'invariabilité relative des indices, et même, si la rotation est un peu lente, ce qui n'a guère lieu qu'à l'égard du soleil et de la lune, qu'on ait suffisamment tenu compte du déplacement propre de l'observateur dans cet intervalle.

D'après l'ensemble des conditions du problème, cette détermination doit offrir évidemment un degré de précision très inégal suivant les différens astres. Excepté pour le soleil et la lune, elle exige indispensablement l'emploi des moyens d'observation les plus perfectionnés que possède l'astronomie, dont elle constitue peut-être l'exploration pratique la plus délicate, non-seulement par la difficulté des mesures, mais aussi à cause des illusions presque inévitables auxquelles on est alors exposé, et qui ne peuvent être prévenues qu'à l'aide d'une sorte d'éducation spéciale et graduelle de l'œil. On se figure aisément quels obstacles doit présenter le succès d'une telle opération, d'après ce seul fait, qu'un observateur exact et recommandable, Bianchini, a pu s'y tromper au point de supposer la rotation de Vénus vingt-quatre fois plus lente qu'elle n'est effectivement. Il y a même des planètes trop éloignées ou trop petites, Uranus, d'une part, et les quatre planètes télescopiques de l'autre, dont la rotation n'est encore nullement déterminée, son existence étant seulement admise *à priori*, par une analogie et surtout par une induction très puissantes. Il en est ainsi d'ailleurs des satellites de Jupiter et de Saturne, et, à plus forte raison, de ceux d'Uranus, sauf toutefois les motifs généraux qu'on a de penser que, à leur égard comme envers la lune, la durée de la rotation est nécessairement égale à celle de leur circulation autour de la planète correspondante, d'après une notion de mécanique céleste qui sera indiquée en son lieu.

Parmi les rotations bien connues, on n'aperçoit jusqu'ici aucune trace de loi régulière, au sujet de leur durée, qui ne se lie ni aux distances, ni aux grandeurs, et qui paraît seulement, comme je l'ai noté plus haut, avoir une sorte de relation générale avec le degré d'aplatissement : encore cette analogie n'est-elle point sans exception, l'aplatissement de Mars étant beaucoup plus prononcé que celui de la terre ou de Vénus, et sa rotation n'étant certainement point plus rapide. Il faut toutefois remarquer que la rotation du soleil est beaucoup plus lente que celle d'aucune planète. Mais, si les durées des rotations, quoique d'ailleurs rigoureusement invariables, semblent tout-à-fait irrégulières, il n'en est nullement ainsi de leurs directions, ces mouvemens ayant toujours lieu de l'ouest à l'est dans toutes les parties de notre monde, et suivant des plans très peu inclinés sur celui de l'équateur solaire; ce qui constitue une donnée générale fort importante sous le point de vue cosmogonique.

Passons maintenant à l'examen des mouvemens de translation, dont l'étude, beaucoup plus compliquée, est aussi bien autrement importante, eu égard au but définitif des recherches astronomiques, la prévision exacte de l'état du ciel à une époque future quelconque, dont je ne saurais craindre de rappeler trop souvent la considération formelle.

Outre que le mouvement de la terre constitue directement une partie fort essentielle de cette grande recherche, il ne saurait évidemment être indifférent, à l'égard des autres astres, de regarder l'observateur comme fixe ou comme mobile, puisque son déplacement doit notablement affecter, de toute nécessité, sa manière d'apercevoir les divers mouvemens extérieurs. On peut bien, à la vérité, décider avec certitude, sans cette connaissance préalable, que le soleil et non la terre est le vrai centre des mouvemens de toutes les planètes, comme l'avait reconnu Tycho-Brahé, en niant notre propre mouvement : car il suffit pour cela de constater, d'après les procédés indiqués dans cette leçon, que les distances des planètes au soleil sont très peu variables, tandis que, au contraire, leurs distances à la terre varient extrêmement; et, en second lieu, que la distance solaire de chaque planète inférieure est constamment moindre, et celle d'une planète supérieure constamment plus grande que l'intervalle entre le soleil et la terre : ce qui résulte des plus simples observations de parallaxe et de diamètre apparent. Mais on ne peut aller plus loin, et déterminer la vraie figure des orbites planétaires, ainsi que la manière dont elles sont parcourues, sans tenir un compte exact et indispensable du déplacement de l'observateur. C'est pourquoi la leçon suivante sera tout entière consacrée à l'examen de la théorie fondamentale du mouvement de la terre, après quoi nous pourrons poursuivre, d'une manière vraiment rationnelle, l'étude générale des mouvemens planétaires. Toutefois, il convient, ce me semble, de compléter la leçon actuelle, en considérant la détermination de certaines données capitales au sujet de ces mouvemens, qui peuvent être obtenues, comme elles l'ont été en effet, sans avoir égard à notre mouvement, et dont la théorie, parfaitement analogue à celle qui vient d'être caractérisée pour les rotations, présente aussi la simplicité essentielle des recherches purement statiques; en sorte que l'homogénéité de cette leçon sera pleinement maintenue. Je veux parler de la connaissance des plans des orbites et de la durée des révolutions sidérales, entièrement indépendante, par sa nature, de tout ce qui concerne la figure des orbites et la vitesse variable de l'astre. On peut même, pour plus de simplicité, regarder ici tous les mouvemens comme circulaires et uniformes, ainsi que les astronomes ont dû le faire primitivement.

Cela posé, il est évident, comme dans le cas des rotations, que, un plan étant déterminé par trois points, il suffit d'observer trois positions différentes de l'astre pour en conclure géométriquement la situation du plan de son orbite. Dans ces opérations, les astronomes ont renoncé depuis long-temps à employer les déclinaisons et les ascensions droites, qui continuent toutefois à être les seules coordonnées directement observées, afin d'adopter l'usage plus commode de deux autres coordonnées sphériques, connues sous les noms impropres de *latitude* et *longitude* astronomiques, et qui sont exactement, par rapport à l'écliptique, l'analogue des premières à l'égard de l'équateur. Cette substitution, qui permet de comparer plus aisément les mouvemens des planètes à celui de la terre, s'effectue aisément par des formules trigonométriques invariables, qui conduisent du premier système au second (1). Après avoir déterminé ainsi la latitude et la longitude de l'astre dans les trois positions considérées, on en déduit la situation de ses *nœuds*, c'est-à-dire la ligne suivant laquelle son orbite rencontre le plan de l'écliptique, et l'inclinaison de l'orbite sur ce plan. Il est d'ailleurs évident que toutes les autres positions observées fourniront autant de moyens de vérifier et de rectifier cette importante détermination du plan de l'orbite, en ayant soin, pour plus de sûreté, de comparer entre elles des positions suffisamment éloignées. On voit que ce cas comporte, par sa nature, une précision bien plus grande que celui des rotations.

(1) Il serait peut-être plus convenable encore de prendre pour terme de comparaison le plan de l'équateur solaire, du moins jusqu'à l'époque d'une exacte connaissance de ce qu'on appelle le *plan invariable*. Les coordonnées ne se ressentiraient plus ainsi de la considération spéciale d'une planète unique, et d'ailleurs les orbites planétaires s'approchent en général davantage de ce plan que de celui de l'écliptique. Cette transformation, si jamais elle est jugée utile, s'effectuera évidemment par les mêmes formules qui nous font passer de notre équateur à l'écliptique, en y changeant seulement quelques coefficiens. Au reste, l'équateur terrestre continuera nécessairement à être le terme immédiat de comparaison le plus commode dans toutes les observations.

C'est par là qu'on a reconnu que les plans de toutes les orbites planétaires passent par le soleil, et de même à l'égard des divers satellites d'une planète quelconque; et que ces plans sont, en général, peu inclinés sur l'écliptique, et encore moins sur le plan de l'équateur solaire, sauf les quatre planètes télescopiques où l'on trouve des inclinaisons beaucoup plus considérables.

Quant à la durée des révolutions sidérales, elle peut évidemment, d'abord, être directement observée, d'après le retour de l'astre à la même situation par rapport au centre de son mouvement. Les temps écoulés entre les trois positions successives considérées ci-dessus permettraient même de l'évaluer, comme dans le cas des rotations, sans attendre une révolution complète, souvent très lente, si l'on supposait l'uniformité du mouvement ainsi qu'on le peut pour une première approximation. La connaissance complète de la loi géométrique de ce mouvement donne le moyen de déduire de cette observation partielle une détermination exacte, ainsi que nous l'expliquerons plus tard.

Les valeurs de ces temps périodiques ne sont point, comme toutes les autres données examinées dans cette leçon, irrégulièrement réparties entre les différens astres de notre monde. En les comparant avec les distances de ces astres aux centres de leurs mouvemens, on reconnaît aussitôt que la révolution est toujours d'autant plus rapide qu'elle est plus courte, et que sa durée croît même plus promptement que la distance correspondante; en sorte que la vitesse moyenne diminue à mesure que la distance augmente. Il existe entre ces deux élémens essentiels une harmonie fondamentale qui sera examinée dans la vingt-troisième leçon, et dont la découverte, due au génie de Képler, est un des plus beaux résultats généraux de la géométrie céleste et une des bases les plus indispensables de la mécanique céleste.

Tel est l'esprit des divers procédés par lesquels la géométrie céleste détermine, d'une manière sûre et précise, les différentes données élémentaires qui caractérisent chacun des astres de notre système, et qui nous permettront de nous élever à la connaissance exacte des vraies lois géométriques de leurs mouvemens lorsque ceux de notre propre planète, d'ailleurs si importans en eux-mêmes, auront été préalablement considérés dans la leçon suivante. Il eût été contraire à la nature de cet ouvrage d'insérer ici, pour une quelconque de ces données, aucun de ces tableaux numériques que l'on doit trouver dans les traités d'astronomie, et dont tout le monde peut même aujourd'hui consulter aisément les plus importans dans l'*Annuaire du Bureau des longitudes*, ou dans tout autre recueil de ce genre.

VINGT-DEUXIÈME LEÇON.

Considérations générales sur le mouvement de la terre.

Pour faciliter l'examen général de cette grande question fondamentale, il convient d'envisager séparément, comme à l'égard des autres astres, les deux mouvemens dont notre planète est animée, en commençant aussi par la rotation, bien plus simple à reconnaître directement que la translation. Cette décomposition est ici d'autant plus naturelle que, dans l'accomplissement total de la profonde révolution intellectuelle qui a dû résulter du passage de l'idée de repos à celle de mouvement, l'esprit humain a formé en effet une hypothèse intermédiaire, peu connue aujourd'hui, celle de Longomontanus, qui admettait la rotation de la terre en continuant à méconnaître sa translation, et qui, quelque absurde qu'elle soit sans doute, astronomiquement, n'a pas été inutile, sous le point de vue philosophique, comme moyen transitoire. Il est d'ailleurs évident que, suivant le principe général de la liaison de ces deux mouvemens dans un corps quelconque, les preuves directes de chacun deviennent ici, de même qu'envers toutes les planètes, autant de preuves indirectes de l'autre. Mais, de plus, cette relation présente, dans le cas actuel, un caractère tout spécial, qui ne saurait avoir lieu à l'égard d'aucun autre corps céleste : c'est l'impossibilité évidente que le mouvement annuel de la terre existe sans son mouvement diurne, quoique l'inverse ait pu logiquement être supposé.

La rotation de la terre ne pouvant point, par sa nature, être exactement commune au même degré à tous les points de sa surface, doit laisser, parmi les phénomènes purement terrestre quelques indices sensibles de son existence, comme je l'ai noté d'avance dans le premier volume, ce qui ne saurait être pour la translation. Il faut donc distinguer les preuves célestes et les preuves terrestres de notre mouvement diurne, tandis que notre mouvement annuel n'en comporte que du premier genre, qui sont, il est vrai, plus variées.

Les astronomes commencent avec raison, par écarter entièrement la considération des apparences immédiates, qui ne sauraient devenir, en aucun sens, un motif réel de décision, puisqu'elles s'accordent également bien avec les deux hypothèses opposées. Il est clair, en effet, que l'observateur, ne pouvant avoir nullement la conscience de la rotation de sa planète, doit apercevoir, en vertu de cette rotation, le même spectacle céleste que si le ciel tournait journellement, comme un système solide, autour de l'axe de la terre, et en sens contraire du vrai mouvement; ainsi qu'on l'observe habituellement dans une foule de cas analogues.

Dans l'enfance de l'esprit humain, l'opinion, d'ailleurs spontanée, de l'immobilité de la terre, et du mouvement quotidien de la sphère céleste autour d'elle, n'avait point, à beaucoup près, le degré d'absurdité qu'elle présente de nos jours chez le petit nombre d'intelligences mal organisées qui s'obstinent quelquefois à la maintenir : elle était, au contraire, ce me semble, aussi logique que naturelle. Car elle se trouvait être exactement en harmonie avec les idées profondément erronées que l'on se formait nécessairement des distances et des dimensions des astres avant la naissance de la géométrie céleste. Les astres étaient regardés comme très voisins, et par suite supposés très peu supérieurs à leurs grandeurs apparentes, en même temps qu'on devait naturellement s'exagérer beaucoup les dimensions de la terre, lorsqu'on eut commencé à lui reconnaître des limites. Avec de tels renseignemens, il eût été, évidemment, impossible de ne pas admettre l'immobilité d'une masse aussi immense, et le mouvement journalier d'un univers dont les élémens et les intervalles étaient, comparativement, aussi petits. Une conception tellement enracinée, et appuyée sur des motifs directs d'une telle force, indépendamment de la confiance énergique que lui prêtait l'ensemble des sentimens humains, ne pouvait donc être ébranlée que par une approximation, au moins grossière, mais, pourtant géométrique, des distances et des dimensions célestes, comparées à la grandeur de la terre. Or, malgré que ces déterminations statiques, objet essentiel de la leçon dernière, doivent certainement précéder aujourd'hui l'étude des mouvemens dans une exposition rationnelle de la géométrie céleste, il n'a pu en être entièrement ainsi dans le développement historique de la science. L'astronomie grecque avait ébauché la théorie vraiment géométrique des mouvemens célestes, en n'envisageant essentiellement que les directions, sans s'être nullement occupée de mesurer les proportions de l'univers; ce qui a dû maintenir beaucoup plus long-temps l'opinion primitive sur le système du monde.

Mais, depuis que ces proportions ont commencé à être géométriquement appréciées, l'ensemble des notions sur lesquelles reposait une telle opinion a pris un caractère absolument inverse, qui a dû provoquer de plus en plus la formation de la conception copernicienne. Quand il a été une fois bien constaté que la terre n'est qu'un point au milieu des intervalles célestes, et que ses dimensions sont extrêmement petites comparativement à celles du soleil et même de plusieurs autres astres de notre monde, il est devenu absurde d'en faire le centre de divers mouvemens, et surtout l'immense rotation journalière du ciel a aussitôt impliqué une contradiction choquante. A la vérité, les astres extérieurs à notre système seront réputés 24000 fois moins lointains, d'après la leçon précédente, en n'admettant point la circulation annuelle de la terre : mais leurs distances n'en cesseraient pas d'être immenses, et beaucoup plus grandes que celle du soleil; ce qui doit, en outre, leur faire attribuer certainement des volumes au moins analogues. Dès lors, la prodigieuse vitesse que devraient avoir tous ces grands corps pour décrire en un jour, autour de la terre, des cercles d'une telle immensité, devient évidemment inadmissible, surtout quand on reconnaît que, pour l'éviter, il suffit en laissant tout ce système immobile, d'attribuer à la terre un très petit mouvement, qui n'excède point, même à l'équateur, le mouvement initial d'un boulet de 24. Cette considération est puissamment fortifiée en pensant, sous le point de vue mécanique, à l'énormité de la force centrifuge qui résulterait de mouvemens aussi étendus et aussi rapides, et qui exigerait continuellement, de la part de la terre, imperceptible comparativement à l'univers, un effort évidemment impossible, pour empêcher ces masses immenses de poursuivre à chaque instant leur route suivant la tangente, tandis que la rotation de la terre détermine seulement une force centrifuge presque insensible, aisément surmontée par la pesanteur, dont elle n'est, même à l'équateur, que la deux cent quatre-vingt-neuvième partie.

Une seconde preuve fondamentale, indépendante de la connaissance des intervalles et des dimensions, se tire de l'existence des mouvemens propres. Il a suffi de voir les astres passer les uns devant les autres pour être assuré qu'ils sont inégalement éloignés; ensuite, l'observation des mouvemens particuliers aux différentes planètes, en sens contraire du mouvement général du ciel, et selon des directions et des périodes font distinctes, a constaté que tous les astres ne tenaient point ensemble. Or, il était évidemment impossible de concilier cette indépendance avec la liaison si étroite qu'exigeait l'harmonie fondamentale du mouvement diurne, où l'on voyait le ciel tourner tout d'une pièce. Aristote et Ptolémée avaient été inévitablement conduits, pour établir cette conciliation, à construire l'hypothèse si compliquée, quoique ingénieuse, d'un système de cieux solides et transparens, qui présente d'ailleurs tant d'absurdités physiques. Mais la simple connaissance de certains astres, comme les comètes, qui passent successivement dans toutes les régions célestes, aurait suffi seule à détruire tout ce pénible échafaudage, qui, suivant l'ingénieuse expression de Fontenelle, exposait ainsi l'univers à être cassé. Il est singulier que ce soit Tycho-Brahé, le plus illustre antagoniste de la découverte de Copernic, qui ait ainsi fourni un des argumens les plus sensibles contre sa propre opinion, en ébauchant, le premier, la vraie théorie géométrique des comètes.

Quel que doive être l'empire des opinions établies, surtout quand elles sont aussi profondément enracinées, l'ensemble des considérations précédentes, aurait, probablement, par son évidence de plus en plus puissante, déterminé les astronomes à reconnaître, long-temps avant Copernic, la réalité du mouvement de rotation de la terre; car, la précision des déterminations modernes n'était nullement nécessaire pour faire sentir la force de telles preuves : il suffisait d'une approximation grossière, déjà essentiellement obtenue à une époque très antérieure. Mais l'ignorance des lois fondamentales du mouvement présentait un obstacle nécessairement insurmontable à l'admission d'une théorie, dont la supériorité astronomique était sans doute vivement sentie, par un aussi grand astronome que Tycho entre autres, et qui toutefois paraissait absolument inconciliable avec l'observation de qui ce se passe habituellement sous nos yeux à la surface de la terre, principalement dans la chute des corps pesans. Copernic ne fit nullement disparaître cet obstacle radical, il dura encore près d'un siècle, jusqu'à la mémorable époque de la création de la dynamique par le génie de Galilée, qui établit, le premier, cette grande loi, que j'ai cru devoir présenter, dans la philosophie mathématique, comme une des trois bases physiques nécessaires de la mécanique rationnelle : l'indépendance totale des mouvemens relatifs de différens corps quelconques envers le mouvement commun de leur ensemble. Jusque alors, la rotation de la terre, quelque probable qu'elle fût comme hypothèse astronomique, était nécessairement inadmissible. Telle est la prépondérance des habitudes intellectuelles natives, que, sans que personne eût jamais pensé à faire l'expérience, on admettait, comme un fait incontestable, que la balle jetée du haut du mât, dans un vaisseau en mouvement, ne retombait point au pied du mât, mais à quelque distance en arrière, ce dont le moindre observateur eût immédiatement signalé la fausseté grossière. Delambre a justement remarqué, dans son *Histoire de l'Astronomie moderne,* combien l'argumentation des Coperniciens avant Galilée, dans cette célèbre discussion, était encore plus vicieuse et plus métaphysique à cet égard que celle de leurs adversaires, puisqu'ils admettaient aussi la réalité de ce prétendu fait, et que seulement ils s'efforçaient, par de vaines subtilités, de détruire l'objection qu'on en tirait très logiquement contre le mouvement de la terre. Même après les démonstrations de Galilée, il fallut encore que Gassendi provoquât spécialement, dans le port de Marseille, une expérience publique pour achever de convaincre à ce sujet les péripatéticiens obstinés.

Depuis que la propagation des saines doctrines mécaniques a fait ainsi disparaître la seule difficulté qui s'opposât réellement à l'admission de la rotation de la terre, on a cherché, dans l'examen plus approfondi de ces mêmes phénomènes de chute, une confirmation directe et terrestre de l'existence de ce mouvement. Il est clair, en effet, qu'un corps en tombant du sommet d'une tour très élevée, doit avoir une légère vitesse initiale horizontale dans le sens de la rotation terrestre, d'après le petit excès de la vitesse du sommet sur celle du pied, à raison de son cercle diurne un peu plus grand. Le corps, ainsi lancé comme un projectile, retombe donc nécessairement un peu à l'est du pied de la tour; et la quantité de cette déviation est aisément calculable, du moins en négligeant la résistance de l'air, en fonction de la hauteur de la tour et de sa latitude. Si cet écartement était plus grand, on aurait là un moyen expérimental très précieux de démontrer la rotation terrestre. Mais il est malheureusement trop petit, à l'égard même de nos édifices les plus élevés, pour que l'expérience soit vraiment décisive, à cause de l'impossibilité presque absolue, quelques précautions qu'on ait prises, de laisser tomber le corps sans qu'il reçoive aucune petite impulsion, comparable à celle dont on veut apprécier l'effet.

Néanmoins, cette ingénieuse expérience, tentée en divers lieux au commencement de ce siècle, a généralement donné une déviation dans le sens convenable, quoique sa valeur n'ait pu être celle que la théorie avait assignée; ce qui fait espérer qu'on pourra plus tard, en choisissant des conditions plus favorables, parvenir à la compléter. Il est regrettable qu'on ne l'ait point essayée à l'équateur, où l'écartement doit avoir plus d'étendue qu'en aucun autre lieu.

Afin d'obtenir des preuves terrestres vraiment incontestables de la réalité de notre rotation, il faut considérer l'influence de la force centrifuge qui en résulte nécessairement, pour altérer la direction naturelle et surtout l'intensité propre de la pesanteur.

La célèbre observation faite par Richer à Cayenne en 1672, de la diminution d'environ $\frac{3}{2}$ ligne, à l'équateur, dans la longueur exacte du pendule à secondes réglé à Paris, fournit, en l'analysant convenablement, la première confirmation directe du mouvement de rotation de la terre. Notre globe s'écarte trop peu, d'après la leçon précédente, de la figure exactement sphérique, pour qu'un tel décroissement de la pesanteur puisse provenir du seul renflement équatorial, en vertu de la loi générale de la variation de la gravité inversement au quarré de la distance au centre de la terre. Suivant l'aplatissement le plus certain, cette cause ne pourrait produire qu'une différence d'à peine $\frac{1}{6}$ ligne. Reste donc, évidemment, 1 ligne pour l'influence propre de la force centrifuge, qui, étant, à l'équateur, à la fois la plus grande possible, et directement opposée à la gravité, doit la diminuer davantage qu'en tout autre lieu. La quantité de cette diminution, qui peut être aisément calculée *à priori* avec une entière certitude, coïncide, d'une manière admirable, entre les limites des erreurs des observations, avec la portion qui appartient ainsi à la force centrifuge dans le raccourcissement total; et cela, non-seulement à l'équateur, mais encore à toutes les latitudes où cette comparaison délicate a pu être établie avec le surcroît de soin qu'exige l'effet moins prononcé. Une démonstration aussi mathématique ne permettrait plus aucun doute sur la rotation de la terre, quand même on écarterait entièrement les preuves astronomiques, d'ailleurs si évidentes. C'est ainsi que l'immortelle observation de Richer se rattache aux deux plus grandes découvertes de la philosophie naturelle, le mouvement de la terre, et la théorie de la gravitation : les deux tiers de l'effet mesuré ont irrécusablement vérifié la rotation de notre planète, et l'autre tiers a conduit Newton à déterminer son aplatissement. Aucun autre fait particulier n'a eu peut-être d'aussi grandes conséquences dans toute l'histoire de l'esprit humain.

Passons maintenant à la considération spéciale du mouvement de translation de la terre, dont l'existence ne peut être constatée, comme nous l'avons remarqué, que par des preuves astronomiques, à cause de la différence tout-à-fait insensible de la vitesse des divers points de la terre en vertu de ce mouvement, qui ne saurait donc exercer la moindre influence sur nos phénomènes terrestres.

La seule position exacte de la question établit d'abord une analogie puissante en faveur de la théorie copernicienne, puisque la circulation de toutes les autres planètes autour du soleil avait été déjà constatée par Tycho lui-même, le système ancien proprement dit étant ainsi définitivement écarté de la discussion, qui s'est dès lors trouvée réduite à examiner si la terre circule aussi à son rang, comme Vénus, Mars, Jupiter, etc., ou bien si le soleil, centre reconnu de tous les mouvemens planétaires, parcourt annuellement l'écliptique autour de la terre immobile. Par ce simple énoncé, tout esprit impartial est, évidemment, porté à présumer que le vrai motif de cette indécision tient uniquement à la situation de l'observateur, qui, placé sur quelque autre planète, en eût fait sans doute aussi le centre général des mouvemens célestes.

Ici, comme à l'égard de la rotation, il est d'abord évident que les apparences ne peuvent rien décider. Car, en ôtant la terre du centre de l'écliptique pour y mettre le soleil, il suffit de placer la terre en un point de cette orbite diamétralement opposé à celui qu'occupait le soleil auparavant; et dès lors, sans rien changer au sens du mouvement, l'observateur terrestre apercevra continuellement le soleil dans la même direction que ci-devant. En regardant le mouvement annuel de la terre comme n'altérant point le parallélisme de son axe de rotation, toute l'explication des phénomènes relatifs aux saisons et aux climats, étant reprise sous ce point de vue, donnera, évidemment, les mêmes résultats que dans l'ancien système. Tous les phénomènes les plus sensibles du ciel sont donc exactement les mêmes pour les deux hypothèses. Ainsi, c'est uniquement dans des comparaisons plus délicates et plus détournées, fondées sur des observations plus approfondies, qu'il faut chercher des motifs de prononcer entre elles, en considérant des phénomènes qui conviennent beaucoup mieux à l'une qu'à l'autre, ou même, comme on en a découvert, qui soient absolument incompatibles avec le système ancien, et mathématiquement en harmonie avec le système moderne. Si l'on ne voulait point distinguer, à cet égard, entre les preuves directes et indirectes, il faudrait, pour ainsi dire, envisager l'ensemble des phénomènes célestes, tant mécaniques que géométriques; car il n'en est presque aucun qui ne puisse fournir indirectement une confirmation spéciale du mouvement de notre planète, dont l'influence doit, en effet, se faire sentir naturellement dans toutes nos explorations astronomiques. Mais il ne saurait évidemment être question, en ce moment, que des preuves les plus directes. Je crois devoir les réduire à trois principales, que je vais successivement considérer dans l'ordre croissant de leur validité logique; elles se tirent de l'examen des phénomènes : 1°. de la précession des équinoxes, modifiée par la nutation de l'axe terrestre; 2°. des apparences stationnaires et rétrogrades que présentent les mouvemens planétaires; 3°. enfin, de l'aberration de la lumière, d'où l'on a déduit la démonstration la plus décisive et la plus mathématique.

En comparant deux catalogues d'étoiles dressés à des époques différentes, on remarque, dans les positions de tous ces astres, une variation très singulière et croissante avec le temps, qui ne semble assujettie à aucune loi, quand on se borne à envisager les ascensions droites et les déclinaisons. Mais, si l'on en déduit les longitudes et les latitudes, on reconnaît aussitôt que les dernières n'ont éprouvé aucun changement, et que les premières ont subi une modification commune, consistant dans une augmentation générale d'environ cinquante secondes par an, qui se continue indéfiniment avec uniformité. Cette importante découverte fut faite par Hipparque, d'après la différence de deux degrés qu'il aperçut entre ses longitudes d'étoiles et celles qui résultaient des observations d'Aristille et Timocharis un siècle et demi auparavant. La précision des observations modernes permet de vérifier ce fait général par des comparaisons beaucoup plus rapprochées, et même d'une année à l'autre. Ce phénomène équivaut évidemment à une rétrogradation des points équinoxiaux sur l'écliptique contre l'ordre des signes; d'où vient sa dénomination habituelle, à cause de l'avancement continuel d'environ vingt minutes, qui en résulte nécessairement chaque année pour l'époque des équinoxes.

Cette précession des équinoxes ne pouvait être conçue, dans l'hypothèse de la terre immobile, qu'en faisant tourner l'univers tout d'une pièce autour des pôles de l'écliptique en vingt-cinq mille neuf cent vingt ans, en même temps qu'il tournait chaque jour, en sens contraire, autour des pôles de l'équateur. Aussi Ptolémée avait-il imaginé, à cet effet, un ciel de plus. Au lieu de cette complication inintelligible, il suffit, au contraire, en admettant le mouvement de la terre, d'altérer le parallélisme de son axe de rotation d'une quantité presque insensible ; car, le phénomène sera complètement représenté, si l'on fait tourner lentement cet axe, pendant cette longue période, autour de celui de l'écliptique, en formant avec lui un angle constant.

La différence des deux hypothèses à cet égard devient bien plus sensible encore en considérant le phénomène secondaire, désigné sous le nom de *nutation*, dont les anciens n'ont pu avoir aucune connaissance, à cause de son extrême petitesse, quoiqu'il ne soit qu'une sorte de différentiation de la précession des équinoxes, et qu'il se manifeste essentiellement de la même manière, pourvu que les observations soient faites avec toute la précision moderne. Ce phénomène remarquable, dont la période est de dix-huit ans environ, avait été indiqué par Newton d'après la théorie de la gravitation ; mais il a été réellement constaté, pour la première fois, par Bradley.

On le représente aisément, dans l'hypothèse copernicienne, en modifiant un peu le mouvement conique précédent de l'axe terrestre, qui correspond à la précession. Il faut alors concevoir que cet axe, au lieu d'occuper à chaque instant une des génératrices de ce cône, tourne autour d'elle en dix-huit ans, suivant un autre cône très petit, ayant pour base une ellipse, dont les deux demi-axes sont à peu près de neuf secondes et de six secondes. Ce phénomène obligerait évidemment, dans l'hypothèse de la terre en repos, à supposer à l'univers un troisième mouvement général, encore plus difficile à concilier que celui de la précession avec le mouvement fondamental.

La considération de ces phénomènes du point de vue mécanique rend beaucoup plus frappant le contraste des deux systèmes à ce sujet. Car, ces légères altérations du parallélisme de l'axe terrestre sont, d'après la théorie de la gravitation, une simple conséquence nécessaire et évidente, comme je l'indiquerai plus tard, de l'action du soleil, et surtout de la lune, sur le renflement équatorial de notre globe, suivant le beau travail de D'Alembert, qui explique complètement, non-seulement la nature, mais encore la quantité exacte de ces deux perturbations.

Voilà donc une première classe de phénomènes

qui, sans être absolument inconciliables avec l'ancien système du monde, s'accordent infiniment mieux avec le mouvement de la terre, même en se bornant à les envisager sous le rapport géométrique, comme nous devons le faire actuellement (1).

Cette évidente supériorité du système copernicien, est encore plus clairement prononcée à l'égard des nombreux phénomènes connus sous le nom de *rétrogradations et stations des planètes*, qui, dans l'hypothèse de la terre immo-

(1) Craignant d'interrompre la série naturelle des idées dans cette importante exposition, je n'ai pas cru devoir mentionner l'application chronologique qu'on a voulu faire quelquefois de la précession des équinoxes, d'après l'indication de Newton à ce sujet, afin de remonter à des époques très reculées, par les monumens de diverses sortes qui retraçaient alors l'état du ciel, à raison de soixante-douze ans pour chaque degré de différence dans la position des points équinoxiaux. Quoique sans doute très rationnelle en elle-même, cette application me semble réellement dépourvue de toute utilité essentielle, à cause de l'extrême imperfection nécessaire des observations antiques, et de la grossière infidélité de leur expression par les monumens considérés. Car, il résulterait probablement de cette double cause, convenablement appréciée, une incertitude chronologique très supérieure, dans la plupart des cas, à celle que laissent les procédés ordinaires de l'exploration historique. Cette méthode ne deviendrait donc applicable, avec quelque précision, qu'à partir de la naissance de la véritable astronomie chez les Grecs; et, pour des temps si peu lointains, les autres renseignemens suffisent déjà entièrement. Je ne pense pas qu'on puisse citer aucune véritable découverte chronologique qui soit effectivement due à ce procédé, depuis plus d'un siècle qu'on s'en est occupé.

bile, ne pouvaient être que vaguement expliqués à l'aide des suppositions les plus forcées et les plus arbitraires; tandis que toutes leurs diverses circonstances, même numériquement appréciées, résultent immédiatement, et de la manière la plus simple, du seul mouvement de notre planète.

On a justement comparé ces phénomènes aux apparences que présente journellement un bateau, descendant une large rivière, à un observateur qui la descend aussi de son côté, sans avoir conscience de son mouvement; et d'où il résulte que le mouvement de ce bateau semble direct, stationnaire, ou rétrograde, selon que sa vitesse est supérieure, égale, ou inférieure à celle de l'observateur. Nous concevons, en effet, que le mouvement de notre globe doit nous faire continuellement apercevoir chaque planète au point de son orbite où elle se trouverait en lui imprimant, en sens contraire, une vitesse égale à la nôtre. Cela posé, à partir du moment où la planète quelconque est le plus près de nous, afin que les deux mouvemens soient exactement dans le même sens, cette correction la fera évidemment paraître rétrograde pendant un temps plus ou moins long dépendant des vitesses et des distances relatives, jusqu'à ce que sa direction se trouve suffisamment changée, par la continuité de sa propre circulation, pour que son mouvement apparent redevienne direct, comme il l'est le plus souvent. Il est d'ailleurs évident que, suivant la règle ordinaire de tous les phénomènes qui changent de signe, il y aura, vers la fin et vers le renouvellement de la rétrogradation, un instant où la planète paraîtra sensiblement stationnaire dans le ciel. Toutes les parties du phénomène, l'époque et la durée de la rétrogradation, l'étendue de l'arc qu'elle embrasse et la position de ses points extrêmes, peuvent être exactement calculées d'après la distance de la planète au soleil et la durée de sa révolution, comparées au mouvement de la terre. On peut, dans ce cas, simplifier beaucoup le calcul, sans aucun inconvénient réel, en supposant tous les mouvemens circulaires et uniformes, et même dans le plan de l'écliptique. Les résultats doivent évidemment présenter de grandes différences, suivant les diverses planètes. Leur comparaison générale montre que la durée absolue de la rétrogradation augmente à mesure qu'on s'éloigne du soleil; mais que, relativement au temps périodique de la planète, elle diminue, au contraire, très rapidement et de plus en plus. Or, l'observation directe de ces phénomènes vérifie, d'une manière remarquable, toutes ces conséquences de la théorie du mouvement de la terre, même quant à leur valeur numérique.

Ces apparences si simples n'avaient pu être expliquées, dans l'ancien système, qu'en faisant mouvoir chaque planète sur la circonférence d'un cercle idéal, dont le centre parcourait l'orbite effective. On conçoit que, ces deux mouvemens se trouvant être tantôt conformes et tantôt contraires, il était possible, en disposant convenablement du rayon arbitraire de cet épicycle et du temps fictif de la révolution correspondante, de représenter, jusqu'à un certain point, la rétrogradation et la station de chaque planète. Cette conception, qu'il faut juger comme subordonnée à l'ancien système, était sans doute fort ingénieuse. Mais, malgré toutes les ressources arbitraires qu'on s'y était ménagé, elle ne satisfaisait que d'une manière très vague aux phénomènes mêmes qui l'avaient provoquée, et elle était manifestement contraire à la véritable nature des orbites planétaires, comme nous le verrons dans la leçon suivante. Ainsi, indépendamment de son absurdité physique, elle ne pouvait évidemment soutenir à cet égard la moindre concurrence avec la théorie de Copernic, qui a rendu ces phénomènes tellement simples et vulgaires, que les astronomes ne s'en occupent plus aujourd'hui. On n'avait pas même tenté d'y expliquer la circonstance la plus frappante que présentent les rétrogradations planétaires, leur coïncidence invariable avec l'époque de l'opposition, s'il s'agit d'une planète supérieure, ou de la conjonction inférieure, à l'égard des deux autres planètes, ce qui, au contraire, résulte, au premier coup d'œil, de l'explication moderne.

Le mouvement annuel de la terre pourrait donc être regardé comme suffisamment constaté par cette seconde classe de phénomènes, qui faisait en effet la principale force de l'argumentation des coperniciens avant Képler et Galilée. Néanmoins, comme elle peut à la rigueur se concilier, jusqu'à un certain point, avec l'ancien système du monde, quelque étrange et imparfaite qu'y soit son explication, l'astronomie moderne, dans l'admirable sévérité de sa méthode, ne proclame aujourd'hui, comme une vraie démonstration mathématique du mouvement de la terre, que celle qui résulte de l'analyse exacte des phénomènes si variés de l'aberration de la lumière, absolument incompatibles avec l'immobilité de notre globe, et si parfaitement déduits au contraire par le grand Bradley de la théorie copernicienne; quoique, d'ailleurs, cette théorie se trouvât déjà généralement admise par les astronomes, quand ces phénomènes furent découverts. Telle est la troisième considération fondamentale, qui me reste à indiquer ici, au sujet du mouvement de la terre.

Il est préalablement indispensable d'examiner comment l'astronomie parvient à mesurer la vitesse avec laquelle la lumière se propage.

Les distances terrestres sont beaucoup trop petites pour que le procédé qui permet d'estimer, par des observations directes, la durée de la propagation du son, puisse être jamais applicable à la lumière, dont le mouvement est tellement rapide qu'on ne saurait constater, quelques précautions qu'on ait prises, la moindre différence perceptible entre l'instant où la lumière est émise en un certain lieu et le moment où elle est vue d'un autre lieu aussi éloigné que possible, quoique les deux phénomènes ne soient pas sans doute exactement simultanés. Mais la grandeur des espaces intérieurs de notre système solaire comporte, au contraire, une évaluation très précise de cette vitesse. Toutefois, il semble au premier abord, que, quel que soit le temps employé par la lumière à nous venir des astres, il n'en doit résulter qu'un simple retard dans l'époque que nous assignons à chacune de leurs positions, ce qui n'exercerait aucune influence sur nos observations comparatives. C'est pourquoi ce temps ne peut être aperçu et mesuré qu'en considérant des phénomènes uniformes qui s'exécutent successivement à des distances de la terre extrêmement inégales, et qui, dès lors, présenteront pour cette seule cause des différences appréciables suivant les diverses situations. Tel est, en effet, le procédé imaginé par Roëmer, auteur de cette immortelle découverte, que lui fournit l'observation comparative des éclipses des satellites de Jupiter dans les situations opposées de cette planète à l'égard de la terre.

Le premier satellite, par exemple, est éclipsé par Jupiter toutes les quarante-deux heures et demie. Supposons que les tables en aient été dressées pour la moyenne distance de Jupiter à la terre, qui a lieu lorsque Jupiter nous semble à quatre-vingt-dix degrés environ du soleil. En comparant à cette situation moyenne l'époque de l'opposition et celle de la conjonction, il est clair que l'apparition de l'éclipse aura lieu plus tôt dans le premier cas, et plus tard dans le second, à cause du chemin moindre ou plus grand que la lumière devra parcourir. La confrontation des deux cas extrêmes détermine le temps très sensible employé par la lumière à décrire le diamètre de l'orbite terrestre, et il en est résulté qu'elle nous vient du soleil en huit minutes environ. L'observation des autres satellites, et, plus tard, celle des satellites de Saturne et même d'Uranus, ont fourni à cet égard de nombreux moyens de vérification, qui, d'ailleurs, ont constaté l'exacte uniformité du mouvement de la lumière, du moins entre les limites de notre monde.

D'après cette importante détermination préliminaire, il devient aisé de concevoir comment le mouvement de la terre produit les phénomènes de l'aberration de la lumière dans les étoiles et dans les planètes.

Quoique la lumière emploie certainement plusieurs années à nous parvenir, même des étoiles les plus voisines, il n'en peut évidemment résulter, si la terre est immobile, qu'une simple erreur d'époque, et jamais aucune erreur de lieu. Au contraire, notre mouvement doit nécessairement altérer un peu la direction suivant laquelle nous apercevons l'astre, et qui s'obtient alors en composant, d'après la règle ordinaire du parallélogramme des mouvemens, la vitesse de la lumière avec celle de la terre. Comme la première est environ dix mille fois supérieure à la seconde, cette déviation ne peut être, à son *maximum* (qui a lieu lorsque les deux mouvemens sont rectangulaires), que de vingt secondes, tantôt en un sens, tantôt dans l'autre ; d'où résulte au plus une variation de quarante secondes dans les positions des étoiles pendant tout le cours de l'année. Il fallait donc toute la précision des observations modernes pour parvenir à la constater avec une entière certitude, quoique plusieurs astronomes aient semblé l'entrevoir un peu avant Bradley, sans pouvoir d'ailleurs se l'expliquer en aucune manière.

La loi fondamentale de cette déviation ne laisse évidemment rien d'arbitraire. L'aberration a toujours lieu dans le plan qui passe à chaque instant par la direction variable et exactement connue du mouvement de la terre, et par le rayon visuel mené à l'étoile, qui peut être regardé, d'après la leçon précédente, comme sensiblement parallèle, en tous temps, à la droite que déterminent la longitude et la latitude de cet astre. L'angle formé par ces deux droites règle tous les changemens que ce phénomène doit présenter. Tout est donc mathématique ici, et peut être confronté, sans la moindre équivoque, à l'observation directe, après avoir, pour plus de facilité, déduit de l'aberration primitive les variations qu'elle entraîne dans l'ascension droite et la déclinaison, préalablement corrigées de la précession.

En considérant la marche générale du phénomène, on peut envisager l'ensemble des rayons visuels menés à l'étoile dans toutes les positions de la terre, comme formant un cylindre plus ou moins oblique, dont la base est le cercle de l'écliptique. Le plus grand angle que la génératrice de ce cylindre puisse former avec la tangente de la base, et qui détermine la plus grande aberration, a lieu dans les deux points diamétralement opposés où son plan est perpendiculaire à l'écliptique : l'angle est au contraire le plus éloigné possible d'être droit, d'où résulte le *minimum* d'aberration, dans les deux points de l'écliptique situés à quatre-vingt-dix degrés des précédens. Le développement total du phénomène, pendant le cours de l'année, doit donc présenter quatre phases principales, deux *maxima* et deux *minima*, tantôt dans un sens, tantôt dans l'autre, suivant les directions opposées de la terre aux deux moitiés de sa route. Cette marche caractéristique de l'aberration, et surtout la périodicité si frappante de l'ensemble des phénomènes après chaque année révolue, ont été pour Bradley les premiers symptômes qui l'aient naturellement conduit à en chercher la vraie théorie dans la combinaison du mouvement de la terre avec le mouvement de la lumière.

L'aberration doit, évidemment, présenter des

différences très considérables suivant les diverses étoiles. Ce qui vient d'être indiqué sur sa marche générale, correspond essentiellement au cas le plus ordinaire d'une étoile plus ou moins écartée de l'écliptique. Mais, si l'on envisage les deux cas extrêmes, il est d'abord évident que, pour une étoile située au pôle de l'écliptique, le cylindre précédent deviendra droit, et, par conséquent, l'aberration fondamentale aura toujours la même valeur, égale à son *maximum* de vingt secondes, et sera seulement tantôt d'un côté, tantôt de l'autre. Quant au contraire, à une étoile située exactement dans le plan de l'écliptique, les variations seront plus prononcées qu'en aucun autre cas ; puisque, notre cylindre se réduisant alors à un plan, l'aberration pourra être nulle à deux époques opposées de l'année, tandis que, à trois mois de chacune d'elles, elle atteindra toute sa valeur. Voilà donc une nouvelle source de vérifications très sensibles pour la théorie générale de l'aberration.

Enfin, l'observation des planètes doit nécessairement être affectée aussi d'une erreur de lieu semblable à l'aberration des étoiles. Seulement, la loi fondamentale en est plus compliquée; car, au lieu du simple parallélogramme des mouvemens, il faut considérer alors le parallélépipède destiné à composer les trois vitesses de la lumière, de la terre, et de la planète; ce qui produit des formules plus embarrassantes; mais d'ailleurs entièrement analogues. Cette nouvelle aberration est susceptible d'un troisième genre de changement, dû aux vitesses fort inégales des diverses planètes, indépendamment de celles qui correspondent aux directions continuellement variables de la terre et de la planète. Il en résulte des différences plus étendues entre les valeurs extrêmes du phénomène, ainsi qu'une moindre régularité dans ses phases principales, quoique tout continue évidemment à pouvoir être calculé *à priori* avec exactitude.

Tel est, dans son ensemble, l'esprit du beau travail de Bradley, qu'on peut considérer comme présentant, après la grande suite de recherches de Képler, la plus haute manifestation de génie astronomique qui ait jamais été produite jusqu'ici: une nouvelle classe de phénomènes très délicats et très variés, ramenée mathématiquement tout entière, et jusque dans ses moindres détails numériques, à un seul principe éminemment simple et lucide. Le merveilleux accord de cette théorie avec les observations directes les plus précises, diversifiées de mille manières, nous offre donc enfin une démonstration complètement irrécusable de la réalité du mouvement annuel de la terre, sans lequel aucun de ces nombreux phénomènes ne saurait évidemment avoir lieu.

La vitesse due à la rotation quotidienne de notre globe doit aussi, d'après le même principe fondamental, produire une certaine aberration diurne, présentant, comme l'aberration annuelle, quatre phases principales et analogues, séparées par des intervalles de six heures, et susceptible, en outre, d'un nouvel ordre de variations, suivant les latitudes des divers observatoires. Mais nos observations ne deviendront peut-être jamais assez précises pour procurer à notre intelligence la vive satisfaction de trouver, dans un même ordre de phénomènes, une démonstration mathématique de la rotation de notre planète aussi bien que de sa translation. En effet, la vitesse qui résulte de la rotation de la terre étant plus de soixante fois moindre, même à l'équateur, que celle due à la translation, le *maximum* de cette aberration diurne est un peu au-dessous de un tiers de seconde, et par conséquent inappréciable jusqu'ici. Il en serait, à bien plus forte raison, de même pour les plus grandes vitesses artificielles que nous puissions nous imprimer, et qui ne sauraient produire aucune aberration perceptible dans les objets fixes vers lesquels nous dirigerions nos regards pendant ces mouvemens.

Il ne faut pas négliger de noter, au sujet de la théorie de l'aberration, que tous les calculs y étant fondés sur l'uniformité du mouvement de la lumière, leur exacte harmonie avec l'observation immédiate a étendu, aux plus grands espaces imaginables, la preuve de cette uniformité, constatée seulement jusque alors dans l'intérieur de notre monde par le travail de Roëmer. En même temps, on a ainsi reconnu que la vitesse de la lumière est la même pour toutes les étoiles, ou, du moins, que les différences ne peuvent point s'élever à un vingtième de la valeur moyenne.

Enfin, il est évident que la connaissance de l'aberration a nécessité désormais, dans toutes les observations astronomiques, une nouvelle correction fondamentale, à joindre à celles de la réfraction et de la parallaxe, avant de pouvoir les employer à des déterminations qui exigent toute la précision possible. Il en est de même à l'égard de la précession et de la nutation. Ces trois nouvelles corrections générales peuvent se faire par des formules trigonométriques essentiellement analogues à celles déjà usitées pour la réfraction et la parallaxe, sauf le changement des coefficiens. On conçoit que, par l'ensemble de ces opérations, le simple dépouillement d'une observation brute, faite avec les meilleurs instrumens, soit devenu, pour les modernes, une opération délicate et pénible.

Telles sont, en aperçu, les diverses considérations essentielles dont l'influence combinée a graduellement conduit l'homme à reconnaître enfin, de la manière la plus irrésistible, le double mouvement effectif de la planète qu'il habite. Aucune révolution intellectuelle ne fait autant d'honneur à la rectitude naturelle de l'esprit humain, et ne montre aussi bien l'action prépondérante des démonstrations positives sur nos opinions définitives, car aucune n'a eu à surmonter un tel ensemble d'obstacles fondamentaux. Un très petit nombre de philosophes isolés, sans autre supériorité sociale que celle qui dérive du génie positif et de la science réelle, a suffi pour détruire, en moins de deux siècles, chez tous les hommes civilisés, une doctrine aussi ancienne que notre intelligence, directement établie sur les apparences les plus fortes et les plus vulgaires, intimement liée au système entier des opinions dirigeantes, et, par suite, aux intérêts généraux des plus grands pouvoirs existans, et à laquelle, enfin, l'orgueil humain prêtait même un appui instinctif, dans le secret de chaque conscience individuelle.

Ce n'est pas ici le lieu d'analyser l'influence nécessaire qu'une innovation aussi radicale a effectivement exercée et doit exercer de plus en plus sur l'ensemble des idées humaines. Cet examen appartient spécialement à la dernière partie de cet ouvrage, destinée, comme on sait, à étudier les lois naturelles de notre développement social. Mais il convient d'indiquer ici, d'une manière générale, l'opposition directe et inévitable que présente la connaissance du mouvement de la terre avec tout le système des croyances théologiques. Ce système, en effet, repose évidemment sur la notion de l'ensemble de l'univers essentiellement ordonné pour l'homme; ce qui doit paraître absurde, même aux esprits les plus ordinaires, quand il est enfin constaté que la terre n'est point le centre des mouvemens célestes, qu'on n'y peut voir qu'un astre subalterne, circulant à son rang et en son temps, autour du soleil, entre Vénus et Mars, dont les habitans auraient tout autant de motifs de s'attribuer le monopole d'un monde qui est lui-même presque imperceptible dans l'univers. Les demi-philosophes qui ont voulu maintenir la doctrine des causes finales et des lois providentielles, en s'écartant des notions vulgaires admises de tout temps sur la nature de leur destination, sont tombés, ce me semble, dans une grave inconséquence fondamentale. Car, après avoir ôté la considération, au moins claire et sensible, du plus grand avantage de l'homme, je défie qu'on puisse assigner aucun but intelligible à l'action providentielle. L'admission du mouvement de la terre, en faisant rejeter cette destination humaine de l'univers, a donc tendu nécessairement à saper par sa base tout l'édifice théologique. On s'explique aisément ainsi la répugnance instinctive des esprits vraiment religieux contre cette grande découverte, et l'acharnement opiniâtre du pouvoir sacerdotal contre son plus illustre promoteur.

La philosophie positive n'a jamais détruit une doctrine quelconque, sans lui substituer immédiatement une conception nouvelle, capable de satisfaire encore plus complètement aux besoins fondamentaux et permanens de la nature humaine, comme j'aurai tant d'occasions de le constater dans le quatrième volume de cet ouvrage. Ainsi, la vanité de l'homme a dû être, sans doute, profondément humiliée, quand la connaissance du mouvement de la terre est venue dissiper les illusions puériles qu'il s'était faites sur son importance prépondérante dans l'univers. Mais, en même temps, le seul fait de cette découverte ne tendait-il point nécessairement à lui donner un sentiment plus élevé de sa vraie dignité intellectuelle, en lui faisant apprécier toute la portée de ses moyens réels convenablement employés, par l'immense difficulté que notre position, dans le monde dont nous faisons partie, opposait à l'acquisition exacte et certaine d'une telle vérité ? Laplace a justement signalé cette considération philosophique. A l'idée fantastique et énervante d'un univers arrangé pour l'homme, nous substituons la conception réelle et vivifiante de l'homme découvrant, par un exercice positif de son intelligence, les vraies lois générales du monde, afin de parvenir à le modifier à son avantage entre certaines limites, par un emploi bien combiné de son activité, malgré les obstacles de sa condition? Laquelle est, au fond, la plus honorable pour la nature humaine, parvenue à un certain degré de développement social? Laquelle est le mieux en harmonie avec nos plus nobles penchans? Laquelle enfin tend à stimuler avec plus d'énergie notre intelligence et notre activité? Si l'univers était réellement disposé pour l'homme, il serait puéril à lui de s'en faire un mérite, puisqu'il n'y aurait nullement contribué, et qu'il ne lui resterait qu'à jouir, avec une inertie stupide, des faveurs de sa destinée; tandis qu'il peut, au contraire, dans sa véritable condition, se glorifier justement des avantages qu'il parvient à se procurer en résultat des connaissances qu'il a fini par acquérir, tout ici étant essentiellement son ouvrage (1).

Une dernière conséquence philosophique, très imparfaitement appréciée jusqu'ici, et qui me semble fort importante, résulte nécessairement de la doctrine du mouvement de la terre. C'est la distinction, désormais profondément tranchée, entre l'idée d'*univers* et celle de *monde*, trop souvent encore prises l'une pour l'autre. On n'a point reconnu jusqu'à présent que la notion d'univers, c'est-à-dire la considération de l'ensemble des grands corps existans comme formant un système unique, était essentiellement fondée sur l'opinion primitive à l'égard de l'immobilité de la terre. Dans cette manière de voir, tous les astres constituaient, en effet, malgré leurs caractères propres et la diversité de leurs mouvemens, un véritable système général, ayant la terre pour centre évident. Au contraire, la connaissance du mouvement de notre globe, transportant subitement toutes les étoiles à des distances infiniment plus considérables que les plus grands intervalles planétaires, n'a plus laissé, dans notre pensée, de place à

(1) Vauvenargues a dit avec une profonde raison : « Le monde » est ce qu'il doit être pour un être actif, c'est-à-dire fertile en » obstacles. «

l'idée réelle et sensible de *système* qu'à l'égard du très petit groupe dont nous faisons partie autour du soleil. Dès lors, la notion de *monde* s'est introduite comme claire et usuelle; et celle d'*univers* est devenue essentiellement incertaine et même à peu près inintelligible. Car, nous ignorons complètement aujourd'hui, et nous ne saurons probablement jamais avec une véritable certitude, si les innombrables soleils que nous apercevons composent finalement, en effet, un système unique et général, ou, au contraire, un nombre, peut-être fort grand, de systèmes partiels, entièrement indépendans les uns des autres. L'idée d'univers se trouve donc ainsi essentiellement exclue de la philosophie vraiment positive, et l'idée de monde devient la pensée la plus étendue qu'il nous soit permis de poursuivre habituellement avec fruit; ce qui doit être regardé comme un véritable progrès, cette pensée ayant l'avantage d'être, par sa nature, exactement circonscrite, tandis que l'autre est, de toute nécessité, vague et indéfinie; comme je l'ai remarqué au commencement de ce volume. Cette restriction de nos conceptions générales usuelles est d'autant plus rationnelle que nous avons acquis, par l'expérience la plus étendue et la plus décisive, la conviction de l'indépendance fondamentale des phénomènes intérieurs de notre monde, les seuls dont la connaissance nous soit indispensable, à l'égard des phénomènes vraiment universels, puisque, comme je l'ai déjà signalé, les tables astronomiques de l'état de notre système solaire, dressées sans avoir aucun égard à l'action des autres soleils, coïncident journellement avec les observations directes les plus minutieuses.

La théorie du mouvement de la terre n'a point encore certainement exercé, dans notre manière de voir habituelle, toute son influence nécessaire, surtout au sujet de cette distinction fondamentale, qui en est néamoins une conséquence immédiate et évidente. Cela tient, sans doute, à l'extrême imperfection de notre système d'éducation, qui ne permet, même aux plus éminens esprits, d'être initiés à ces hautes pensées philosophiques, que lorsque tout l'ensemble de leurs idées a déjà reçu la profonde empreinte habituelle d'une doctrine absolument opposée : en sorte que les connaissances positives qu'ils parviennent à acquérir, au lieu de dominer et de diriger leur intelligence, ne servent ordinairement qu'à modifier et à contenir la tendance vicieuse qu'on a d'abord développée en elle.

VINGT-TROISIÈME LEÇON.

Considérations générales sur les lois de Képler, et sur leur application à la théorie géométrique des mouvemens célestes.

La connaissance du mouvement de la terre nous conduit naturellement à nous transporter au point de vue solaire, puisqu'il devient dès lors nécessaire, et en même temps possible, de ramener nos observations immédiates à celles qui seraient faites du centre du soleil, désormais reconnu comme le vrai centre immobile de tous les mouvemens intérieurs de notre monde, seul objet essentiel de nos études astronomiques. Cette transformation, justement nommée *parallaxe annuelle*, suit, en effet, les mêmes règles que la parallaxe ordinaire ou diurne, examinée dans la vingtième leçon : elle est seulement beaucoup plus grande, la distance de la terre au soleil y remplaçant le rayon de la terre ; ce qui n'a d'influence que sur les coefficiens des formules trigonométriques déjà usitées dans le premier cas. A la vérité, le changement qu'éprouve, pendant le cours de l'année, la distance de la terre au soleil, tend à introduire, entre ces deux réductions, une différence essentielle. Mais, cette variation, dont la plus grande valeur n'est que d'un trentième, peut, d'abord, être entièrement négligée, sans aucun inconvénient réel, dans une première étude des mouvemens célestes : et la découverte des lois géométriques de ces mouvemens permet, ensuite, d'en tenir compte avec exactitude, dans les cas qui l'exigent.

C'est ainsi que les astronomes convertissent habituellement toutes leurs observations géocentriques en observations héliocentriques. A l'égard des étoiles, nous savons déjà, par l'avant-dernière leçon, que cette transformation, quelque considérable qu'elle doive paraître, est toujours entièrement insensible jusqu'ici : en sorte que, dans l'observation de tous les astres extérieurs à notre monde, il est parfaitement indifférent que le spectateur soit placé sur la terre, ou sur le soleil, ou sur une planète quelconque. Mais, pour l'intérieur de notre système, la parallaxe annuelle doit, évidemment, avoir une valeur très sensible, quelquefois extrêmement grande, et dont il est indispensable de tenir compte, même envers les planètes les plus lointaines.

D'après cette transformation fondamentale,

nous pouvons maintenant poursuivre et terminer l'étude géométrique des mouvemens planétaires, déjà ébauchée, à la fin de l'avant-dernière leçon, quant à leurs périodes et aux plans dans lesquels ils s'exécutent, et au sujet de laquelle nous avions dû réserver la partie la plus importante et la plus difficile, la détermination exacte de la vraie figure des orbites et de la manière dont elles sont parcourues. Ces connaissances essentielles une fois acquises, nous pourrons enfin nettement comprendre comment l'astronomie atteint son véritable but définitif, la prévision exacte et rationnelle de l'état de notre système à une époque quelconque donnée. Tel est l'objet de la leçon actuelle.

Dans la première enfance de l'astronomie mathématique, on a dû naturellement regarder les mouvemens des planètes comme exactement uniformes et circulaires. Quoique cette supposition fût, sans doute, appuyée, si ce n'est inspirée, par des considérations métaphysiques et même théologiques sur la perfection de ce genre de mouvemens, convenable à la nature divine des astres, comme les écrits des anciens nous en offrent d'incontestables témoignages, elle n'en était pas moins alors profondément rationnelle. Car, il était indispensable de former à cet égard une hypothèse quelconque pour parvenir graduellement, en la comparant de plus en plus aux observations, à la vraie connaissance des mouvemens célestes, qui n'était point susceptible d'être jamais obtenue d'une manière directe. Or, on ne pouvait, évidemment, adopter une hypothèse plus simple, qui, représentant à peu près l'ensemble des premières observations, fût-elle aisément susceptible de leur être, ensuite, exactement confrontée par la géométrie alors naissante. Telle est la valeur réelle de cette hypothèse fondamentale, qui a d'abord constitué la science astronomique, que nous l'employons encore aujourd'hui, quand nous voulons nous contenter d'une première approximation, toutes les fois, par exemple, que nous ébauchons la théorie d'un nouvel astre.

Mais, par les progrès mêmes que permettait l'usage d'une telle hypothèse, on ne dut pas tarder à reconnaître que les planètes ne demeurent point à des distances invariables du centre de leurs mouvemens, et que leurs vitesses autour de lui ne sont pas constantes. Cette remarque générale dut être surtout hâtée par l'obligation qu'on s'était imposée de placer ce centre sur la terre; car, si l'on eût rapporté les mouvemens au soleil, ces irrégularités eussent été beaucoup moins prononcées, et, par conséquent, bien plus tard constatées. Dès lors, les astronomes grecs imaginèrent, pour représenter les phénomènes, de modifier leur hypothèse fondamentale par deux conceptions principales, dont chacune isolément permettait d'expliquer, jusqu'à un certain point, les irrégularités observées, et qui, surtout, combinées, pouvaient long-temps suffire à cette interprétation, tant que les progrès de la géométrie abstraite ne comportaient pas une confrontation mathématique entièrement rigoureuse. Ces deux hypothèses secondaires sont connues sous les noms d'excentrique, et d'épicycle. La première consiste à placer l'astre central à une certaine distance du centre géométrique des mouvemens circulaires et uniformes ; ce qui suffit pour faire varier les rayons vecteurs ainsi que les vitesses angulaires, d'une manière à peu près conforme aux observations, tant que celles-ci n'ont pas atteint un certain degré de précision, et que, en même temps, la théorie du cercle n'a point fait exactement connaître la relation propre de ses coordonnées polaires. Dans la seconde conception, déjà indiquée par la leçon précédente, l'astre est supposé décrire immédiatement avec une vitesse constante la circonférence d'un petit cercle auxiliaire, dont le centre parcourt uniformément l'orbite primitive ; d'où résulte une certaine variation nécessaire dans les mouvemens rapportés à l'astre central, même sans le déplacer du centre du cercle principal. Cette seconde hypothèse fournit plus de ressources que la première, puisqu'elle dispose de deux quantités arbitraires, au lieu de la seule excentricité. Elle est, d'ailleurs, beaucoup plus féconde; car, rien n'empêche, à chaque nouvelle découverte d'un défaut d'harmonie avec les observations, de créer un nouvel épicycle, comme l'ont fait effectivement, et au degré le plus abusif, les astronomes du moyen âge. Enfin, les deux hypothèses peuvent, évidemment, être réunies.

A partir de l'époque où l'usage régulier de ces deux conceptions fut devenu dominant, il n'est pas douteux, ce me semble, que la philosophie métaphysique, à laquelle se rattachait l'hypothèse fondamentale, ait considérablement retardé les progrès de la science astronomique. Sans les mystiques chimères de cette philosophie sur la convenance absolue du mouvement circulaire et uniforme à l'égard des astres, on eût certainement tenté beaucoup plus tôt de sortir d'une hypothèse qui, n'ayant, à l'origine, d'autre mérite réel que celui de sa simplicité primitive, avait fini par présenter une complication presque inextricable, par la multiplication graduelle des épicycles successifs. Les inconvéniens de cette complication étaient déjà vivement sentis par tous les astronomes lors de la composition des tables pruténiques, et même à l'époque des tables alphonsines, comme l'indique clairement le mot célèbre et énergique du roi Alphonse. Néanmoins, l'influence prépondérante des préjugés métaphysiques prolongea l'emploi de cette théorie, jusqu'à ce qu'il fût devenu réellement impossible de la suivre davantage, lorsque, vers la fin du seizième siècle, le nombre total des cercles employés à l'explication des mouvemens célestes s'éleva jusqu'à 74, pour les sept astres considérés alors; tandis que, en même temps, les progrès importans que Tycho introduisit dans toutes les observations astronomiques ne permirent plus de représenter suffisamment ainsi les mouvemens planétaires effectifs, malgré la multitude de quantités arbitraires dont les astronomes pouvaient disposer d'après un tel système. C'est ainsi que, même dans les sciences, les hommes ne se déterminent à changer radicalement leurs institutions primitives (surtout quand elles n'ont pas été rationnellement établies), que lorsqu'elles ont enfin complètement cessé de remplir l'office auquel elles étaient destinées, et après que les nombreuses modifications dont on les avait, à cet effet, successivement surchargées, sont évidemment devenues impuissantes.

Tel était l'état de l'astronomie avant le grand rénovateur Képler, qui, le premier après vingt siècles, osa reprendre, de fond en comble, le problème général des mouvemens planétaires, en regardant tous les travaux antérieurs comme non-avenus, et n'adoptant d'autre base générale que le système complet d'observations exactes auquel la vie de son illustre précurseur, Tycho-Brahé, venait d'être si noblement dévouée. Malgré la hardiesse naturelle de son génie, ses écrits nous montrent, dans leur admirable naïveté, combien il avait besoin d'exciter son enthousiasme pour soutenir l'exécution d'une entreprise aussi audacieuse et aussi difficile, quoique si éminemment rationnelle.

Le choix que fit Képler de la planète Mars, pour son système de recherches astronomiques, était extrêmement heureux, à cause de l'excentricité plus prononcée de cette planète, qui devait rendre plus facile à saisir la vraie loi des inégalités. Mercure, à la vérité, est encore plus excentrique ; mais la difficulté de l'observer d'une manière assez suivie, ne permettait pas de l'employer.

Il s'agit donc maintenant de considérer directement les trois grandes lois fondamentales, découvertes par Képler au sujet de Mars, et qu'il étendit ensuite à tous les autres mouvemens intérieurs de notre système. L'ordre suivant lequel on les dispose habituellement aujourd'hui n'est point indifférent : c'est celui dans lequel elles servent à fonder la mécanique céleste, comme le montrera la leçon prochaine. Sous le point de vue purement géométrique, les deux premières suffisent pour déterminer complètement le mouvement propre à chaque planète, l'une en réglant sa vitesse à chaque instant, l'autre en fixant la figure de l'orbite. La troisième loi est destinée à établir une harmonie fondamentale entre tous les divers mouvemens planétaires.

Première loi. On avait depuis long-temps remarqué que la vitesse angulaire de chaque planète, c'est-à-dire, l'angle plus ou moins grand décrit, en un temps donné, par son rayon vecteur, augmente constamment à mesure que l'astre s'approche davantage du centre de son mouvement : mais on ignorait entièrement la relation exacte entre les distances et les vitesses. Képler la découvrit, en comparant les deux cas extrêmes du *maximum* et du *minimum* de ces quantités, où leur vraie liaison devait être, en effet, plus sensible. Il reconnut ainsi que les vitesses angulaires de Mars, à son périhélie et à son aphélie, sont inversement proportionnelles aux quarrés des distances correspondantes. Cette loi, saisie par son génie dans le simple rapprochement de deux seules observations, fut ensuite vérifiée pour toutes les positions intermédiaires de Mars, et, plus tard, étendue à toutes les autres planètes. Son exactitude a été constatée depuis par l'expérience habituelle de tous les astronomes. Elle est ordinairement présentée sous une autre forme géométrique, imaginée par Képler lui-même. Au lieu de dire que la vitesse angulaire d'une planète quelconque est, à chaque point de son orbite, en raison inverse du quarré de la distance au soleil, on préfère exprimer, plus simplement, que l'aire tracée, en un temps donné et très court, chaque jour par exemple, par le rayon vecteur de la planète, est d'une grandeur constante, quoique sa forme soit variable : ou, en d'autres termes, que les aires décrites croissent proportionnellement aux temps écoulés. Cet énoncé n'est évidemment qu'une heureuse transformation géométrique de l'énoncé primitif. Car, en choisissant un temps assez court pour que le mouvement de l'astre puisse être envisagé comme momentanément circulaire autour du soleil, il est clair que l'aire qu'engendre le rayon vecteur est proportionnelle au produit de la vitesse angulaire par le quarré de la distance; et qu'ainsi la réciprocité des deux facteurs équivaut à l'invariabilité du produit.

En détruisant radicalement la prétendue uniformité des mouvemens célestes, Képler a donc satisfait aux besoins fondamentaux de l'esprit humain en la remplaçant par une analogie du même ordre et plus réelle : la constance n'a plus été dans les arcs décrits, mais dans les aires tracées. On a même judicieusement remarqué à ce sujet que cette loi nouvelle, quoique moins simple en apparence, était, au fond, beaucoup plus favorable pour faciliter la solution effective du problème géométrique des planètes. Car, avec la vraie figure des orbites planétaires, et même en conservant des cercles excentriques, l'égalité des arcs eût, en réalité, bien moins simplifié le travail que ne l'a fait l'égalité des aires.

Seconde loi. La véritable nature des orbites était peut-être moins difficile à découvrir. Car, il suffit essentiellement, à un homme tel que Képler, d'avoir enfin bien senti, d'une manière franche et complète, la nécessité d'abandonner irrévocablement les mouvemens circulaires, ce à quoi l'on conçoit d'ailleurs aisément qu'il n'a pu parvenir tout d'un coup. C'est là qu'on peut apercevoir clairement la funeste influence des préjugés métaphysiques pour entraver la marche de Képler, en le faisant si souvent hésiter, dans ses diverses tentatives, à renoncer définitivement au mouvement circulaire. Mais, cette condition préalable une fois remplie, il était fort naturel d'essayer l'ellipse, la plus simple de toutes les courbes fermées après le cercle, qui n'en est qu'une modification.

La théorie abstraite de cette courbe avait été heureusement poussée assez loin par les géomètres grecs pour qu'il devînt possible de la reconnaître avec certitude dans les orbites planétaires. Il ne pouvait y avoir une longue hésitation sur la place que le soleil devait occuper. Car, on ne pouvait, évidemment, lui assigner que deux positions remarquables, ou le centre, ou l'un des deux foyers. Or, une réflexion générale sur les mouvemens célestes excluait immédiatement le centre, sans avoir besoin d'aucun travail mathématique. Car, dans cette hypothèse, l'orbite présenterait deux périhélies diamétralement opposés, ainsi que deux aphélies; et chaque périhélie serait à quatre-vingt-dix degrés seulement, au lieu de cent quatre-vingt-degrés, de chaque aphélie, ce qui est trop manifestement contraire à l'ensemble des observations, même les plus grossières, pour pouvoir être un seul instant supposé. Voilà comment Képler, en adoptant les orbites elliptiques, fut nécessairement conduit à placer le soleil au foyer, pour toutes les planètes à la fois. Quand son hypothèse eut été ainsi bien formée, il devint aisé d'en constater la justesse, en la comparant aux observations, par des calculs dont tous les principes étaient posés d'avance.

Telle est donc la seconde loi de Képler : les orbites planétaires elliptiques, ayant le soleil pour foyer commun. Les excentricités sont toujours fort petites pour les planètes proprement dites, excepté à l'égard de deux des quatre planètes télescopiques, dans lesquelles la distance des foyers s'élève jusqu'à un quart du grand axe. Cette belle loi fut long-temps méconnue par la plupart des astronomes, même de ceux qui sentaient vivement la nécessité d'abandonner les mouvemens circulaires, et qui faisaient, à cet effet, dans une autre direction que Képler, d'infructueuses tentatives. Dominique Cassini lui-même, plus d'un demi-siècle après, eut la malheureuse idée de remplacer l'ellipse de Képler par une courbe du quatrième degré, grossièrement semblable, en certains cas, à l'ellipse, et dans laquelle le produit des distances aux deux foyers, au lieu de leur somme, reste invariable (1). Mais, l'expérience journalière de tous les astronomes a démontré de-

---

(1) Le nom bizarre de *cassinoïde*, donné à cette courbe par quelques écrivains, a tendu à éterniser le souvenir de l'erreur fondamentale de ce célèbre astronome.

puis combien était exacte la découverte de Képler, qui d'ailleurs, avait déjà donné à cet égard les preuves les plus irrécusables, en construisant, d'après ses deux premières lois, les célèbres tables rudolphines, qui représentaient l'ensemble des observations avec bien plus de précision que toutes les tables antérieures.

Troisième loi. Les deux lois précédentes déterminent entièrement la course de chaque planète, considérée séparément, d'après le petit nombre de constantes nécessaires pour la caractériser. Mais, les mouvemens des diverses planètes autour du foyer commun restaient encore complètement isolés les uns des autres, toutes ces constantes paraissant avoir des valeurs essentiellement arbitraires. Képler, qui, de tous les hommes peut-être, a possédé au plus haut degré le génie analogique, chercha (ce que les anciens n'avaient jamais tenté, même grossièrement) à établir entre tous ces mouvemens si différens, une certaine harmonie exacte et fondamentale. Tel est l'objet de sa troisième loi.

Plusieurs philosophes ont pensé (et j'avoue l'avoir d'abord cru moi-même), que les vagues conceptions de la métaphysique sur les harmonies mystiques de l'univers n'avaient pas été inutiles à cette sublime découverte, en excitant les recherches de Képler sur la relation entre les temps périodiques des diverses planètes et leurs moyennes distances. Mais, en examinant plus profondément ce point intéressant de l'histoire de l'esprit humain, il est aisé, ce me semble, de se convaincre du contraire. Long-temps avant Képler, la philosophie métaphysique avait entièrement cessé d'avoir, en astronomie, aucune utilité réelle. Elle n'eût pu servir, en cette occasion, qu'à soutenir la constance de ses travaux, par la persuasion préalable de l'existence certaine d'une harmonie quelconque à cet égard. Or, sous ce rapport, elle était complètement inutile, puisque beaucoup d'astronomes avaient déjà remarqué que les révolutions planétaires sont toujours d'autant plus lentes que les orbites ont plus d'étendue, ce qui suffisait, évidemment, à Képler, pour motiver, à ce sujet, une recherche mathématique. Il est clair, au contraire, que les considérations métaphysiques ont considérablement retardé sa marche, en lui faisant chercher avec une longue obstination, des harmonies qui ne pouvaient avoir aucune réalité. En suivant d'abord la direction positive, comme il finit par le faire, après s'être si long-temps égaré dans ces recherches chimériques, sa découverte n'eût certainement point exigé dix-sept ans de travaux assidus. Ayant préalablement reconnu que les temps périodiques des diverses planètes croissent plus rapidement que leurs moyennes distances au soleil, il suffisait d'essayer successivement, parmi les diverses puissances du demi-grand axe, celle à laquelle la durée de la révolution devait être proportionnelle. L'ensemble des données du problème excluait d'abord les puissances entières, en montrant que les temps périodiques croissent moins rapidement que les quarrés des moyennes distances. Képler était ainsi naturellement conduit à essayer l'exposant $\frac{3}{2}$, le plus simple de tous les exposans entre 1 et 2. C'est par là qu'il découvrit enfin que les quarrés des temps des révolutions sidérales de toutes les diverses planètes sont exactement proportionnels aux cubes des demi-grands axes de leurs orbites : loi que les observations postérieures ont toujours entièrement confirmée. On voit que les conceptions métaphysiques furent, en réalité, parfaitement étrangères à sa découverte, et que, loin d'y guider Képler, elles l'en détournèrent long-temps.

Outre la destination fondamentale de cette grande loi pour la mécanique céleste, comme nous l'indiquerons dans la leçon suivante, elle présente évidemment, en géométrie céleste, cette importante propriété directe, de permettre de déterminer, l'un par l'autre, le temps périodique et la moyenne distance de toutes les diverses planètes, quand ces deux élémens ont été d'abord bien observés à l'égard d'une seule planète quelconque. C'est ainsi, par exemple, qu'on a pu évaluer très promptement la durée de la révolution d'Uranus, une fois que sa distance au soleil a été mesurée, sans avoir besoin d'attendre l'accomplissement si lent d'une révolution entière, qui a seulement servi plus tard à confirmer le résultat primitif. De même, en sens inverse, si l'on venait à découvrir quelque nouvelle planète très rapprochée du soleil, il suffirait d'observer la durée très courte de sa révolution sidérale, pour en conclure immédiatement la valeur de sa distance, dont la détermination directe serait alors embarrassante. Les astronomes font continuellement usage de cette double faculté, que la troisième loi de Képler leur a procurée.

Telles sont les trois lois générales qui serviront éternellement de base à la géométrie céleste pour l'étude rationnelle des mouvemens planétaires, et qui régissent aussi, exactement de la même manière, les mouvemens des satellites autour de leurs planètes, en plaçant l'origine des aires ou le foyer de l'ellipse au centre de la planète correspondante. Depuis que l'admirable génie de Képler nous les a dévoilées, le nombre total des astres de notre monde, sans même y comprendre les comètes, a plus que triplé ; et cette multiplicité d'épreuves aussi inattendues n'a fait que confirmer successivement de plus en plus leur profonde justesse. Leur ensemble a réduit toute notre détermination des mouvemens de translation de ces corps, à un simple problème de géométrie (dont les difficultés abstraites sont d'ailleurs considérables), qui n'emprunte plus à l'observation directe que les données fondamentales strictement indispensables : ce qui a imprimé à l'astronomie un caractère profondément rationnel. Ces données sont, pour chaque astre, au nombre de six : 1°. deux, déjà envisagées dans la vingt-unième leçon, relativement au plan de l'orbite, déterminé habituellement par la longitude de l'un ou l'autre nœud, et par l'inclinaison à l'écliptique ; 2°. la longitude du périhélie, qui fixe la direction de l'orbite dans son plan ; 3°. le rapport de la distance focale au grand axe, qui caractérise la forme de l'ellipse décrite ; 4°. la moyenne distance au soleil, c'est-à-dire le demi-grand axe de cette ellipse, qui définit entièrement sa grandeur ; 5°. enfin, la durée de la révolution sidérale, indiquant suffisamment la vitesse moyenne de l'astre. Nous devons regarder, dans cette leçon, tous ces élémens fondamentaux comme rigoureusement constans, l'étude des légères variations qu'ils subissent progressivement étant le principal objet définitif de la mécanique céleste, quoique plusieurs aient d'abord été appréciées, avec plus ou moins d'exactitude, par la simple observation directe. D'après ces élémens, il suffit de connaître une seule position de chaque astre, pour que toute sa course se trouve être géométriquement définie : ce que les astronomes font ordinairement, en se bornant à indiquer la longitude de l'astre à une époque donnée.

Quoiqu'il soit évident, en thèse générale, que l'étude des mouvemens intérieurs de notre monde est ainsi entièrement tombée sous le ressort de la géométrie abstraite, il n'en est pas moins indispensable de considérer ici la nature spéciale de ce grand problème géométrique, suivant les principaux cas généraux qu'il doit présenter, sans entrer d'ailleurs dans aucun détail de solution, incompatible avec l'esprit et la destination de cet ouvrage. Il faut distinguer, à cet effet, trois cas essentiels, que je range ici dans l'ordre astronomique de leur difficulté croissante : le cas des planètes proprement dites, celui des satellites, et enfin celui des comètes. Nous devons nous borner ici à caractériser nettement les différences essentielles que présente à cet égard le problème général de la géométrie céleste. En outre, on doit reconnaître préalablement que, par sa nature, ce problème se décompose toujours en deux questions distinctes, inverses l'une de l'autre : 1°. étant donnés les élémens astronomiques de l'orbite, déterminer tout ce qui concerne la course entière de l'astre, ce qui est la recherche la plus ordinaire à l'égard des astres anciennement connus ; 2°. réciproquement, comme on doit surtout le faire envers tout astre nouvellement étudié, trouver les valeurs de tous ces divers élémens, d'après l'observation d'une partie suffisamment étendue de la course de l'astre. Il importe fort peu d'ailleurs laquelle de ces deux questions essentielles sera placée avant l'autre.

Problème des planètes. La difficulté bien moindre que présente l'étude géométrique des mouvemens des planètes proprement dites résulte uniquement de la faible excentricité de leurs orbites, et de la petite inclinaison des plans correspondans, seuls caractères essentiels qui, aux yeux des astronomes, les distinguent réellement des comètes. Ces deux circonstances caractéristiques facilitent beaucoup la solution précise du problème, en permettant, dans les divers développemens analytiques qu'elle exige, de s'en tenir aux premières puissances des inclinaisons et des excentricités. En même temps, sous le point de vue mécanique, les perturbations étant, en général, comme nous le verrons, bien plus petites, par une suite nécessaire de ces mêmes conditions, on conçoit que la solution doit naturellement avoir plus d'exactitude.

En supposant d'abord que tous les élémens astronomiques de la planète soient donnés, il est clair que, partant d'une position connue, on pourra calculer, par la combinaison des deux premières lois de Képler, en quel lieu se trouvera l'astre à telle époque, ou, au contraire, en combien de temps il se transportera de telle situation à telle autre. La difficulté consiste essentiellement dans cette question relative à la théorie de l'ellipse : trouver l'angle compris entre deux rayons vecteurs qui forment un secteur elliptique dont l'aire est donnée, ou, réciproquement, passer de l'angle à l'aire. Ce problème fondamental, si justement désigné sous le nom de *Problème de Képler*, ne peut être résolu que par approximation dans l'état présent de l'analyse mathématique, car il dépend d'une intégration qu'on ne sait point jusqu'ici effectuer en termes finis. Les astronomes emploient encore, à cet égard, des transformations géométriques essentiellement semblables à celles imaginées par Képler.

Une ellipse, dont le foyer est donné, étant suffisamment déterminée par trois quelconques de ses points, il est clair, en considérant maintenant la question inverse, que trois positions exactement observées d'une planète, doivent permettre de remonter à la connaissance de tous ses élémens astronomiques. Cette seconde recherche générale est susceptible d'une solution parfaitement rigoureuse, quoique, d'ailleurs, elle exige des calculs fort compliqués. L'orbite une fois géométriquement définie, la simple comparaison de l'aire comprise entre deux des trois rayons vecteurs primitifs, avec le temps employé par l'astre à passer de l'un à l'autre, suffira pour faire connaître, d'après la première loi de Képler, la durée totale de sa révolution, ce qui complétera la solution. Ici se reproduit d'ailleurs, dans l'évaluation de cette aire, la difficulté fondamentale du problème de Képler.

En principe, trois positions quelconques sont strictement suffisantes. Mais il est d'abord évident que, la solution étant fondée sur la différence de ces positions, les résultats seraient trop incertains si l'on ne mettait point, entre les trois observations successives un notable intervalle, dont la valeur doit naturellement augmenter à mesure qu'il s'agit d'une planète plus lointaine. En second lieu, il est indispensable de connaître un plus grand nombre de positions suffisamment distinctes, au moins cinq ou six, afin de se procurer des moyens de vérifier et de rectifier les premiers résultats par les diverses combinaisons ternaires des observations effectuées, dont le degré d'accord mesurera l'exactitude de l'opération.

Cette double nécessité entraînant le besoin d'un temps plus ou moins considérable, et, en certains cas, très long, pour l'exacte détermination définitive d'une orbite planétaire, les astronomes ont senti l'importance d'employer d'abord provisoirement, comme guide général de leurs observations, l'antique hypothèse du mouvement circulaire et uniforme, dans toute sa simplicité primitive, qui présente le précieux avantage de pouvoir être beaucoup plus facilement calculée, d'après deux positions seulement, contrôlées, tout au plus, si on le juge à propos, par une troisième. On peut même avant tout, ce qui est encore plus simple, commencer par regarder, pendant un temps très court, la route de l'astre comme rectiligne; et les astronomes l'ont fait quelquefois avec succès, pour discerner tout d'un coup, surtout envers un astre nouveau, dans quelle partie du ciel il doit être observé prochainement. Mais, c'est seulement lorsqu'on se borne à des procédés graphiques, qui suffisent à un tel but, que cette hypothèse peut être utilement employée. Quant aux calculs, l'hypothèse circulaire méritera seule d'être considérée, puisqu'elle s'y adapte avec presque autant de facilité, et que, d'ailleurs, elle représente infiniment mieux le vrai mouvement, pour une bien plus grande portion de la course totale. Quoi qu'il en soit, on voit clairement par là que l'astronomie moderne, en détruisant sans retour les hypothèses primitives, envisagées comme lois réelles du monde, a soigneusement maintenu leur valeur positive et permanente, la propriété de représenter commodément les phénomènes quand il s'agit d'une première ébauche. Nos ressources à cet égard sont même bien plus étendues, précisément à cause que nous ne nous faisons aucune illusion sur la réalité des hypothèses; ce qui nous permet d'employer sans scrupule, en chaque cas, celle que nous jugeons la plus avantageuse.

Problème des satellites. Les lois de Képler, dans leur application aux satellites, ne concernent que les mouvemens relatifs de chaque satellite autour de sa planète, envisagée comme immobile. Ainsi, la difficulté supérieure du problème des satellites a évidemment pour cause fondamentale la nécessité de tenir compte du déplacement continuel du foyer de leurs orbites elliptiques, si l'on veut réellement parvenir à représenter par des tables effectives la suite de leurs positions, comme les astronomes l'ont toujours finalement en vue dans leurs travaux. A cela près, et la course de la planète correspondante étant préalablement connue, la marche générale de la solution est d'ailleurs entièrement analogue, dans l'une et l'autre des deux questions inverses, à celle ci-dessus caractérisée, puisque les mêmes circonstances essentielles, de la petitesse des excentricités et des inclinaisons, se reproduisent ici. Mais cette mobilité du foyer de l'ellipse décrite doit nécessairement compliquer beaucoup la recherche, en regardant même, ainsi qu'il convient à la leçon actuelle, tous les élémens astronomiques comme constans, quoique leurs variations soient bien plus prononcées qu'à l'égard des planètes. Heureusement l'extrême rapidité de la circulation des satellites compense un peu, dans la plupart des cas, cet accroissement général de difficulté, en permettant de déterminer, par des observations immédiates fréquemment renouvelées, leurs principaux élémens. La première approximation, qui consiste ici, en regardant d'ailleurs le mouvement comme toujours circulaire et uniforme, à négliger entièrement le déplacement de la planète pendant l'accomplissement d'une révolution entière, est peut-être même plus facile alors qu'en aucun autre cas.

La difficulté fondamentale du problème des satellites doit, évidemment, présenter des degrés très inégaux, à raison de la disproportion plus ou moins grande entre le temps périodique de chaque satellite et celui de la planète correspondante. Si l'on compare, par exemple, le premier satellite d'Uranus avec le dernier satellite de Jupiter, on voit que celui-ci emploie deux fois plus de temps que l'autre à faire le tour de sa planète, qui, d'un autre côté, circule autour du soleil sept fois plus rapidement. Il y aura donc, sans doute, beaucoup moins d'inconvénient à traiter le premier comme s'il tournait autour d'un foyer immobile ; et, lorsqu'on voudra tenir compte du déplacement, son influence réelle étant bien moindre, on obtiendra par des calculs moins pénibles le même degré d'approximation. Aucun cas ne présente à cet égard, par sa nature, autant de difficultés que celui de la lune, dont la théorie a toujours fait, même sans compter les perturbations, le plus grand embarras des astronomes, et dont cependant l'étude exacte nous importe davantage que celle de tout autre satellite. Il est clair, en effet que, le temps périodique de la lune étant seulement treize fois moindre environ que celui de la terre, le déplacement de la planète a ici une extrême influence sur les positions successives du satellite. La disproportion des deux mouvemens est infiniment supérieure envers tous les autres satellites.

Problème des comètes. Les comètes ne se distinguent essentiellement des planètes proprement dites, comme je l'ai indiqué plus haut, que par la très grande excentricité de leurs orbites, et les inclinations presque illimitées des plans qui les contiennent. La petitesse si prononcée et si constante de leurs masses, indiquée par la mécanique céleste, n'est pas même un caractère vraiment exclusif, puisque les quatre planètes télescopiques n'ont point probablement des masses supérieures à celles de presque toutes les comètes. Toutes les autres circonstances, et surtout celles qui attirent principalement l'attention vulgaire à l'égard des comètes, sont secondaires et accidentelles, et manquent d'ailleurs dans plusieurs de ces corps, outre qu'elles ne sauraient exercer aucune sorte d'influence sur leur étude astronomique. C'est même de l'extrême excentricité des orbites cométaires, comparée à la faible excentricité des orbites planétaires, que doit résulter l'ensemble des différences les plus importantes entre les planètes et les comètes quant à leur constitution physique et chimique, essentiellement fixe, d'après cela, dans les premières, et, au contraire, éminemment variable dans les dernières. Les philosophes qui ont regardé les comètes comme habitables n'ont point suffisamment considéré, ce me semble, l'influence physiologique de cette distinction fondamentale. D'après tout ce que nous connaissons de positif jusqu'ici sur les lois de la vie, son existence doit être jugée radicalement incompatible avec une aussi énorme variation dans l'ensemble des circonstances extérieures, sous les rapports thermométriques, hygrométriques, barométriques, et probablement électriques et chimiques, que celle qui doit nécessairement avoir lieu lors du passage, quelquefois très rapide, d'une comète de son périhélie à son aphélie ou réciproquement.

On conçoit aisément, du point de vue astronomique, la difficulté nouvelle que doivent introduire, dans l'étude des mouvemens, ces deux caractères essentiels des comètes, si peu intéressans en apparence. Indépendamment des perturbations bien plus grandes qui en sont la suite nécessaire, et que nous ne devons point considérer encore, il est clair que l'obligation de ne rien négliger, à l'égard des excentricités et des inclinaisons, doit rendre les calculs purement géométriques presque inextricables dans l'exécution, quoique d'ailleurs la théorie soit entièrement semblable à celle des planètes. Il est remarquable toutefois que, même dans ce cas, l'hypothèse circulaire puisse être encore réellement employée pour diriger les premières observations, quoiqu'il faille évidemment la restreindre à un temps beaucoup plus court. C'est par l'emploi de cette hypothèse, à laquelle Tycho s'était borné, qu'il démontra, le premier, contrairement à tous les préjugés philosophiques, que les comètes sont de véritables astres, aussi réguliers dans leur cours que les planètes elles-mêmes, quoique d'une étude plus difficile, après qu'il eut d'abord établi, par l'évaluation grossièrement approchée de leurs distances, qu'on ne saurait y voir des météores atmosphériques.

Mais, la première ébauche de la théorie des comètes se fait essentiellement aujourd'hui à l'aide d'une nouvelle hypothèse, imaginée par Newton, et qui leur est spécialement adaptée, à raison même de la forme très allongée de leurs orbites elliptiques. C'est l'hypothèse parabolique, qui, moins simple sans doute que l'hypothèse circulaire, représente nécessairement beaucoup mieux la course de l'astre, jusqu'à une assez grande distance de son périhélie. On conçoit, en effet, que l'ellipse d'une comète, vu sa grande excentricité, doit peu s'écarter, depuis son périhélie jusqu'à environ quatre-vingt-dix degrés de là, de la parabole qui aurait le même sommet et le même foyer : c'est seulement plus loin que la distance des deux courbes devient de plus en plus considérable, et bientôt immense, quelque allongée que puisse être l'ellipse. La parabole peut donc suffisamment correspondre aux positions effectives de l'astre pendant cette première partie de sa course, dont elle simplifie extrêmement l'étude, d'après l'ensemble des propriétés géométriques de cette courbe, bien plus facile à traiter que l'ellipse. Cette substitution provisoire est d'autant plus heureuse, qu'elle convient précisément à la seule portion qui intéresse vivement la curiosité publique, l'astre n'étant plus ordinairement assez éclairé, lorsqu'il s'écarte davantage du soleil, pour être visible de la terre à l'œil nu.

Pour employer une telle hypothèse, il suffit évidemment, d'après la nature de la parabole, d'avoir observé la comète dans deux positions différentes, comme s'il s'agissait du cercle. On en déduit alors géométriquement tous les élémens ordinaires, sauf bien entendu, le temps périodique, et le grand axe étant remplacé par la distance du sommet au foyer. Ce sont ces cinq élémens qui servent aux astronomes de signalement ordinaire pour reconnaître ou distinguer les comètes dans leurs apparitions successives, quoique les variations considérables qu'ils sont susceptibles d'éprouver en réalité puissent souvent induire en erreur à ce sujet, et qu'elles aient probablement conduit en effet à multiplier beaucoup trop le nombre des comètes. Enfin, le problème de Képler, qui comporte alors une solution rigoureuse et même facile, déterminant l'aire décrite pendant l'intervalle connu des deux observations primitives, achève de régler tout ce qui concerne la course de l'astre, en faisant apprécier sa vitesse, ce qui permet dès lors à nos calculs de le devancer dans toutes ses positions successives, jusqu'aux limites naturelles de l'hypothèse parabolique.

C'est dans cet esprit que la théorie géométrique des comètes est habituellement traitée ; car, sur le très grand nombre de comètes actuellement connues et paraboliquement caractérisées, il n'y en a pas dix dont les orbites elliptiques soient jusqu'ici bien établies, tant est extrême la difficulté mathématique de la solution rigoureuse. Néanmoins, sans la théorie elliptique on ne saurait, évidemment, atteindre à la partie la plus intéressante de cette recherche, la prévision exacte des retours, d'après l'évaluation du temps périodique. Il faut même reconnaître, à cet égard, que la durée de la révolution sidérale constitue le trait le plus caractéristique, et peut-être le seul vraiment décisif, du signalement d'une comète; car, malgré les perturbations dont cet élément est aussi susceptible, il varie beaucoup moins que les divers élémens paraboliques.

On conçoit, par cet ensemble de considérations, quelle est jusqu'ici l'imperfection nécessaire de la théorie des comètes, comparée à celle des planètes.

Tels sont, dans leurs caractères essentiels, les trois cas généraux que présente l'application des lois de Képler au problème fondamental de la géométrie céleste. C'est ainsi que l'astronomie a pu parvenir à assigner mathématiquement, pour la suite entière des temps, ou futurs ou passés, la position qu'occupe, en un instant donné, l'un quelconque des divers astres qui composent le système solaire dont nous faisons partie. D'après ces déterminations fondamentales, il devient aisé de comprendre, en thèse générale, comment tous les phénomènes secondaires qui peuvent résulter de la situation mutuelle de plusieurs de ces corps ont dû être exactement calculés et prévus, d'une manière entièrement rationnelle. Les principaux de ces aspects sont les éclipses de diverses sortes, qu'entraîne naturellement le passage de ces astres les uns devant les autres par rapport à nous. L'exactitude et la rationnalité de leur prévision ont toujours été le critérium évident et décisif d'après lequel la perfection effective des théories astronomiques est devenue facilement appréciable, même par le vulgaire, puisqu'un tel résultat suppose nécessairement une profonde connaissance réelle des lois géométriques que suivent, dans leurs mouvemens, les deux ou les trois astres qui concourent au phénomène. A la vérité, tous les événemens célestes sont, par leur nature, essentiellement périodiques, puisque les orbites sont toujours nécessairement des courbes fermées. Ainsi, la notion empirique et grossière de quelques périodes qui reproduisent à peu près certains genres d'éclipses, a pu devenir, dès la première enfance de l'astronomie, un moyen direct de prédiction fort imparfait; ce qui a souvent trompé les érudits sur l'étendue des connaissances de quelques castes antiques, quoique cela ne supposât essentiellement d'autre découverte que celle d'une écriture quelconque pour tenir registre des événemens observés. Mais, il ne saurait évidemment être question ici de ce procédé anti-géométrique, fondé sur des périodes très mal observées à l'origine, et d'ailleurs réellement variables, qui pourrait tout au plus indiquer vaguement, même aujourd'hui, le jour de l'événement. Il s'agit uniquement de prédictions vraiment mathématiques, qui n'ont pu commencer que dans l'immortelle école d'Alexandrie; et dont le degré de précision, à l'heure, à la minute, et enfin à la seconde, représente fidèlement en effet les grandes phases historiques du perfectionnement graduel de l'ensemble de la géométrie céleste. Voilà ce qui, abstraction faite de toute application à nos besoins, fera toujours, de l'observation des éclipses, un spectacle aussi intéressant pour les vrais philosophes que pour le public lui-même, et par des motifs que la propagation de l'esprit positif rendra, j'espère, de plus en plus, essentiellement analogues, quoique inégalement énergiques.

Indépendamment de la haute utilité pratique de cette classe générale de phénomènes au sujet du grand problème des longitudes, quelques-uns d'entre eux sont devenus, depuis un siècle, susceptibles d'une destination scientifique fort importante, en fournissant, comme je l'ai annoncé dans l'avant-dernière leçon, les meilleurs moyens de déterminer avec exactitude la distance du soleil à la terre, donnée si indispensable à toute notre astronomie.

Quand le soleil est plus ou moins éclipsé par un astre quelconque, soit qu'il s'agisse d'une éclipse très apparente, comme celles que produit la lune, soit, au contraire, que le phénomène se réduise à obscurcir un seul point du disque solaire, d'une manière imperceptible à l'œil nu, comme lors des passages de Vénus ou de Mercure entre le soleil et nous, l'observation de ces phénomènes, dont la théorie est, dans tous les cas, essentiellement identique, peut nous conduire à apprécier, plus exactement que par aucune autre voie, la parallaxe relative de cet astre et du soleil, et par suite la distance du soleil lui-même, d'après la différence, soigneusement mesurée, que doit présenter la durée totale du phénomène aux divers observatoires de notre globe. Considérons, en effet, que la théorie a d'abord déterminé cette durée pour le centre de la terre, qui verrait l'astre décrivant une certaine corde du disque solaire. Dès lors, par l'effet de la parallaxe, qui abaisse inégalement les deux astres, l'observateur situé à la surface du globe verra décrire une corde différente, ce qui changera la durée effective du phénomène. Or, dans les cas ordinaires, cet effet se trouvera nécessairement inverse pour deux lieux situés de part et d'autre de l'équateur terrestre. Car, si la parallaxe relative rapproche la corde du centre du disque, à l'égard de l'un de nos hémisphères, et, conséquemment, augmente la durée mathématique du passage, elle l'en éloignera, au contraire, et diminuera cette durée, envers l'hémisphère opposé. Il y aura donc, sous ce rapport, une différence très appréciable entre deux lieux distincts, convenablement choisis parmi ceux qui permettent d'apercevoir le phénomène, et surtout d'un hémisphère à l'autre. Cette différence constatée, ne dépendant, évidemment, que de la parallaxe relative et de la vitesse angulaire, déjà bien connue, de l'astre considéré, conduira à l'évaluation de la première de ces deux quantités et, par suite, de la parallaxe horizontale du soleil.

Tous les astres susceptibles de passer entre le soleil et nos yeux ne sont pas, à beaucoup près, également propres à une telle détermination. Il faut d'abord que la parallaxe relative ne soit pas trop considérable, afin que l'influence propre à la parallaxe solaire ne s'efface point, pour ainsi dire, vis-à-vis de celle de l'astre, dont la distance à la terre serait alors insuffisante à nous servir de base dans l'exacte évaluation de l'éloignement du soleil. D'un autre côté, cette parallaxe relative serait elle-même trop mal connue si elle ne surpassait pas notablement la parallaxe du soleil, qu'il vaudrait alors presque autant déterminer d'une manière directe; et d'ailleurs la différence des durées serait trop peu prononcée. Enfin, il faut aussi que le mouvement angulaire de l'astre soit assez lent, pour que, le phénomène se prolongeant longtemps, cette différence doive être très sensible.

Parmi les trois seuls astres connus qui puissent ainsi éclipser le soleil, l'ensemble de ces motifs exclut, évidemment, la lune, et même Mercure, en sorte qu'il ne reste que Vénus. La parallaxe, dans une telle position, offre les proportions convenables, étant presque triple de celle du soleil; et la vitesse angulaire est assez petite pour que le phénomène, dont la durée totale est de six à huit heures, puisse présenter des différences de vingt minutes au moins entre deux observatoires bien choisis. Telle est la belle méthode imaginée par Halley, et pratiquée plus tard par divers astronomes. Le degré de précision du résultat se trouve, évidemment fixé d'après les considérations qui précèdent.

J'ai cru devoir caractériser nettement cette application de la théorie géométrique des mouvemens célestes, à cause de son extrême importance pour le système entier de la science astronomique. Mais, il serait contraire à la nature de cet ouvrage d'y considérer spécialement aucune autre de ces questions secondaires, quelque grande que puisse être, d'ailleurs, leur utilité pratique.

L'ensemble de ces phénomènes provoque naturellement une remarque philosophique fort essentielle, sur l'opposition nécessaire et de plus en plus prononcée de l'esprit positif contre l'esprit théologique ou métaphysique, à mesure que la géométrie céleste s'est perfectionnée davantage. Le caractère fondamental de toute philosophie théologique est d'envisager tous les phénomènes comme gouvernés par des volontés, et, par conséquent, comme éminemment variables et irréguliers, au moins virtuellement. Au contraire, la philosophie positive les conçoit comme assujettis, à l'abri de tout caprice, à des lois invariables, qui permettent de les prévoir exactement. L'incompatibilité radicale de ces deux manières de voir n'est, aujourd'hui, nulle part plus saillante qu'à l'égard des événemens célestes, depuis qu'on a pu les prévoir complètement et avec la dernière précision. En voyant toujours arriver les comètes et les éclipses, avec toutes les circonstances minutieuses exactement annoncées long-temps à l'avance, suivant les lois que le génie humain a su enfin créer d'après ses observations, le vulgaire lui-même doit être inévitablement entraîné à sentir que ces phénomènes sont soustraits à l'empire de toute volonté, qui n'aurait pu, sans doute, se subordonner aussi complaisamment à nos décisions astronomiques.

Je me suis efforcé de caractériser aussi nettement que possible, dans cette leçon et dans les deux précédentes, le véritable esprit général de la géométrie céleste, envisagée sous ses divers aspects principaux, et en faisant complètement abstraction de toute considération mécanique. Il faut maintenant passer à l'examen philosophique, bien plus difficile et non moins important, de la théorie mécanique dont sont susceptibles aussi les phénomènes astronomiques, en concevant les résultats généraux de leur étude géométrique, si admirablement résumés par les trois lois de Képler, comme autant de faits fondamentaux, propres à nous conduire à une conception supérieure et unique. Cette seconde étude procure de nouvelles déterminations, qui, sans elle, nous seraient nécessairement interdites. Mais, sa principale influence scientifique est de réagir sur le perfectionnement de la géométrie céleste elle-même, en rendant ses théories plus précises, par suite de la liaison sublime qu'elle établit profondément entre tous les phénomènes intérieurs de notre monde, sans aucune exception. C'est ainsi que l'esprit humain en est enfin venu à regarder les lois de Képler elles-mêmes comme une sorte d'approximation, qui n'en conserve pas moins toute l'éminente valeur que nous lui avons assignée ici. Les divers élémens que ces lois supposent constans sont, en réalité, ainsi que j'ai dû déjà l'annoncer, susceptibles d'altérations plus ou moins étendues. La connaissance exacte des lois si complexes de leurs variations, constitue le principal résultat astronomique de la mécanique céleste, indépendamment de sa haute importance directe sous le rapport philosophique.

VINGT-QUATRIÈME LEÇON.

Considérations fondamentales sur la loi de la gravitation.

Beaucoup d'esprits judicieux, auxquels la saine philosophie n'est point étrangère, mais qui n'ont pas une connaissance générale assez approfondie des conceptions mathématiques, se représentent encore l'étude mécanique des corps célestes comme étant nécessairement moins positive que leur étude géométrique; parce qu'ils la confondent, sans doute, avec la recherche inaccessible de l'origine et du mode de production des mouvemens, méprise que les expressions vicieuses trop souvent employées par les géomètres semblent tendre, il est vrai, à autoriser. Cependant, les lois fondamentales du mouvement, quoique plus difficiles à découvrir que celles de l'étendue, et connues bien long-temps après elles, ne sont, incontestablement, ni moins certaines, ni moins universelles, ni d'une positivité moins évidente. Comment pourrait-il en être autrement de leur application? Tout déplacement curviligne d'un corps quelconque, d'un astre aussi bien que d'un boulet, peut être étudié sous ces deux points de vue, également mathématiques : géométriquement, en déterminant, d'après les observations directes, la forme de la trajectoire, et la loi suivant laquelle varie la vitesse, comme Képler l'a fait pour les corps célestes; mécaniquement, en cherchant la loi du mouvement qui empêche continuellement le corps de poursuivre sa route naturelle en ligne droite, et qui, combiné à chaque instant avec sa vitesse actuelle, lui fait décrire sa trajectoire effective, dès lors susceptible d'être connue *à priori*. Ces deux recherches sont, évidemment aussi positives l'une que l'autre, et pareillement fondées sur les phénomènes. Si dans la seconde, on se sert encore quelquefois de termes qui paraissent indiquer une enquête de la nature essentielle et de la cause première des mouvemens considérés, cette habitude blâmable, dernier vestige de l'esprit métaphysique à cet égard, ne doit pourtant pas faire illusion sur le vrai caractère fondamental d'une telle étude.

A la vérité, le cas du boulet et celui de l'astre présentent entre eux cette différence essentielle, que, dans le premier, les deux mouvemens élémentaires dont se compose, à chaque instant, le mouvement effectif, sont préalablement bien connus, ce qui ne saurait avoir lieu dans l'autre cas. Mais, cette circonstance ne fait qu'introduire, dans la théorie mécanique de l'astre, une importante difficulté préliminaire de plus, exactement compensée par la parfaite connaissance géométrique de la trajectoire, qui manque immédiatement pour le boulet. Si la loi fondamentale de la chute des poids n'eût pas été découverte d'après une étude directe, la dynamique abstraite eût pu incontestablement la déduire, d'une manière tout aussi sûre, quoique moins facile, de l'observation des divers phénomènes que présentent les mouvemens curvilignes produits par la pesanteur, qui nous fournissent effectivement la meilleure mesure du coefficient numérique de cette loi. Ce qui serait simplement facultatif à l'égard du boulet, devient forcé à l'égard de l'astre; telle est, au fond, la seule différence réelle entre les deux cas.

La mécanique céleste a donc été fondée sur une base inébranlable, quand, d'après les trois lois de Képler, désormais envisagées comme autant de faits généraux, on est parvenu à déterminer, par les règles de la dynamique rationnelle, la loi relative à la direction et à l'intensité de la force qui doit agir incessamment sur l'astre pour le détourner de sa route tangentielle. Cette loi fondamentale une fois découverte, toutes les recherches astronomiques sont rentrées dans la catégorie ordinaire des problèmes de mécanique, où l'on calcule les mouvemens des corps d'après les forces dont ils sont animés. Telle est la marche admirablement philosophique suivie, avec une si complète persévérance, par le génie du grand Newton. La leçon actuelle doit être essentiellement consacrée au premier ordre de considérations ; le second sera l'objet exclusif des deux leçons suivantes.

Pour se conformer rigoureusement à l'exactitude historique, il faut reconnaître, quoique cela n'altère en rien le sublime mérite des travaux de Newton, que la fondation réelle de la mécanique céleste avait été vaguement ébauchée par Képler lui-même, qui parut dignement pressentir la haute destination philosophique des lois géométriques qu'il avait établies. Il poussa, ce me semble, leur interprétation dynamique aussi loin que le permettait alors l'état si imparfait de la science mathématique. Il entrevit, en effet, la relation exacte de sa première loi avec le principe que la direction de la force accélératrice de chaque planète passe continuellement par le soleil, ce qui n'exige que les considérations mathématiques les plus élémentaires. Quant à la loi relative à l'intensité, qui constitue la difficulté essentielle de cette grande recherche, il était absolument impossible de la découvrir à cette époque. Néanmoins, Képler osa la chercher; mais, n'y pouvant suivre la marche positive, il s'abandonna à cette métaphysique qui avait déjà tant entravé ses travaux propres. Il serait superflu de rappeler ici sa chimérique conception des rayons attractifs, par laquelle il tenta de mesurer la force accélératrice des planètes, ni même son rapprochement, moins métaphysique, entre cette force et la pesanteur. Quand même ces considérations vagues et illusoires eussent fait accidentellement deviner la loi véritable, ce qui arriva à Bouillaud en rectifiant le propre raisonnement de Képler à ce sujet, cette circonstance insignifiante ne pouvait faciliter, en aucune manière, la découverte fondamentale de Newton, où il s'agissait réellement d'établir la correspondance mathématique entre la loi des orbites elliptiques ayant le soleil pour foyer, et celle de la variation de la force accélératrice inversement au carré de la distance; ce que de telles tentatives n'avaient nullement en vue. Les vrais précurseurs de Newton, sous ce rapport, sont Huyghens et surtout Galilée, comme fondateurs de la dynamique. Néanmoins, on peut remarquer avec intérêt comment le génie de

Képler, après avoir parcouru une aussi belle carrière, en constituant définitivement la géométrie céleste, osa s'élancer aussitôt dans la carrière, toute différente et alors inaccessible, de la mécanique céleste, que la marche générale de l'esprit humain réservait si impérieusement à ses héritiers; succession d'efforts, dont l'histoire des sciences ne présente peut-être, dans tout son ensemble, aucun autre exemple aussi prononcé. Personne, d'ailleurs, ne sent plus profondément que moi la nullité radicale de toute semblable tentative.

Dans un temps où l'on s'efforce chaque jour davantage de rabaisser au niveau des plus médiocres intelligences les plus hautes conceptions du génie humain, il est du devoir de tout vrai philosophe de se prononcer, aussi énergiquement que possible, contre cette tendance déplorable, qui finirait par pervertir, jusqu'en son germe, le développement général de l'esprit positif chez les masses, en leur persuadant que ces découvertes sublimes, qui ont coûté tant d'efforts du premier ordre à la série des hommes les plus éminens dont notre espèce puisse s'honorer, étaient susceptibles d'être simplement obtenues par quelques aperçus vagues et faciles, accessibles, sans aucune préparation laborieuse, aux entendemens les plus vulgaires. Quoiqu'il soit, sans doute, infiniment plus aisé d'apprendre que d'inventer, il faut enfin que le public, pour n'être point livré aux sophistes et vendu aux trafiquans de science, soit profondément convaincu que, comme le simple bon sens l'indique clairement, ce qui a été découvert par le long et pénible travail du génie, la raison commune ne saurait se l'approprier réellement que par une méditation persévérante, précédée d'études convenables. Si, comme il est évident, ces conditions indispensables ne peuvent pas toujours être suffisamment remplies, à l'égard de toutes les vérités scientifiques destinées à entrer dans la circulation générale, n'est-il pas bien préférable de le déclarer avec franchise, et de réclamer directement une confiance, qui n'a jamais été refusée quand elle a été convenablement motivée, au lieu de vouloir lutter contre une difficulté insurmontable, en essayant vainement de rendre élémentaires des conceptions nécessairement transcendantes ? Car, les hommes ont encore plus besoin de méthode que de doctrine, d'éducation que d'instruction.

Conformément à ces maximes générales, je ne saurais trop condamner ici les tentatives illusoires et nuisibles qu'on a si fréquemment renouvelées, dans la vulgarisation, d'ailleurs si utile quand elle est sagement conçue et exécutée, des principales notions de la philosophie naturelle, pour rendre indépendante des grandes théories mathématiques la démonstration de la loi fondamentale de la gravitation, d'après des raisonnemens vagues et essentiellement métaphysiques sur les émanations et les attractions, dont l'idée première est empruntée à Képler. Outre le vide profond de ces considérations absolues, il est clair qu'une telle manière de procéder tend à faire radicalement disparaître tout ce qui constitue l'admirable réalité de la découverte newtonienne, sa parfaite harmonie mathématique avec les lois géométriques des mouvemens célestes, seul fondement positif de la mécanique des astres.

Considérons maintenant, d'une manière directe, l'établissement vraiment rationnel de cette conception fondamentale, en réservant à l'analyse transcendante sa grande et indispensable part dans une telle opération.

Il est d'abord évident, comme je l'ai déjà indiqué, que la première loi de Képler prouve, sans aucune incertitude et de la manière la plus simple, que la force accélératrice de chaque planète est constamment dirigée vers le soleil. On n'a pas besoin, pour s'en convaincre, de recourir à la théorie dynamique des aires. Une figure très élémentaire suffit à démontrer, comme l'a fait Newton, que la force accélératrice, quelque énergique qu'on l'imagine, ne saurait altérer en rien la grandeur de l'aire qui serait décrite, en un temps donné, autour du soleil, par le rayon vecteur de l'astre, en vertu de sa seule vitesse actuelle, si sa direction passe exactement par le soleil, tandis qu'elle la changerait inévitablement dans toute autre supposition. Ainsi, la constance de cette aire, première donnée générale de l'observation, dévoile la loi de la direction. La principale difficulté du problème, celle qui fait la gloire essentielle de Newton, consiste donc dans la découverte, d'après les deux autres théorèmes astronomiques de Képler, de la loi relative à l'intensité de cette action continuelle que nous concevons dès lors exercée, sans nous enquérir de son mode, par le soleil sur les planètes.

Dans la première ébauche de sa conception, Newton a pris pour base la troisième loi de Képler, en considérant d'abord les mouvemens comme circulaires et uniformes, ce qui suffisait en commençant. L'action solaire, dès lors égale et contraire à la force centrifuge de la planète, devenait ainsi nécessairement constante aux divers points de l'orbite, et ne pouvait varier qu'en passant d'une planète à une autre. Les théorèmes d'Huyghens sur la force centrifuge dans le cercle, dont la démonstration est presque élémentaire, conduisaient immédiatement à saisir la loi de cette variation. Car, la force centrifuge étant, d'après ces théorèmes, proportionnelle au rapport entre le rayon de l'orbite et le quarré du temps périodique, elle variait évidemment d'un astre à l'autre, inversement au quarré de sa distance au soleil, en vertu de la constance, établie par Képler, du rapport entre le cube de cette distance et ce même quarré du temps périodique, pour toutes les planètes. Telle est la considération mathématique qui mit réellement Newton, à l'origine de ses recherches, sur la voie de cette loi fondamentale, à la simple indication de laquelle ne contribuèrent nullement les raisonnemens métaphysiques antérieurs, dont il n'avait même probablement alors aucune connaissance.

Mais, quelque précieuse que fût l'ouverture donnée par cette première approximation, le nœud essentiel de la difficulté n'en continuait pas moins à subsister dans son intégrité. Car, il fallait surtout expliquer comment cette loi sur la variation de l'action solaire s'accordait avec la nature géométrique des orbites, découverte par Képler. A la vérité, l'orbite elliptique présentait deux points remarquables, l'aphélie et le périhélie, où la force centrifuge était encore directement opposée, et, par conséquent, égale à l'action du soleil, dont le changement devait naturellement y être, en même temps, plus prononcé. La courbure de l'orbite était, évidemment, identique en ces deux points ; cette action se trouvait donc simplement mesurée, d'après ces mêmes théorèmes d'Huyghens, par le quarré de la vitesse correspondante. Dès lors, un raisonnement facile déduisait immédiatement de la première loi de Képler, que le décroissement de l'action solaire, du périhélie à l'aphélie, s'opérait encore inversement au quarré de la distance. Ainsi, la loi indiquée par un premier rapprochement entre les diverses planètes, se trouvait pleinement confirmée par une exacte comparaison entre les deux positions principales de chacune d'elles. Mais tout cela était encore évidemment insuffisant, puisque le mouvement elliptique n'était nullement pris en considération. Toute autre courbe que l'ellipse eût incontestablement donné le même résultat, à la simple condition d'avoir, en ses deux sommets, une égale courbure.

Ces deux considérations préliminaires sont, néanmoins, les seules parties de la démonstration qui puissent être rendues vraiment sensibles à toutes les intelligences qui n'ont, en mathématique, que des notions purement élémentaires. Quant à la mesure de l'action solaire dans toute l'étendue de l'orbite, qui constitue la portion essentielle et réellement décisive de cette démonstration, l'analyse transcendante y est absolument indispensable. En continuant à procéder dans le même esprit, c'est-à-dire d'après la comparaison de l'action solaire à la force centrifuge, la première a dès lors besoin d'être décomposée, en un point quelconque, suivant la normale correspondante, avant de pouvoir être appréciée par la seconde, qui ne lui est plus directement antagoniste, et dont l'évaluation exige, d'ailleurs, la théorie exacte de la courbure de l'ellipse. Par l'ensemble de ses découvertes, en géométrie et en mécanique, qu'il lui eût suffi de combiner, le grand Huyghens touchait certainement au principe de cette détermination capitale. Mais enfin, il n'a point eu réellement l'idée de cette combinaison : et, ce qu'on doit surtout remarquer, l'eût-il même conçue, il n'aurait, sans doute, pu la suivre complètement qu'avec le secours de l'analyse différentielle, dont nous savons que Newton est l'inventeur aussi bien que Leïbnitz.

A l'aide de cette analyse, on mesure facilement, et de diverses manières, l'énergie de l'action solaire en tous les points de l'orbite, et l'on reconnaît aussitôt qu'elle varie toujours inversement au quarré de la distance, et qu'elle est indépendante de la direction. Enfin, le même calcul démontre que sa valeur propre pour chaque planète, ramenée, suivant cette loi, à l'unité de distance, est proportionnelle au rapport entre le quarré du temps périodique et le cube du demi-grand axe de l'ellipse; ce qui prouve exactement, d'après la troisième loi de Képler, l'identité de cette valeur à l'égard de toutes les planètes, sur lesquelles l'action du soleil ne change donc qu'en vertu de la seule distance, quelles que soient les grandes différences de leurs dimensions. C'est de là que Newton a déduit cette importante conséquence, qui complète l'établissement de la loi fondamentale, que l'action solaire est, en chaque cas, proportionnelle, à distance égale, à la masse de la planète; de la même manière que, par l'identité de la chute de tous les corps terrestres dans le vide, ou par l'exacte coïncidence de leurs oscillations, on avait déjà constaté évidemment la proportionnalité entre leurs poids et leurs masses.

On voit ainsi comment les trois grandes lois de Képler ont concouru, chacune pour sa part essentielle, à établir exactement, d'après les règles de la mécanique rationnelle, cette loi fondamentale de la nature. La première démontre la tendance continuelle de toutes les planètes vers le soleil ; la seconde fait connaître que cette tendance, la même en tous sens, change avec la distance au soleil, inversement à son quarré ; enfin, la troisième apprend que cet effort, nullement spécifique, est toujours simplement proportionnel, pour une même distance, à la masse de chaque planète. Il serait sans doute inutile de prévenir expressément que les lois de Képler ayant lieu exactement de la même manière, dans les mouvemens des satellites autour de leurs planètes, il en résulte nécessairement les mêmes conséquences dynamiques pour l'action continue exercée par chaque planète sur chacun de ses satellites, en raison directe de la masse de celui-ci, et en raison inverse du quarré de sa distance à la planète.

Afin de compléter cette démonstration capitale, Newton jugea sagement qu'il devait reprendre, en sens inverse, l'ensemble de la question, en déterminant, *à priori,* les mouvemens planétaires qui résulteraient d'une telle loi dynamique. C'est ainsi que, par une intégration alors difficile, il retomba complètement sur les lois de Képler, comme cela devait être de toute nécessité. Indépendamment de cette utile vérification mathématique, qui fournit d'ailleurs incidemment quelques moyens de simplifier l'étude géométrique de ces mouvemens, cette analyse inverse fit reconnaître que l'orbite aurait pu être, non-seulement une ellipse, mais une section conique quelconque, ayant toujours le soleil pour foyer. La nature de la courbe dépend uniquement de l'intensité de la vitesse initiale, et nullement de sa direction; en sorte qu'un certain accroissement déterminé, qui surviendrait tout à coup dans la vitesse d'une planète, changerait son ellipse en une parabole, et plus grand encore, en une hyperbole. Ainsi, les orbites devant être, par une nécessité évidente, des courbes fermées, la figure elliptique est donc la seule qui puisse réellement dériver de la loi newtonienne.

Parmi les objections, aussi vaines qu'innombrables, que dut soulever à son origine cette admirable découverte, et que reproduisent encore quelquefois des esprits mal organisés, une seule mérite d'être ici mentionnée, comme tendant à éclaircir la notion fondamentale, et comme ayant beaucoup frappé autrefois, par son apparence très spécieuse, plusieurs philosophes fort recommandables, entre autres le judicieux Fontenelle. Elle est fondée sur la considération que si, pendant une moitié de sa révolution, la planète se rapproche de plus en plus du soleil, elle s'en éloigne évidemment toujours davantage dans l'autre partie de l'orbite ; ce qui semble impliquer une contradiction frappante avec l'idée d'une tendance continuelle *vers* le soleil. L'emploi du malheureux mot *attraction*, beaucoup trop prodigué par Newton et par presque tous ses successeurs, donnait à cette objection une nouvelle apparence de solidité. Aussi quelques newtoniens n'avaient-ils pas hésité d'abord à recourir, pour la résoudre, à cet expédient absurde, de déclarer l'action solaire tantôt attractive et tantôt répulsive. Laplace lui-même en a donné, ce me semble, une explication peu satisfaisante, puisqu'elle se borne à reproduire, sous un autre point de vue, le fait lui-même, en disant que la planète doit s'approcher du soleil, tant que sa direction forme un angle aigu avec celle de l'action solaire, et s'en éloigner quand cet angle devient obtus. Cette considération exige donc un nouvel examen.

Il faut reconnaître, avant tout, qu'elle ne saurait exercer la moindre influence effective sur les calculs de la mécanique céleste, ce qui explique qu'on s'en soit si peu inquiété. Car il n'importe guère aux géomètres que l'action solaire soit, en réalité, attractive ou répulsive, pourvu que la direction de la force accélératrice de la planète, prolongée s'il le faut, vienne toujours passer exactement par le soleil, ce que la première loi de Képler assure incontestablement. Mais, néanmoins, le doute à cet égard donnerait un caractère trop indécis à la conception fondamentale, pour qu'on ne doive pas le dissiper entièrement.

Afin de mettre l'objection dans un plus grand jour, il convient de considérer le cas hypothétique d'une orbite parabolique ou hyperbolique, qui nous montre l'astre, parti du périhélie, s'éloignant toujours et indéfiniment du soleil, quoiqu'on puisse aisément prouver qu'il ne cesse pas un seul instant de tendre *vers* lui. En effet, on ne doit point constater cette tendance en comparant la position actuelle de l'astre à celle qu'il occupait auparavant, mais à celle qu'il occuperait au même instant, en vertu de sa seule vitesse acquise, si l'action solaire n'existait pas : c'est évidemment le seul moyen d'apprécier l'influence réelle de cette action. Or, d'après ce principe, on voit clairement qu'elle tend, dans tous les cas, à rapprocher l'astre du soleil, puisqu'il s'en trouve toujours effectivement plus près, même avec une orbite hyperbolique, que s'il eût continué son mouvement naturel suivant la tangente. La vraie solution de l'objection se réduit donc à remarquer que l'orbite est constamment concave vers le soleil : elle serait évidemment insurmontable, si la trajectoire eût pu être convexe. On rencontre ici la même circonstance que dans le mouvement ascensionnel des bombes, que personne ne s'est jamais avisé d'attribuer à une pesanteur suspendue ou renversée : le projectile, quoiqu'il s'élève, ne cesse réellement de tomber, et tombe de plus en plus, comme dans sa chute ordinaire, puisqu'il est continuellement, et toujours davantage, au-dessous du lieu où l'aurait porté sa seule impulsion initiale, la trajectoire étant constamment concave vers le sol.

Dans l'exposition habituelle de la conception fondamentale de la mécanique céleste, on néglige aujourd'hui beaucoup trop de considérer les cas hypothétiques où il faut remonter de telle forme idéale des orbites planétaires à telle autre loi correspondante de l'action solaire, et réciproquement. Ce n'est pas uniquement pour mieux caractériser sa théorie générale des forces centrales, qui eût été suffisamment expliquée par l'analyse exacte du seul cas naturel, que Newton s'est plu à développer avec tant de soin cette importante considération. Il a probablement senti qu'une telle étude devait réfléchir une nouvelle lumière sur le vrai caractère de la loi effective, en faisant ressortir avec plus d'évidence ses conditions essentielles. Rien n'est plus propre surtout à lui ôter cette apparence d'absolu, qui résulte si fréquemment de l'exposition ordinaire, en montrant combien il y aurait peu à changer aux orbites planétaires pour que l'action solaire dût suivre nécessairement une loi toute différente. Je dois me borner ici à mentionner à cet égard le cas le plus remarquable et le plus instructif, parmi tous ceux que Newton a envisagés. C'est celui de l'orbite elliptique, mais dont le soleil occuperait le centre, au lieu du foyer. On trouve alors que l'action solaire, au lieu d'être inversement proportionnelle au quarré de la distance, varierait au contraire en raison directe de la distance elle-même. Il serait impossible d'obtenir une plus grande opposition dans les résultats pour une modification, aussi légère en apparence, à l'hypothèse primitive; et cependant rien n'est mieux démontré. De bons esprits, auxquels la mathématique est étrangère, pourraient même envisager un tel défaut d'harmonie comme devant inspirer d'abord quelques doutes raisonnables sur la réalité de la loi effective, surtout en considérant que, les orbites planétaires étant presque circulaires, il s'en faut de bien peu que le soleil n'en occupe le centre. Mais, j'ai indiqué à dessein dans la leçon précédente, au sujet de la seconde loi de Képler, les principales différences astronomiques des deux orbites, pour montrer que leur opposition réelle, sous le simple point de vue géométrique, est beaucoup plus prononcée qu'elle ne le semble au premier aspect, tellement que jamais les astronomes n'ont pu s'y tromper, quelque petites que soient les excentricités. En appréciant cette comparaison, on reconnaîtra facilement, j'espère, que l'harmonie générale et indispensable entre la considération géométrique et la considération dynamique n'est pas plus altérée dans ce cas hypothétique que dans tout autre. Mais, comme l'idée d'une orbite elliptique autour du soleil pour centre, quelque opposée qu'elle soit à toutes nos observations astronomiques, est fort loin, évidemment, de présenter aucune absurdité intrinsèque, on aperçoit ainsi dans tout son jour la profonde inanité nécessaire de tous les prétendus raisonnemens *à priori* par lesquels tant d'esprits se sont efforcés d'établir, abstraction faite de l'analyse mathématique des phénomènes exactement explorés, l'impossibilité absolue d'aucune autre loi que celle de Newton, relativement à l'action du soleil sur les planètes (1). Que peuvent donc signifier tous ces vains projets de démonstrations élémentaires, contre lesquels je m'élevais ci-dessus, où l'on ne tient même aucun compte de la forme elliptique des orbites, et où, à plus forte raison, on ne s'est jamais inquiété si le soleil occupe le foyer plutôt que le centre qui en est tout près ?

Je me suis jusqu'ici soigneusement abstenu de qualifier, par aucun terme spécial, la tendance continue des planètes vers le soleil, et des satellites vers leurs planètes, dont l'existence et la loi ont été le seul objet des considérations précédentes. Mais, si ces notions suffisent pour que les phénomènes célestes soient désormais parfaitement liés entre eux, et mathématiquement calculables, c'est surtout par une autre propriété essentielle de la conception fondamentale de Newton qu'ils sont réellement *expliqués* dans le sens

---

(1) Il est même évidemment impossible, d'après cela, d'expliquer réellement *à priori* pourquoi un astre tend nécessairement vers le soleil avec d'autant plus d'énergie qu'il en est plus près, quelle que soit d'ailleurs la loi mathématique de cette variation. Car, dans une telle hypothèse, l'action solaire augmenterait, au contraire, quand l'astre serait plus éloigné ; en sorte que, s'il en est autrement, il faut l'attribuer uniquement à ce que le soleil occupe le foyer et non le centre de l'ellipse. Comment oserait-on, dès lors, proclamer *évident à priori*, le décroissement nécessaire de cette action à mesure que la distance augmente, sans aucun égard à cette circonstance caractéristique ?

propre du mot, c'est-à-dire compris, d'après leur exacte assimilation générale avec les phénomènes si vulgaires que la pesanteur produit continuellement à la surface de notre globe. Examinons maintenant ce complément indispensable donné par Newton à sa sublime pensée.

Si notre planète n'avait aucun satellite, cette comparaison capitale serait évidemment impossible, comme manquant de base. Il eût fallu alors nous contenter de calculer exactement les mouvemens célestes, d'après les règles générales de la dynamique, sans pouvoir jamais les rattacher à ceux qui s'exécutent journellement parmi nous. Quoique l'harmonie universelle de notre monde devînt ainsi infiniment moindre, cette conception n'en serait pas moins extrêmement précieuse. Mais l'existence de la lune nous a rendu l'immense service philosophique de lier intimement la mécanique du ciel à la mécanique terrestre, en nous permettant de constater l'identité de la tendance continue de la lune vers la terre avec la pesanteur proprement dite : ce qui a suffi pour démontrer ensuite que l'action mutuelle des corps célestes n'était autre chose que la pesanteur convenablement généralisée, ou, en sens inverse, que la pesanteur ordinaire n'était qu'un cas particulier de cette action.

Ce rapprochement fondamental est susceptible d'un examen mathématique qui ne saurait laisser aucune incertitude à cet égard. Car, d'après l'analyse dynamique du mouvement de la lune, on connaît l'intensité de l'action que la terre exerce sur elle, c'est-à-dire la quantité dont elle tend à tomber vers le centre de notre globe en un temps donné, une seconde par exemple. En regardant le mouvement comme circulaire et uniforme, ce que Newton a d'abord jugé avec raison pleinement suffisant ici, cette évaluation se fait aisément, d'après la règle d'Huyghens sur la mesure de la force centrifuge; d'ailleurs, on peut aussi l'effectuer, avec un peu plus de peine, en ayant égard au mouvement elliptique et varié. Elle ne dépend que de données parfaitement connues, sur lesquelles il ne peut y avoir aucune hésitation, le temps périodique de la lune, sa distance à la terre, et enfin le rayon de la terre. Cela posé, il suffit d'augmenter cette intensité primitive, inversement au quarré de la distance, suivant la loi fondamentale, pour savoir ce qu'elle deviendrait en supposant la lune placée tout près de la surface de la terre, afin de la confronter avec l'intensité effective de la pesanteur proprement dite, que nous savons être exactement la même dans tous les corps grands et petits, et qui est mesurable, avec la dernière précision, soit par l'observation directe de la chute des poids, soit surtout par les expériences du pendule. L'identité ou la diversité de ces deux nombres, décidera évidemment, en dernier ressort, pour ou contre l'assimilation entre la tendance de la lune vers la terre et la pesanteur. Or, l'exécution d'une telle comparaison établit la parfaite coïncidence des deux résultats; d'où s'ensuit la démonstration mathématique de cette assimilation. Telle est la marche profondément rationnelle suivie à cet égard par Newton, sauf que, pour plus de clarté, j'ai cru devoir l'indiquer en ordre inverse, ce qui est en soi fort indifférent. L'histoire de ce beau travail nous présente une anecdote très intéressante, qui caractérise fortement l'admirable sévérité de la méthode philosophique constamment suivie, avec une si sage énergie, par le grand Newton. On sait que, dans ses premières recherches, il avait employé une valeur erronée du rayon de la terre, déduite d'une mauvaise mesure exécutée un peu avant lui en Angleterre : il en résultait une différence assez sensible entre les deux nombres qui devaient parfaitement coïncider. Newton eut le rare courage philosophique de renoncer, d'après cela seul et pendant long-temps, à cette partie importante de sa conception générale, jusqu'à ce que Picard eût enfin opéré la mesure exacte de la terre, qui permit à Newton de constater la profonde justesse de sa pensée primitive.

Cette identité entre la tendance de la lune vers la terre et la pesanteur proprement dite présente sous un jour tout nouveau l'ensemble de la conception fondamentale de la mécanique céleste. Elle nous montre le mouvement des astres comme parfaitement semblable à celui des projectiles, qui nous est si familier, et que, par cela seul, nous devons trouver suffisamment compris, et propre à servir de type d'explication. La seule différence réelle qu'il y ait entre eux résulte simplement de ce que nos projectiles ne sont pas lancés d'assez loin, ni assez énergiquement, pour que leur inégal éloignement du centre de notre globe puisse manifester l'influence de la variation de la pesanteur inversement au quarré de la distance. Projetés d'un peu plus haut et avec un peu plus de force, ils circuleraient indéfiniment autour de nous comme de petits astres (sauf la résistance de notre atmosphère), ainsi que le fait la lune, ainsi que la terre elle-même et toutes les planètes le font autour du soleil. C'est par là que l'astronomie tout entière est devenue réellement une sorte de problème d'artillerie, beaucoup simplifié par l'absence d'un milieu sensiblement résistant, mais compliqué, à la vérité, par la variation et la pluralité des pesanteurs.

En même temps que la notion mécanique fondamentale des mouvemens célestes se trouvait ainsi considérablement éclaircie par l'assimilation de la force qui les produit à la pesanteur ordinaire, la conception générale de celle-ci a éprouvé, par une heureuse réaction nécessaire, un immense perfectionnement, puisque la loi de sa variation, imperceptible dans les phénomènes terrestres habituels, a été dès lors immédiatement connue. L'homme avait conçu jusque là le poids d'un corps comme une qualité rigoureusement inaltérable, suivant les expériences les plus diverses et les plus précises, que ni le changement de forme, ni le passage d'une constitution physique à une autre, ni aucune métamorphose chimique, ni la différence même entre l'état de vie et l'état de mort, ne pouvaient nullement modifier, tant que l'intégrité de la substance était maintenue. C'était, en un mot, la seule notion qui pût présenter, même aux philosophes les plus positifs, un véritable caractère d'absolu. Ce caractère, qui devait sembler si indestructible, la conception newtonienne est venue l'effacer entièrement d'un seul trait, en montrant, avec une pleine évidence, que le poids d'un corps est au contraire un phénomène purement relatif, non pas il est vrai aux diverses circonstances dont on avait jusque alors analysé l'influence, et qui effectivement ne l'altèrent en rien, mais à une autre à laquelle on n'eût jamais pensé sans cela, tant elle eût paru devoir être insignifiante, et qui seule le règle souverainement, la simple position de ce corps dans le monde, ou, plus exactement, sa distance au centre de la terre, indépendamment de la direction, au quarré de laquelle il est toujours inversement proportionnel. Sans doute, une connaissance aussi opposée à l'ensemble des idées humaines n'aurait pas même été jamais cherchée directement, si la mécanique céleste ne l'eût, pour ainsi dire, involontairement établie d'une manière invincible, en prouvant l'identité mathématique de la pesanteur avec la force accélératrice des astres, à l'égard de laquelle une telle loi de variation devenait incontestable et évidente. Ainsi avertis, les physiciens ont pu vérifier ensuite, par des expériences directes et irrécusables, en s'écartant plus ou moins du centre de la terre, soit dans le sens vertical, soit surtout dans le sens horizontal, la réalité de cette loi, même à la surface de notre globe, où les différences qu'elle engendre sont trop délicates à constater pour qu'on eût jamais pu les apprécier, si l'on n'eût pas été certain d'avance qu'elles devaient exister.

C'est afin d'énoncer brièvement cette assimilation fondamentale entre la pesanteur et la force accélératrice des astres qu'on a créé le mot heureux de *gravitation*, envisagé comme exactement synonyme de pesanteur universelle, pour désigner l'action du soleil sur les planètes, et de celles-ci sur leurs satellites. L'emploi de ce terme a le précieux avantage philosophique d'indiquer strictement un simple fait général, mathématiquement constaté, sans aucune vaine recherche de la nature intime et de la cause première de cette action céleste ni de cette pesanteur terrestre. Il tend à faire éminemment ressortir le vrai caractère essentiel de toutes nos explications positives, qui consistent, en effet, à lier et à assimiler le plus complètement possible. Nous ne pouvons évidemment savoir ce que sont au fond cette action mutuelle des astres, et cette pesanteur des corps terrestres : une tentative quelconque à cet égard serait, de toute nécessité, profondément illusoire aussi bien que parfaitement oiseuse; les esprits entièrement étrangers aux études scientifiques peuvent seuls s'en occuper aujourd'hui. Mais nous connaissons, avec une pleine certitude, l'existence et la loi de ces deux ordres de phénomènes; et nous savons, en outre, qu'ils sont identiques. C'est ce qui constitue leur véritable *explication* mutuelle, par une exacte comparaison des moins connus aux plus connus. Pour le géomètre, qu'une longue et habituelle méditation a profondément familiarisé avec le vrai mécanisme des mouvemens célestes, la pesanteur terrestre est expliquée, quand il la conçoit comme un cas particulier de la gravitation générale. Au contraire, c'est la pesanteur qui fait comprendre la gravitation céleste au physicien proprement dit, ainsi qu'au vulgaire, la notion lui en étant seule suffisamment familière. Nous ne pouvons jamais aller réellement au-delà de semblables rapprochemens.

D'après ces principes élémentaires de la philosophie positive, je ne saurais ici trop fortement blâmer l'usage irrationnel que l'on fait encore si fréquemment du mot *attraction*, dans l'étude de la mécanique céleste. Son emploi, qu'un simple artifice de langage eût toujours permis d'éviter, est surtout devenu sans excuse depuis la formation du mot *gravitation*. Quoique cette réserve du style ne doive sans doute dégénérer jamais en une affectation puérile et pédantesque, il importe infiniment que le discours maintienne inaltérable le vrai caractère d'une conception positive aussi fondamentale. Or, le mot *attraction* tend, par lui-même, à jeter aussitôt l'esprit dans une direction vague et anti-scientifique, par la prétention qu'il annonce inévitablement, malgré tous les commentaires préalables, à caractériser le mode d'action du soleil sur les planètes, et de la terre sur les poids, en le comparant à l'effort par lequel nous tirons à nous, à l'aide d'un lien quelconque, un objet éloigné : car tel est le sens de ce terme, ou il n'en a aucun. Depuis un siècle que cette expression est usitée scientifiquement, il me semble étrange qu'on n'ait pas encore nettement senti qu'une telle comparaison n'est nullement propre, en n'y voyant même qu'une image grossière, à donner aucune idée de l'action solaire ou terrestre, dont elle tend, au contraire, à obscurcir la notion. Car, une semblable métaphore ne pourrait avoir quelque utilité dans le discours que si l'action effective de tirer était réellement influencée par la distance, ce qui est évidemment absurde : qu'un objet soit à dix mètres ou à cent, le même effort l'attirera vers nous exactement de la même quantité, en négligeant du moins la masse et la raideur du lien. Comment un tel mot serait-il donc propre à qualifier un phénomène qui, à une distance décuple, est nécessairement cent fois moindre, sans qu'aucune autre circonstance ait changé? Je ne vois, dans son emploi, qu'un grand nombre d'inconvéniens majeurs, sans le moindre avantage réel.

Il y a tout lieu de penser que cette idée inintelligible d'attraction fut pour beaucoup dans l'opposition que rencontra si long-temps, surtout en France, la conception newtonienne, dont l'étude approfondie n'avait point encore démontré combien elle est au fond nécessairement indépendante d'une telle notion. Elle devait, en effet, sous une semblable forme, se présenter naturellement à nos penseurs comme susceptible de faire rétrograder la philosophie, et de la ramener à l'état métaphysique, en rétablissant ces qualités occultes que notre grand Descartes avait, après tant d'efforts, si justement bannies. Telle est aussi la principale objection que les cartésiens, parmi lesquels on distingue l'illustre Jean Bernouilli et le sage Fontenelle, reproduisent continuellement dans tous leurs écrits. Il n'est pas douteux, ce me semble, que l'esprit français, éminemment clair et positif, n'ait ainsi puissamment contribué, en résultat général de cette utile discussion, à épurer le caractère primitif de la pensée fondamentale de Newton, en détruisant l'apparence métaphysique qui altérait la réalité admirable de cette sublime découverte.

Pour compléter l'examen général de la loi de la gravitation, il faut encore l'envisager sous un dernier aspect élémentaire, indispensable à son entière explication mathématique.

Nous avons jusqu'ici considéré l'action du soleil sur les planètes et de celles-ci sur leurs satellites, sans avoir aucun égard aux dimensions et aux formes de ces grands corps, et comme si tous étaient autant de points. Mais, la proportionnalité bien constatée entre l'intensité de cette action et la masse du corps qui l'éprouve, montre clairement qu'elle ne s'exerce directement que sur les molécules, qui toutes y participent indépendamment les unes des autres, et avec une égale énergie, sauf la diversité des distances. La gravitation moléculaire est donc seule réelle, et celle des masses n'en peut être que le résultat mathématique. Celle-ci néanmoins peut seule être immédiatement considérée, soit dans l'observation des phénomènes, soit dans l'étude mathématique des mouvemens, qui exige indispensablement la conception d'une force unique, au lieu de cette infinité d'actions élémentaires. De là est résulté nécessairement une partie essentielle, quoique préliminaire, de la mécanique céleste, celle qui a pour objet de composer en une seule résultante toutes les gravitations mutuelles des molécules de deux astres. Cette portion, aujourd'hui très étendue, a été, comme toutes les autres, fondée par Newton, et les deux théorèmes essentiels qu'il a primitivement établis à ce sujet, sont encore ce que cette importante théorie présente de plus usuel. Ils reposent sur la forme presque exactement sphérique de tous les astres. En supposant des sphères parfaites, et composées de couches homogènes, dont la densité varie d'ailleurs arbitrairement, Newton a découvert, par des considérations géométriques extrêmement simples : 1°. que les gravitations mutuelles de toutes les molécules d'une même couche sur un point intérieur quelconque se détruisent nécessairement ; 2° que la gravitation totale d'un point extérieur vers les diverses molécules de la sphère, est exactement la même que si la masse entière de cette sphère était condensée à son centre ; et qu'il en est par conséquent ainsi de la gravitation mutuelle de deux sphères. Il en résulte immédiatement la précieuse faculté de pouvoir traiter les corps célestes comme des points, dans l'étude de leurs mouvemens de translation. Mais, l'irrégularité effective de la figure des astres, quelque petite qu'elle soit, a besoin d'être prise en considération dans la théorie de leurs rotations, où ces théorèmes cessent d'être applicables. C'est même seulement d'après cette différence que les géomètres ont pu expliquer, à cet égard, plusieurs phénomènes importans, comme je l'indiquerai dans la vingt-sixième leçon. Pour toute autre forme que la sphère, le problème général se complique beaucoup, et les difficultés analytiques qu'il présente ne sont encore habituellement surmontables que par approximation, malgré l'importance des derniers perfectionnemens introduits dans cette théorie, surtout par les travaux tout récens de M. Jacobi. Enfin la solution parfaitement exacte exigerait évidemment la connaissance de la vraie loi de la densité dans l'intérieur des astres, qu'on ne peut guère envisager comme susceptible d'être jamais réellement obtenue.

La loi générale de l'égalité constante et nécessaire entre la réaction et l'action, qui est une des trois bases physiques essentielles de la mécanique rationnelle, comme je l'ai établi dans la philosophie mathématique, montre évidemment, sans aucune explication spéciale, que la gravitation est essentiellement mutuelle, en sorte que le soleil pèse vers chaque planète, et les planètes vers leurs satellites. Quoique l'extrême inégalité des masses doive rendre naturellement les effets de cette pesanteur inverse fort difficiles à constater, à cause de leur excessive petitesse par rapport aux mouvemens principaux, j'indiquerai néanmoins, dans les deux leçons suivantes, comment la mécanique céleste les a mis en évidence à l'égard de divers phénomènes secondaires.

Quant à la gravitation des planètes les unes vers les autres, elle était sans doute naturellement indiquée par la seule exposition de la conception fondamentale. Mais il faut reconnaître, ce me semble, qu'elle n'a été mathématiquement démontrée que lorsque les successeurs de Newton en ont déduit l'explication exacte des perturbations effectives qu'éprouve le mouvement principal des planètes, comme l'indiquera la vingt-sixième leçon. Dès que ce résultat capital a été obtenu, cette gravitation secondaire s'est trouvée établie d'une manière aussi positive que la gravitation principale.

C'est ainsi que l'analyse approfondie des phénomènes célestes a irrévocablement prouvé, dans toutes ses diverses parties, cette grande loi fondamentale, résultat le plus sublime de l'ensemble de nos études sur la nature : *Toutes les molécules de notre monde gravitent les unes vers les autres, proportionnellement à leurs masses, et inversement aux quarrés de leurs distances.*

Je croirais méconnaître profondément le vrai caractère de cette admirable conception, qui n'est que l'exacte représentation d'un fait général, si je l'étendais aussitôt, comme on ne craint pas habituellement de le faire, aux phénomènes les plus généraux de l'univers, relatifs à l'action mutuelle des divers systèmes solaires. Qu'on le suppose par simple analogie, et en attendant des renseignemens directs, qui, si jamais ils arrivent, prouveraient peut-être le contraire, je n'y vois sans doute aucun inconvénient. Ce procédé me paraît même très philosophique, comme devant nécessairement hâter à cet égard les découvertes réelles, si elles sont effectivement possibles. Mais, regarder témérairement une telle extension comme aussi certaine que la gravitation intérieure de notre monde, c'est, à mon avis, altérer autant que possible la nature de nos vraies connaissances, en confondant ce qu'il y a de véritablement positif avec ce qui sera peut-être toujours essentiellement conjectural. En procédant ainsi, on obéit encore, à son insu, à cette tendance métaphysique vers les connaissances absolues, dont l'esprit humain a eu tant de peine à s'affranchir. Sur quoi est fondée la réalité de la gravitation newtonienne? Uniquement sans doute sur sa relation avec les phénomènes, à défaut de laquelle ce ne serait qu'un admirable jeu d'esprit. Or, dans la considération de *l'univers*, il n'y a pas encore de phénomènes exactement observés et mesurés, à plus forte raison, aucune loi géométrique comparable à celles de Képler : quelle serait donc alors la base de nos conceptions dynamiques, qui n'auraient rien à interpréter? Je n'ignore pas que, dans les mouvemens relatifs de quelques étoiles doubles, on a cru reconnaître depuis peu les ellipses de Képler : je le désire vivement, mais sans en être jusqu'ici bien convaincu. Les mesures sont encore tellement délicates dans ce genre d'observations, que leur précision ne saurait être garantie, à l'abri de toute prévention, au degré où l'exigerait une semblable conclusion. Si quelque astronome y avait bien cherché les orbites elliptiques où l'astre principal occupe le centre au lieu du foyer, ou le milieu entre ces deux points, etc., ne serait-il point peut-être parvenu à les y rencontrer? Et dès lors, cependant, la loi de gravitation eût été, comme on sait, absolument opposée (1). D'ailleurs, en

(1) Je regretterais profondément d'exciter ainsi le moindre doute sur l'exactitude et la sagacité des astronomes dont la constance à poursuivre des observations aussi délicates et aussi pénibles mérite assurément tous nos respects. Mais peut-être n'ont-ils pas, avant tout, assez réfléchi au degré de précision tout particulier qu'exigeraient de telles déterminations pour motiver une conséquence dynamique solidement fondée. L'immense éloignement de ces orbites, dont les rayons n'ont jamais qu'une étendue angulaire de quelques secondes, ne nous interdit-il point, de toute nécessité, d'apporter dans

admettant la parfaite réalité de ces résultats, qui, dans toute hypothèse, n'en sont pas moins fort précieux, ils ne constituent évidemment qu'un cas extrêmement particulier, encore impropre à motiver suffisamment une conclusion vraiment universelle. Je crois donc devoir maintenir, en mécanique céleste, comme je l'ai déjà fait en géométrie céleste, la séparation tranchée que je me suis efforcé de rendre sensible, entre la notion de monde et celle d'univers, et la restriction fondamentale que j'ai tâché d'établir, pour nos études vraiment positives, à la seule considération des phénomènes intérieurs de notre système solaire. Il est d'ailleurs évident que j'indique ici une simple suspension de jugement; car, je suis loin d'avoir aucun motif direct pour que la loi de la gravitation cesse d'être vraie dans l'action mutuelle des soleils; ce qui ne saurait être, pour moi, une raison de l'y étendre positivement, si ce n'est comme moyen artificiel d'investigation. Malgré le fameux principe de la raison suffisante, l'absence de motifs de nier ne constitue certainement point le droit d'affirmer, sans aucune preuve directe. Les notions absolues me semblent tellement impossibles, que je n'oserais même nul-

l'étude mathématique de leur figure les précautions indispensables qui ont été possibles à l'égard de nos orbites planétaires?

lement garantir, quelque vraisemblance que j'y voie, la perpétuité nécessaire et inaltérable de la théorie de la gravitation, restreinte à l'intérieur de notre monde, si l'on venait un jour, ce qu'il est au reste bien difficile d'admettre, à perfectionner la précision de nos observations actuelles autant que nous l'avons fait comparativement à celles d'Hipparque. Mais, quand même cela pourrait jamais arriver, et qu'il fallût alors construire une autre loi de gravitation, il resterait éternellement vrai, de toute nécessité, que la loi actuelle satisfait aux observations en se contentant de la précision des secondes, angulaires ou horaires, propriété qui suffit pleinement sans doute à nos besoins réels. C'est ainsi que, malgré la nature nécessairement relative de nos connaissances positives, nos théories présentent, au milieu de leurs variations inévitables, et par leur subordination même aux faits observés, un caractère fondamental de stabilité réelle, propre à prévenir la vacillation de nos intelligences : comme je l'ai déjà indiqué ailleurs, au sujet de la figure de la terre.

Telles sont les considérations essentielles que je devais présenter sur la loi fondamentale de la gravitation, avant de passer à l'examen philosophique de l'immense perfectionnement qu'elle a introduit dans la connaissance effective des phénomènes intérieurs de notre monde, surtout en dévoilant la véritable règle de leurs anomalies apparentes. On a dû remarquer, dans cette exposition, combien la conception newtonienne, abstraction faite des notions infiniment précieuses qu'elle nous a directement procurées, a perfectionné notre marche philosophique, combien elle a avancé l'éducation générale de la raison humaine.

Jusque alors l'esprit humain n'avait pu s'élever, dans la personne de notre grand Descartes, à une conception mécanique des phénomènes généraux, qu'en créant, sans aucune base positive, une vaste hypothèse sur leur mode de production. Cet ébranlement énergique était, sans doute, indispensable, comme je l'établirai spécialement dans la dernière partie de cet ouvrage, pour dégager définitivement notre intelligence des voies métaphysiques, qui l'avaient si long-temps poussée à la vaine recherche des notions absolues. Mais l'empire trop prolongé d'une telle conception eût entravé profondément le développement de l'esprit humain, en lui faisant user ses forces à la poursuite de théories essentiellement arbitraires. L'action philosophique de la découverte newtonienne est venue le lancer dans la véritable direction positive, susceptible d'un progrès réel et indéfini. Elle a soigneusement conservé de Descartes l'idée fondamentale d'un mécanisme ; mais en écartant définitivement, comme radicalement inaccessible à nos moyens, toute enquête de l'origine et du mode de production. Elle a montré, par un exemple admirable, comment, sans pénétrer dans l'essence des phénomènes, nous pouvions parvenir exactement à les lier et à les assimiler, de manière à atteindre, avec autant de précision que de certitude, le véritable but définitif de nos études réelles, une juste prévision des événemens, que des conceptions *à priori* sont nécessairement incapables de procurer.

VINGT-CINQUIÈME LEÇON.

Considérations générales sur la statique céleste.

Avant l'admirable découverte de Newton, les phénomènes célestes étaient liés entre eux, à un certain degré, par les trois grandes lois de Képler. Mais cette liaison, quoique infiniment précieuse, était nécessairement fort imparfaite; car elle laissait entièrement indépendans les uns des autres les phénomènes qui se rattachaient à deux lois différentes. La réduction de ces trois divers faits généraux à un fait unique et encore plus général, a établi, au contraire, parmi tous les phénomènes intérieurs de notre monde, une harmonie rigoureusement universelle, qui permet toujours d'apercevoir exactement, d'une manière plus ou moins indirecte, la relation intime et nécessaire de deux quelconques d'entre eux, constamment rattachés désormais à une théorie commune, qui les lie en outre à nos principaux phénomènes terrestres. C'est ainsi que la science astronomique a enfin acquis la plus haute perfection spéculative dont nos études soient jamais susceptibles, l'entière systématisation mathématique de toutes ses diverses parties ; en sorte qu'il n'y aurait rien à gagner, sous ce rapport, à découvrir un principe encore plus étendu, quand même un tel espoir ne devrait pas être regardé comme éminemment chimérique.

On ne connaîtrait donc pas convenablement la conception fondamentale de la mécanique céleste en se bornant à l'envisager en elle-même, ainsi que nous avons dû le faire dans la leçon précédente. Afin d'en sentir dignement toute la valeur philosophique, il est indispensable de caractériser maintenant, sous ses divers aspects principaux, l'application de la théorie de la gravitation à l'explication mathématique des phénomènes célestes et au perfectionnement de leur étude. Tel est l'objet spécial de cette leçon et de la suivante.

Pour faciliter cet aperçu général, je crois utile de transporter ici la distinction élémentaire que j'ai établie dans l'examen de la géométrie céleste, entre les phénomènes propres à chaque astre envisagé comme immobile, et ceux qui concernent ses divers mouvemens. Cette division est sans doute, en mécanique céleste, plus astronomique que mathématique ; car les deux genres de questions ne présentent point d'ailleurs des différences bien tranchées quant à leur degré de difficulté, ni quant à la nature des considérations employées, toujours nécessairement relatives à une même pensée fondamentale. Mais elle me paraît propre à éclaircir cette importante exposition, en la rendant plus méthodique que ne le permet l'ordre essentiellement arbitraire qu'on y suit ordinairement. La leçon actuelle sera consacrée aux phénomènes statiques, et la suivante aux phénomènes dynamiques.

La détermination des masses de nos différens astres est aussi fondamentale, en mécanique céleste, que celle de leurs distances en géométrie céleste, puisque, sans elle, on ne pourrait évidemment se former aucune idée exacte de leur gravitation mutuelle. Une telle connaissance présente en même temps la manifestation la plus saillante des ressources générales que la théorie de la gravitation nous a procurées pour obtenir à l'égard des astres des notions entièrement nouvelles, qui devaient jusque alors nous paraître, quoique à tort, radicalement inaccessibles. Essayons de caractériser successivement les trois procédés principaux qu'on applique à cette importante recherche, et qui diffèrent beaucoup, soit en généralité, soit en simplicité.

Le moyen le plus général, le seul même qui soit réellement applicable à tous les cas, mais aussi celui dont l'emploi est le plus difficile, consiste à analyser, aussi exactement que possible, la part spéciale de chaque astre dans les perturbations qu'éprouve le mouvement principal d'un autre, en translation ou en rotation. Cette influence ne dépend évidemment que de deux élémens, la distance et la masse de l'astre considéré. Le premier est bien connu ; et le second, qui est constant, étant introduit dans le calcul comme un coefficient indéterminé, sa valeur pourra être appréciée par la comparaison du résultat avec les observations directes. Malheureusement, dans l'état présent de la mathématique abstraite, l'analyse des perturbations ne saurait être, par sa nature, que simplement approximative, comme l'indiquera la leçon suivante. Il est surtout extrêmement difficile d'isoler, dans chaque perturbation totale, ce qui tient spécialement à l'action de tel astre proposé ; quelque soin qu'on apporte dans le choix des divers dérangemens, on ne parvient guère à établir cette séparation d'une manière aussi précise que l'exigerait une semblable détermination. Aussi les astronomes et les géomètres sont-ils loin de compter autant jusqu'ici sur les masses qui n'ont pu être obtenues que par cette méthode, que sur celles qui ont permis l'application des autres procédés.

Tel était à cet égard l'état de la mécanique céleste, lorsque, dans ces dernières années, M. Poinsot a imaginé pour ces évaluations fondamentales un moyen parfaitement rationnel, le plus direct et le plus sûr de tous, quoique, par sa nature, son emploi exige malheureusement beaucoup de temps (1). Au lieu de se borner à démêler péniblement dans les diverses perturbations naturelles l'influence détournée et peu distincte de chaque masse envisagée séparément, M. Poinsot propose de déterminer désormais toutes les masses à la fois, par l'examen d'un nouveau genre de perturbations, en quelque sorte artificielles, spécialement adaptées à un tel usage, et les seules qui observent nécessairement entre elles une relation invariable, aussi simple que rigoureuse. Il s'agit des changemens que l'action mutuelle des astres de notre monde fait subir aux aires décrites en un temps donné par leurs rayons vecteurs autour du centre de gravité général. On sait, d'après la mécanique rationnelle,

---

(1) Voyez le beau Mémoire de ce grand géomètre sur la vraie théorie du *plan invariable*, maintenant annexé à la dernière édition de sa *Statique*.

que parmi ces diverses variations il s'opère nécessairement une telle compensation, que la somme algébrique de toutes ces aires, projetées en un instant quelconque sur un même plan d'ailleurs arbitraire, et multipliées chacune par la masse correspondante, demeure rigoureusement invariable. Ainsi, en comparant entre eux les divers états du ciel à des époques suffisamment distinctes, l'égalité mutuelle de toutes ces sommes peut fournir, dans la suite des temps, autant d'équations qu'on voudra, propres à faire connaître, si l'on a eu soin d'en former le nombre convenable, les valeurs des différentes masses, seules inconnues qu'elles contiennent, puisque les aires sont d'ailleurs exactement mesurables, d'après les positions et les vitesses effectives des astres considérés.

Indépendamment de sa rationnalité parfaite et de son entière généralité, cette méthode présente un caractère philosophique bien remarquable, en ce que, comme l'indique avec raison M. Poinsot, elle rend l'évaluation des masses relatives de tous les astres de notre monde entièrement indépendante de la loi de gravitation, suivant l'esprit de la théorie des aires, ce que jusque alors aucun géomètre n'eût jamais jugé possible. Il en résulte d'ailleurs que les résultats ne sont plus affectés des approximations relatives à cette loi dans les calculs ordinaires de la mécanique céleste.

On doit vivement regretter que la nature de cette méthode ne permette point son application immédiate, ne fût-ce que pour obtenir, par la confrontation de ses résultats avec ceux déjà connus, une des confirmations les plus décisives de la théorie de la gravitation. Mais la nécessité évidente d'attendre que toutes les aires individuelles aient assez varié pour rendre significative la comparaison de leurs sommes, exige un intervalle considérable entre les époques successives, dont le nombre dépend d'ailleurs de celui des masses cherchées. Le temps total doit même être d'autant plus grand que, d'après la rectification importante apportée par M. Poinsot à la théorie générale des aires, il est mathématiquement indispensable de prendre en considération celles qui résultent des rotations, comme je l'indiquerai plus tard au sujet du plan invariable. Cette obligation, en introduisant dans les équations les divers momens d'inertie, tendrait à doubler le nombre des époques nécessaires pour obtenir des résultats parfaitement rigoureux; mais en procurant, à la vérité, une nouvelle détermination essentielle, qui devait sembler d'abord encore plus inaccessible que celle des masses. Les observations suffisamment précises sont encore si peu anciennes que le passé nous offrirait à cet égard un bien petit nombre d'équations, en sorte qu'un tel procédé ne deviendrait entièrement applicable, sans aucun auxiliaire, que dans un avenir assez lointain. Je n'ai pas cru néanmoins pouvoir me dispenser d'indiquer cette méthode générale et directe, dont le caractère spéculatif est si parfait. On doit reconnaître d'ailleurs qu'en la réservant pour les masses qui ne sont pas encore bien connues d'une autre manière, et en négligeant d'abord les termes peu influens, le temps nécessaire à son application effective se trouverait notablement abrégé (1).

(1) Cette méthode de M. Poinsot me fait naître l'idée d'un nouveau moyen rationnel, analogue au précédent, pour déterminer simultanément les masses de tous les astres de notre monde, d'après un autre théorème fondamental de mécanique rationnelle, la conservation nécessaire du mouvement du centre de gravité de l'ensemble de ces astres, quelles que puissent être les perturbations provenant de leur action mutuelle. Il en résulte la constance, à une époque quelconque, de la somme des produits de toutes les diverses masses par les vitesses correspondantes, décomposées suivant une même droite arbitraire ; ce qui peut fournir autant d'équations qu'on voudra comparer d'époques. Dans l'estimation de ces produits pour les différentes molécules de chaque astre, il est clair, quant à la translation, qu'on pourrait traiter l'astre comme condensé à son centre de gravité, d'après la propriété fondamentale de ce point ; et, quant à la rotation, cette même propriété indique qu'il n'y aurait pas lieu à la considérer, puisque l'ensemble des produits qui en résulteraient serait nécessairement nul pour l'astre entier. Ce procédé me semblerait donc plus simple que celui fondé sur le théorème des aires : il exigerait moins d'équations, et par suite beaucoup

Après le procédé général fondé sur l'analyse des perturbations, soit sous sa forme ordinaire, soit avec la modification si heureusement imaginée par M. Poinsot, le moyen le moins restreint pour évaluer les masses des astres de notre monde, est celui que Newton créa, dès l'origine, à l'égard des planètes pourvues d'un satellite. La méthode, aussi simple qu'immédiate, consiste à comparer le mouvement du satellite autour de la planète, au mouvement de celle-ci autour du soleil. On sait que, dans chacun d'eux, la gravitation exercée par l'astre central, et qui doit être en raison de sa masse, est proportionnelle au rapport entre le cube du demi-grand axe de l'orbite et le quarré du temps périodique, en ramenant l'action, suivant la loi ordinaire, à l'unité de distance. Ainsi, il suffit de comparer entre elles les deux valeurs bien connues que prend cette fraction dans les deux cas, pour obtenir aussitôt le rapport des masses du soleil et de la planète. A la vérité, on néglige alors nécessairement la masse de la planète vis-

---

moins de temps pour son application complète, en ne procurant point, il est vrai, l'évaluation des momens d'inertie, indispensable à la détermination du plan invariable. La durée totale de l'opération serait d'autant moindre, que les vitesses varient avec plus de rapidité que les aires, ce qui permettrait de rapprocher davantage les époques comparatives d'observation.

à-vis de celle du soleil, ou au moins du satellite envers la planète. Mais l'erreur qui en résulte est trop peu importante, dans presque tous les cas de notre monde, pour que le degré de précision auquel nous pouvons réellement prétendre à l'égard des masses planétaires en soit sensiblement affecté. La masse de Jupiter, déterminée ainsi par Newton, n'a reçu qu'un très léger changement des divers moyens qu'on a pu y appliquer depuis; et encore la différence tient-elle, presqu'en totalité, à ce que les données du procédé newtonien sont aujourd'hui mieux connues.

Enfin, la méthode la plus simple et la plus directe de toutes, mais aussi la plus particulière, puisqu'elle est nécessairement bornée à la planète qu'habite l'observateur, consiste à évaluer les masses relatives par la comparaison des pesanteurs qu'elles produisent. Si la masse d'un astre bien connu était exactement déterminée, elle permettrait évidemment d'apprécier l'énergie de la pesanteur à sa surface, ou à une distance quelconque donnée : donc, réciproquement, la mesure directe de cette intensité suffira pour estimer la masse. Ainsi, les expériences du pendule ayant mesuré, avec la dernière précision, la pesanteur terrestre; en la diminuant, inversement au quarré de la distance, on saura quelle serait sa valeur à la distance du soleil ; et l'on n'aura dès lors qu'à la comparer avec la quantité, préalablement bien connue, qui exprime l'action du soleil sur la terre, pour trouver immédiatement le rapport de la masse de la terre à celle du soleil. Envers toute autre planète, ce serait, au contraire, l'évaluation de sa masse qui permettrait seule l'estimation de la gravité correspondante. Ce procédé n'est, en réalité, qu'une modification du précédent, où la chute du satellite se trouvait être au fond indirectement évaluée, au lieu de résulter d'une expérience immédiate, qui permet sans doute un peu plus de précision, surtout à cause de la masse du satellite, relativement à celles qui nous servent à mesurer la pesanteur.

L'ensemble de tous ces divers moyens étant applicable à la terre, sa masse comparée à la masse solaire, unité naturelle à cet égard, doit être regardée comme la mieux connue de notre monde. La masse de la lune, et surtout celle de Jupiter, sont aujourd'hui estimées presque aussi parfaitement ; viennent ensuite les masses de Saturne et d'Uranus ; on compte moins sur les trois autres déjà évaluées, celles de Mercure, de Vénus et de Mars, quoique l'incertitude ne puisse pas y être très grande. On ignore presque entièrement les masses des quatre planètes télescopiques, et surtout celles des comètes, ce qui tient à leur extrême petitesse, qui ne leur permet aucune influence appréciable sur les perturbations. Ce caractère est particulièrement remarquable à l'égard des comètes, qui, dans leur course allongée, passent fréquemment dans le voisinage de forts petits astres, comme les satellites de Jupiter et de Saturne, sans y produire aucun dérangement perceptible. Quant aux satellites, en exceptant la lune, on ne connaît encore que les valeurs approchées des masses de ceux de Jupiter.

Aucune exacte comparaison générale des résultats obtenus n'a pu jusqu'ici faire apercevoir entre eux une harmonie quelconque. La seule circonstance essentielle qu'ils présentent est l'immense supériorité de la masse du soleil à l'égard de tout le reste de notre monde, dont la masse, même réunie, en fait à peine la millième partie. On devait évidemment s'y attendre, du moins à un certain degré, quoique rien n'indiquât directement une aussi grande disproportion, si ce n'est la petitesse des perturbations planétaires, qui en dépend essentiellement. Du reste, à partir du soleil, on voit alterner, sans aucun ordre sensible, des masses tantôt décroissantes, tantôt croissantes. On avait pensé d'abord, conformément à une supposition *à priori* de Képler, que les masses étaient régulièrement liées aux volumes (d'ailleurs irréguliers eux-mêmes, comme nous l'avons remarqué); en sorte que les densités moyennes fussent continuellement moindres en s'éloignant du soleil, en raison inverse des racines quarrées des distances. Mais, indépendamment de cette loi numérique, qui ne s'observe jamais exactement, le simple fait du décroissement des densités présente quelques exceptions, entre autres pour Uranus. On ne saurait d'ailleurs lui assigner aucun motif rationnel.

Tels sont, en aperçu, les divers moyens que possède aujourd'hui l'astronomie, quant à l'évaluation relative des différentes masses qui composent notre système solaire. Mais, pour compléter cette connaissance fondamentale, il reste à indiquer comment on a pu rapporter enfin toutes ces masses à nos unités de poids habituelles, par l'importante détermination directe du véritable poids total de la terre, qui constitue une des applications les plus simples et les plus intéressantes de la théorie générale de la gravitation.

Bouguer est le premier qui ait aperçu distinctement la possibilité d'une telle évaluation, en reconnaissant, dans sa célèbre expédition scientifique au Pérou, l'influence du voisinage des grosses montagnes pour altérer légèrement la direction de la pesanteur. On conçoit en effet, d'après la loi fondamentale de la gravitation, qu'une masse considérable, envisagée comme condensée en son centre de gravité, peut, quand le fil-à-plomb s'en trouve très rapproché, déterminer en lui, à raison de cette proximité, une gravitation secondaire, extrêmement petite sans doute vis-à-vis de celle de l'ensemble de la terre, mais néanmoins perceptible, qui le fasse dévier vers elle d'une quantité presque insensible, susceptible cependant d'être mesurée par des observations très délicates sur la comparaison de sa direction effective avec la verticale naturelle du lieu, préalablement bien connue. Cette déviation étant exactement appréciée, l'équation d'équilibre facile à établir entre l'action de la montagne et celle de la terre doit permettre d'en déduire le rapport des deux masses, et par suite la valeur de la masse terrestre, d'après le poids de la montagne, puisque toutes les autres quantités que renferme cette équation sont déjà évidemment données. Les observations astronomiques ne pouvaient pas être assez précises à l'époque de Bouguer pour que ce procédé fût dès lors réellement applicable, tant est minime la déviation sur laquelle il repose. Mais un demi-siècle après, Maskelyne parvint à constater, en Écosse, une altération de cinq à six secondes dans la direction naturelle de la pesanteur, et Hutton en déduisit le poids de la terre égal à $4\frac{1}{2}$ fois celui d'un pareil volume d'eau distillée à son *maximum* de densité. Toutefois, un tel procédé présente évidemment, outre la petitesse de la déviation, une source notable d'incertitude, dans l'impossibilité de connaître avec assez d'exactitude le poids de la montagne, qui ne peut être que grossièrement obtenu d'après son volume.

Quand Coulomb eut créé sa célèbre balance de torsion, destinée à la mesure précise des plus petites forces quelconques, Cavendish conçut la possibilité de déterminer beaucoup plus exactement la masse de la terre en la comparant, à l'aide de cet appareil, à des masses artificielles, susceptibles d'être parfaitement connues. C'est ainsi que, dans l'immortelle expérience qu'il imagina, il parvint à rendre sensible l'action de deux sphères de plomb sur un petit pendule horizontal, dont les oscillations, comparées à celles que produit la pesanteur, permettaient de déterminer mathématiquement, avec une précision remarquable, le rapport de la masse de ces sphères à celle de la terre. Par ce procédé bien plus parfait, Cavendish trouva la densité moyenne de notre globe égale à $5\frac{1}{2}$ fois celle de l'eau; d'où l'on peut déduire, si on le juge à propos, le vrai poids de la terre en kilogrammes ou en tonneaux.

Indépendamment de l'importance d'une telle détermination, pour faire connaître les masses et les densités effectives de tous les astres de notre monde, ce qui est peu utile en astronomie, où l'on n'a besoin que de leurs rapports, ce résultat présente la propriété essentielle de nous fournir, sur la constitution intérieure de notre globe, une première donnée générale, qui, fort incomplète sans doute, n'en est pas moins infiniment précieuse, en vertu de son incontestable positivité, qui peut déjà suffire à exclure plusieurs conjectures hasardées. En effet, la densité moyenne de la terre étant, d'après cette mesure, très supérieure à la densité des couches qui composent sa surface, formée d'eau en si grande partie, il est indispensable que les couches deviennent, en général, de plus en plus denses, en se rapprochant du centre, sauf les irrégularités accidentelles, ce qui est d'ailleurs parfaitement en harmonie avec l'indication mathématique de la mécanique céleste à l'égard de toutes les planètes, comme nous le mentionnerons ci-après. Une conjecture quelconque sur la structure interne de la terre est donc désormais assujettie à cette indispensable condition, en sorte que celles qui n'y satisferaient pas, en supposant vide par exemple l'intérieur du globe, seraient, par cela même, radicalement fausses. Mais, ce renseignement, le seul réel qui existe encore à cet égard, est malheureusement très imparfait ; car il ne donne évidemment aucun indice, même sur l'état physique des couches internes, qu'on pourrait supposer liquides et peut-être gazeuses, aussi bien que solides, sans que cette condition fût effectivement violée.

La seconde grande détermination statique que nous devions caractériser dans la mécanique céleste, concerne l'importante et difficile étude mathématique de la figure des astres, envisagée comme dérivite de la théorie générale de leur équilibre, indépendamment d'aucune mesure géométrique.

Si la terre, ou toute autre planète, avait toujours été dans l'état de consistance que nous observons, la mécanique céleste n'aurait évidemment aucune base pour déterminer *à priori* sa figure, puisque l'équilibre d'un système solide est certainement compatible avec une forme extérieure quelconque. C'est pourquoi les géomètres, afin d'étudier la figure des astres d'après les règles générales de la statique, ont dû les supposer antérieurement fluides, du moins à la surface, ce qui ne permet plus l'équilibre qu'avec certaines formes spéciales. L'accord remarquable des principaux résultats de cette hypothèse indispensable avec l'ensemble des observations directes, a démontré ensuite la justesse d'une conjecture indiquée d'ailleurs, surtout envers la terre, par beaucoup d'autres phénomènes.

En considérant ainsi la question d'une manière générale, il est d'abord évident que, si les astres n'avaient aucun mouvement de rotation, la figure parfaitement sphérique conviendrait à l'équilibre de leurs molécules, puisque la pesanteur, dès lors constamment dirigée au centre, serait toujours perpendiculaire aux couches de niveau, pourvu qu'on les supposât homogènes, et que la densité variât seulement de l'une à l'autre, suivant une loi d'ailleurs arbitraire. Mais on conçoit aisément que la force centrifuge engendrée par la rotation doit nécessairement modifier cette forme primitive, en altérant plus ou moins soit la direction, soit l'intensité de la pesanteur proprement dite.

Sous le premier point de vue, qui est celui d'Huyghens, il est facile de constater que si la terre, par exemple, était exactement sphérique, la force centrifuge écarterait sensiblement le fil-à-plomb de la direction perpendiculaire à la surface. Cette déviation, nécessairement nulle au pôle, où la force centrifuge n'existe pas, et à l'équateur, où elle agit suivant la même droite que la pesanteur, atteindrait son *maximum* vers quarante-cinq degrés de latitude, où elle devrait être d'environ six minutes, et, par conséquent, très appréciable. Ainsi, la droite décrite par les corps dans leur chute naturelle, c'est-à-dire celle suivant laquelle se dirige, en chaque lieu, la résultante de la gravité et de la force centrifuge, ne saurait être, conformément à toutes les observations et à la théorie générale de l'équilibre des fluides, exactement perpendiculaire à la surface, qu'autant que la planète cesse d'être une sphère parfaite, pour devenir un sphéroïde aplati aux pôles et renflé à l'équateur.

Il en est de même sous le point de vue de l'intensité, que Newton adopta. Deux colonnes fluides menées du centre de l'astre à son pôle et à son équateur, doivent nécessairement, pour l'égalité de leurs poids, avoir des longueurs inégales, puisque la gravité naturelle n'est nullement affaiblie dans la première par la force centrifuge, qui, au contraire, diminue diversement la pesanteur propre à chacun des points de la seconde. La comparaison des colonnes correspondantes à deux latitudes quelconques donnerait lieu évidemment à une remarque analogue, la différence y étant seulement moins prononcée. Les divers rayons de l'astre doivent donc augmenter graduellement depuis le pôle jusqu'à l'équateur, et rester seulement égaux entre eux à la même latitude, comme dans une surface de révolution.

Cette première vue du sujet explique donc, d'une manière aussi élémentaire que satisfaisante, et la forme presque sphérique de tous nos astres, et le léger aplatissement que chacun d'eux nous présente à ses pôles. Mais quand on veut aller au-delà de cet aperçu général, et déterminer mathématiquement la véritable figure, ainsi que la valeur exacte de l'aplatissement, la question devient tout-à-coup transcendante, et présente des obstacles qui ne sauraient jamais être entièrement surmontés.

La cause essentielle de ces hautes difficultés tient à ce que, par sa nature, le fond d'une telle recherche présente une sorte de cercle vicieux, qui ne comporte point d'issue parfaitement rationnelle. En effet, la théorie mathématique de l'équilibre des fluides exige évidemment que, pour former l'équation de la surface, on connaisse d'abord la vraie loi de la pesanteur dont ses diverses molécules sont animées. Or, d'un autre côté, cette loi ne saurait être exactement déterminée, d'après la théorie fondamentale de la gravitation, qu'autant que la forme de l'astre, et même le mode de variation de la densité dans son intérieur, seraient préalablement donnés. Il est donc impossible, même en supposant l'astre homogène, d'obtenir une solution directe et complète qui indique avec une pleine certitude les formes propres à l'équilibre, en donnant une exclusion nécessaire à toutes les autres. On ne peut réellement qu'essayer si telle figure proposée remplit ou non les conditions fondamentales. Aussi les géomètres attachent-ils avec raison un très grand prix au beau théorème découvert par Maclaurin, qui est devenu le fondement nécessaire de toutes leurs recherches à ce sujet (1), en démontrant que l'ellipsoïde de révolution satisfait exactement aux conditions de l'équilibre. Ce point de départ, que Maclaurin avait établi seulement dans l'hypothèse de l'homogénéité, fut ensuite étendu par Clairaut au cas d'un astre composé de couches dont la densité varie arbitrairement, et qui ne serait même que partiellement fluide (2). La question a dès lors été réduite

---

(1) Le travail de Newton ne fit réellement que poser la question, puisqu'il y avait supposé, sans aucune démonstration, la figure elliptique des méridiens, ce qui réduisait dès lors la recherche à la mesure de l'aplatissement, extrêmement facile dans l'hypothèse d'homogénéité qu'il avait adoptée.

(2) M. Jacobi a fait tout récemment, pour le seul cas de l'homogé-

à la détermination du rapport des deux axes. Or, cette évaluation ne présente aucune difficulté en regardant l'astre comme homogène. Mais les mesures directes ayant toujours montré, à l'égard des diverses planètes, un aplatissement moindre que celui obtenu ainsi, cette hypothèse, directement reconnue fausse d'ailleurs envers la terre, comme nous l'avons vu plus haut, et évidemment invraisemblable en général, a dû être définitivement exclue. Dès ce moment, l'aplatissement a cessé de comporter une détermination directe et rigoureuse, puisque nous ignorons nécessairement la vraie loi suivant laquelle la densité croît de la surface au centre dans un astre quelconque, et qu'il serait strictement indispensable d'y avoir égard. Néanmoins, les travaux des géomètres, et surtout de Laplace, sur l'influence de diverses lois de la densité, ont fait connaître des limites très précieuses, souvent fort resserrées, entre lesquelles l'aplatissement doit inévitablement tomber. La plus générale et la plus usuelle consiste en ce que cet aplatissement est compris, de toute nécessité, pour un astre quelconque, entre les cinq quarts et la moitié du rapport de la force

néité, la découverte remarquable de la possibilité de l'équilibre avec un ellipsoïde à trois axes inégaux, dont le moindre est toujours nécessairement celui du pôle.

centrifuge à l'équateur à la gravité correspondante, puisque la première valeur aurait lieu si l'astre était homogène, et la seconde si la densité croissait avec une telle rapidité qu'elle devînt infinie au centre. C'est ainsi que l'aplatissement terrestre ne peut excéder un deux cent trentième, ni être moindre qu'un cinq cent soixante-dix-huitième; ce qui est parfaitement conforme aux mesures directes, que cette règle mathématique a plus d'une fois servi à contrôler.

Au reste, dans presque toutes les planètes, l'aplatissement exerce, comme nous l'indiquerons prochainement, une influence nécessaire et appréciable sur certains phénomènes de perturbation, ce qui fournit de nouveaux moyens indirects de le déterminer, en éludant la difficulté insurmontable que présente à cet égard la théorie de l'équilibre des astres.

L'ensemble de ces évaluations coïncide avec les mesures immédiates plus parfaitement qu'on n'avait lieu de l'espérer d'après les causes fondamentales d'incertitude inhérentes à une telle recherche. Le seul cas qui semble présenter une exception réelle, est celui de Mars, qui, suivant sa grandeur, sa masse, et la durée de sa rotation, ne devrait être guère plus aplati que la terre, et qui cependant le serait presque autant que Jupiter, si les observations d'Herschell sont parfaitement exactes.

Quoique l'équilibre soit compatible avec la figure ellipsoïdique, d'après le théorème de Maclaurin, la nature de cette question ne permet nullement d'assurer que cette forme doive être regardée comme exclusive. Aussi notre monde nous offre-t-il, dans les anneaux de Saturne, un exemple très prononcé d'une figure différente. Laplace a démontré qu'ils pouvaient être en équilibre, même à l'état fluide, en les supposant engendrés par la révolution d'une ellipse autour d'une droite extérieure, menée, parallèlement à son petit axe et dans son plan, par le centre de Saturne. L'équilibre subsisterait même encore avec l'inégalité de ces méridiens elliptiques, qui semble indiquée par les observations.

La plus utile conséquence finale de la théorie mathématique des formes planétaires, consiste dans l'importante relation qu'elle a naturellement établie entre la valeur des différens degrés terrestres et l'intensité de la pesanteur correspondante mesurée par la longueur du pendule à secondes aux diverses latitudes. Il en est résulté l'heureuse faculté de multiplier ainsi presqu'à volonté, de la manière la plus commode, nos renseignemens indirects sur la figure de notre globe, tandis que l'estimation géométrique des degrés est une opération longue et pénible, qui ne saurait être fréquemment répétée avec tout le soin qu'elle exige. Mais, en général, plus une mesure est indirecte, tout étant d'ailleurs égal, moins elle est certaine. Aussi, quelque précise que soit réellement cette ressource, il faut reconnaître, ce me semble, que les procédés géodésiques convenablement appliqués n'en continuent pas moins à mériter la préférence, à cause de la loi intérieure des densités terrestres, élément inconnu qui affecte nécessairement les indications fournies par les expériences du pendule pour la figure de la terre.

Un appendice naturel et intéressant de la théorie hydrostatique de la figure des planètes, consiste dans les conditions de la stabilité de l'équilibre des fluides qui recouvrent, en totalité ou en partie, la surface des astres. Laplace a établi à ce sujet un théorème général, aussi simple qu'important, qu'un premier aperçu semble d'ailleurs devoir indiquer d'avance. Il fait dépendre cette stabilité, quels que puissent être et le mode de répartition du fluide et la loi interne des densités, de la seule supériorité de la densité moyenne de l'astre sur celle du fluide; caractère si évidemment constaté, pour la terre, par la belle expérience de Cavendish. On pourrait aisément en faire le texte d'une cause finale, puisque la perpétuité des espèces terrestres exige clairement que l'équilibre des mers tende à se rétablir spontanément, après avoir été momentanément troublé d'une manière quelconque. Mais l'examen attentif du sujet fait aussitôt disparaître la finalité, en rendant sensible la nécessité d'un tel arrangement dans la formation primitive des planètes, la densité des couches ayant dû naturellement croître de la surface au centre, comme l'indique si nettement toute la théorie de la figure des astres.

La grande question des marées constitue la dernière recherche essentielle que je crois devoir classer parmi les études principales de la statique céleste. Sous le point de vue astronomique, le caractère statique de cette théorie se montre évidemment, puisque l'astre y est essentiellement envisagé comme immobile. Mais ce caractère n'est pas, au fond, moins réel sous le point de vue mathématique, en considérant le véritable esprit de la solution, où l'on ne s'occupe surtout que de la figure vers laquelle tend l'Océan par l'équilibre périodique des diverses forces qui le sollicitent, sans penser aux mouvemens que produisent les variations de cet équilibre. Enfin, cette étude fait naturellement suite à celle de la figure des astres.

Ce beau problème, indépendamment de son importance propre, présente un intérêt philosophique tout particulier, en établissant une transition naturelle et évidente de la physique du ciel à celle de la terre, par l'explication céleste d'un grand phénomène terrestre.

Descartes est réellement le premier philosophe qui ait tenté de fonder une théorie positive des marées, exclusivement rattachées jusque alors à des conceptions métaphysiques, dont Képler lui-même n'avait pas cru pouvoir se passer. Quoique l'explication proposée par Descartes soit, sans doute, entièrement inadmissible, c'est néanmoins à lui que nous devons l'observation fondamentale de l'harmonie constante entre la marche générale de ce phénomène et le mouvement de la lune, qui a certainement contribué à mettre Newton sur la voie de la vraie théorie. Il suffisait, en quelque sorte, d'être averti que la cause réelle de ce grand phénomène devait nécessairement se trouver dans le ciel, pour que la théorie de la gravitation dévoilât aussitôt son explication générale, tant elle en résulte naturellement.

L'inégale gravitation des diverses parties de l'Océan vers un quelconque des astres de notre monde, et particulièrement vers le soleil et la lune : tel est le principe, éminemment simple et lucide, d'après lequel Newton a ébauché la véritable théorie des marées, approfondie ensuite par Daniel

Bernouilli, dont le beau travail n'a réellement subi depuis aucun perfectionnement essentiel. Essayons de caractériser nettement l'esprit général de cette grande recherche. La théorie convient en elle-même aussi bien à l'atmosphère qu'à l'Océan. Mais je considérerai seulement ce dernier cas, puisque les marées atmosphériques, d'ailleurs infiniment moindres, à cause de la masse si minime de notre enveloppe gazeuse, échappent essentiellement, par leur nature, à toute observation réelle, malgré les efforts tentés quelquefois pour en manifester l'influence, surtout dans les variations diurnes du baromètre, dont l'examen attentif pendant plusieurs années a cependant indiqué à M. Flaugergues une relation certaine avec le mois lunaire.

En joignant le centre de la terre à un astre quelconque, les deux points correspondans de la surface terrestre doivent graviter évidemment l'un un peu plus, l'autre un peu moins que le centre lui-même, inversement aux quarrés de leurs distances respectives. Le premier tend donc à s'éloigner du centre, ce qui doit produire une certaine élévation de la surface fluide, et le centre tend, au contraire, à s'éloigner du second point, où doit survenir ainsi une élévation analogue et à très peu près égale. Cet effet diminue nécessairement à mesure qu'on s'écarte davantage de ces deux points dans un sens quelconque, et devient nul à quatre vingt-dix degrés de là, où, les parties de l'Océan gravitant comme le centre, le niveau doit baisser pour fournir à l'exhaussement du reste, indépendamment d'une dépression directe presque insensible. En même temps, ces divers changemens de niveau font varier la pesanteur terrestre des eaux correspondantes; et cette seconde cause, la plus difficile et la plus incertaine à calculer, agit évidemment dans le même sens que la première, quoique avec moins d'énergie, pour l'établissement définitif du niveau général.

On voit ainsi comment l'action d'un astre quelconque sur l'Océan, qui ne pourrait nullement altérer sa surface naturelle, si elle avait partout la même intensité, tend nécessairement, à raison de son inégale énergie sur les divers lieux, à la modifier un peu, en lui faisant prendre la forme d'un sphéroïde allongé vers l'astre. Sous ce rapport fondamental, la question est parfaitement semblable à celle considérée ci-dessus de la figure mathématique de la terre, la force centrifuge étant ici remplacée par la différence entre la gravitation du centre de notre globe et celle de sa surface vers l'astre proposé. La recherche est seulement encore plus compliquée, puisqu'il faut évidemment y tenir compte aussi de l'ellipticité naturelle du globe. Mais l'esprit et la marche générale de la solution mathématique doivent être essentiellement identiques dans les deux cas. C'est ainsi que Newton a pu d'abord calculer aisément la partie principale du phénomène, en supposant, sans la démontrer, une figure ellipsoïdique, comme il l'avait déjà fait pour l'autre question, et se bornant à comparer immédiatement, dans l'hypothèse de l'homogénéité, les deux axes de l'ellipse. De même encore, le théorème de Maclaurin est aussi devenu plus tard, pour Daniel Bernouilli, la base naturelle d'une exacte théorie des marées.

Jusque là, toutefois, il n'y a point de marées proprement dites, c'est-à-dire ces élévations et dépressions alternatives et périodiques, qui en font le caractère le plus saillant. Le phénomène semble consister en un simple renflement fixe de la partie de l'Océan située sous l'astre considéré. Mais, quoiqu'un tel effet paraisse différer beaucoup d'une véritable marée, il n'en constitue pas moins la principale base mathématique de cette grande question. Il est maintenant très facile de concevoir la périodicité fondamentale du phénomène en introduisant la considération du mouvement diurne, jusque alors écartée. Si ce mouvement n'avait pas lieu, ou si seulement il s'exécutait autour de la droite qui joint l'astre au centre de la terre, toutes les parties de l'Océan conservant sans cesse la même situation envers cet astre, la surface de la mer resterait invariable, après avoir pris, dès l'origine, la forme convenable à son équilibre. Mais, en réalité, la rotation quotidienne de notre globe transporte successivement les eaux qui le recouvrent dans toutes les positions où l'astre tend à les élever et dans celles où il doit les abaisser. C'est ainsi que la marche journalière du phénomène se compose nécessairement de quatre alternatives périodiques à peu près également réparties : les deux plus grandes élévations correspondent aux deux passages de l'astre par le méridien du lieu, et les moindres niveaux à son lever et à son coucher; la période totale étant d'ailleurs exactement fixée par la combinaison de la rotation terrestre avec le mouvement propre de l'astre en un jour.

Un dernier élément indispensable nous reste à indiquer, pour avoir établi toutes les bases de la notion abstraite des marées; c'est la règle générale d'après laquelle on peut apprécier à cet égard l'énergie des différens astres, dont aucun ne semble mathématiquement devoir être négligé. Cette énergie est évidemment mesurée par la différence entre la gravitation du centre de notre globe et celle des points extrêmes de sa surface vers l'astre proposé. En exécutant, d'après la loi fondamentale de la gravitation, cette différentiation très facile, on trouve aussitôt que la puissance de chaque astre pour produire nos marées est en raison directe de sa masse et en raison inverse du cube de sa distance à la terre. Il résulte de cette règle essentielle la précieuse faculté de déterminer rationnellement, parmi tous les astres de notre monde, quels sont ceux qui peuvent concourir sensiblement au phénomène, et de mesurer à chacun d'eux sa part d'influence. On reconnaît ainsi que le soleil, en vertu de sa masse immense, et la lune, par son extrême proximité, doivent seuls produire des marées appréciables; tous les autres corps célestes sont ou trop éloignés ou de trop peu de poids pour qu'il en résulte aucun effet perceptible. Enfin, l'action de la lune est de deux fois et demi à trois fois plus grande que celle du soleil. Ainsi, lors même que les deux astres agissent en sens opposé, c'est sur la lune que doit se régler constamment la marche générale du phénomène; ce qui explique parfaitement l'observation fondamentale de Descartes, quant à la continuelle coïncidence de la période des marées avec le jour lunaire.

Toutes les considérations mathématiques précédemment indiquées ne s'appliquent directement qu'à la marée simple et abstraite, produite par un astre unique. Mais la nécessité d'envisager simultanément les actions de deux astres différens rendrait la solution analytiquement inextricable, si Daniel Bernouilli ne l'eût radicalement simplifiée, en y appliquant son célèbre principe dynamique sur la coexistence des petites oscillations, que j'ai exposé à la fin du premier volume de ce cours. Suivant ce principe, les marées lunaire et solaire se superposent sans altération, ce qui réduit aussitôt le problème à l'analyse partielle de chacune d'elles. Toutes les grandes variations régulières du phénomène s'expliquent dès lors avec une admirable facilité. Considérons seulement les plus importantes et les plus simples, celles qui correspondent aux diverses phases mensuelles de la lune. Aux deux syzygies, l'action solaire et l'action lunaire coïncident exactement; donc la marée effective doit alors atteindre son *maximum*, égal à la somme des deux marées élémentaires. Dans les deux quadratures, au contraire, le moindre niveau produit par l'un des astres accompagne nécessairement le plus haut niveau correspondant à l'autre; en sorte que l'on doit alors observer le *minimum* d'effet, égal à la différence des marées simples. Aux diverses époques intermédiaires, la marée solaire modifie toujours inégalement la marée lunaire, et ces variations se reproduisent par périodes d'un mois lunaire synodique, dont elles doivent suivre les irrégularités séculaires. La comparaison des deux cas extrêmes, si les observations permettaient de l'établir avec assez d'exactitude, conduirait même évidemment à estimer *à posteriori* le vrai rapport entre l'action de la lune et celle du soleil. Or, ce rapport dépendant des distances et des masses relatives des deux astres, suivant la règle exposée ci-dessus, on en pourrait déduire la raison de leurs masses, celle de leurs distances étant déjà bien connue. Cette considération, quoique ne devant pas être exclusivement employée, peut utilement concourir avec d'autres moyens pour déterminer la masse de la lune.

Suivant la mesure fondamentale de chaque marée simple, cette classe de phénomènes doit éprouver un nouvel ordre de modifications régulières et périodiques, en vertu des changemens naturels qu'éprouve, pendant le cours de l'année ou du mois, la distance de la terre au soleil ou à la lune. Cette influence est ici proportionnellement plus sensible que dans beaucoup d'autres phénomènes, puisqu'elle y dépend du cube de la distance. Elle doit affecter particulièrement l'action lunaire, non-seulement comme étant la plus forte, mais encore en vertu de l'excentricité bien supérieure de l'orbite lunaire. Enfin, les deux variations peuvent se combiner de diverses manières, tantôt convergentes, tantôt divergentes; et elles doivent aussi modifier très diversement les inégalités principales, dues aux phases de la lune.

Dans tout ce qui précède, le mouvement diurne de l'astre proposé est censé avoir exactement lieu suivant le plan de l'équateur. Mais, à une époque quelconque, son action doit évidemment être décomposée en deux; l'une, selon l'axe de rotation de la terre, et qui est nulle pour produire une marée; l'autre, parallèlement à l'équateur, et qui, seule, détermine le phénomène. Voilà donc, à cet égard, un dernier genre de modifications générales, indépendantes de la distance, et uniquement dues à la direction : en sorte que, toutes choses d'ailleurs égales, chaque marée élémentaire doit varier proportionnellement au cosinus de la déclinaison de l'astre correspondant. Telle est la raison simple de la différence notable, si généralement remarquée, quant à l'ensemble des marées, entre le mois lunaire équinoxial et le mois lunaire solsticial, surtout en considérant, pour notre hémisphère, le solstice d'été, où l'affaiblissement déterminé par la distance du soleil concourt avec celui qui résulte de sa direction.

Quant aux variations du phénomène dans nos divers climats, la théorie ne peut apprécier jusqu'ici d'autre influence régulière que celle de la latitude. Aux deux pôles, il ne saurait exister évidemment que de faibles marées indirectes dues à la nécessité d'y prendre ou d'y envoyer les eaux qui s'élèvent ou s'abaissent ailleurs; car, là, il n'y a plus, à proprement parler, de mouvement diurne. A l'équateur, au contraire, le phénomène doit se manifester au plus haut degré possible, non-seulement à cause de la diminution de la pesanteur, mais surtout en vertu de la diversité plus complète des positions successives occupées par les eaux pendant la rotation journalière. En tout autre lieu, l'intensité de la marée doit varier proportionnellement à l'énergie de cette rotation, et, par conséquent, en raison du cosinus de la latitude.

Tel est, en aperçu, l'esprit général de la grande théorie mathématique des marées, envisagée sous ses divers aspects réguliers. Toutes ses différentes parties, abstraction faite des évaluations numériques, sont dans une admirable harmonie avec l'ensemble des observations directes. On a même lieu d'être surpris, quant aux nombres, de ne pas les trouver plus différens de la réalité, convenablement explorée, lorsqu'on pense aux hypothèses que les géomètres ont dû faire pour rendre les calculs exécutables, et aux données nécessairement inaccessibles qu'exigerait une estimation parfaitement rationnelle. Il ne suffirait point, en effet, de connaître exactement l'étendue et la forme du lit de l'Océan. La question dépend encore évidemment d'une notion bien plus inabordable, la vraie loi de la densité dans l'intérieur de la terre, comme à l'égard de la figure des astres. Il y a même ici une circonstance nouvelle, suivant la judicieuse remarque de Daniel Bernouilli; car il faudrait connaître aussi quel est l'état, fluide ou solide, des couches internes, pour savoir si elles participent ou non au phénomène, et si, par conséquent, elles modifient l'effet produit à la surface. L'ensemble de ces considérations peut faire apprécier la profondeur du conseil général donné par Daniel Bernouilli, qui possédait à un degré si éminent le véritable esprit mathématique, consistant surtout dans la relation du concret à l'abstrait, comme je me suis efforcé de le faire sentir en traitant de la philosophie mathématique. Il recommande prudemment aux géomètres, à cet égard, ainsi que Clairaut, « de ne point trop presser les conséquences des » formules, de peur d'en tirer des conclusions » contraires à la vérité. » Laplace, en détaillant davantage la théorie de son illustre prédécesseur, n'a peut-être pas toujours fait assez d'attention à cette sage maxime philosophique.

Quant à la comparaison générale et exacte de la théorie mathématique des marées avec leur observation effective, on doit reconnaître, ce me semble, qu'elle n'a point encore été convenablement faite, puisque toutes les mesures ont été prises dans des ports, ou du moins très près des côtes. Or, dans de telles localités, on ne peut apercevoir essentiellement que des marées indirectes, qui ne doivent représenter que fort imparfaitement les marées régulières dont elles émanent, leur intensité étant principalement déterminée le plus souvent par l'étendue et la configuration du sol, tant au fond qu'à la surface, et pouvant même être influencée par sa structure. C'est à de telles circonstances, qu'aucune théorie mathématique ne saurait évidemment considérer, qu'il faut sans doute attribuer ces énormes différences que présente en quelques lieux la hauteur des marées, aux mêmes époques, et dans des positions presque identiques; comme, par exemple, les marées comparatives de Granville et Dieppe, ou de Bristol et Liverpool. Afin d'apprécier empiriquement l'exactitude numérique de la théorie des marées, il serait indispensable d'entreprendre, pendant un nombre d'années assez grand pour que les diverses variations régulièrement prévues fussent plusieurs fois reproduites, une suite continue d'observations précises, dans une île très petite, située à l'équateur, et à trente degrés au moins de tout continent. Tel est le seul contrôle réellement susceptible de contribuer essentiellement à vérifier et surtout à perfectionner la théorie générale des marées mathématiques.

Quelque incertitude inévitable que présentent plusieurs données de cette grande théorie, surtout dans son application à nos ports, elle n'en reçoit pas moins, de notre expérience journalière, la sanction la plus décisive et la plus utile, puisqu'elle atteint le but définitif de toute science réelle, une exacte prévision des événemens, propre à régler notre conduite. Les principales circonstances locales devant avoir, à l'exception des vents, une influence essentiellement constante, il a été possible de modifier heureusement, d'après l'observation, pour chaque port, les deux coefficiens fondamentaux, relatifs à la hauteur moyenne des marées, et à l'heure de leur entier établissement; ce qui a permis de rendre toutes les déterminations mathématiques suffisamment conformes à la réalité. C'est ainsi que, depuis un siècle, une classe importante de phénomènes naturels, généralement regardés jusque alors comme inexplicables, a été ramenée avec précision à des lois invariables, qui en excluent irrévocablement toute intervention providentielle et toute conception arbitraire.

Tels sont les caractères philosophiques des trois hautes questions dont se compose la mécanique céleste, envisagée sous le point de vue statique. Il nous reste maintenant à entreprendre, dans la leçon suivante, le même examen général à l'égard des phénomènes vraiment dynamiques que présente notre monde, et dont l'étude a été précédemment ébauchée par la géométrie céleste, résumée dans les trois grandes lois de Képler, qui éprouvent en réalité des modifications indispensables à connaître pour l'exacte prévision de l'état du ciel à une époque quelconque.

VINGT-SIXIÈME LEÇON.

Considérations générales sur la dynamique céleste.

La gravitation mutuelle des différens astres de notre monde doit nécessairement altérer la parfaite régularité de leur mouvement principal, déterminé, conformément aux lois de Képler, par la seule pesanteur de chacun d'eux vers le foyer de son orbite. Parmi ces divers dérangemens, les plus considérables furent directement observés dès l'origine de l'astronomie mathématique dans l'école d'Alexandrie ; d'autres ont été aperçus plus tard de la même manière, à mesure que l'exploration du ciel est devenue plus précise ; enfin, les moindres n'ont pu être découverts que par l'emploi des moyens d'observation les plus perfectionnés de l'astronomie moderne. Tous sont maintenant expliqués, avec une admirable exactitude, par la théorie générale de la gravitation, qui a même devancé quelquefois l'inspection immédiate à l'égard des moins prononcés. Cet important résultat de l'ensemble des grands travaux mathématiques exécutés, dans le siècle dernier, par les successeurs de Newton, constitue une des vérifications les plus décisives de la théorie newtonienne, surtout en ce qu'il met hors de doute l'universelle réciprocité de la gravitation entre tous les corps qui composent notre système solaire.

Le caractère fondamental de cet ouvrage et ses limites nécessaires interdisent évidemment de considérer ici séparément chacun de ces nombreux problèmes, dont les difficultés sont d'ailleurs essentiellement analytiques, leurs équations différentielles étant presque toujours très faciles à former, d'après les règles de la dynamique rationnelle. L'esprit général des recherches de mécanique céleste se trouve être suffisamment caractérisé par les questions examinées dans la leçon précédente, les seules, en réalité, qui exigent des conceptions propres, indépendantes du calcul. Nous devons donc ici nous borner essentiellement à examiner le plan rationnel et la nature générale des principales études relatives aux modifications des mouvemens célestes.

A l'égard de ces mouvemens, comme envers tous les autres, il importe beaucoup de distinguer d'abord, avec Lagrange, deux genres principaux d'altérations, qui diffèrent profondément, aussi bien quant à leur théorie mathématique que par les circonstances qui les constituent : les changemens brusques, provenant de chocs ou d'explosions internes, dont l'action peut, sans aucun inconvénient, être conçue instantanée; les changemens graduels, ou les perturbations proprement dites, dues à l'influence continue des gravitations secondaires, dont l'effet dépend du temps écoulé. Quoique le premier ordre de dérangemens soit, sans doute, dans notre monde, presque entièrement idéal, il n'en est pas moins essentiel à considérer, ne fût-ce que comme un préliminaire indispensable à l'étude du second, dont l'esprit consiste, en effet, à traiter chaque gravitation perturbatrice comme une suite de petites impulsions, selon la méthode ordinaire de la mécanique rationnelle.

L'influence des changemens brusques, bien qu'elle puisse être beaucoup plus grande que celles des simples perturbations, comporte une étude infiniment plus facile. Il est clair, en effet, que les lois de Képler ne doivent point cesser, pour cela, d'être exactement maintenues : tout au plus, l'ellipse pourrait-elle dégénérer en parabole ou en hyperbole, comme je l'ai indiqué dans l'avant-dernière leçon. Tout l'effet doit évidemment consister à donner subitement de nouvelles valeurs aux six élémens fondamentaux du mouvement elliptique, puisque rien n'est changé dans les forces accélératrices. Après une telle variation, ces nouveaux élémens resteront d'ailleurs aussi fixes qu'auparavant, jusqu'à ce qu'il survienne quelque autre événement semblable. D'ailleurs l'altération peut porter indifféremment sur chacun des six élémens, dont plusieurs sont, au contraire, fort peu affectés par les perturbations.

On éprouverait de vraies difficultés mathématiques à déterminer rationnellement, d'après les règles de la mécanique abstraite, quel doit être l'effet d'un choc ou d'une explosion sur le changement instantané de la vitesse actuelle d'un astre, quant à son intensité et à sa direction. Mais, cette variation une fois donnée, il est au contraire facile d'en déduire, comme Lagrange l'a montré, les nouvelles valeurs des élémens fondamentaux, et par suite toutes les modifications que pourra présenter le mouvement de translation. La question pourrait être beaucoup plus compliquée à l'égard de la rotation, si l'événement ne se bornait point à en altérer la durée, et qu'il changeât la direction de l'axe autour duquel elle s'exécute. Car, la nouvelle droite cessant d'être un des axes dynamiques principaux de l'astre, cet événement, quoique instantané, deviendrait nécessairement, d'après la théorie générale de la rotation, la source d'une suite perpétuelle, ou du moins très prolongée, d'altérations difficiles à analyser ; ce qui ne saurait jamais avoir lieu, quant à la translation.

Quoique le choc mutuel de deux astres et la rupture d'un astre unique en plusieurs fragmens séparés par suite d'une explosion interne, puissent déterminer des variations quelconques dans tous les élémens astronomiques de leur mouvement elliptique, il existe deux relations fondamentales, qui, d'après les lois générales du mouvement, doivent rester, même alors, nécessairement inaltérables, et qui pourraient, ce me semble, en les employant convenablement, nous conduire souvent à constater la réalité de tels événemens à une époque quelconque. Ce sont les deux propriétés essentielles de la conservation du mouvement du centre de gravité et de l'invariabilité de la somme des aires, qui reposent seulement, comme on sait, sur l'égalité entre la réaction et l'action, à laquelle sans doute de tels changemens ne cesseraient point de se conformer. Il en résulte deux équations très importantes entre les masses, les vitesses et les positions des deux astres ou des deux fragmens du même astre, considérées avant et après l'événement.

Aucun indice ne paraît jusqu'ici nous autoriser à penser que le cas du choc se soit jamais réellement présenté dans notre monde, et l'on conçoit en effet combien la rencontre de deux astres doit y être difficile, sans qu'elle y soit, néanmoins, mathématiquement impossible. Mais, il n'en est nullement ainsi à l'égard des explosions. L'identité presque parfaite des moyennes distances et des temps périodiques propres aux quatre petites planètes situées entre Mars et Jupiter, a conduit, comme on sait, M. Olbers à conjecturer ingénieusement qu'elles formaient autrefois une planète unique, dont une forte explosion interne aurait déterminé la division en plusieurs fragmens séparés. Presque toutes les autres circonstances caractéristiques de ces petits astres sont en harmonie avec cette opinion, à laquelle Lagrange a ajouté, d'après l'irrégularité de leur figure, que l'événement a dû être postérieur à la consolidation de la planète primitive. Quand leurs masses seront connues, je pense que cette hypothèse pourra être soumise à une vérification mathématique, qu'il me suffit d'indiquer ici, suivant les deux théorèmes précédemment mentionnés. En calculant ainsi les positions et les vitesses successives du centre de gravité du système de ces quatre planètes, on devrait, en effet, d'après une telle origine, retrouver le mouvement principal de l'astre primitif. Si donc les résultats de ces calculs représentaient ce centre de gravité décrivant une ellipse autour du soleil pour foyer, et son rayon vecteur traçant des aires proportionnelles aux temps, cet événement serait aussi constaté, ce me semble, que peut l'être un fait dont on n'a pas été témoin. Mais notre ignorance actuelle au sujet des momens d'inertie et surtout des masses de ces petits corps ne permet point encore d'assujettir la conjecture de M. Olbers à une semblable épreuve. Il n'en est pas moins intéressant, sous le point de vue philosophique, de voir comment la mécanique céleste peut parvenir à constater, d'une manière entièrement positive, de tels événemens, qui paraissent ne devoir laisser aucun témoignage appréciable. Il est, d'ailleurs, évident que la nature instantanée de ces changemens nous interdirait nécessairement d'en reconnaître l'époque, puisque les phénomènes seraient exactement les mêmes, que l'explosion fût récente ou ancienne ; tandis qu'il n'en est point ainsi à l'égard des perturbations.

Lagrange a pensé, avec beaucoup de vraisemblance, que le cas des explosions avait été très fréquent dans notre monde, et qu'on pouvait expliquer ainsi l'existence des comètes, d'après la grandeur des excentricités et des inclinaisons et la petitesse des masses, qui les caractérisent principalement. Il suffit, en effet, de concevoir qu'une planète ait éclaté en deux fragmens extrêmement inégaux, pour que le mouvement du plus considérable soit resté presque tel qu'auparavant, tandis que le plus petit aura pu décrire une ellipse très allongée et fort inclinée à l'écliptique. L'intensité de l'impulsion nécessaire à ce dernier changement est, en général, assez médiocre, comme Lagrange l'a établi, et d'ailleurs d'autant moindre que la planète primitive est plus éloignée du soleil. Cette opinion me paraît beaucoup plus satisfaisante que toutes celles qui ont été proposées au sujet des comètes, quoiqu'elle soit loin, sans doute, d'être jusqu'ici démontrée.

Passons maintenant à la considération bien plus importante et bien autrement difficile des perturbations proprement dites, principal objet de la mécanique céleste pour le perfectionnement des tables astronomiques.

Elles doivent être distinguées en deux classes générales, suivant qu'elles portent sur les mouvemens de translation, ou de rotation. La théorie abstraite des rotations constituant, par sa nature, comme nous l'avons reconnu en philosophie mathématique, la partie la plus difficile de la dynamique des solides, il en doit être nécessairement de même pour l'application au ciel.

Heureusement, les mouvemens de rotation sont, en général, moins altérés, dans notre monde, que ceux de translation; et surtout, leurs perturbations sont bien moins importantes à connaître, si ce n'est dans le seul cas de la terre. Envisageons d'abord l'étude des translations, où les astres doivent être traités comme condensés en leurs centres de gravité.

Quoiqu'il fût aisé de former, d'après les règles de la dynamique rationnelle, les équations différentielles du mouvement d'un quelconque des astres de notre monde, sollicité par ses diverses gravitations variables vers tous les autres, l'ensemble de ces équations ne constituerait, en réalité, dans l'état présent de nos connaissances mathématiques, et probablement toujours, qu'une énigme analytique absolument inextricable, dont il serait impossible de tirer aucun parti effectif pour l'étude des phénomènes célestes. Obligés de renoncer à cette marche directe, la seule pleinement rationnelle, les géomètres ont dû se réduire à analyser séparément le mouvement de chaque astre autour de celui qui en est le foyer, en ne considérant à la fois qu'un seul astre modificateur. C'est ce qui constitue, en général, le célèbre problème des trois corps, quoique cette dénomination n'ait d'abord été employée que pour la théorie de la lune. On conçoit aisément à quelles circonvolutions doit entraîner une telle manière de procéder, puisque l'astre qui modifie, étant à son tour modifié par d'autres, ses perturbations exigent un retour indispensable à l'étude du corps primitif. A quelques expédiens que notre impuissance mathématique nous contraigne de recourir, nous ne saurions empêcher que la détermination de l'ensemble des mouvemens de notre monde ne constitue nécessairement par sa nature, un problème vraiment unique, et non une suite de problèmes détachés les uns des autres. Cette séparation irrationnelle, et néanmoins impérieusement prescrite par l'imperfection de notre analyse, est la première source des modifications si multipliées dont les géomètres sont forcés de surcharger successivement leurs formules célestes.

Si le problème des trois corps comportait une solution rigoureuse, ces corrections pourraient être bien moindres et surtout beaucoup moins nombreuses, puisque, en prenant pour type le mouvement qui lui correspond dans chaque cas, les mouvemens effectifs ne s'en écarteraient qu'à très peu d'égards et de quantités presque insensibles. Mais le problème fondamental et élémentaire de deux corps, dont l'un est même regardé comme fixe, c'est-à-dire le problème du mouvement elliptique, représenté par les lois de Képler, est le seul dont notre analyse actuelle permette une solution vraiment rationnelle, et encore avons-nous reconnu combien sont pénibles les calculs qu'elle exige. C'est donc à ce type, plus éloigné de la réalité, que les géomètres sont obligés de rapporter, par des approximations successives extrêmement compliquées, les vrais mouvemens des astres, en accumulant les perturbations produites séparément par chaque corps susceptible d'une influence appréciable; l'intégration des équations relatives au cas des trois corps ne pouvant s'opérer que par des séries ordonnées de diverses manières suivant les perturbations qu'on veut mettre en évidence.

La petitesse ordinaire des perturbations a d'abord naturellement introduit cette manière de procéder, puisque le mouvement elliptique représente suffisamment, pendant un temps plus ou moins long, le véritable état du ciel. Elle a été ensuite érigée en principe, quand les géomètres ont bien connu la nature mathématique du problème général, et l'impossibilité de le traiter autrement que par approximation. C'est Lagrange qui a essentiellement donné à cette marche nécessaire son caractère méthodique définitif, en créant sa célèbre théorie générale de la variation des constantes arbitraires, si fondamentale dans toute la mécanique céleste, dont elle tend à régulariser les recherches et à rendre les procédés uniformes aussi rationnels que le comportent les difficultés insurmontables radicalement inhérentes à la question réelle. L'esprit de cette théorie consiste à concevoir le mouvement effectif d'un astre quelconque comme s'il était véritablement elliptique, mais avec des élémens variables, au lieu d'élémens fixes. Dès lors, Lagrange a établi des formules analytiques entièrement générales, pour déterminer les variations qu'éprouve chacun des six élémens, lorsque la force perturbatrice est donnée. L'étude de la mécanique céleste sera beaucoup simplifiée, quand l'usage direct de cette belle méthode y deviendra prépondérant.

Pour se diriger dans le choix des perturbations dont il convient d'apprécier l'influence, la loi fondamentale de la gravitation permet immédiatement de comparer avec exactitude les diverses influences secondaires propres à chaque cas, du moins en regardant toutes les masses comme bien connues. Il suffit, en effet, de diviser le rapport des masses de deux astres modificateurs par le quarré du rapport de leurs distances à l'astre modifié, et ce quotient fait aussitôt distinguer quelle est la force perturbatrice qu'il faut principalement considérer, et quelle peut être, en général, la part d'influence de chacune des autres. Sous ce rapport fondamental, il faut reconnaître que la constitution effective de notre monde favorise éminemment la simplification de nos recherches mathématiques. Car, les astres qui le composent ont tous, comparativement au soleil, des masses extrêmement faibles, ce qui est la condition première de la petitesse habituelle des perturbations; mais, de plus, ils sont peu nombreux, très écartés les uns des autres, et fort inégaux en masse, d'où il résulte que, dans presque tous les cas, et surtout dans les plus importans, le mouvement principal n'est sensiblement modifié que par l'action d'un seul corps. Si, comme il arrive peut-être dans quelque autre monde, les astres du système eussent été, au contraire, plus multipliés, presque égaux en masse, très rapprochés, et beaucoup moins différens de l'astre central, quand même les inclinaisons et les excentricités de leurs orbites eussent continué à être fort petites, il est évident que les perturbations seraient devenues beaucoup plus considérables, et surtout bien plus variées, puisqu'un grand nombre de corps auraient presque également concouru à chacune d'elles. Ainsi, dans un tel arrangement, la mécanique céleste aurait probablement présenté une complication inextricable, n'étant plus essentiellement réductible au seul problème des trois corps.

L'étude dynamique des modifications du mouvement elliptique des différens astres de notre monde, reproduit naturellement, et par les mêmes motifs, la distinction fondamentale que j'ai établie dans la vingt-troisième leçon, sous le point de vue géométrique, entre les trois cas généraux, inégalement difficiles, des planètes, des satellites et des comètes. En procédant avec toute la rigueur mathématique, il faudrait ici considérer sans doute un nouveau cas, celui du soleil, qui ne peut plus être regardé comme parfaitement immobile, en vertu de la réaction nécessaire que les planètes exercent sur lui. Les phénomènes intérieurs de notre monde ne comportent en effet d'autre point absolument fixe que le centre de gravité général de ce système, dont la position, d'après les lois abstraites du mouvement, demeure entièrement indépendante de toutes les actions mutuelles, quand même elles seraient beaucoup plus grandes. C'est, à vrai dire, ce centre de gravité qui constitue le foyer réel des mouvemens planétaires, et le soleil lui-même doit osciller continuellement autour de lui, dans des directions toujours variables suivant la situation des planètes. Mais, d'après la grandeur et la masse du soleil comparées aux distances et aux masses de tous les autres corps du système, il est évident que ce point tombe toujours entre le centre du soleil et sa surface. Ce serait donc affecter vainement d'introduire dans la dynamique céleste une précision qu'elle ne saurait comporter par tant d'autres motifs bien plus puissans, que d'y vouloir tenir compte de ces oscillations solaires, dont aucune observation ne parviendra probablement jamais à constater l'existence. On doit donc continuer à traiter le soleil comme rigoureusement fixe, sauf sa rotation. La même considération ne semble pas d'abord devoir être aussi négligée dans les systèmes partiels formés par une planète et ses satellites, où la disproportion des masses est quelquefois beaucoup moindre. Mais les distances étant pareillement réduites, le résultat se trouve être essentiellement identique, même à l'égard du système de la terre et de la lune, qui offre la disposition la plus défavorable, et dont néanmoins le centre de gravité est toujours situé dans l'intérieur de la terre. Cette circonstance peut donc être entièrement écartée de l'étude des mouvemens de translation, qui n'en sauraient éprouver que des modifications imperceptibles. Ainsi, la mécanique céleste ne présente réellement, dans cette étude, d'autres problèmes essentiels que ceux déjà traités, sous un autre point de vue, par la géométrie céleste.

Le problème des planètes est ici, comme là, le plus simple de tous, et par suite des mêmes caractères, la petitesse des excentricités et des inclinaisons de leurs orbites, qui doit évidemment simplifier autant les approximations dynamiques que les séries géométriques. Outre cette influence algébrique, il en résulte surtout une bien plus grande fixité des perturbations, puisque chaque astre, demeurant toujours ainsi dans les mêmes régions célestes, se trouve sans cesse dans les mêmes rapports mécaniques, quoique leur intensité varie nécessairement entre certaines limites. Le cas le moins avantageux de cette première classe est malheureusement celui de notre planète, à cause du lourd satellite qui l'escorte de si près, et auquel sont dues ses principales perturbations, ce qui ne l'empêche pas d'ailleurs d'être sensiblement troublée, en outre, à l'époque des oppositions, surtout par une masse aussi supérieure que celle de Jupiter. Aucune autre planète à satellites ne se trouve dans un ensemble de conditions aussi défavorables; car, le mouvement de Jupiter, par exemple, ne saurait être notablement dérangé par l'action de ses satellites, quoique proportionnellement plus voisins, puisque la masse du plus considérable n'est pas tout-à-fait la dix-millième partie de la sienne, tandis que la masse lunaire est seulement soixante-huit fois moindre que celle de notre globe. Aussi la circulation de Jupiter n'est-elle sensiblement altérée que par l'influence de Saturne. Le cas le plus simple paraît toutefois devoir être celui d'Uranus, comme étant la dernière planète, en même temps qu'elle se trouve toujours extrêmement loin de celle qui la précède immédiatement : ses six satellites ne paraissent pas troubler beaucoup son mouvement.

Le problème des satellites est nécessairement plus compliqué que celui des planètes, à cause de la mobilité du foyer du mouvement principal, comme en géométrie céleste. Il en résulte que, même abstraction faite des perturbations qui lui sont propres, toutes celles qu'éprouve la planète correspondante viennent inévitablement se réfléchir sur lui. C'est ainsi, par exemple, que la petite accélération perpétuelle du moyen mouvement de la lune avait si long-temps vainement occupé les fondateurs de la mécanique céleste, qui la regardaient comme inexplicable, jusqu'à ce que Laplace eût démêlé sa véritable cause dans la légère variation à laquelle est assujettie l'excentricité de l'orbite terrestre. Quant aux perturbations directes du mouvement des satellites, le problème général exige une distinction essentielle, suivant que la planète a un seul satellite, ou plusieurs. Dans le premier cas, qui n'existe que pour la lune, l'astre perturbateur est essentiellement le soleil, à cause de son inégale action sur la planète et sur son satellite. Il est clair, en effet, que si la terre et la lune gravitaient vers le soleil avec la même énergie et dans la même direction, cette action commune ne pourrait aucunement altérer le mouvement relatif de la lune en vertu de sa pesanteur terrestre. La différence de direction peut être presque négligée, mais non celle d'intensité. Il en résulte une force perturbatrice, dont la loi doit être naturellement analogue à celle considérée dans la leçon précédente au sujet des marées, en raison directe de la masse du soleil et inverse du cube de sa distance à la terre. Elle est ainsi seulement cent quatre-vingts fois plus petite que l'action de la terre sur la lune, et, par conséquent, elle doit fortement altérer le mouvement principal. C'est par là, entre autres, que les géomètres ont exactement expliqué ces grands dérangemens connus dès l'origine de l'astronomie, la révolution rétrograde des nœuds de l'orbite lunaire en dix-neuf ans environ, et celle, encore plus rapide, de son périgée en un peu moins de neuf ans.

Il en est de même des inégalités moins prononcées, qui ne sauraient être énumérées ici. Il faut considérer, en outre, que la force perturbatrice variant alors, d'après la distance, bien plus rapidement que pour les planètes, le déplacement de la terre, même en s'y bornant au mouvement elliptique, change sensiblement l'intensité de cette force, ce qui introduit une complication nouvelle dans la théorie lunaire. Cependant, si cette théorie est justement réputée plus difficile que celle d'aucun autre satellite, cela tient surtout à ce que sa précision nous importe bien davantage, en même temps que les observations manifesteraient beaucoup mieux son imperfection. Car, d'ailleurs, sous le point de vue mathématique, il y a réellement une complication bien supérieure dans le cas de la pluralité des satellites, qui nous reste maintenant à signaler. Alors, en effet, toutes les considérations propres au cas précédent se reproduisent nécessairement, à l'égard du mouvement de chaque satellite, quoique leur influence puisse être réellement moindre. De plus, il faut tenir compte de l'action encore plus embarrassante, et pourtant aussi essentielle au moins, des divers satellites les uns sur les autres. Les complications hypothétiques indiquées ci-dessus envers les planètes d'un autre monde, se trouvent ici pleinement réalisées par l'extrême rapprochement et l'inégalité peu prononcée de ces différentes masses, qui peuvent être au nombre de six ou sept à traiter simultanément. Cette difficulté fondamentale se trouve, il est vrai, un peu compensée par la prépondérance de l'action de la planète, beaucoup plus prononcée que dans le cas précédent, et qui doit rendre les perturbations mutuelles des satellites bien moins considérables. Mais les obstacles inhérens à cette recherche n'en sont pas moins tels que jusqu'ici la mécanique céleste n'a réellement établi à cet égard que la théorie des satellites de Jupiter, au sujet desquels Laplace a découvert deux propriétés remarquables que présentent constamment, malgré toutes leurs perturbations, les positions et les vitesses de trois d'entre eux. Les tables des satellites de Saturne et d'Uranus ne sont encore construites que sous le point de vue géométrique, sans qu'on ait même aucune valeur approchée de leurs masses. Il faut reconnaître, toutefois, que nous n'avons heureusement aucun besoin de rendre leur étude aussi parfaite que celle de la lune, leur office pratique à l'égard de la détermination des longitudes pouvant être aisément suppléé. On conçoit d'ailleurs que notre grand éloignement de ces mondes secondaires nous permet de représenter suffisamment leur observation par une théorie bien plus grossière que ne doit l'être celle relative à un astre aussi rapproché que la lune, dont les moindres irrégularités nous deviennent nécessairement très appréciables. Quoique la mécanique céleste ait quelquefois réellement devancé l'exploration directe envers certains petits phénomènes peu importans, il ne faut point, ce me semble, que de tels exemples nous conduisent à exagérer notre ambition spéculative, qui doit sans doute se réduire, en général, à porter dans nos explications un degré de précision correspondant à celui des observations effectives. Un tel rôle est certainement assez élevé et assez difficile, pour provoquer le plus complet développement de nos forces intellectuelles : le reste serait, même en astronomie, essentiellement illusoire.

Quelles que soient les difficultés fondamentales de la théorie dynamique des satellites, les circonstances caractéristiques propres au problème des comètes doivent le rendre encore plus compliqué. Il est clair, en effet, que, par suite de l'extrême allongement et de l'inclinaison en tous sens de leurs orbites, ces astres se trouvent, pendant leur révolution autour du soleil, dans des rapports mécaniques continuellement variables, à cause des différens corps près desquels ils viennent successivement à passer ; tandis que les planètes, et même les satellites, ont toujours au contraire les mêmes relations, dont l'intensité seule varie. Les comètes s'éloignent ainsi à tel point du soleil, et se rapprochent tellement des diverses planètes, que la force perturbatrice peut devenir presque égale à la gravitation principale, dont elle n'est jamais, en tout autre cas, qu'une fraction très médiocre : il ne serait nullement impossible que cet effet devînt assez prononcé pour dénaturer entièrement le mouvement de la comète, et la convertir en un satellite, lorsqu'elle arrive dans le voisinage d'une planète considérable, comme Jupiter, Saturne, ou même Uranus. En restant dans les cas ordinaires, il faut noter, en outre, que la masse extrêmement petite de toutes les comètes rend nécessairement leurs diverses perturbations beaucoup plus prononcées qu'elles ne le seraient pour des masses supérieures qui circuleraient de la même manière : sans compter que leur poids éprouve probablement quelques variations, impossibles à apprécier, par l'absorption que peuvent exercer d'autres corps très voisins sur une partie de leur atmosphère, quand celle-ci est très étendue; absorption qui, très petite sans doute en elle-même, devient peut-être fort sensible à la longue, puisqu'elle doit naturellement se reproduire à chaque révolution. Telles sont les conditions principales qui produisent nécessairement l'extrême imperfection de la théorie des perturbations cométaires, indépendamment des inconvéniens algébriques qui résultent directement de la grandeur des excentricités et des inclinaisons pour compliquer les séries qui s'y rapportent, de même qu'en géométrie céleste. Voilà surtout ce qui rend si difficile et souvent si incertaine la prévision exacte du retour de ces petits astres, qui, lorsque nous croyons, après de longs et pénibles travaux, avoir suffisamment calculé toutes leurs modifications possibles, éprouvent quelquefois, par suite d'une circonstance oubliée, une forte perturbation susceptible de changer complètement leurs périodes: comme la comète de 1770, calculée par Lexell, en a offert un mémorable exemple, cet astre, dont la révolution était alors de moins de six ans, n'ayant pas reparu une seule fois depuis, à cause du grand dérangement qu'il a subi en passant très près de Jupiter. Il faut reconnaître, toutefois, que les mêmes caractères en vertu desquels l'étude des comètes est si imparfaite, font aussi qu'elle ne saurait avoir pour nous une grande importance réelle. Car, l'extrême variation de leurs distances ne leur permettrait d'exercer sur les autres astres de notre monde qu'une action presque instantanée, que leur peu de poids doit d'ailleurs rendre entièrement insensible, même sur d'aussi petits corps que les satellites. Le passage de la comète de 1770 entre les satellites de Jupiter, vérifia d'une manière frappante cette loi nécessaire, puisque leurs tables, calculées d'avance sans penser à cet événement inattendu, n'en continuèrent pas moins à se trouver encore parfaitement conformes aux observations directes, ce qui prouve clairement que leurs mouvemens n'avaient pas été sensiblement dérangés. Les craintes puériles qui ont remplacé les terreurs religieuses inspirées par les comètes avant que nous les eussions ramenées à des théories positives, ne sauraient donc avoir aucun fondement réel. Quant à leur choc contre la terre, il est évidemment presque impossible, et, néanmoins, c'est seulement ainsi que leur influence deviendrait sensible. Leur voisinage, même extrême, ne pourrait avoir d'autre effet que d'augmenter un peu la hauteur de la marée correspondante. Or, même sous ce rapport, on voit clairement que, si une comète venait à passer deux ou trois fois plus près de nous que la lune, ce qui est fort loin d'être possible à l'égard d'aucune comète connue, une masse aussi minime ne produirait, dans nos marées, qu'un accroissement imperceptible. L'inévitable imperfection d'une telle théorie est donc, en réalité, peu regrettable, si ce n'est sous un point de vue indirect qui sera indiqué plus bas.

Considérons maintenant la seconde classe principale des perturbations, celles relatives aux rotations, dont l'étude présenterait, par sa nature, des difficultés d'un ordre encore plus élevé, si sa précision avait en général autant d'importance, et si quelques circonstances favorables ne la simplifiaient beaucoup, dans le seul cas vraiment essentiel à bien analyser.

Les ellipsoïdes célestes ont dû nécessairement sinon commencer, ce qui serait fort invraisemblable, du moins finir, au bout d'un temps plus ou moins long, par tourner autour d'un de leurs trois axes dynamiques principaux, et même de celui à l'égard duquel la rotation a le plus de stabilité, c'est-à-dire de leur moindre diamètre. Car, d'après la théorie de la figure des astres, c'est leur rotation même qui a produit, comme nous l'avons vu, leur écartement de la forme parfaitement sphérique, et qui l'a naturellement déterminé dans ce sens le plus favorable à la stabilité. Ainsi, sous ce rapport fondamental, comme sous tant d'autres, l'ordre s'est établi spontanément dans notre monde. Du reste, la stabilité de la rotation d'un astre, quant à ses pôles et quant à sa durée, est évidemment si indispensable à l'existence des corps vivans à sa surface, que l'on pourrait, *à priori*, garantir cette stabilité, du moins pour la terre et pour tous les astres habités, à partir de l'époque où la vie y est devenue possible. Mais, si la rotation de chaque corps céleste, envisagé comme isolé, est naturellement stable, la gravitation de ses diverses parties vers le reste de notre monde lui fait éprouver, non moins nécessairement, certaines modifications secondaires, qui ne peuvent porter que sur la direction absolue de son axe dans l'espace. Ces modifications n'importent réellement à connaître qu'envers la terre; car, fussent-elles extrêmement prononcées à l'égard des autres astres, il n'en saurait évidemment résulter pour nous aucune action appréciable, ni même, suivant la remarque ci-dessus indiquée, aucun intérêt sympathique.

D'après les lois fondamentales du mouvement, la rotation d'un corps quelconque autour de son centre de gravité s'exécute nécessairement de la même manière que si ce centre était fixe dans l'espace. Ainsi, non-seulement l'action mutuelle des molécules d'un astre ne saurait nullement influer sur sa rotation, due à une impulsion primitive; mais aucune force accélératrice extérieure, quelque grande qu'on la suppose, ne peut davantage la troubler, quand sa direction passe exactement par le centre de gravité de l'astre. Or, si les corps célestes étaient parfaitement sphériques, en les supposant d'ailleurs, comme il est très naturel, composés de couches concentriques homogènes dont la densité varierait arbitrairement de l'une à l'autre, on sait que la résultante totale de la gravitation mutuelle de toutes leurs molécules devrait passer rigoureusement par leurs centres de gravité. Les astres de notre monde ne peuvent donc altérer mutuellement leurs rotations propres, qu'en vertu du léger défaut de sphéricité produit par ces rotations elles-mêmes. On voit par là que cette même nécessité qui assure la stabilité essentielle des rotations célestes, relativement à leur durées et à leurs pôles, détermine aussi, envisagée sous un autre point de vue, l'altération inévitable du parallélisme de leurs axes.

A l'égard de la terre, cette altération consiste, comme nous l'avons déjà constaté sous le rapport géométrique, dans la précession des équinoxes, modifiée par la nutation. Elles résultent de l'action des différens astres de notre monde, et surtout du soleil et de la lune, sur notre renflement équatorial, suivant la belle théorie mathématique créée par D'Alembert. La méthode des couples (1)

(1) Dans le premier volume de cet ouvrage, j'avais indiqué, il y a

de M. Poinsot facilite beaucoup la conception générale de leur mécanisme. Il suffit, en effet, de transporter au centre de la terre, d'après cette méthode, les gravitations de toutes les parties de cette protubérance vers un astre quelconque, pour que de tous ces couples élémentaires il résulte immédiatement un couple général, susceptible de modifier la direction absolue de la rotation principale, en se composant avec le couple primitif qui lui correspond. Le pouvoir de chaque astre à cet égard est naturellement, comme pour les marées, en raison directe de sa masse et inverse du cube de sa distance; en sorte que le soleil et la lune sont encore les seuls dont l'influence y doive être considérée, en la ré-

---

quatre ans, cette lumineuse conception comme essentiellement destinée, par sa nature, à simplifier extrêmement la théorie fondamentale des rotations, au lieu d'être bornée à son usage statique immédiat. Cette espérance vient d'être heureusement réalisée, de la manière la plus complète, par le beau travail tout récent de M. Poinsot sur ce grand sujet, qui rend désormais presque élémentaire la partie la plus transcendante de la dynamique, en même temps qu'il dévoile entièrement une solution jusque alors vainement enveloppée dans des équations inextricables, où la marche générale du phénomène était profondément cachée. Si ma *Philosophie mathématique* n'était depuis longtemps publiée, j'y aurais soigneusement caractérisé l'esprit de cet important mémoire, fondé sur la notion nouvelle des *couples de rotation*, entièrement analogues, par l'ensemble de leurs propriétés fondamentales, aux couples de translation, quoique étant de nature inverse, et dont l'emploi réduit l'analyse exacte de toutes les circonstances que peut présenter la rotation d'un corps quelconque à la simple considération uniforme de son *ellipsoïde central*.

partissant d'ailleurs entre eux de la même manière : en outre, l'étendue effective de la déviation dépend de la masse et de la grandeur de la terre, de la durée de sa rotation, de son degré d'aplatissement, et enfin de l'obliquité de l'écliptique. Si la lune circulait dans le plan de l'écliptique, ou si les nœuds de son orbite étaient fixes, le phénomène se réduirait à la précession proprement dite, l'axe du couple perturbateur étant alors exactement perpendiculaire à ce plan. Mais, la légère inclinaison de l'orbite lunaire détermine, à raison du mouvement rétrograde de ses nœuds, une modification secondaire de même vitesse, qui produit la nutation. La quantité du phénomène est réglée en chaque cas par le rapport entre le moment du couple principal et celui du couple modificateur. Or, comme celui-ci dépend, entre autres élémens, de la masse de l'astre qui le produit, on conçoit comment l'observation du phénomène peut offrir un moyen de la déterminer. C'est ainsi que la mesure précise de la nutation a spécialement perfectionné l'évaluation de la masse lunaire. La théorie de ces phénomènes montre d'ailleurs que, comme dans les marées, leur intensité doit changer d'après les distances variables du soleil et surtout de la lune à la terre. Mais les effets sont eux-mêmes trop peu prononcés pour que ce défaut d'uniformité puisse jamais devenir bien sensible dans les observations directes. Telles sont, en aperçu, les causes générales qui déterminent les petites altérations qu'éprouve la rotation de notre sphéroïde, quant à la direction de son axe dans l'espace. On voit combien ce serait étrangement abuser de l'analyse mathématique que de s'exercer puérilement, comme on n'a pas craint de le faire tout récemment, à chercher quelle devrait être la précession en supposant que la terre ne tournât pas, puisque la question cesserait même, dans cette absurde hypothèse, d'avoir aucun sens réel et intelligible.

S'il convenait de poursuivre, envers tous les autres astres de notre monde, la théorie des perturbations relatives à leurs rotations, il faudrait distinguer, comme au sujet des translations, entre les planètes, les satellites et les comètes; puisque, par suite des mêmes motifs, cette analyse offrirait encore les mêmes gradations de difficulté. Le cas des comètes ne saurait être mentionné que pour mémoire, par l'impossibilité où nous serons toujours d'observer leur rotation. Quant aux planètes, elles doivent naturellement présenter des phénomènes semblables à ceux de notre précession, et qui peuvent être plus ou moins prononcés, suivant l'inclinaison de leurs axes à leurs orbites, leur position, leur masse, leur grandeur, la durée de leur rotation, et enfin leur degré d'aplatissement. Par l'ensemble de ces motifs, les perturbations de Mars, sous ce rapport, tiendraient le premier rang.

A l'égard des satellites, leur rotation nous présente, sous un autre point de vue, un phénomène du plus haut intérêt, l'égalité remarquable entre la durée de cette rotation et celle de leur circulation autour de la planète correspondante, à laquelle, par suite, ils présentent continuellement le même hémisphère, sauf les oscillations très petites connues sous le nom de *libration*, dont la règle est d'ailleurs bien déterminée. Cette égalité fondamentale n'est encore sans doute réellement constatée que pour la lune; mais son explication mécanique, indépendamment de la simple analogie, tend à l'ériger en loi générale de tous les satellites. Car, elle résulte, suivant le beau mémoire de Lagrange, de la simple prépondérance qu'a dû nécessairement acquérir, par l'action de la planète, l'hémisphère tourné vers elle dans l'origine, ce qui a produit une tendance naturelle du satellite à retomber sans cesse sur cette face. Un tel effet ayant certainement lieu pour la lune, on ne saurait comprendre comment il pourrait ne pas exister aussi envers les autres satellites, appartenant tous à des planètes plus pesantes, dont ils sont même en général proportionnellement bien plus voisins.

Telle est l'indication générale extrêmement imparfaite à laquelle je suis forcé de me réduire, par la nature de cet ouvrage, relativement à l'étude des diverses sortes de perturbations que l'action mutuelle de tous les astres de notre monde produit nécessairement dans leurs mouvemens. Pour compléter cet aperçu, il me reste encore à signaler une considération essentielle, susceptible, dans la suite, de simplifier cette étude et de la rendre plus précise, en permettant de rapporter tous ces mouvemens à un plan dont la position soit nécessairement indépendante de leurs dérangemens quelconques.

En imaginant, pour plus de facilité, l'ensemble de nos astres décomposé en particules de même poids, l'action mutuelle de ces différens corps peut bien changer la grandeur de l'aire décrite séparément, autour du centre de gravité général, par la projection de chaque rayon vecteur correspondant, sur un plan commun arbitrairement choisi ; mais, il résulte des lois fondamentales de la dynamique, comme nous l'avons déjà remarqué dans cette leçon, que, quelque énergie qu'on suppose à cette action, les altérations individuelles qu'elle produit à cet égard se compensent nécessairement, en sorte que la somme totale de ces aires demeure toujours invariable en un temps donné. Il en doit donc être ainsi de tout plan dont la position dépendrait uniquement de semblables sommes relatives à divers plans quelconques. Or, parmi l'infinité de plans qui pourraient présenter ce caractère, il en est un qu'on a dû naturellement choisir de préférence, comme se distinguant de tout autre par la propriété remarquable que la somme des aires y est la plus grande possible, et que d'ailleurs elle est nulle sur ceux qui lui sont perpendiculaires. La situation de ce plan se détermine aisément, en général, par des formules très simples, d'après les valeurs de la somme des aires pour trois plans rectangulaires quelconques, valeurs qu'on déduit d'ailleurs sans peine des positions et des vitesses de toutes les particules du système rapportées à ces trois plans. On doit la première notion de ce plan à Daniel Bernouilli et à Euler, qui l'avaient remarqué sous le seul point de vue analytique, comme servant à simplifier, par l'annulation de deux constantes, les équations relatives à la rotation d'un corps solide. Cette idée fut immédiatement étendue, sans aucune difficulté, à la considération d'un système variable par Laplace, qui ajouta la propriété géométrique, et qui eut surtout l'heureuse pensée de l'appliquer à la mécanique céleste. Enfin, la vraie conception dynamique du plan invariable a été présentée, depuis quelques années, par M. Poinsot, qui l'a montré directement, abstraction faite de tout caractère analytique ou géométrique, comme étant simplement le plan du couple général qui résulte du transport de toutes les vitesses individuelles au centre de gravité du système.

Quant à la détermination effective de ce plan, elle exige, pour qu'il soit réellement invariable, que l'on prenne en considération toutes les aires que peuvent décrire, en vertu de leurs divers mouvemens, les différens points du système. Or, dans l'impossibilité évidente de décomposer le système en particules égales, ainsi que l'exige le strict énoncé de la propriété fondamentale, Laplace avait cru devoir traiter chaque corps céleste comme condensé à son centre, en réunissant aussi les satellites à leurs planètes, afin de ne plus avoir à considérer que de simples points. La lumineuse théorie de M. Poinsot lui a fait immédiatement apercevoir le vice radical d'un tel procédé, où l'on fait nécessairement abstraction, non-seulement des aires relatives décrites simultanément par les satellites, mais aussi de celles que les diverses molécules de chaque corps tracent autour de son centre de gravité, en vertu des rotations correspondantes ; et il a ensuite rendu sensible d'ailleurs, d'après les formules analytiques habituellement employées, la nécessité d'ajouter ces diverses aires à celles considérées jusque alors. Une simple décomposition d'intégrale montre, en effet, que la somme des aires décrites par toutes les molécules d'un même corps équivaut au produit de sa masse par l'aire que trace son centre de gravité, plus l'ensemble des aires qu'engendrent les molécules autour de ce centre. Ces aires dues aux rotations ne seraient réellement négligeables vis-à-vis des autres que si le corps était fort petit, ou s'il tournait avec une lenteur extrême. Celle qui résulte de la rotation du soleil est, d'après les hypothèses même les plus défavorables, beaucoup plus grande que celle tracée par la terre dans son mouvement annuel. Aussi, le plan déterminé par les calculs de Laplace serait-il loin, en réalité, d'une invariabilité rigoureuse. C'est néanmoins la parfaite constance qui ferait le seul mérite véritable d'un tel terme de comparaison, pour manifester immédiatement les variations survenues dans l'intérieur de notre monde, et même les déplacemens de son ensemble. Si l'on voulait se borner à un plan peu mobile, il n'y aurait aucun besoin de pénibles calculs fondés sur une théorie spéciale, et l'on pourrait prendre, presqu'au hasard, parmi les divers plans astronomiques, tels que celui de l'équateur terrestre ou surtout solaire, ou le plan de l'écliptique, dont les changemens seraient, en réalité, beaucoup moins considérables que ceux du plan proposé par Laplace. Malheureusement, le vrai plan invariable, découvert par M. Poinsot, est d'une détermination bien plus difficile, puisqu'il exige inévitablement, non-seulement, comme l'autre, l'évaluation des masses célestes, mais aussi celles des momens d'inertie correspondans. Cette dernière estimation ne saurait être faite, *à priori*, qu'en adoptant des hypothèses nécessairement très hasardées sur la loi mathématique relative à la densité dans l'intérieur des astres. J'ai déjà indiqué dans la leçon précédente, au sujet des masses, l'ingénieuse manière dont M. Poinsot a heureusement éludé cette difficulté fondamentale, en imaginant un moyen rationnel, aussi général que direct, pour obtenir exactement, *à posteriori*, cette mesure indispensable. Cette importante théorie est donc aujourd'hui évidemment complète. Mais son application immédiate ne saurait avoir lieu, comme je l'ai expliqué, avec toute la précision qu'exige, par sa nature, une semblable détermination, pour correspondre convenablement à sa destination essentielle. Quoi qu'il en soit, on n'en doit pas moins, sous le rapport philosophique, voir avec un profond intérêt comment la mécanique céleste a pu enfin assigner un plan nécessairement immobile au milieu de toutes les perturbations intérieures de notre système, comme Newton avait d'abord reconnu une vitesse nécessairement inaltérable, celle du centre de gravité général. Ce sont les deux seuls élémens rigoureusement indépendans de tous les événemens qui peuvent survenir dans l'intérieur de notre monde, même des bouleversemens les plus complets que notre imagination puisse y supposer; leurs variations se rapporteraient seulement aux phénomènes les plus généraux de l'univers, produits par l'action mutuelle des divers soleils, dont elles nous fourniraient naturellement la plus claire manifestation, si une telle connaissance nous était réellement permise.

Le résultat général de l'étude des perturbations a été d'établir, de la manière la plus irrécusable, la stabilité fondamentale de notre monde, relativement à tous les astres de quelque importance, considérés sous tous les rapports essentiels. En faisant abstraction des comètes, toutes les variations de diverses sortes, à l'exception de quelques-unes presque imperceptibles, sont nécessairement périodiques, et leur période est le plus souvent extrêmement longue, tandis que leur étendue est au contraire fort courte : en sorte que l'ensemble de nos astres ne peut qu'osciller lentement autour d'un état moyen, dont il s'écarte toujours très peu. Quoique tous les élémens astronomiques de chacun d'eux participent réellement à ces oscillations, il faut cependant faire entre eux une distinction importante, en séparant ceux qui se rapportent à la situation des orbites et à la direction des rotations, de ceux qui concernent les positions et les vitesses moyennes relatives au double mouvement d'un astre quelconque. Toutes les grandes perturbations portent uniquement sur les premiers ; les seconds ne peuvent éprouver que des oscillations presque insensibles, dont la précision extrême de nos tables astronomiques actuelles n'exige pas même encore la considération effective. Au milieu de toutes les variations célestes, la translation de nos astres nous présente l'invariabilité presque rigoureuse des grands axes de leurs orbites elliptiques, et de la durée de leurs révolutions sidérales : leur rotation nous montre une constance encore plus parfaite dans sa durée, dans ses pôles, et même, quoiqu'à un degré un peu moindre, dans l'inclinaison de son axe à l'orbite correspondante. On est certain, par exemple, que, depuis Hipparque, la durée du jour n'a pas varié d'un centième de seconde. Ainsi, dans la stabilité générale de notre monde, nous découvrons encore une stabilité spéciale et plus prononcée à l'égard des élémens dont la fixité importe le plus à la perpétuité des espèces vivantes. Tels sont les sublimes théorèmes fondamentaux de philosophie naturelle, dont l'humanité est redevable à l'ensemble des grands travaux exécutés dans le siècle dernier par les illustres successeurs de Newton.

La cause générale de ces importans résultats réside essentiellement dans la faible excentricité de toutes les orbites principales et dans le peu de divergence de leurs plans. Si les astres de quelque importance avaient décrit, comme les comètes, des ellipses très allongées, contenues dans des plans dirigés en tous sens, leurs relations dynamiques auraient été toujours extrêmement variables, et leurs perturbations auraient dès lors cessé d'être périodiques, pour devenir presque indéfinies, ainsi que celles des comètes. Au contraire, en vertu de l'extrême rondeur des véritables orbites et de l'identité presque entière de leurs plans, l'intensité des diverses actions mutuelles, ne pouvant qu'osciller entre des limites très rapprochées, doit tendre sans cesse à rétablir l'état moyen du monde. Or, comme les astres à orbites peu excentriques sont évidemment les seuls habitables, cette harmonie fondamentale ne présente réellement aucun texte de cause finale, ainsi que je l'ai indiqué au commencement de ce volume, puisqu'il ne pourrait en être autrement qu'à l'égard de mondes tellement constitués, que la vie, et par suite la pensée, la philosophie théologique ou positive, ne sauraient y exister.

Toute la théorie mathématique des mouvemens célestes a été constamment traitée jusqu'ici, sans avoir aucun égard à la résistance du milieu général dans lequel ces mouvemens s'accomplissent. La parfaite conformité des tables ainsi dressées avec l'ensemble des observations les plus précises, montre clairement que cette résistance ne peut exercer qu'une influence imperceptible. Cependant, comme il est évidemment impossible qu'elle soit rigoureusement nulle, les géomètres ont dû s'occuper d'en préparer d'avance l'analyse générale. Abstraction faite de son intensité, cette action est nécessairement d'une tout autre nature que celle des perturbations proprement dites, quoique pareillement graduelle; car, elle ne saurait être périodique, et doit toujours s'exercer dans le même sens, de manière à diminuer continuellement toutes les vitesses, avec d'autant plus d'énergie qu'elles sont plus grandes. Euler et Lagrange ont établi qu'il n'en peut résulter aucune altération dans les positions des orbites, comme il est aisé de le sentir *à priori* : toute l'influence porte inévitablement sur leurs dimensions et sur les temps périodiques, ainsi que sur la durée des rotations; c'est-à-dire, qu'elle affecte précisément les élémens essentiellement épargnés par les perturbations. En même temps que les rotations des planètes doivent ainsi se ralentir sans cesse, leurs orbites doivent se rétrécir toujours en s'arrondissant, et leurs temps périodiques diminuer par suite; puisque, la vitesse devenant moindre, l'action solaire acquiert naturellement une plus grande efficacité : ces divers effets sont d'ailleurs non-seulement continus, mais encore de plus en plus rapides. Ainsi, dans un avenir jusqu'ici complètement inassignable, quoique nous puissions assurer qu'il est infiniment lointain, tous les astres de notre monde doivent nécessairement finir par se réunir à la masse solaire, d'où ils sont probablement émanés, comme l'indiquera la leçon suivante : en sorte que la stabilité du système est simplement relative aux perturbations proprement dites. Telles sont, à cet égard, les indications générales incontestables de la mécanique céleste. Quant à l'évaluation numérique de ces effets nécessaires, leur extrême petitesse nous empêchera sans doute de la connaître avant qu'il se soit écoulé un très long temps, à partir de l'époque où les observations astronomiques ont acquis une grande précision. Vainement Euler avait-il cru apercevoir une petite diminution séculaire de l'année sidérale en vertu de cette cause : les comparaisons exactes établies depuis par tous les astronomes ont clairement montré que cette remarque était illusoire. Il est d'ailleurs certain que nous connaissons encore trop peu la vraie loi mathématique de la résistance des milieux, pour que ces phénomènes soient jusqu'ici exactement calculables, même quand ils seraient plus prononcés. Lorsqu'ils pourront être réellement étudiés, c'est sur les comètes que devra surtout porter une telle exploration. Car, la faible masse de ces petits astres, et la grande surface qu'ils présentent à l'action du milieu lorsque leurs atmosphères sont très étendues, doivent nécessairement rendre sa résistance beaucoup plus appréciable à leur égard qu'envers les planètes, leur vitesse étant d'ailleurs naturellement à son *maximum* au moment même de cette expansion. Aussi quelques astronomes contemporains croient-ils déjà avoir constaté, pour une ou deux comètes, l'effet de cette résistance. L'étude de ces astres ne semblait jusqu'ici avoir pour nous qu'une utilité négative, afin de prévenir le retour des terreurs chimériques ou des craintes ridicules qu'ils ont si long-temps fait naître. On voit maintenant qu'il n'existe pas un seul astre dans notre monde, même parmi les plus insignifians, dont la théorie ne puisse nous offrir un intérêt direct et positif; puisque l'étude des comètes se trouve ainsi essentiellement propre à nous dévoiler plus tard une des lois générales les plus importantes du système dont nous faisons partie, celle qui, dans un avenir indéfini, doit le plus influer sur ses destinées. Il faut même remarquer que, pour remplir convenablement un tel office, cette étude ne saurait être trop perfectionnée; car, c'est seulement sur une théorie très précise que le contrôle de l'observation peut manifester, avec une véritable certitude, d'aussi petits effets.

Je me suis efforcé, dans la vingt-troisième leçon, d'établir nettement, sous le simple point de vue géométrique, l'indépendance des phénomènes les plus généraux de l'univers, en faisant soigneusement ressortir la conformité décisive de toutes les observations directes avec les tables dressées par les astronomes, sans penser aucunement aux autres mondes. En supposant la loi de la gravitation étendue à l'action mutuelle des divers soleils, la mécanique céleste explique et fortifie immédiatement cette incontestable vérité, qui me semble devoir constituer, en philosophie naturelle, un dogme vraiment fondamental. Il est d'abord évident que les différentes gravitations de notre monde vers les innombrables soleils dispersés dans l'espace, doivent se détruire en partie par leur opposition, quoiqu'il fût absurde de penser que leur résultante générale est nulle. En second lieu, quelle que soit cette résultante, il importe surtout de remarquer que c'est seulement par l'inégalité de son action sur les divers astres de notre monde qu'elle en pourrait troubler les mouvemens internes, nécessairement indépendans de toute action qui serait exactement commune. Chaque force perturbatrice de ce genre est donc évidemment, comme dans les marées, dans la précession des équinoxes, etc., en raison directe de la masse productrice, et en raison inverse du cube de sa distance au soleil. Suivant cette loi, la perturbation doit donc être entièrement imperceptible, à cause de l'immensité bien constatée de l'intervalle qui nous sépare du plus prochain soleil. En supposant le plus grand rapprochement compatible avec nos observations les plus certaines, une masse qui égalerait un million de fois celle de notre monde, n'y ferait naître ainsi qu'une force perturbatrice plusieurs milliards de fois moindre que celle d'où résultent nos marées. L'indépendance de notre monde est donc parfaitement certaine.

Il m'importe d'autant plus de la faire remarquer, sous le rapport philosophique, qu'elle constitue la seule exception générale que je connaisse à la grande loi encyclopédique que j'ai établie en commençant cet ouvrage, et d'après laquelle les phénomènes les plus généraux dominent les plus particuliers, sans être au contraire nullement influencés par eux. Ainsi, les phénomènes vraiment astronomiques, c'est-à-dire, ceux de l'intérieur de notre monde, régissent évidemment tous nos phénomènes sublunaires, soit physiques, soit chimiques, soit physiologiques, soit même sociaux, comme je l'ai indiqué spécialement dans la dix-neuvième leçon. Mais ici nous trouvons, en sens inverse, que les phénomènes les plus généraux de l'univers ne peuvent au contraire exercer aucune influence réelle sur les phénomènes plus particuliers qui s'accomplissent dans l'intérieur de notre système solaire. Cette anomalie philosophique disparaîtra immédiatement pour tous les esprits qui admettront avec moi que ces derniers phénomènes sont les plus étendus auxquels nos recherches positives puissent véritablement atteindre, et que l'étude de *l'univers* doit être désormais radicalement détachée de la vraie philosophie naturelle; maxime, à mon avis, fondamentale, et dont j'espère que la justesse et l'utilité seront d'autant plus senties qu'on l'examinera plus profondément.

Tel est l'ensemble des considérations philosophiques que je devais présenter ici sur la dynamique céleste, envisagée sous ses divers aspects principaux. Quelque admirable extension qu'ait pris depuis Newton cette sublime étude, nous avons reconnu combien, à beaucoup d'égards, l'extrême insuffisance de notre analyse mathématique actuelle la rend nécessairement imparfaite. On s'en formerait une idée trop avantageuse si l'on pensait que, dans l'exécution finale des tables astronomiques, elle peut aujourd'hui se suffire entièrement à elle-même, sans emprunter à la géométrie céleste aucun autre secours direct que l'évaluation des données indispensables, déduites de l'observation immédiate. Non-seulement cela n'est pas à l'égard des astres dont la théorie mécanique n'est encore qu'ébauchée, et qui sont, sans contredit, les plus nombreux, quoique les moins importans; mais encore, sous plusieurs rapports, envers les mieux étudiés. Bien que la dynamique de chaque astre doive naturellement remplir, dans la construction de ses tables, un office de plus en plus prépondérant, la difficulté de démêler avec certitude toutes les perturbations indiquées par les formules analytiques, assignera probablement toujours à cet égard un rôle indispensable, quoique de plus en plus subsidiaire, à l'ingénieuse méthode empirique des *équations de condition*, imaginée par les astronomes pour dévoiler immédiatement, d'après les observations, la marche effective des moindres irrégularités, sans aucune recherche de leur loi mécanique; méthode qui me semble aujourd'hui trop dédaignée peut-être par les géomètres, auxquels les glorieux succès de la mécanique céleste ont inspiré un sentiment un peu exagéré de la portée réelle de ses théories. Cette méthode complémentaire consiste en général, comme on sait, à comparer les observations directes avec les tables où l'on a déjà tenu compte de toutes les inégalités bien connues, afin de combler les différences par l'introduction de quelques termes additionnels, relatifs à des fonctions périodiques de la quantité dont ces anomalies paraissent dépendre, en les affectant de coefficiens convenables, déterminés d'après un nombre suffisant de mesures immédiates. C'est à un tel procédé qu'on doit effectivement la découverte de presque toutes les petites perturbations, expliquées ensuite par la mécanique céleste, qui en a perfectionné la connaissance. Il constitue d'ailleurs le vrai modèle d'après lequel les physiciens établissent journellement leurs lois empiriques des phénomènes, ce qui me semble lui donner ici un véritable intérêt philosophique.

Le résultat général des considérations exposées dans cette leçon montre nettement combien le développement de la dynamique céleste, indépendamment de la haute importance des sublimes connaisances directes qu'il nous a procurées, a puissamment contribué à perfectionner l'ensemble des théories astronomiques, envisagées quant à leur but définitif, la juste prévision de l'état du ciel, à une époque quelconque, soit passée, soit future. Si l'on devait se borner à déterminer, pour peu de temps, le véritable état de notre monde, la géométrie céleste, résumée par les trois grandes lois de Képler, pourrait être regardée comme strictement suffisante, en choisissant des élémens convenablement déduits d'observations actuelles faites avec toute la précision possible. Mais il ne peut plus en être ainsi, et la plus parfaite théorie des perturbations devient absolument indispensable, quand on se propose d'étendre cette exacte prévoyance astronomique à des époques très éloignés, postérieures ou antérieures. C'est à la dynamique céleste que notre astronomie actuelle doit incontestablement cette admirable perfection pratique qui lui permet à volonté de descendre ou de remonter les siècles pour y fixer, avec une pleine certitude, l'instant et le degré précis des divers événemens célestes, tels que les éclipses entre autres, ces déterminations ne pouvant pas d'ailleurs évidemment être aussi minutieusement exactes que celles relatives à l'époque présente.

Quoique l'ensemble des huit leçons déjà contenues dans ce volume constitue réellement, à mes yeux, la vraie philosophie astronomique tout entière, elle semblerait néanmoins présenter, à presque tous les esprits éclairés, une lacune essentielle, si je ne consacrais point une dernière leçon à l'examen général de ce qu'on appelle aujourd'hui l'*astronomie sidérale*, et à l'appréciation rationnelle de ce que nous pouvons maintenant concevoir de positif sur la cosmogonie.

VINGT-SEPTIÈME LEÇON.

Considérations générales sur l'astronomie sidérale, et sur la cosmogonie positive.

La seule branche de l'astronomie sidérale qui paraisse comporter jusqu'à présent une certaine suite d'études exactes, concerne les mouvemens relatifs des *étoiles multiples*, dont la première découverte est due au grand observateur Herschell. Les astronomes entendent par là des étoiles extrêmement rapprochées, dont la distance angulaire n'excède jamais une demi-minute, et qui semblent pour cette raison n'en faire qu'une, non-seulement à la vue simple, mais avec les lunettes ordinaires de nos observatoires, les plus puissans télescopes pouvant seuls les séparer. Il faut considérer, en outre, que les mouvemens relatifs de ces astres tendent souvent à faire méconnaître leur multiplicité effective, comme on l'a vu plus d'une fois, en produisant pendant un temps plus ou moins long des occultations mutuelles, qui ne permettent point alors la séparation. Parmi plus de trois mille étoiles multiples actuellement enregistrées dans les catalogues, quoique le ciel austral soit encore à cet égard très peu exploré, presque toutes sont seulement doubles, la triplicité même étant extrêmement rare, et aucun degré supérieur de multiplicité n'ayant jamais été observé, ce qui ne tient peut-être qu'à l'imperfection de nos meilleurs télescopes, comme, avant Herschell, la simple dualité était ignorée. Ces groupes remarquables ne constituent évidemment, par leur nature, qu'un cas très particulier dans l'univers, puisque l'intervalle des astres qui les composent est probablement d'un ordre beaucoup moindre que les distances mutuelles des principaux soleils ; en sorte que, dans ces mouvemens relatifs, quand même ils pourraient être un jour parfaitement connus, ce qui est en soi fort douteux, d'après les considérations indiquées à la fin de la vingt-quatrième leçon, il ne s'agirait encore nullement des phénomènes célestes les plus généraux, quelque intérêt que doive inspirer une telle étude. La spécialité du cas deviendrait même bien autrement prononcée, si, comme la rigueur scientifique me semble l'exiger, les astronomes ne formaient leur catégorie des étoiles doubles que de celles dont ils ont pleinement constaté les mouvemens, et qui sont jusqu'ici en très petit nombre. Car, la dualité de presque toutes les autres n'indique peut-être aucune relation réelle, puisque, malgré le rapprochement des directions, les intervalles mutuels peuvent être tels, que les deux astres ne forment pas plus un vrai système que deux étoiles quelconques combinées au hasard dans le ciel, si ces astres sont très inégalement éloignés de nous, circonstance à l'égard de laquelle nous n'avons encore aucune sorte de renseignement direct ou indirect. S'autoriser de quelques exemples incontestables pour envisager cette multitude d'étoiles doubles comme autant de systèmes binaires, où la moindre masse circule autour de la plus grande, ce serait, à mon avis, s'écarter étrangement de l'indispensable sévérité de méthode qui seule constitue l'admirable positivité de la véritable astronomie, en confondant, peut-être le plus souvent, avec un vrai phénomène céleste, un simple accident de position, tenant uniquement au point de l'univers occupé par notre monde. La seule analogie est ici évidemment insuffisante, car elle pourrait bien n'être due qu'à l'impuissance de nos explorations. Quel astronome oserait maintenant garantir que, si les télescopes étaient susceptibles d'être un jour suffisamment perfectionnés, nous ne parviendrions pas à distinguer, entre les étoiles que leur distance nous porte le plus à classer aujourd'hui comme indépendantes, une multitude d'intermédiaires très resserrés, qui rendraient le cas de la dualité presque général? Le voisinage apparent serait-il alors un motif suffisant de présumer toujours une circulation mutuelle, dont la pensée ne nous est suggérée actuellement par analogie, qu'en vertu de l'extrême singularité d'une telle circonstance, qui cesserait ainsi d'être exceptionnelle? On ne doit donc reconnaître jusqu'ici, en astronomie sidérale, d'autre étude réellement positive que celle des mouvemens relatifs bien connus de certaines étoiles doubles, dont le nombre ne s'élève encore qu'à sept ou huit. On ne saurait d'ailleurs espérer d'introduire jamais, dans la détermination géométrique de la vraie figure des orbites correspondantes, une certitude à beaucoup près comparable à celle qu'admet la connaissance précise de nos orbites planétaires; puisque les rayons vecteurs apparens sont tellement petits que l'erreur de ces mesures délicates s'élève peut-être ordinairement au quart ou au tiers de leur valeur totale. Il en est de même à l'égard des temps périodiques, quand ils n'ont pas pu être directement observés, ce qui est jusqu'à présent le cas habituel. On concevrait surtout bien difficilement, comme je l'ai indiqué ailleurs, que ces études pussent jamais acquérir assez d'exactitude pour fournir une base suffisamment solide à des conclusions dynamiques vraiment irrécusables; de manière à démontrer, par exemple, l'extension effective de la théorie de la gravitation à l'action mutuelle des deux élémens d'une étoile double, ce qui serait d'ailleurs très loin de constater la rigoureuse universalité de cette théorie. L'importance générale de ces recherches est en outre beaucoup diminuée par cette réflexion que jusqu'ici notre monde, dès lors envisagé comme essentiellement réduit au soleil, n'appartient à aucun de ces groupes, non-seulement étudiés, mais simplement signalés. Cette circonstance remarquable ne me semble nullement fortuite; car, si notre monde fait effectivement partie de quelque étoile double, comme rien n'empêche de l'imaginer, il nous sera probablement toujours impossible d'apercevoir réellement, à côté du soleil, l'étoile qui constituerait le second élément de ce petit système, et dont la direction devrait être si rapprochée que sa lumière se perdrait nécessairement dans la lumière solaire. Un tel cas, néanmoins, pourrait seul avoir pour nous un puissant intérêt scientifique, non-seulement comme utile à la connaissance des déplacemens de notre monde, mais encore comme comportant naturellement une étude beaucoup plus précise, par cela même que l'observateur serait alors situé sur l'un des astres du couple stellaire.

Les sept orbites d'étoiles doubles établies jusqu'ici, et dont la première est due aux travaux de M. Savary, présentent en général des excentricités très considérables, dont la moindre est presque double, et la plus grande quadruple de la plus forte qui existe dans nos ellipses planétaires. Quant à leurs temps périodiques, le plus court excède un peu quarante ans, et le plus long six cents. Du reste, l'excentricité et la durée de la révolution ne paraissent avoir entre elles aucune relation fixe; et ni l'une ni l'autre ne semblent d'ailleurs dépendre de la distance angulaire plus ou moins grande des deux élémens des couples correspondans. Tel est en général le résumé exact, quoique succinct, des seules connaissances réelles que nous possédions encore à cet égard.

Tant que les distances linéaires de ces astres à la terre, et par suite entre eux, resteront ignorées, ces notions ne sauraient avoir une grande importance, ni peut-être même une solidité suffisante. Si ces distances pouvaient être un jour bien connues, on évaluerait aisément les masses des couples correspondans, en supposant que la loi de la gravitation leur fût légitimement applicable. Il suffirait, pour cela, d'employer une méthode essentiellement analogue aux deux dernières de celles indiquées dans la vingt-cinquième leçon à l'égard des masses planétaires. La quantité, dès lors déterminée, dont l'étoile secondaire tend à tomber, en un temps donné, vers l'étoile principale, étant comparée à la chute des corps à la surface de la terre, préalablement ramenée à la même distance, suivant la loi ordinaire, fournirait immédiatement en effet la valeur du rapport entre la masse du couple et celle de la terre. Mais, la répartition de cette masse totale entre ses deux élémens resterait évidemment encore incertaine, puisqu'il est très possible qu'elle doive s'opérer d'une manière beaucoup moins inégale qu'entre nos planètes et leurs satellites. Cette dernière considération fait d'ailleurs rejaillir sur l'ensemble d'une telle étude un nouveau motif fondamental d'incertitude. Car, si les masses des deux élémens de chaque couple stellaire différaient réellement assez peu, comparativement à leur distance et à leur grandeur, pour que le centre de gravité du système s'écartât sensiblement de l'astre principal (ce que nous ignorons encore entièrement), c'est à ce centre inconnu qu'il faudrait nécessairement rapporter les mouvemens observés ; et, dès lors, quelle exacte conclusion dynamique pourrait-on tirer des orbites elliptiques autour de l'astre majeur comme foyer, en les supposant même irrécusablement constatées?

Il me reste à caractériser à ce sujet l'ingénieuse méthode si heureusement imaginée par M. Savary, d'après laquelle on parviendra peut-être un jour à déterminer effectivement, du moins entre certaines limites, les distances de quelques étoiles doubles à la terre ou au soleil. Cette méthode constitue réellement jusqu'ici la seule conception scientifique qui soit propre à l'astronomie sidérale. Elle a le mérite capital d'être essentiellement indépendante de toute hypothèse hasardée sur la forme rigoureuse des orbites stellaires et sur l'extension de la théorie de la gravitation. Il lui suffit, en réalité, que ces courbes soient symétriques, relativement à leur plus long diamètre, et que l'astre mineur y circule avec la même vitesse aux deux points également distans de l'astre majeur, ce qui est certainement très admissible.

Ce procédé est fondé, comme la théorie générale de l'aberration, sur la durée de la propagation de la lumière, dont nous savons, d'après la vingt-deuxième leçon, que la vitesse est exactement connue. Seulement, tandis que, dans l'aberration ordinaire, il s'agit d'une erreur de lieu, on considère ici une erreur de temps.

Concevons une orbite stellaire dont le petit axe soit situé perpendiculairement au rayon visuel mené du soleil ou de la terre, qui peuvent ici être confondus. S'il en était de même du grand axe, et, par suite, du plan de l'orbite, les deux moitiés de la révolution, que l'astre mineur accomplit réellement toujours en des temps exactement égaux, devraient encore nous paraître évidemment d'égale durée, quelque lente que pût être, à chaque position, la transmission de la lumière. Mais, il ne peut plus en être ainsi, quand le plan de l'orbite est fortement incliné vers le rayon visuel, sans que toutefois il doive le contenir, ce qui rendrait impossible l'observation fondamentale. Dans ce cas, la durée de la demi-révolution, correspondante à la moitié de la courbe où l'astre se dirige vers nous, devra nous sembler moindre qu'elle n'est en réalité, et celle relative à la moitié où il s'en éloigne de plus en plus, paraîtra au contraire augmentée, en vertu de la différence des temps que la lumière doit employer à nous parvenir des deux points de l'orbite les plus inégalement distans de la terre. Ainsi, quoique le temps périodique total ne doive être nullement altéré, les deux moitiés de la révolution n'auront donc pas exactement la même durée apparente, et, si leur inégalité peut être bien observée, elle fera immédiatement connaître, d'après la vitesse effective de la lumière, la vraie différence entre les distances de la terre aux deux points extrêmes de l'orbite. Dès lors, cette différence deviendra évidemment une base géométrique suffisante pour estimer, avec une approximation correspondante, les dimensions linéaires de l'orbite, et sa véritable distance à la terre, son inclinaison et son étendue angulaire étant d'ailleurs préalablement données (1). Tout se réduit donc à constater une inégalité appréciable entre les durées des deux demi-révolutions. Mais il est indispensable que cette appréciation s'opère d'après l'observation effective d'une révolution entière, afin que son exactitude ne dépende d'aucune hypothèse sur la nature géométrique de l'orbite stellaire, et sur la loi relative à la vitesse avec laquelle l'astre la parcourt.

Tel est ce procédé, dont l'esprit est éminemment approprié à l'immensité des distances qu'on s'y propose d'estimer, et qui serait au contraire évidemment illusoire envers nos petites orbites planétaires. Jusqu'à ce que l'expérience ait prononcé, nous ignorerons nécessairement si les rayons

---

(1) M. Arago a très nettement expliqué cette ingénieuse méthode dans sa notice sur les étoiles doubles, annexée à l'*Annuaire du Bureau des Longitudes* pour 1834.

des orbites stellaires sont en réalité assez considérables par rapport à leur éloignement, pour que nous puissions apercevoir quelque différence très sensible entre les deux parties du temps périodique. En le supposant, à l'égard d'orbites convenablement situées, il est d'ailleurs évident que l'incertitude inséparable d'observations aussi délicates, et l'extrême lenteur des révolutions, ne permettront un jour de connaître cette différence qu'entre certaines limites plus ou moins écartées. Or, indépendamment du peu de précision que comporte la mesure effective des autres élémens du calcul, chaque seconde d'erreur sur ce temps, qui n'est probablement susceptible d'être jamais apprécié qu'à plusieurs jours près, tend à introduire une erreur d'au moins 32000 myriamètres dans l'évaluation de la distance cherchée. Aussi l'inventeur de cette méthode l'a-t-il toujours présentée comme seulement propre à déterminer un *maximum* et un *minimum*, peut-être fort écartés, relativement à notre éloignement effectif des couples stellaires auxquels elle pourra devenir applicable. Quelle que soit son imperfection nécessaire, elle n'en doit pas moins inspirer un profond intérêt, par l'espoir qu'elle nous donne d'obtenir plus tard, à l'aide d'un détour très ingénieux, quelque approximation certaine à l'égard de plusieurs de ces distances qui ne comportent encore qu'une grossière limite inférieure, commune à l'ensemble des astres innombrables que le ciel nous présente.

Cette discussion philosophique de la seule portion de l'astronomie sidérale qui semble présenter aujourd'hui quelque consistance scientifique, est sans doute très propre à confirmer directement le principe général que je me suis efforcé d'établir sous divers rapports dans plusieurs leçons précédentes, sur la restriction essentielle et nécessaire de nos véritables recherches célestes à l'étude approfondie des phénomènes intérieurs de notre monde. On voit combien deviennent bornées et incertaines nos connaissances réelles, même dans les plus simples questions, aussitôt que nous tentons de franchir ces limites naturelles, quoique nous restions encore très loin de la vraie considération de l'univers. L'étude indiquée ci-dessus, et qui est toute récente, devra sans doute faire dans la suite des siècles quelques progrès notables; mais les causes évidentes de son imperfection sont trop fondamentales, pour qu'on puisse espérer qu'elle présente jamais un caractère scientifique aucunement comparable à celui de notre astronomie solaire.

Je dois maintenant procéder à l'examen général de ce qui comporte un certain caractère de positivité dans les hypothèses cosmogoniques. Il serait sans doute superflu d'établir spécialement à cet égard ce préliminaire indispensable, que toute idée de *création* proprement dite doit être ici radicalement écartée, comme étant par sa nature entièrement insaisissable, et que la seule recherche raisonnable, si elle est réellement accessible, doit concerner uniquement les *transformations* successives du ciel, en se bornant même, au moins d'abord, à celle qui a pu produire immédiatement son état actuel. Ces considérations préalables sont trop évidentes pour qu'il convienne de les expliquer davantage aux lecteurs de cet ouvrage.

La question réelle consiste donc à décider si l'état présent du ciel offre quelques indices appréciables d'un état antérieur plus simple, dont le caractère général soit susceptible d'être déterminé. A cet égard, la séparation fondamentale que je me suis tant occupé de constituer solidement entre l'étude essentiellement inaccessible de l'univers et l'étude nécessairement très positive de notre monde, introduit naturellement une distinction profonde, qui restreint beaucoup le champ des recherches effectives. On conçoit, en effet, que nous puissions conjecturer, avec quelque espoir de succès, sur la formation du système solaire dont nous faisons partie, car il nous présente de nombreux phénomènes, parfaitement connus, susceptibles peut-être de porter un témoignage décisif de sa véritable origine immédiate. Mais, quelle pourrait-être, au contraire, la base rationnelle de nos conjectures sur la formation des soleils eux-mêmes ? Comment confirmer ou infirmer à ce sujet, d'après les phénomènes, aucune hypothèse cosmogonique, lorsqu'il n'existe vraiment en ce genre aucun phénomène exploré, ni même sans doute explorable ? Quelque intérêt philosophique que doive inspirer la curieuse suite d'observations d'Herschell sur la condensation progressive des nébuleuses, d'où il a induit leur transformation nécessaire en étoiles, ces faits ne sauraient évidemment autoriser une semblable conclusion. Pour qu'elle comportât une vraie solidité, il faudrait qu'on pût déduire d'un tel principe quelques conséquences relatives aux formes ou aux mouvemens, qui se trouvassent en harmonie avec des phénomènes bien constatés. Or, cela serait-il possible, quand ces phénomènes cosmiques eux-mêmes nous manquent entièrement ! En un mot, notre monde étant, dans l'ensemble du ciel, le seul connu, sa formation est tout au plus la seule que nous puissions raisonnablement chercher. Les autres origines célestes rentrent nécessairement, du moins jusqu'ici, dans le vague domaine de l'imagination pure, affranchie de toute condition scientifique. Si, pour la plupart des intelligences actuelles, cette extrême restriction doit naturellement diminuer beaucoup l'intérêt d'une telle recherche, elle tend directement, au contraire, à recommander auprès de tous les bons esprits une étude dont ils peuvent maintenant entrevoir la positivité, tandis que la confusion habituelle des idées à cet égard ne leur laisse apercevoir d'autre perspective que la vraie succession d'une suite indéfinie de conceptions essentiellement arbitraires, propres à leur inspirer une juste et profonde répugnance. Nous savons d'ailleurs, avec une pleine certitude, par l'ensemble des études astronomiques, que les phénomènes intérieurs de notre monde s'accomplissent constamment sans dépendre en aucune manière des phénomènes vraiment cosmiques; en sorte qu'il est rationnel de conjecturer sur la formation de notre système planétaire, abstraction faite de toute enquête sur celle des soleils eux-mêmes. Enfin, la marche que je caractérise ici n'est, à vrai dire, qu'un prolongement naturel de la direction spontanée déjà suivie, sous un rapport analogue, par le développement régulier de la véritable astronomie. Car on doit reconnaître, ce me semble, que la cosmogonie positive a réellement commencé quand les géomètres, d'après la théorie mathématique de la figure des planètes, ont démontré leur fluidité primitive. Après avoir ainsi constaté l'état antérieur de chacune d'elles envisagée séparément, il est naturel de remonter maintenant à l'origine du système planétaire, en vertu de sa constitution actuelle, avec un soleil tout formé; et, plus tard, si l'on pouvait jamais parvenir à connaître réellement quelques lois cosmiques, on s'élèverait jusqu'aux formations solaires, de toutes les plus éloignées des données immédiates. Tel est, sans doute, le seul plan rationnel qui pût nous conduire à la construction graduelle d'une genèse positive, si elle était vraiment possible.

Nous devons donc réduire la cosmogonie réelle à l'étude de la formation de notre monde, en regardant le soleil comme donné, et même comme animé d'un mouvement uniforme de rotation autour de son axe actuel, avec une vitesse indéterminée. Il s'agit uniquement de rattacher à cette donnée fondamentale la constitution effective de notre système planétaire, telle que nous la connaissons exactement aujourd'hui. Le problème est assez large pour que sa solution certaine et précise surpasse vraisemblablement beaucoup la portée réelle de notre intelligence. Nos conjectures sur une telle origine doivent d'ailleurs être évidemment assujetties à cette indispensable condition de n'y faire intervenir d'autres agens naturels que ceux dont nous apercevons clairement l'influence dans nos phénomènes habituels, et qui seulement auraient alors opéré sur une plus grande échelle. Sans cette règle, ce travail ne saurait avoir aucun caractère vraiment scientifique, et l'on tomberait dans l'inconvénient, si justement reproché à la plupart des hypothèses géologiques, d'avoir introduit, pour expliquer les anciennes révolutions du globe, des agens qui ne subsistent plus aujourd'hui, et dont, par cela même, il nous est impossible de vérifier ou seulement de comprendre l'influence.

Quoique ainsi restreintes à un sujet bien circonscrit, dont toutes les circonstances caractéristiques sont parfaitement connues, les théories cosmogoniques n'en restent pas moins, par leur nature, essentiellement conjecturales, quelque plausibles qu'elles puissent devenir. Car, il ne peut en être ici comme dans l'établissement de la mécanique céleste, où, de l'étude géométrique des mouvemens planétaires, on a pu remonter, avec une entière certitude, à leur conception dynamique, d'après les lois générales du mouvement, qui indiquaient exactement tel mécanisme, en donnant à tout autre une exclusion nécessaire. Nous ne saurions avoir aucune théorie abstraite des formations, analogue à celle des mouvemens, qui puisse nous conduire mathématiquement à assigner telle formation déterminée comme effectivement correspondante à telle disposition effective. Toutes nos tentatives à cet égard ne peuvent consister qu'à construire, d'après les renseignemens généraux, des hypothèses cosmogoniques plus ou moins vraisemblables, pour les comparer ensuite, le plus exactement possible, à l'ensemble des phénomènes bien explorés. Quelque consistance que ces hypothèses soient susceptibles d'acquérir par un tel contrôle, elles ne sauraient jamais, faute de ce critérium indispensable, être élevées, comme l'a été si justement la loi de la gravitation, au rang des faits généraux. Car, on serait toujours autorisé à penser qu'une hypothèse nouvelle conviendrait peut-être aussi bien aux mêmes phénomènes, en permettant de plus d'en expliquer d'autres, à moins qu'on ne parvînt un jour à représenter exactement toutes les circonstances caractéristiques, même numériquement envisagées, ce qui, en ce genre, est évidemment chimérique.

J'ai cru devoir insister ici sur la vraie nature des seules recherches cosmogoniques qui puissent avoir quelque efficacité, parce que la plupart des esprits éclairés me semblent encore bien éloignés de sentir suffisamment, à cet égard, toutes les exigences spéciales de la saine philosophie. Passons maintenant, sans autre préambule, à l'examen général de la théorie cosmogonique de Laplace, incomparablement la plus plausible de toutes celles qui ont été proposées jusqu'ici, et susceptible, à mon avis, d'une vérification mathématique, dont son illustre auteur n'avait pas conçu l'espérance. Elle a le mérite capital, conformément à la règle posée ci-dessus, de faire opérer la formation de notre monde par les agens les plus simples que nous présente sans cesse l'ensemble de nos études naturelles, la pesanteur et la chaleur, les deux seuls principes d'action qui soient rigoureusement généraux.

L'hypothèse cosmogonique de Laplace a pour but d'expliquer les circonstances générales qui caractérisent la constitution de notre système solaire, savoir : l'identité de la direction de toutes les circulations planétaires d'occident en orient; celle non moins remarquable que présentent aussi les rotations; les mêmes phénomènes envers les satellites; la faible excentricité de toutes les orbites; et, enfin, le peu d'écartement de leurs plans, comparés surtout à celui de l'équateur solaire. Je ne considère point ici les comètes, parce que je préfère adopter à leur égard l'opinion de Lagrange, indiquée au commencement de la leçon précédente. L'idée de Laplace, qui les envisage comme des astres essentiellement étrangers à notre monde, me semble peu rationnelle et radicalement contraire au principe si bien établi de l'entière indépendance des phénomènes intérieurs de notre système envers les phénomènes vraiment sidéraux.

Avant d'examiner la conception fondamentale de Laplace au sujet de l'interprétation cosmogonique des divers caractères généraux que je viens de rappeler, je ne puis m'empêcher de témoigner ici combien tous les bons esprits, étrangers aux préjugés mathématiques, ont dû trouver puérile et déplacée la singulière application du calcul des chances, indiquée d'abord par Daniel Bernouilli, et péniblement complétée ensuite par Laplace lui-même, pour évaluer la probabilité que ces phénomènes ont réellement une cause, comme si notre intelligence avait besoin d'attendre une telle autorisation arithmétique, avant d'entreprendre légitimement d'expliquer un phénomène quelconque bien constaté, lorsqu'elle en aperçoit la possibilité (1).

(1) Depuis la publication du premier volume de cet ouvrage, plusieurs bons esprits m'ayant demandé pourquoi, en y traitant de la philosophie mathématique, je n'avais nullement considéré l'analyse des probabilités, je crois devoir indiquer ici sommairement, mais avec franchise, mon principal motif à ce sujet.

Le caractère général de cet ouvrage est essentiellement dogmatique : la critique ne peut y être admise que d'une manière accessoire. Il m'eût paru dès lors peu convenable d'y envisager la théorie générale des probabilités, au sujet de laquelle je n'avais à porter qu'un jugement négatif, qui, par son développement nécessaire, aurait formé sans doute une disparate choquante.

Le calcul des probabilités ne me semble avoir été réellement, pour ses illustres inventeurs, qu'un texte commode à d'ingénieux et difficiles problèmes numériques, qui n'en conservent pas moins toute leur valeur abstraite, comme les théories analytiques dont il a été ensuite l'occasion, ou, si l'on veut, l'origine. Quant à la conception philosophique sur laquelle repose une telle doctrine, je la crois radicalement fausse et susceptible de conduire aux plus absurdes conséquences. Je ne parle pas seulement de l'application évidemment illusoire qu'on a souvent tenté d'en faire au prétendu perfectionnement des sciences sociales : ces essais, nécessairement chimériques, seront caractérisés dans la dernière partie de cet ouvrage. C'est la notion fondamentale de la probabilité évaluée, qui me semble directement irrationnelle et même sophistique : je la regarde comme essentiellement impropre à régler notre conduite en aucun cas, si ce n'est tout au plus dans les jeux de hasard. Elle nous amènerait habituellement, dans la pratique, à rejeter, comme numériquement invraisemblables, des événemens qui vont pourtant s'accomplir. On s'y propose le problème insoluble de suppléer à la suspension de jugement, si nécessaire en tant d'occasions. Les applications utiles qui semblent lui être dues, le simple bon sens, dont cette doctrine a souvent faussé les aperçus, les avait toujours clairement indiquées d'avance.

Quoique ces assertions soient purement négatives, je reconnais au-

La cosmogonie de Laplace consiste, comme on sait, à former les planètes par la condensation graduelle de l'atmosphère solaire, supposée primitivement étendue, en vertu d'une extrême chaleur, jusqu'aux limites de notre monde, et successivement contractée par le refroidissement. Elle repose sur deux considérations mathématiques incontestables. La première concerne la relation nécessaire qui existe, d'après la théorie fondamentale des rotations, et spécialement d'après le théorème général des aires, entre les dilatations ou contractions successives d'un corps quelconque (y compris son atmosphère, qui en est inséparable), et la durée de sa rotation, qui doit s'accélérer quand les dimensions diminuent, ou devenir plus lente lorsqu'elles augmentent, afin que les variations angulaires et linéaires, que la somme des aires tend à éprouver, soient exactement compensées. La seconde considération est relative à la liaison, non moins évidente, de la vitesse angulaire de rotation du soleil à l'extension possible de son atmosphère, dont la limite mathématique est inévitablement à la distance où la force

jourd'hui qu'elles ont trop d'utilité pratique pour que je ne doive pas consacrer à cette discussion une leçon spéciale dans ma *Philosophie mathématique*, si jamais cet ouvrage comporte une seconde édition.

centrifuge, due à cette rotation, devient égale à la gravité correspondante : en sorte que si, par une cause quelconque, une partie de cette atmosphère venait à se trouver placée au-delà d'une telle limite, elle cesserait aussitôt d'appartenir réellement au soleil, quoiqu'elle dût continuer à circuler autour de lui avec la vitesse convenable au moment de la séparation, mais sans pouvoir dès lors participer davantage aux modifications ultérieures qui surviendraient dans la rotation solaire par le progrès du refroidissement.

On conçoit aisément, d'après cela, comment la limite mathématique de l'atmosphère du soleil a dû diminuer sans cesse, pour les parties situées à l'équateur solaire, à mesure que le refroidissement a rendu la rotation plus rapide. Dès lors, cette atmosphère a dû successivement abandonner, dans le plan de cet équateur, diverses zones gazeuses, situées un peu au-delà des limites correspondantes ; ce qui constituerait le premier état de nos planètes. Le même mode de formation s'appliquerait évidemment aux différens satellites, par les atmosphères de leurs planètes respectives.

Nos astres, étant ainsi une fois détachés de la masse solaire, ont pu ensuite devenir liquides et finalement solides, par le progrès continu de leur propre refroidissement, sans être affectés des nouvelles variations que l'atmosphère et la rotation du soleil ont pu éprouver. Mais l'irrégularité de ce refroidissement et l'inégale densité des diverses parties de chaque astre ont dû naturellement, pendant ces transformations, changer presque toujours la forme annulaire primitive, qui n'aurait subsisté sans altération que dans le seul cas des singuliers satellites dont Saturne est immédiatement entouré. Le plus souvent, la prépondérance d'une portion de la zone gazeuse a dû réunir graduellement, par voie d'absorption, autour de ce noyau, la masse entière de l'anneau; et l'astre a pris ainsi une figure sphéroïdique, avec un mouvement de rotation dirigé dans le même sens que la translation, à cause de l'excès de vitesse nécessaire des molécules supérieures à l'égard des inférieures.

Les caractères généraux de notre monde, tels que je les ai mentionnés ci-dessus, sont évidemment en parfaite harmonie avec cette théorie cosmogonique. La direction identique de tous les mouvemens, tant de rotation que de translation, en dérive immédiatement. Quant à la forme et à la position des orbites, elles seraient, d'après une telle cosmogonie, parfaitement circulaires et dans le plan de l'équateur solaire, si le refroidissement et la condensation avaient pu s'accomplir avec une entière régularité. Mais les variations, nécessairement irrégulières, qu'ont dû éprouver les différentes parties de chaque masse, dans leur température et dans leur densité, ont pu produire, comme le remarque justement Laplace, les faibles excentricités et les légères déviations que nous observons. On voit, en outre, que cette hypothèse explique immédiatement cette impulsion primitive propre à chaque astre de notre monde, qui embarrassait jusqu'ici la conception fondamentale des mouvemens célestes, et dont désormais la seule rotation du soleil peut rendre uniformément raison de la manière la plus naturelle. Enfin, il en résulte évidemment, quoique personne ne l'ait encore remarqué, que la formation des diverses parties de notre système a été, de toute nécessité, successive ; les planètes étant d'autant plus anciennes qu'elles sont plus éloignées du soleil, et la même loi s'observant, dans chacune d'elles, à l'égard de ses différens satellites, qui, tous, sont d'ailleurs plus modernes que les planètes correspondantes. Peut-être même, comme je l'indiquerai bientôt, pourra-t-on parvenir, dans la suite, à perfectionner cet ordre chronologique au point d'assigner, entre certaines limites, le nombre de siècles écoulés depuis chaque formation.

Pour donner à cette cosmogonie une véritable

consistance mathématique, j'ai tenté d'y découvrir un aspect d'après lequel elle comportât quelque vérification numérique, critérium indispensable de toute hypothèse relative à des phénomènes astronomiques (1). Il s'agissait donc de trouver, dans les valeurs actuelles et bien connues de nos élémens astronomiques, une classe de nombres qui fût suffisamment en harmonie avec les conséquences nécessaires d'un tel mode de formation. J'ai d'abord senti que je devais les chercher seulement parmi les élémens qui ne sont point sensiblement altérés par les perturbations proprement dites, les autres étant nécessairement impropres à témoigner, sans équivoque, de l'état primitif. Enfin, il était indispensable de se borner, du moins en premier lieu, à la considération des mouvemens de translation, comme beaucoup plus susceptibles d'être exactement analysés, d'après la nature de l'hypothèse, que les rotations, qui sont d'ailleurs encore si mal connues en plusieurs cas.

Le principe fondamental de cette importante vérification, consiste en ce que, suivant la cos-

(1) Les résultats que je vais indiquer ont été annoncés, pour la première fois, en août 1831, dans le cours public d'astronomie que je fais gratuitement, depuis quatre ans, pour les ouvriers de Paris, à la municipalité du 3e arrondissement. J'ai lu récemment, sur ce sujet, à l'Académie des sciences, en janvier 1835, un premier mémoire spécial.

mogonie proposée, le temps périodique de chaque astre produit a dû être nécessairement égal à la durée de la rotation de l'astre producteur à l'époque où son atmosphère pouvait s'étendre jusque-là. On fait ainsi porter naturellement la discussion sur les deux élémens astronomiques les mieux connus, et les moins affectés par les perturbations, les moyennes distances et les durées des révolutions sidérales. La question consistait donc à déterminer directement quelle pouvait être la durée de la rotation du soleil quand la limite mathématique de son atmosphère s'étendait jusqu'à telle ou telle planète, pour examiner si, en effet, on la trouverait sensiblement égale au temps périodique correspondant : et, pareillement, à l'égard de chaque planète comparée à ses satellites.

Au premier abord, cette détermination semble exiger l'évaluation relative des variations successives du moment d'inertie du soleil, auquel la vitesse angulaire de sa rotation a dû être toujours inversement proportionnelle; ce qui jetterait dans des calculs peut-être inextricables, et d'ailleurs nécessairement illusoires, en vertu de notre profonde ignorance sur la loi mathématique de la densité des couches intérieures de ce corps et de son atmosphère, qu'on ne pourrait alors se dispenser de prendre en considération. C'est probablement par ce motif que Laplace aura renoncé à une telle vérification de sa cosmogonie, s'il en a réellement conçu la pensée. Mais un autre point de vue du sujet m'a permis, d'après les théorèmes élémentaires d'Huyghens sur la mesure des forces centrifuges, combinés avec la loi de la gravitation, de former, sans aucune difficulté, une équation fondamentale très simple entre la durée de la rotation de l'astre producteur et la distance de l'astre produit, jusque auquel s'étendait la limite mathématique correspondante de son atmosphère. Les constantes de cette équation sont d'ailleurs bien connues, puisqu'elles consistent uniquement dans le rayon de l'astre central, et l'intensité de la pesanteur à sa surface, qui est une conséquence directe de sa masse.

Cette équation conduit d'abord immédiatement à la troisième grande loi de Képler sur l'harmonie des diverses révolutions, qui devient ainsi susceptible d'être conçue *à priori* sous le point de vue cosmogonique, outre son interprétation dynamique. En même temps, cette harmonie fondamentale me semble par là être complétée : car, la loi de Képler expliquait bien pourquoi, étant donnés séparément le temps périodique et la moyenne distance d'un seul astre, tel autre quelconque circulait inévitablement, d'après sa position, en tel temps; mais elle n'établissait aucune relation nécessaire entre la situation et la vitesse de chaque corps envisagé isolément, ce qui était surtout manifeste dans le cas d'une seule circulation, réalisé pour le système secondaire formé par la terre et la lune. Notre principe tend, en un mot, à constater une loi générale entre les diverses vitesses initiales, traitées jusqu'ici, en mécanique céleste, comme essentiellement arbitraires. Il est d'ailleurs évident que ce rapprochement abrège beaucoup les calculs numériques qu'exige, par sa nature, la vérification proposée, puisqu'il suffit dès lors, dans chaque système de circulation, de l'avoir effectuée à l'égard d'un seul astre, pour qu'on doive aussitôt, en vertu de la loi de Képler, l'étendre à tous les autres.

La première comparaison de ce genre, qui m'ait vivement frappé, se rapporte à la lune; car on trouve alors que son temps périodique actuel s'accorde, à moins d'un dixième de jour près, avec la durée que devait avoir la rotation terrestre à l'époque où la distance lunaire formait la limite mathématique de notre atmosphère. La coïncidence est moins exacte, mais cependant très frappante, dans tous les autres cas. A l'égard des planètes, on obtient ainsi, pour la durée des rotations solaires correspondantes, une valeur tou jours un peu moindre que celle de leurs temps périodiques effectifs. Il est remarquable que cet écart, quoique croissant à mesure que l'on considère une planète plus lointaine, conserve néanmoins, à très peu près, le même rapport avec le temps périodique correspondant, dont il forme ordinairement $\frac{1}{45}$. Le défaut se change en excès dans les divers systèmes de satellites, où il est proportionnellement plus grand qu'envers les planètes, et d'ailleurs inégal d'un système à l'autre.

Par l'ensemble de ces comparaisons, je suis donc conduit à ce résultat général : *en supposant la limite mathématique de l'atmosphère solaire successivement étendue jusqu'aux régions où se trouvent maintenant les diverses planètes, la durée de la rotation du soleil était, à chacune de ces époques, sensiblement égale à celle de la révolution sidérale actuelle de la planète correspondante ; et de même, pour chaque atmosphère planétaire à l'égard de tous les divers satellites respectifs.* Sans doute, s'il s'agissait de l'astronomie ordinaire, relative à un monde déjà bien formé, et parvenu même à cet état de consistance qui ne comporte plus que de lentes et très petites oscillations produites par les perturbations proprement dites, la coïncidence numérique indiquée ci-dessus serait loin de devoir être regardée comme assez complète. Mais, au contraire, pour remonter à un état céleste aussi antique, et surtout aussi profondément distinct de celui que nous observons, il serait évidemment déraisonnable d'exiger le même degré de précision. Dans une recherche de cette nature, on doit être, ce me semble, bien plus frappé de cet accord approximatif que du défaut d'accord parfait. Néanmoins, d'après les considérations philosophiques précédemment établies, je suis loin de regarder une telle vérification comme une vraie démonstration mathématique de la cosmogonie proposée : car, ce sujet n'en comporte pas. Ce qui pourrait maintenant donner le plus de force à cette théorie, ce serait d'en déduire quelque loi réelle encore inconnue, comme, par exemple, ainsi que j'en ai l'espérance, d'en tirer une analogie relative aux diverses rotations planétaires, qui semblent jusqu'ici tout-à-fait incohérentes, et parmi lesquelles doit, pourtant, régner, sans doute, un certain ordre caché. Mais, cette première vérification suffit pour donner immédiatement à l'hypothèse cosmogonique de Laplace une consistance scientifique qui lui manquait encore, et qui peut attirer désormais sur une telle étude l'attention des esprits philosophiques.

En considérant, sous un autre point de vue,

ces légères différences entre les temps périodiques indiqués par notre principe et ceux qui ont effectivement lieu, on peut même y entrevoir une base d'après laquelle on pourrait tenter un jour de remonter, avec une certaine approximation, aux époques des diverses formations successives. Si les temps périodiques n'avaient souffert aucune altération, une telle chronologie n'aurait, au contraire, aucun fondement. L'augmentation d'environ huit jours, par exemple, qu'a dû éprouver, d'après cette cosmogonie, notre année sidérale, depuis la séparation de la terre, permettrait de fixer, entre des limites plus ou moins écartées, la date de cet événement, si l'influence des diverses causes perturbatrices qui ont pu produire cette modification pouvait être jamais suffisamment connue. Cette considération semble d'autant plus rationnelle que l'écart s'accroît à mesure qu'il se rapporte à une planète plus ancienne. Mais les difficultés mathématiques transcendantes propres à une telle question, nous interdiront peut-être toujours d'effectuer, même grossièrement, une semblable détermination, quand même cette cosmogonie viendrait à être suffisamment constatée.

Une dernière conséquence générale de l'hypothèse cosmogonique proposée, consiste à établir, d'après la formule fondamentale indiquée ci-dessus, que la formation de notre monde est maintenant aussi complète qu'elle puisse l'être pendant la durée totale qu'il comporte. Il suffit, pour cela, de reconnaître, comme on le peut aisément dans tous les cas, que l'étendue effective de chaque atmosphère est actuellement inférieure à la limite mathématique qui résulte de la rotation correspondante, ce qui montre aussitôt l'impossibilité d'aucune formation nouvelle.

Ainsi, l'état de notre monde serait, depuis un temps plus ou moins long, qui sera peut-être un jour grossièrement assignable, aussi stable sous le rapport cosmogonique que sous le rapport mécanique. Ni l'une ni l'autre stabilité ne doivent d'ailleurs, d'après la leçon précédente, être envisagées comme absolues, quoique leur incontestable durée puisse amplement suffire aux exigences les plus exagérées de la prévoyance humaine, relativement aux destinées réelles de notre espèce. Nous savons, en effet, que par la seule résistance continue du milieu général, notre monde doit, à la longue, se réunir inévitablement à la masse solaire d'où il est émané, jusqu'à ce qu'une nouvelle dilatation de cette masse vienne, dans l'immensité des temps futurs, organiser, de la même manière, un monde nouveau, destiné à fournir une carrière analogue. Toutes ces immenses alternatives de destruction et de renouvellement doivent s'accomplir d'ailleurs sans influer en rien sur les phénomènes les plus généraux, dus à l'action mutuelle des soleils : en sorte que ces grandes révolutions de notre monde, à la pensée desquelles il semble à peine que nous puissions nous élever, ne seraient cependant que des événemens secondaires, et pour ainsi dire locaux, par rapport aux transformations vraiment universelles. Il n'est pas moins remarquable que l'histoire naturelle de notre monde soit, à son tour, aussi certainement indépendante des changemens les plus profonds que puisse éprouver tout le reste de l'univers; à tel point que, fréquemment peut-être, des systèmes entiers se développent ou se condensent dans d'autres régions de l'espace, sans que notre attention soit aucunement attirée vers ces immenses événemens.

L'ensemble des neuf leçons contenues jusqu'ici dans ce volume, me paraît constituer une exposition complète de la philosophie astronomique, envisagée sous tous ses divers aspects essentiels. Mon but principal sera atteint, si j'ai fait nettement ressortir, quant à la méthode et quant à la doctrine, le vrai caractère général de cette admirable science, fondement immédiat de la philosophie naturelle tout entière. Je me suis efforcé de caractériser exactement la marche d'après laquelle l'esprit humain, en s'y restreignant, avec une persévérante sagesse, aux recherches géométriques et mécaniques, les seules conformes à la nature du sujet, a pu graduellement, à l'aide de l'instrument mathématique incessamment perfectionné, parvenir à y introduire une précision et une rationnalité si supérieures à celles que puisse jamais comporter aucune autre branche de nos connaissances réelles, de manière à représenter enfin tous les nombreux phénomènes de notre monde, numériquement appréciés, comme les différentes faces d'un même fait général, rigoureusement défini, et continuellement reproduit sous nos yeux, dans les phénomènes terrestres les plus communs : en sorte que le but final de toutes nos études positives, la juste prévision des événemens, ait pu y être atteint aussi complètement qu'on doive le désirer, tant pour l'étendue que pour la certitude de cette prévoyance. J'ai dû aussi m'attacher soigneusement à indiquer, sous les divers rapports principaux, l'influence fondamentale propre à la science céleste, pour contribuer à affranchir irrévocablement la raison humaine de toute tutelle théologique ou métaphysique, en montrant les phénomènes les plus généraux comme exactement assujettis à des relations invariables et ne dépendant d'aucune volonté, en représentant l'ordre du ciel comme nécessaire et spontané. Quoique la considération spéciale et directe de cette action philosophique appartienne, d'ailleurs, naturellement à la dernière partie de cet ouvrage, il importait de manifester ici, en général, cet enchaînement inévitable d'après lequel l'ensemble du développement de l'astronomie nous a graduellement conduits à substituer désormais, à l'idée chimérique d'un univers destiné à notre satisfaction passive, la notion rationnelle de l'homme, intelligence suprême parmi toutes celles qu'il peut connaître, modifiant à son avantage, entre certaines limites déterminées, le système de phénomènes dont il fait partie, en résultat d'un sage exercice de son activité, dégagée de toute terreur oppressive, et dirigée uniquement par une exacte connaissance des lois naturelles. Enfin, je devais juger indispensable de constituer solidement, d'après tous les motifs importans, la restriction fondamentale du point de vue le plus général de la philosophie positive, à la seule considération bien circonscrite de notre monde, en représentant comme essentiellement inaccessible l'étude vague et indéfinie de l'univers.

Il faut maintenant passer à l'examen philosophique de la seconde science naturelle fondamentale, celle qui concerne les phénomènes physiques proprement dits, dont l'étude, nécessairement beaucoup plus compliquée, emprunte à la méthode et à la doctrine astronomique un modèle général et une base indispensable, indépendamment de l'application si précieuse de l'instrument mathématique, qui doit s'y adapter toutefois d'une manière bien moins complète et moins satisfaisante qu'à l'analyse des phénomènes célestes, les plus éminemment mathématiques de tous.

VINGT-HUITIÈME LEÇON.

Considérations philosophiques sur l'ensemble de la physique.

Cette seconde branche fondamentale de la philosophie naturelle n'a commencé à se dégager définitivement de la métaphysique, pour prendre un caractère vraiment positif, que depuis les découvertes capitales de Galilée sur la chute des poids; tandis que, au contraire, la science considérée dans la première partie de ce volume était réellement positive, sous le rapport purement géométrique, depuis la fondation de l'École d'Alexandrie. On doit donc s'attendre ici, outre l'influence directe de la plus grande complication des phénomènes, à trouver l'état scientifique de la physique bien moins satisfaisant que celui de l'astronomie; soit sous le point de vue spéculatif, quant à la pureté et à la coordination de ses théories; soit sous le point de vue pratique, quant à l'étendue et à l'exactitude des prévisions qui en résultent. A la vérité, la formation graduelle de cette science pendant les deux derniers siècles a pu s'accomplir sous l'impulsion philosophique des préceptes de Bacon et des conceptions de Descartes, qui a dû rendre sa marche générale bien plus rationnelle, en établissant directement les conditions fondamentales de la méthode positive universelle. Mais, quelque importante qu'ait été réellement cette haute influence pour accélérer le progrès naturel de la philosophie physique, l'empire si prolongé des habitudes métaphysiques primitives était tellement profond, et l'esprit positif, qui n'a pu se développer que par l'exercice, était encore si imparfaitement caractérisé, que cette science ne pouvait acquérir en aussi peu de temps une entière positivité, dont manquait l'astronomie elle-même, envisagée dans sa partie mécanique, jusqu'au milieu de cette période. Aussi, à partir du point où est maintenant parvenu notre examen philosophique, trouverons-nous, dans les diverses sciences fondamentales qui nous restent à considérer, des traces de plus en plus profondes de l'esprit métaphysique, dont l'astronomie est seule aujourd'hui, entre toutes les branches de la philosophie naturelle, complètement affranchie. Cette influence anti-scientifique ne se bornera plus, comme celle que j'ai eu jusqu'ici à signaler en divers cas, à des détails peu importans, qui n'affectent essentiellement que le mode d'exposition;

nous reconnaîtrons qu'elle altère notablement les conceptions fondamentales de la science, qui, même en physique, n'a point encore, à mon avis, entièrement pris son caractère philosophique définitif. Conformément à l'esprit général de notre travail, en comparant, d'une manière plus directe, plus rationnelle et plus profonde qu'on ne l'a fait encore, la philosophie de la physique avec le modèle si parfait que nous offre la philosophie astronomique, et perfectionnant toujours graduellement la méthode des sciences plus compliquées par l'application des préceptes généraux fournis par l'analyse des sciences moins compliquées, je ferai concevoir, j'espère, la possibilité d'imprimer désormais à toutes la même positivité, quoiqu'elles soient loin de comporter, par la nature de leurs phénomènes, la même perfection, suivant la hiérarchie fondamentale établie au commencement de cet ouvrage.

Nous devons d'abord circonscrire aussi nettement que possible le véritable champ des recherches dont se compose la physique proprement dite.

En ne la séparant point de la chimie, leur ensemble a pour objet la connaissance des lois générales du monde inorganique. Dès lors, cette étude totale se distingue aisément par des caractères fort tranchés, qui seront plus tard exactement analysés, aussi bien de la science de la vie, qui la suit dans notre échelle encyclopédique, que de la science astronomique qui l'y précède, et dont le simple objet, comme nous l'avons vu, se réduit à la considération des grands corps naturels quant à leurs formes et à leurs mouvemens. Mais, au contraire, la distinction entre la physique et la chimie est très délicate à constituer avec précision, et sa difficulté augmente de jour en jour par les relations de plus en plus intimes que l'ensemble des découvertes modernes développe continuellement entre ces deux sciences. Cette division est néanmoins réelle et indispensable, quoique nécessairement moins prononcée que toutes les autres séparations contenues dans notre série encyclopédique fondamentale. Je crois pouvoir l'établir solidement d'après trois considérations générales, distinctes quoique équivalentes, dont chacune isolément serait peut-être, en certains cas, insuffisante, mais qui, réunies, ne me paraissent devoir jamais laisser aucune incertitude réelle.

La première consiste dans le contraste caractéristique, déjà vaguement entrevu par les philosophes du dix-septième siècle, entre la généralité nécessaire des recherches vraiment physiques et la spécialité non moins inhérente aux explorations purement chimiques. Toute considération de physique proprement dite est, par sa nature, plus ou moins applicable à un corps quelconque : tandis que, au contraire, toute idée chimique concerne nécessairement une action particulière à certaines substances, quelque similitude que nous parvenions d'ailleurs à saisir entre les différens cas. Cette opposition fondamentale est toujours nettement marquée entre les deux catégories de phénomènes. Ainsi, non-seulement la pesanteur, premier objet de la physique, se manifeste de la même manière dans tous les corps, et tous comportent pareillement des effets thermologiques; mais, encore, tous sont plus ou moins sonores, et susceptibles aussi de phénomènes optiques et même électriques : ils ne nous offrent jamais, pour ces diverses propriétés, que de simples inégalités de degré. Dans les différentes compositions et décompositions dont la chimie s'occupe, il s'agit constamment, au contraire, en dernière analyse, de propriétés radicalement spécifiques, qui varient non-seulement entre les diverses substances élémentaires, mais encore parmi leurs combinaisons les plus analogues. Les phénomènes magnétiques semblent, il est vrai, présenter une exception notable à cette généralité caractéristique des études physiques proprement dites, puisqu'ils sont particuliers à certaines matières très peu nombreuses, ce qui paraîtrait devoir les faire rentrer, sous ce rapport, dans le domaine de la chimie, à laquelle néanmoins ils ne sauraient évidemment appartenir. Mais cette objection doit disparaître depuis qu'il est bien reconnu, d'après la belle série de découvertes créée par M. OErsted, que ces phénomènes sont une simple modification des phénomènes électriques, dont la généralité est irrécusable. Sous l'influence de cette vue fondamentale, le progrès journalier de la science tend d'ailleurs, ce me semble, à constater de plus en plus que cette modification n'est point, comme on le croyait d'une manière trop absolue, strictement propre à une ou deux substances, et que toutes en sont très probablement susceptibles quand on les place dans des conditions convenables, seulement à des degrés beaucoup plus inégaux que pour aucune autre propriété physique. Cette exception apparente, qui, du reste, est évidemment la seule, ne peut donc réellement altérer le caractère intime de généralité rigoureuse, nécessairement inhérent à tous les phénomènes qui constituent le domaine de la physique, par opposition à la chimie.

C'est donc bien vainement que, dans la manière habituelle de concevoir la physique, on croit encore devoir distinguer aujourd'hui les diverses propriétés dont elle s'occupe, suivant que leur universalité est nécessaire ou contingente, ce qui tend directement à jeter une fâcheuse incertitude sur la vraie définition de cette science. Une telle subtilité scolastique ne tient évidemment qu'à un reste d'influence de l'esprit métaphysique, d'après lequel on avait prétendu si long-temps à connaître les corps en eux-mêmes, indépendamment des phénomènes qu'ils nous montrent, et que l'on envisageait toujours comme essentiellement fortuits, tandis qu'ils sont réellement au contraire, pour les philosophes positifs, la seule base primitive de nos conceptions. Depuis que l'homme a reconnu, par exemple, l'universalité de la pesanteur, pouvons-nous continuer à la regarder comme une propriété contingente, c'est-à-dire, concevoir effectivement des corps qui en seraient dépourvus ? De même, est-il vraiment en notre pouvoir de nous représenter une substance qui n'aurait point une température quelconque, ou qui ne comporterait aucun effet sonore, ni aucune action lumineuse, ou même électrique ? En un mot, du point de vue de la philosophie positive, il y a évidemment exclusion entre l'idée de généralité rigoureuse et la notion de contingence, qui ne saurait appartenir qu'à des propriétés dont l'absence soit constatée dans quelques cas réels.

La seconde considération élémentaire propre à distinguer la physique de la chimie, offre moins d'importance et même de solidité que la précédente, quoique susceptible d'une utilité véritable. Elle consiste à remarquer qu'en physique, les phénomènes considérés sont toujours relatifs aux masses, et en chimie aux molécules, d'où cette dernière science tirait autrefois sa dénomination habituelle de *physique moléculaire*. Malgré que cette distinction ne soit pas, au fond, dépourvue de toute réalité, il faut néanmoins reconnaître que les actions purement physiques sont le plus souvent aussi moléculaires que les influences chimiques, quand on les étudie d'une manière suffisamment approfondie. La pesanteur elle-même nous en présente un exemple irrécusable. Les phénomènes physiques observés dans les masses ne sont habituellement que les résultats sensibles de ceux qui s'opèrent dans leurs moindres particules : on ne doit tout au plus excepter de cette règle que les phénomènes du son et peut-être ceux de l'électricité. Quant à la nécessité d'une certaine masse pour manifester l'action, elle est évidemment tout aussi indispensable en chimie ; en sorte que, sous ce rapport non plus, on ne semble point pouvoir admettre aucune différence vraiment caractéristique. Toutefois, cet ancien aperçu général, inspiré par la science naissante à des esprits profondément philosophiques, doit nécessairement offrir quelques fondemens véritables qui ont seulement besoin d'être plus précisément analysés ; car, le développement ultérieur de la science ne saurait détruire le résultat d'une telle comparaison primitive, convenablement établie. Il me semble, en effet, que le fait général inaltérable, dont cette distinction n'est que l'énoncé abstrait, exprimé peut-être d'une manière qui n'est plus aujourd'hui strictement scientifique, consiste réellement en ce que, pour tous les phénomènes chimiques, l'un au moins des corps entre lesquels ils s'opèrent doit être nécessairement dans un état d'extrême division, et même, le plus souvent, de fluidité véritable, sans lequel l'action ne saurait avoir lieu, tandis que cette condition préliminaire n'est, au contraire, jamais indispensable à la production d'aucun phénomène physique proprement dit, et qu'elle constitue même toujours une circonstance défavorable à cette production, quoiqu'elle ne suffise pas constamment à l'empêcher. Il y a donc, à cet égard, une distinction réelle, quoique peu tranchée, entre les deux ordres de recherches.

Enfin, une troisième remarque générale est peut-être plus convenable qu'aucune autre pour séparer nettement les phénomènes physiques des phénomènes chimiques. Dans les premiers, la constitution des corps, c'est-à-dire le mode d'arrangement de leurs particules, peut se trouver changée, quoique le plus souvent elle demeure même essentiellement intacte; mais, leur nature, c'est-à-dire la composition de leurs molécules, reste constamment inaltérable. Dans les seconds, au contraire, non-seulement il y a toujours changement d'état à l'égard de quelqu'un des corps considérés, mais l'action mutuelle de ces corps altère nécessairement leur nature, et c'est même une telle modification qui constitue essentiellement le phénomène. La plupart des agens considérés en physique sont sans doute susceptibles, quand leur influence est très énergique ou très prolongée, d'opérer à eux seuls des compositions et décompositions parfaitement identiques avec celles que détermine l'action chimique proprement dite; et c'est là d'où résulte directement la liaison si naturelle entre la physique et la chimie. Mais, à ce degré d'action, ils sortent, en effet, du domaine de la première science pour entrer dans celui de la seconde.

Nos classifications scientifiques, pour être vraiment positives, ne sauraient reposer sur la considération vague et incertaine des agens auxquels nous rapportons les phénomènes étudiés. Un tel principe, rigoureusement appliqué, introduirait nécessairement une confusion totale et tendrait à faire disparaître les distinctions les plus utiles et les plus réelles. On sait, par exemple, que plusieurs philosophes modernes, et entre autres le grand Euler, ont voulu attribuer à un même éther universel, non-seulement les phénomènes de la chaleur et de la lumière, ainsi que ceux de l'électricité et du magnétisme, mais encore ceux de la pesanteur, terrestre ou céleste : et il serait impossible de démontrer, d'une manière réellement péremptoire, la fausseté d'une telle opinion. Plus tard, d'autres ont encore chargé le même fluide imaginaire de la production des phénomènes sonores, pour lesquels l'air ne leur paraissait pas un intermédiaire suffisant. Enfin, nous voyons aujourd'hui quelques physiologistes distingués, sectateurs du *naturisme* allemand, rapporter aussi la vie à l'attraction universelle, à laquelle déjà l'action chimique a été souvent rattachée. Ainsi, en combinant ces diverses hypothèses, qui sont tout aussi plausibles réunies que séparées, on arriverait à concevoir vaguement, en résumé, que tous les phénomènes observables sont dus à un agent unique, et personne sans doute ne saurait prouver qu'il en est autrement. Toute classification fondée sur la considération des agens deviendrait donc entièrement illusoire. Le seul moyen de dissiper une telle incertitude, en écartant des contestations nécessairement interminables, consiste à remarquer directement que, nos études positives ayant seulement pour objet la connaissance des lois des phénomènes, et nullement celle de leur mode de production, c'est sur les phénomènes eux-mêmes que doivent être exclusivement basées nos distributions scientifiques, pour avoir réellement une consistance rationnelle, comme je l'ai établi dans les prolégomènes de cet ouvrage. En procédant ainsi, il n'y a plus d'obscurité ni d'hésitation; notre marche philosophique devient assurée.

On voit, dès lors, pour nous renfermer dans les limites de la question présente, que quand même tous les phénomènes chimiques seraient un jour positivement analysés comme dus à des actions purement physiques, ce qui sera peut-être le résultat général des travaux de la génération scientifique actuelle, notre distinction fondamentale entre la physique et la chimie ne saurait en être effectivement ébranlée. Car il resterait nécessairement vrai que, dans un fait justement qualifié de *chimique*, il y a toujours quelque chose de plus que dans un fait simplement *physique*, savoir : l'altération caractéristique qu'éprouvent la composition moléculaire des corps, et par suite, l'ensemble de leurs propriétés. Une telle distinction est donc naturellement à l'abri de toute révolution scientifique.

L'ensemble des considérations précédentes me paraît suffire pour définir avec exactitude l'objet propre de la physique, strictement circonscrite dans ses limites naturelles. On voit que cette science consiste à *étudier les lois qui régissent les propriétés générales des corps, ordinairement envisagés en masse, et constamment placés dans des circonstances susceptibles de maintenir intacte la composition de leurs molécules, et même, le plus souvent, leur état d'agrégation.* En outre, le véritable esprit philosophique exige toujours, comme je l'ai déjà fréquemment rappelé, que toute science digne de ce nom soit évidemment destinée à établir sûrement un ordre correspondant de prévoyance. Il est donc indispensable d'ajouter, pour compléter réellement une telle définition, que le but final des théories physiques est de *prévoir, le plus exactement possible, tous les phénomènes que présentera un corps placé dans un ensemble quelconque de circonstances données*, en excluant toutefois celles qui pourraient le dénaturer. Que ce but soit rarement atteint d'une manière complète et surtout précise, cela n'est point douteux; mais il en résulte seulement que la science est imparfaite. Son imperfection réelle fût-elle même beaucoup plus grande, telle n'en serait pas moins évidemment sa destination nécessaire. J'ai remarqué ailleurs que, pour concevoir nettement le vrai caractère général d'une science quelconque, il est d'abord indispensable de la supposer parfaite, et l'on a ensuite convenablement égard aux difficultés fondamentales plus ou moins grandes que présente toujours effectivement cette perfection idéale, comme nous l'avons déjà fait envers l'astronomie.

Par cette seule exposition sommaire de l'objet général des recherches physiques, il est aisé de sentir combien elles doivent offrir nécessairement plus de complication que les études astronomiques. Celles-ci se bornent à considérer les corps dont elles s'occupent sous les deux aspects élémentaires les plus simples que nous puissions imaginer, quant à leurs formes et à leurs mouvemens, en faisant rigoureusement abstraction de tout autre point de vue. En physique, au contraire, les corps, accessibles à tous nos sens, sont nécessairement envisagés dans l'ensemble des conditions générales qui caractérisent leur existence réelle, et par conséquent, étudiés sous un grand nombre de rapports divers, qui d'ordinaire se compliquent mutuellement. Si l'on apprécie convenablement la difficulté totale du problème, il deviendra facile de concevoir, *à priori,* que nonseulement une telle science doit être inévitablement beaucoup moins parfaite que l'astronomie, mais encore même qu'elle serait réellement impossible si l'accroissement des obstacles fondamentaux n'était naturellement compensé, jusqu'à un certain point, par l'extension des moyens d'exploration. C'est ici le lieu d'appliquer la loi philosophique que j'ai établie dans la dix-neuvième leçon, au sujet de cette compensation nécessaire et constante, qui résulte essentiellement de ce que, à mesure que les phénomènes se compliquent, ils deviennent, par cela même, explorables sous un plus grand nombre de rapports divers.

Des trois procédés généraux qui constituent notre art d'observer, comme je l'ai exposé alors, le dernier, la comparaison, n'est à la vérité guère plus applicable ici qu'à l'égard des phénomènes astronomiques. Quoiqu'il y puisse être quelquefois heureusement employé, il faut reconnaître que, par sa nature, il est essentiellement destiné à l'étude des phénomènes propres aux corps organisés, comme nous le constaterons plus tard. Mais la physique comporte évidemment le plus complet développement des deux autres modes fondamentaux d'observation. Quant au premier, c'est-à-dire à l'observation proprement dite, qui, en astronomie, était forcément bornée à l'usage d'un seul sens, elle commence à recevoir ici toute son extension possible. La multiplicité des points de vue relatifs aux propriétés physiques tient essentiellement en effet à la même condition caractéristique qui nous permet d'y employer simultanément tous nos sens. Néanmoins, cette science, réduite à la seule ressource de l'observation pure, serait, sans aucun doute, extrêmement imparfaite, quelque varié qu'y puisse être son usage. Mais ici s'introduit spontanément, dans la philosophie naturelle, l'emploi du second procédé général d'exploration, l'expérience, dont l'application convenablement dirigée constitue la principale force des physiciens pour toutes les questions un peu compliquées. Cet heureux artifice fondamental consiste toujours à observer en dehors des circonstances naturelles, en plaçant les corps dans des conditions artificielles, expressément instituées pour faciliter l'examen de la marche des phénomènes qu'on se propose d'analyser sous un point de vue déterminé. On conçoit aisément combien un tel art est éminemment adapté aux recherches physiques, qui, destinées, par leur nature, à étudier dans les corps leurs propriétés générales et permanentes, susceptibles seulement de divers degrés d'intensité, peuvent admettre, pour ainsi dire sans limites, l'ensemble quelconque de circonstances qu'on juge convenable d'introduire. C'est réellement en physique que se trouve le triomphe de l'expérimentation, parce que notre faculté de modifier les corps afin de mieux observer leurs phénomènes, n'y est assujettie à presque aucune restriction, ou que, du moins, elle s'y développe beaucoup plus librement que dans toute autre partie de la philosophie naturelle.

Quand nous examinerons, dans le volume suivant, la science de la vie, nous reconnaîtrons quelles difficultés fondamentales y présente l'institution des expériences, à cause de la nécessité de les combiner de manière à maintenir l'état vivant, et même au degré normal, ce qui, d'un autre côté, exige impérieusement un ensemble très complexe de conditions, tant extérieures qu'intérieures, dont les variations admissibles sont renfermées entre des limites peu écartées, et dont les modifications se provoquent mutuellement : en sorte qu'on ne peut presque jamais établir, en physiologie, tandis qu'on l'obtient si aisément en physique deux cas exactement pareils sous tous les rapports, sauf sous celui qu'on veut analyser; ce qui constitue pourtant la base indispensable d'une expérimentation complètement rationnelle et vraiment décisive. L'usage des expériences doit donc être, en physiologie, extrêmement restreint, quoique, sans doute, elles y puissent être réellement avantageuses, quand on procède à leur institution avec toute la circonspection qu'elle exige : nous examinerons plus tard comment cette ressource y est, jusqu'à un certain point, remplacée par l'observation pathologique. En chimie, le domaine de l'expérimentation semble ordinairement encore plus complet que dans la physique, puisqu'on n'y considère, pour ainsi dire, jusqu'ici que des faits résultant de circonstances artificielles, établies par notre intervention. Mais, la non-spontanéité des circonstances ne constitue pas, ce me semble, le principal caractère philosophique de l'expérimentation, qui consiste surtout dans le choix le plus libre possible du cas propre à dévoiler le mieux la marche du phénomène, que ce cas soit d'ailleurs naturel ou factice. Or, ce choix est, en réalité, bien plus facultatif en physique qu'à l'égard des phénomènes chimiques, dont la plupart, ne pouvant s'obtenir que par le concours indispensable d'un plus grand nombre d'influences diverses, ne permettent pas de varier autant les circonstances de leur production, ni surtout d'isoler aussi complètement les différentes conditions déterminantes, comme nous le reconnaîtrons spécialement dans le volume suivant. Ainsi, en résumé, non-seulement la création de l'art général de l'expérimentation est due au développement de la physique; mais c'est surtout à cette science qu'un tel procédé est, en effet, destiné, quelque précieuses ressources qu'il offre aux branches plus compliquées de la philosophie naturelle.

Après l'usage rationnel des méthodes expérimentales, la principale base du perfectionnement de la physique résulte de l'application plus ou moins complète de l'analyse mathématique. C'est ici que finit le domaine actuel de cette analyse en philosophie naturelle; et la suite de cet ouvrage montrera combien il serait chimérique d'espérer que son empire s'étende jamais au-delà avec une efficacité notable, même en se bornant aux phénomènes chimiques. La fixité et la simplicité relatives des phénomènes physiques, doivent comporter naturellement un emploi étendu de l'instrument mathématique, quoiqu'il s'y adapte beaucoup moins bien qu'aux études astronomiques.

Cette application peut s'y présenter sous deux formes très différentes, l'une directe, l'autre indirecte. La première a lieu quand la considération immédiate des phénomènes a permis d'y saisir une loi numérique fondamentale, qui devient la base d'une suite plus ou moins prolongée de déductions analytiques ; comme on l'a vu si éminemment lorsque le grand Fourier a créé sa belle théorie mathématique de la répartition de la chaleur, fondée tout entière sur le principe de l'action thermologique entre deux corps, proportionnelle à la différence de leurs températures. Le plus souvent, au contraire, l'analyse mathématique ne s'y introduit qu'indirectement, c'est-à-dire après que les phénomènes ont été d'abord ramenés, par une étude expérimentale plus ou moins difficile, à quelques lois géométriques ou mécaniques ; et alors ce n'est point proprement à la physique que l'analyse s'applique, mais à la géométrie ou à la mécanique. Telles sont, entre autres, sous le rapport géométrique, les théories de la réflexion ou de la réfraction, et, sous le rapport mécanique, l'étude de la pesanteur ou celle d'une partie de l'acoustique.

Que l'introduction des théories analytiques, dans les recherches physiques, soit médiate ou immédiate, il importe de ne les y employer qu'avec une extrême circonspection, après avoir sévèrement scruté la réalité du point de départ, qui peut seule établir la solidité des déductions, qu'une telle méthode permet de prolonger et de varier avec une si admirable fécondité; et le génie propre de la physique doit diriger sans cesse l'usage rationnel de ce puissant instrument. Il faut convenir que l'ensemble de ces conditions a été rarement rempli d'une manière convenable par les géomètres, qui, le plus souvent, prenant le moyen pour le but, ont embarrassé la physique d'une foule de travaux analytiques fondés sur des hypothèses très hasardées, ou même sur des conceptions entièrement chimériques, et où, par conséquent, les bons esprits ne peuvent voir réellement que de simples exercices mathématiques, dont la valeur abstraite est quelquefois très éminente, sans que leur influence puisse nullement accélérer le progrès naturel de la physique. L'injuste dédain que la prépondérance de l'analyse provoque trop fréquemment pour les études purement expérimentales, tend même directement à imprimer à l'ensemble des recherches une impulsion vicieuse qui, si elle n'était point nécessairement contenue, enlevant à la physique ses fondemens indispensables, la ferait rétrograder vers un état d'incertitude et d'obscurité peu différent, au fond, malgré l'imposante sévérité des formes, de son ancien état métaphysique. Les physiciens n'ont pas d'autre moyen radical d'éviter ces empiètemens funestes, que de devenir désormais eux-mêmes assez géomètres pour diriger habituellement l'usage de l'instrument analytique, comme celui de tous les autres appareils qu'ils emploient, au lieu d'en abandonner l'application à des esprits qui n'ont ordinairement aucune idée nette et approfondie des phénomènes à l'exploration desquels ils le destinent. Cette condition, rationnellement indiquée par la seule position de la physique dans notre série encyclopédique, pourrait sans doute être convenablement remplie, si l'éducation préliminaire des physiciens était plus fortement organisée. Dès lors, ils n'auraient plus besoin de recourir aux géomètres que dans les cas, nécessairement très rares, qui exigeraient le perfectionnement abstrait des procédés analytiques. Non-seulement ils feraient ainsi cesser directement la sorte de fausse position scientifique qui leur est si souvent pénible aujourd'hui, mais ils amélioreraient notablement l'ensemble du système scientifique, en hâtant le développement de la saine philosophie mathématique. Car, la philosophie de l'analyse commence maintenant à être bien connue, quoique sans doute, comme je l'ai indiqué dans le volume précédent, elle soit encore susceptible de perfectionnemens capitaux ; mais, quant à la vraie philosophie mathématique, qui consiste surtout dans la relation convenablement organisée de l'abstrait au concret, elle est encore presque entièrement dans l'enfance, sa formation ayant dû nécessairement être postérieure. Or, elle ne pouvait naître que d'une comparaison suffisamment étendue entre les études mathématiques de divers ordres de phénomènes ; elle ne peut se développer que par l'accroissement graduel de telles études, poursuivies dans un esprit vraiment positif, qui, au degré où il est nécessaire, doit naturellement se trouver bien plus complet chez les physiciens que chez les géomètres. L'attention de ceux-ci doit, en général, se diriger spontanément de préférence vers l'instrument, abstraction faite de l'usage ; les autres peuvent seuls, d'ordinaire, sentir assez vivement le besoin de modifier les moyens, conformément à la destination qu'ils ont en vue. Telles sont les fonctions respectives que leur assigne une distribution rationnelle de l'ensemble du travail scientifique.

Quoique l'application de l'analyse à l'étude de la physique ne soit point encore assez philosophiquement instituée, et que, par suite, elle ait été fréquemment illusoire, elle n'en a pas moins déjà rendu d'éminens services au progrès réel de nos connaissances, comme j'aurai soin de l'indiquer en examinant successivement les diverses parties essentielles de la science. Lorsque les conditions fondamentales d'une telle application ont pu être suffisamment remplies, l'analyse a porté, dans les différentes branches de la physique, cette précision admirable et surtout cette parfaite coordination qui caractérisent toujours son emploi bien entendu. Que seraient ans selle, l'étude de la pesanteur, celle de la chaleur, de la lumière, etc.? Des suites de faits presque incohérens, dans lesquelles notre esprit ne pourrait rien prévoir qu'en consultant l'expérience, pour ainsi dire à chaque pas, tandis qu'elles nous offrent maintenant un caractère de rationnalité très satisfaisant, qui les rend susceptibles de remplir à un haut degré la destination finale de tout travail scientifique. Néanmoins, il ne faut pas se dissimuler que les phénomènes physiques, à raison de leur plus grande complication, sont bien moins accessibles aux méthodes mathématiques que les phénomènes astronomiques, soit quant à l'étendue ou à la sûreté des procédés. Sous le point de vue mécanique surtout, il n'y a pas de problème physique qui ne soit réellement beaucoup plus complexe qu'aucun problème astronomique, lorsqu'on y veut tenir compte de toutes les circonstances susceptibles d'exercer sur le phénomène une véritable influence. Le cas de la pesanteur, quelque simple qu'il paraisse et qu'il soit en effet, relativement à tous les autres, en offre la preuve bien sensible, même en se bornant aux solides, par l'impossibilité où nous sommes encore d'avoir suffisamment égard dans nos calculs à la résistance de l'air, qui modifie pourtant d'une manière si prononcée le mouvement effectif. Il en est ainsi, à plus forte raison, des autres recherches physiques susceptibles de devenir mathématiques, et qui ordinairement ne sauraient comporter une telle transformation qu'après avoir écarté une portion plus ou moins essentielle des conditions du problème, d'où résulte l'impérieuse nécessité d'une grande réserve dans l'emploi des déductions de cette analyse incomplète. On pourrait cependant augmenter beaucoup l'utilité réelle de l'analyse dans les questions physiques, en ne lui accordant plus une prépondérance aussi exclusive, et en consultant plus convenablement l'expérience, qui, cessant d'être bornée à la simple détermination des coefficiens, comme on le voit trop souvent aujourd'hui, fournirait aux méthodes mathématiques des points de départ moins écartés; cette marche a déjà réussi pour quelques cas, malheureusement trop rares. Sans doute, la coordination devient ainsi plus imparfaite; mais doit-on regretter cette perfection illusoire, lorsqu'on ne peut l'obtenir qu'en altérant plus ou moins profondément la réalité des phénomènes? Cet art de combiner intimement l'analyse et l'expérience, sans subalterniser l'une à l'autre, est encore presque inconnu; il constitue naturellement le dernier progrès fondamental de la méthode propre à l'étude approfondie de la physique. Il ne pourra être, en réalité, convenablement cultivé, que lorsque les physiciens, et non les géomètres, se chargeront enfin, dans ces recherches, de diriger l'instrument analytique, comme je viens de le proposer.

Après avoir suffisamment considéré, d'une manière générale, l'objet propre de la physique et les moyens fondamentaux qui lui appartiennent, je dois maintenant fixer sa vraie position encyclopédique. La discussion établie au commencement de cette leçon doit me dispenser naturellement de grands développemens à ce sujet. Il faut, néanmoins, justifier ici sommairement le rang que j'ai assigné à cette branche de la philosophie naturelle dans la hiérarchie scientifique, telle que je l'ai constituée au début de cet ouvrage.

Si l'on envisage d'abord la physique relativement aux sciences que j'ai placées comme antécédentes, il est aisé de reconnaître, en premier lieu, que non-seulement ses phénomènes sont plus compliqués que les phénomènes astronomiques, ce qui est évident, mais que leur étude ne saurait acquérir son vrai caractère rationnel qu'en se fondant sur une connaissance approfondie, quoique générale, de l'astronomie, soit comme modèle, soit même comme base. Nous avons reconnu, dans la première partie de ce volume, que la science céleste, tant sous le point de vue mécanique que sous le point de vue géométrique, nous offre nécessairement, à raison de la simplicité caractéristique de ses phénomènes, le type le plus parfait de la méthode universelle qu'on doit appliquer, autant que possible, à la découverte des lois naturelles. Quelle préparation immédiate aussi convenable pourrions-nous donc imaginer pour notre intelligence avant de se livrer aux explorations plus difficiles de la physique, que celle qui résulte de l'examen philosophique d'un tel modèle? Comment procéder rationnellement à l'analyse des phénomènes plus compliqués, sans s'être rendu d'abord un compte général satisfaisant de la manière dont les plus simples peuvent être étudiés? La marche de l'individu doit offrir ici les mêmes phases principales que celle de l'espèce.

C'est par l'astronomie que l'esprit positif a réellement commencé à s'introduire dans la philosophie naturelle proprement dite, après avoir été suffisamment développé par les études purement mathématiques. Notre éducation individuelle pourrait-elle réellement être dispensée de suivre la même série générale? Si la science céleste nous a seule primitivement appris ce que c'est que l'*explication* positive d'un phénomène sans aucune enquête inaccessible sur sa *cause*, ou première ou finale, ni sur son mode de production, à quelle source plus pure puiserions-nous aujourd'hui un tel enseignement fondamental? La physique, plus qu'aucune autre science naturelle, doit surtout se proposer l'imitation d'un tel modèle, puisque ses phénomènes étant les moins compliqués de tous après les phénomènes astronomiques, cette imitation y est nécessairement bien plus complète.

Indépendamment de cette relation fondamentale, sous le rapport de la méthode, l'ensemble des théories célestes constitue une donnée préliminaire indispensable à l'étude rationnelle de la physique terrestre, comme je l'ai déjà indiqué dans la dix-neuvième leçon. La position et les mouvemens de notre planète dans le monde dont nous faisons partie, sa figure, sa grandeur, l'équilibre général de sa masse, sont évidemment nécessaires à connaître avant que l'un quelconque des phénomènes physiques qui s'opèrent à sa surface puisse être véritablement compris. Le plus élémentaire d'entre eux, et qui se reproduit dans presque tous les autres, la pesanteur, n'est point susceptible d'être étudié d'une manière approfondie, abstraction faite du phénomène céleste universel dont il ne présente réellement qu'un cas particulier. Enfin, j'ai déjà remarqué ailleurs que plusieurs phénomènes importans, et surtout celui des marées, établissent naturellement une transition formelle et presque insensible de l'astronomie à la physique. Une telle subordination est donc incontestable, sous quelque point de vue qu'on l'envisage.

Par suite de cette harmonie, la physique est donc sous la dépendance étroite, quoique indirecte, de la science mathématique, base évidente de l'astronomie. Mais, outre cette connexion médiate, nous avons reconnu ci-dessus le lien direct qui rattache intimement la physique au fondement général et primitif de toute la philosophie naturelle. Dans la plupart des branches de la physique, il s'agit, comme en astronomie, de phénomènes essentiellement géométriques ou mécaniques, quoique les circonstances en soient ordinairement beaucoup plus compliquées. Cette complication empêche sans doute que les théories géométriques et mécaniques, suivant l'examen précédent, puissent y être appliquées d'une manière à beaucoup près aussi parfaite, soit quant à l'étendue ou à la précision, que dans les cas célestes. Mais les lois abstraites de l'espace et du mouvement n'en doivent pas moins y être exactement observées; et leur application, envisagée d'une manière générale, ne saurait manquer d'y fournir des indications fondamentales extrêmement précieuses. Néanmoins, quelque évidente que soit cette subordination sous le rapport de la doctrine, c'est relativement à la méthode que la filiation mathématique de la physique me semble surtout importante à considérer. N'oublions jamais, en effet, que l'esprit général de la philosophie positive s'est formé primitivement par la culture des mathématiques, et qu'il faut nécessairement remonter jusqu'à une telle origine pour connaître réellement cet esprit dans toute sa pureté élémentaire. Les théorèmes et les formules mathématiques sont rarement susceptibles d'une application complète à l'étude effective des phénomènes naturels, quand on veut dépasser la plus extrême simplicité dans les conditions réelles des problèmes. Mais le véritable esprit mathématique, si distinct de l'esprit algébrique, avec lequel on le confond trop souvent (1), est, au contraire, constamment applicable; et sa connaissance approfondie constitue, à mes yeux, le plus intéressant résultat que les physiciens puissent retirer d'une étude philosophique de la science mathématique. C'est seulement par l'habitude intime des vérités éminemment simples et lucides de la géométrie et de la mécanique que notre esprit peut d'abord développer convenablement sa positivité naturelle, et se préparer à établir dans les études les plus complexes des démonstrations réelles. Rien ne saurait tenir lieu d'un tel régime pour dresser complétement l'organe intellectuel. On doit même reconnaître que les notions géométriques étant encore plus nettes et plus fondamentales que les notions mécaniques, l'étude des premières importe encore davantage aux physiciens comme moyen d'éducation, quoique les secondes aient réellement, dans les di-

(1) Les mêmes géomètres qui se plaisent le plus à soumettre au calcul des hypothèses physiques très hasardées ou même entièrement chimériques, sont ordinairement ceux qui, en mathématiques pures, poussent jusqu'au ridicule les habitudes de circonspection pédantesque et de sévérité minutieuse. Ce contraste remarquable me semble propre à faire ressortir la différence profonde qui existe entre l'esprit algébrique et le véritable esprit mathématique, pour lequel le calcul n'est qu'un instrument, essentiellement subordonné, comme tout autre, à sa destination.

verses branches de la science, un usage effectif plus immédiat et plus étendu. Toutefois, quelle que soit l'importance évidente d'une telle préparation primitive, il ne faudrait pas croire que, même sous le seul rapport du régime intellectuel, elle pût être vraiment suffisante, si l'étude philosophique de l'astronomie ne venait point la compléter, en montrant, par une application à la fois simple et capitale, comment l'esprit mathématique doit se modifier pour s'adapter réellement à l'exploration des phénomènes naturels. On voit ainsi, en résumé, que l'éducation scientifique préliminaire propre à former des physiciens rationnels est nécessairement plus compliquée que celle convenable aux astronomes, puisque, indépendamment d'une base mathématique exactement commune, et qui suffit à ceux-ci, les premiers doivent y joindre l'étude, au moins générale, de la science céleste. Sous ce premier point de vue, la position encyclopédique que j'ai assignée à la physique est donc incontestable.

Son rang n'est pas moins évident sous le rapport inverse, c'est-à-dire quant à ses relations fondamentales avec les sciences que j'ai classées après elle.

Ce ne saurait être par accident que, non-seulement dans notre langue, mais, en général, dans celles de tous les peuples penseurs, le nom générique primitivement destiné à désigner l'ensemble de l'étude de la nature, soit unanimement devenu, depuis environ un siècle, la dénomination spécifique de la science que nous considérons ici. Un usage aussi universel résulte nécessairement du sentiment profond, quoique vague, de la prépondérance que doit exercer la physique proprement dite dans le système de la philosophie naturelle, qu'elle domine en effet tout entier, en exceptant la seule astronomie, qui n'est, en réalité, qu'une émanation immédiate de la science mathématique. Il suffit de considérer directement cette relation générale, pour concevoir aussitôt que l'étude des propriétés communes à tous les corps, qu'ils nous manifestent, avec de simples différences de degré, dans tous les états dont ils sont susceptibles, et qui constituent, par conséquent, l'existence fondamentale de toute matière, doit indispensablement précéder celle des modifications propres aux diverses substances et à leurs divers arrangemens. La nécessité d'un tel ordre est même sensible, comme on voit, indépendamment de la loi philosophique qui impose si clairement, sous le rapport de la méthode, l'obligation de n'étudier les phénomènes les plus complexes qu'après les moins complexes. Relativement à la science de la vie en particulier, quelque opinion qu'on adopte sur la nature des phénomènes qui distinguent les corps organisés, il est évident que, avant tout, ces corps, en tant que tels, sont soumis aux lois universelles de la matière, modifiées seulement dans leurs manifestations par les circonstances caractéristiques de l'état vivant. En examinant, dans le volume suivant, la philosophie de cette science, nous reconnaîtrons combien sont illusoires les considérations d'après lesquelles on a si souvent tenté d'établir que les phénomènes vitaux sont en opposition avec les lois générales de la physique. D'ailleurs, la vie ne pouvant jamais avoir lieu que sous l'influence continuelle et indispensable d'un système déterminé de circonstances extérieures, comment serait-elle susceptible d'étude positive, si l'on voulait faire abstraction des lois relatives à ces modificateurs externes? Ainsi, toute physiologie qui n'est point fondée sur une connaissance préalable de la physique, ne saurait avoir aucune vraie consistance scientifique. Cette subordination est encore plus frappante pour la chimie ; comme nous le constaterons spécialement au commencement du volume suivant. Sans admettre l'hypothèse prématurée, et peut-être au fond très hasardée, par laquelle quelques physiciens éminens veulent aujourd'hui rapporter tous les phénomènes chimiques à des actions purement physiques, il est néanmoins évident que tout acte chimique s'accomplit constamment sous des influences physiques, dont le concours est aussi indispensable qu'inévitable. Quel phénomène de composition ou de décomposition serait intelligible, si l'on ne tenait aucun compte de la pesanteur, de la chaleur, de l'électricité, etc.? Or, pourrait-on apprécier la puissance chimique de ces divers agens, sans connaître d'abord les lois relatives à l'influence générale propre à chacun d'eux? Il suffit, quant à présent, d'indiquer sommairement ces différens motifs, pour mettre hors de doute la dépendance étroite de la chimie envers la physique, tandis que celle-ci est, au contraire, par sa nature, essentiellement indépendante de l'autre.

Les considérations précédentes, en même temps qu'elles établissent clairement quel rang la physique doit occuper dans la hiérarchie rationnelle des sciences fondamentales, font sentir suffisamment sa haute importance philosophique, puisqu'elles la présentent comme une base indispensable à toutes les sciences que ma formule encyclopédique a placées après elle. Quant à l'action directe d'une telle science sur l'ensemble du système intellectuel de l'homme, il faut reconnaître, avant tout, qu'elle est nécessairement moins profonde que celle des deux termes extrêmes de la philosophie naturelle proprement dite, l'astronomie et la physiologie. Ces deux sciences, en fixant immédiatement nos idées relativement aux deux sujets universels et corrélatifs de toutes nos conceptions, le monde et l'homme, doivent sans doute, par leur nature, agir spontanément sur la pensée humaine, d'une manière plus radicale que ne peuvent le faire les sciences intermédiaires, comme la physique et la chimie, quelque indispensable que soit leur intervention. Toutefois, l'influence de celles-ci sur le développement général et l'émancipation définitive de l'intelligence humaine, n'en est pas moins extrêmement prononcée. En me bornant, comme il convient ici, à la physique seule, il est évident que le caractère fondamental d'opposition absolue entre la philosophie positive et la philosophie théologique ou métaphysique s'y fait très fortement sentir, quoiqu'il y soit réellement moins complet qu'en astronomie, en raison même d'une moindre perfection scientifique. Cette infériorité relative, peu sensible aux esprits vulgaires, doit être sans doute, à cet égard, pleinement compensée par la variété beaucoup plus grande des phénomènes dont la physique s'occupe, d'où résulte un antagonisme bien plus multiplié et, en conséquence, plus apparent, avec la théologie et la métaphysique. L'histoire intellectuelle des derniers siècles nous montre, en effet, que c'est principalement sur le terrain de la physique qu'a eu lieu, d'une manière formelle, la lutte générale et décisive de l'esprit positif contre l'esprit métaphysique : en astronomie, la discussion a été peu marquée, et le positivisme a triomphé presque spontanément, si ce n'est au sujet du mouvement de la terre.

Il importe, d'ailleurs, de remarquer ici que, à partir de la physique, les phénomènes naturels commencent à être réellement modifiables par l'intervention humaine, ce qui ne pouvait avoir lieu en astronomie, et ce que nous verrons désormais se manifester de plus en plus dans tout le reste de notre série encyclopédique. Si l'extrême simplicité des phénomènes astronomiques ne nous avait nécessairement permis de pousser, à leur égard, la prévision scientifique jusqu'au plus haut degré d'étendue et d'exactitude, l'impossibilité où nous sommes d'intervenir, en aucune manière, dans leur accomplissement, eût rendu éminemment difficile leur affranchissement radical de toute suprématie théologique et métaphysique : mais cette parfaite prévoyance a dû être pour cela bien autrement efficace que la petite action effective de l'homme sur tous les autres phénomènes naturels. Quant à ceux-ci, au contraire, cette action, quelque restreinte qu'elle soit, acquiert, par compensation, une haute importance philosophique, à cause du peu de perfection que nous pouvons apporter dans leur prévision rationnelle. Le caractère fondamental de toute philosophie théologique, ainsi que je l'ai remarqué ailleurs, est de concevoir les phénomènes comme assujettis à des volontés surnaturelles, et par suite, comme éminemment et irrégulièrement variables. Or, pour le public, qui ne saurait entrer réellement dans aucune discussion spéculative approfondie sur la meilleure manière de philosopher, un tel genre d'explications ne peut être finalement renversé que par deux moyens généraux, dont le succès populaire est infaillible à la longue : la prévoyance exacte et rationnelle des phénomènes, qui fait immédiatement disparaître toute idée d'une volonté directrice; ou la possibilité de les modifier suivant nos convenances, qui conduit au même résultat sous un autre point de vue, en présentant alors cette puissance comme subordonnée à la nôtre. Le premier procédé est le plus philosophique;

c'est même celui qui peut le mieux entraîner la conviction du vulgaire, quand il est complétement applicable, ce qui n'a guère lieu jusqu'ici, à un haut degré, qu'à l'égard des phénomènes célestes ; mais le second, lorsque sa réalité est bien évidente, détermine non moins nécessairement l'assentiment universel. C'est ainsi, par exemple, que Franklin a irrévocablement détruit, dans les intelligences même les moins cultivées, la théorie religieuse du tonnerre, en prouvant l'action directrice que l'homme peut exercer, entre certaines limites, sur ce météore, tandis que ses ingénieuses expériences pour établir l'identité d'un tel phénomène avec la décharge électrique ordinaire, quoique ayant une valeur scientifique bien supérieure, ne pouvaient être décisives qu'aux yeux des physiciens. La découverte d'une telle faculté de diriger la foudre, a donc exercé réellement la même influence sur le renversement des préjugés théologiques que, dans un autre cas, la prévision exacte des retours des comètes. Une loi philosophique inconnue jusqu'ici, et que j'exposerai soigneusement dans le volume suivant, nous montrera à ce sujet que, plus notre prévision scientifique devient imparfaite, en vertu de la complication croissante des phénomènes, plus notre action sur eux acquiert naturellement d'étendue et de variété, par une autre conséquence du même caractère. Ainsi, à mesure que l'antagonisme de la philosophie positive contre la philosophie théologique est moins prononcé sous le premier point de vue, il se manifeste davantage sous le second; en sorte que, quant à l'influence générale de cette lutte sur l'esprit du vulgaire, le résultat final est à peu près le même, quoique la compensation soit loin d'être exacte.

En considérant maintenant l'appréciation philosophique de la physique, sous le rapport de sa méthode et quant à la perfection de son caractère scientifique, indépendamment de l'importance de ses lois, nous reconnaissons, en général, que la vraie valeur comparative de cette science fondamentale se trouve exactement en harmonie avec le rang qu'elle occupe dans la hiérarchie encyclopédique que j'ai établie. La perfection spéculative d'une science quelconque doit se mesurer essentiellement par ces deux considérations principales, toujours et nécessairement corrélatives, quoique d'ailleurs fort distinctes : la coordination plus ou moins complète, et la prévision plus ou moins exacte. Ce dernier caractère nous offre surtout le critérium le plus clair et le plus décisif, comme se rapportant directement au but final de toute science. Or, en premier lieu, sous chacun de ces deux points de vue, la physique, par la variété et la complication de ses phénomènes, doit toujours être évidemment très inférieure à l'astronomie, quels que puissent être ses progrès futurs. Au lieu de cette parfaite harmonie mathématique que nous avons admirée dans la science céleste, désormais ramenée à une rigoureuse unité, la physique va nous présenter de nombreuses branches, presque entièrement isolées les unes des autres, et dont chacune à part n'établit qu'une liaison souvent faible et équivoque entre ses principaux phénomènes : de même, la prévision rationnelle et précise de l'ensemble des événemens célestes à une époque quelconque, d'après un très petit nombre d'observations directes, sera remplacée ici par une prévoyance à courte portée, qui, pour ne pas être incertaine, peut à peine perdre de vue l'expérience immédiate. Mais, d'un autre côté, la supériorité spéculative de la physique sur tout le reste de la philosophie naturelle, sous l'un et l'autre rapport, est également incontestable, même relativement à la chimie, et, à plus forte raison, quant à la physiologie, comme je l'établirai spécialement dans l'examen philosophique de ces deux sciences, dont les phénomènes sont, par leur nature, bien autrement incohérens, et comportent, en conséquence, une prévoyance beaucoup plus imparfaite encore. Il importe, en outre, de noter ici, d'après une discussion précédemment indiquée dans cette leçon, que l'étude philosophique de la physique nous présente, comme moyen général d'éducation intellectuelle, une utilité toute spéciale, qu'il serait impossible de trouver ailleurs au même degré : la connaissance approfondie de l'art fondamental de l'expérimentation, que nous avons reconnu être particulièrement destiné à la physique. C'est toujours là que les vrais philosophes, quel que soit l'objet propre de leurs recherches habituelles, devront remonter, pour apprendre en quoi consiste le véritable esprit expérimental, pour connaître les conditions caractéristiques qu'exige l'institution des expériences propres à dévoiler sans équivoque la marche réelle des phénomènes, et enfin pour se faire une juste idée des ingénieuses précautions par lesquelles on peut empêcher l'altération des résultats d'un procédé aussi délicat. Chaque science fondamentale, outre les caractères essentiels de la méthode positive, qui doivent s'y montrer nécessairement à un degré plus ou moins prononcé, nous présentera ainsi naturellement quelques indications philosophiques qui lui appartiennent spécialement, comme nous l'avons déjà remarqué au sujet de l'astronomie; et c'est toujours à leur source que de telles notions de logique universelle doivent être examinées, sous peine d'être imparfaitement appréciées. Suivant l'esprit de cet ouvrage, la science mathématique nous fait seule bien connaître les conditions élémentaires de la positivité; l'astronomie caractérise nettement la véritable étude de la nature; la physique nous enseigne spécialement la théorie de l'expérimentation; c'est à la chimie que nous devons surtout emprunter l'art général des nomenclatures; et enfin la science des corps organisés peut seule nous dévoiler la vraie théorie des classifications quelconques.

Pour compléter le jugement définitif que je devais porter ici sur la philosophie de la physique, envisagée dans son ensemble, il me reste à la considérer sous un dernier rapport fort important, dont j'ai jusqu'ici soigneusement réservé l'examen, et à l'égard duquel je me trouve obligé de choquer directement des opinions encore très accréditées parmi les physiciens, et surtout des habitudes profondément enracinées chez la plupart d'entre eux. Il s'agit du véritable esprit général qui doit présider à la construction rationnelle et à l'usage scientifique des *hypothèses*, conçues comme un puissant et indispensable auxiliaire dans notre étude de la nature. Cette grande question philosophique nous offrira, j'espère, une occasion capitale de reconnaître formellement l'utilité effective, quant au progrès réel des sciences, de ce point de vue général, et néanmoins positif, où je me suis placé le premier, dans cet ouvrage. Car, c'est sur la philosophie astronomique, caractérisée par la première partie de ce volume, que je prendrai mon point d'appui pour un tel examen, qui, sans cette méthode, entraînerait à des discussions interminables. La fonction fondamentale et difficile à analyser que remplissent, en physique, les hypothèses, m'oblige naturellement à placer ici ce problème général de philosophie positive. Je ne devais point m'en occuper expressément en astronomie, quoique aucune autre science ne fasse un usage, à la fois aussi complet et aussi rationnel, de ce moyen nécessaire : car, en vertu de l'extrême simplicité des phénomènes, c'est, pour ainsi dire, spontanément que toutes les conditions essentielles à son application bien entendue y ont été presque toujours observées, sans avoir besoin d'aucune règle philosophique spécialement affectée à cette destination. A mes yeux, au contraire, l'analyse convenablement approfondie de l'art des hypothèses, considéré dans la science dont la suprématie spéculative est aujourd'hui unanimement reconnue, peut seule établir solidement les règles générales propres à diriger l'emploi de ce précieux artifice en physique, et, à plus forte raison, dans tout le reste de la philosophie naturelle. Telle est, en aperçu, la marche de mon intelligence. Les métaphysiciens, comme Condillac entre autres (1), qui ont voulu traiter cette question difficile en faisant abstraction de cette base indispensable, n'ont pu aboutir qu'à proposer à ce sujet quelques maximes vagues et insuffisantes, remarquables par leur puérilité lorsqu'elles n'ont pas un caractère absurde.

Théorie fondamentale des hypothèses. Il ne peut exister que deux moyens généraux propres à nous dévoiler, d'une manière directe et entièrement rationnelle, la loi réelle d'un phénomène quelconque, ou l'analyse immédiate de la marche de ce phénomène, ou sa relation exacte et évidente à quelque loi plus étendue, préalablement

---

(1) Voyez son étrange *Traité des Systèmes*. Un philosophe d'une bien plus haute portée, l'illustre Barthez, a, depuis, traité ce sujet d'une manière infiniment supérieure, dans le discours préliminaire, si éminent par sa force philosophique, qu'il a placé à la tête de ses *Nouveaux Élémens de la science de l'homme* (deuxième édition). Mais, il n'avait pas non plus une connaissance assez approfondie de la philosophie mathématique et de la philosophie astronomique pour donner à son analyse générale une base positive suffisante. Aussi, l'excellente théorie logique qu'il avait si vigoureusement tenté d'établir ne l'a-t-elle pu conduire, en physiologie, qu'à une application profondément vicieuse, comme nous aurons occasion de le constater spécialement dans le volume suivant.

établie; en un mot, l'induction, ou la déduction. Or, l'une et l'autre voie seraient certainement insuffisantes, même à l'égard des plus simples phénomènes, aux yeux de quiconque a bien compris les difficultés essentielles de l'étude approfondie de la nature, si l'on ne commençait souvent par anticiper sur les résultats, en faisant une supposition provisoire, d'abord essentiellement conjecturale, quant à quelques-unes des notions mêmes qui constituent l'objet final de la recherche. De là, l'introduction, strictement indispensable, des hypothèses en philosophie naturelle. Sans cet heureux détour, dont les méthodes d'approximation des géomètres ont primitivement suggéré l'idée générale, la découverte effective des lois naturelles serait évidemment impossible, pour peu que le cas présentât de complication; et, toujours, le progrès réel serait, au moins, extrêmement ralenti. Mais, l'emploi de ce puissant artifice doit être constamment assujetti à une condition fondamentale, à défaut de laquelle il tendrait nécessairement, au contraire, à entraver le développement de nos vraies connaissances. Cette condition, jusqu'ici vaguement analysée, consiste à ne jamais imaginer que des hypothèses susceptibles, par leur nature, d'une vérification positive, plus ou moins éloignée, mais toujours clairement inévitable, et dont le degré de précision soit exactement en harmonie avec celui que comporte l'étude des phénomènes correspondans. En d'autres termes, les hypothèses vraiment philosophiques doivent constamment présenter le caractère de simples anticipations sur ce que l'expérience et le raisonnement auraient pu dévoiler immédiatement, si les circonstances du problème eussent été plus favorables. Pourvu que cette seule règle nécessaire soit toujours et scrupuleusement observée, les hypothèses peuvent évidemment être introduites sans aucun danger, toutes les fois qu'on en éprouve le besoin, ou même simplement le désir raisonné. Car, on se borne ainsi à substituer une exploration indirecte à l'exploration directe, quand celle-ci serait ou impossible ou trop difficile. Mais, si l'une et l'autre n'avaient point, au contraire, le même sujet général, si l'on prétendait atteindre par l'hypothèse ce qui, en soi-même, est radicalement inaccessible à l'observation et au raisonnement, la condition fondamentale serait méconnue, et l'hypothèse, sortant aussitôt du vrai domaine scientifique, deviendrait nécessairement nuisible. Or, tous les bons esprits reconnaissent aujourd'hui que nos études réelles sont strictement circonscrites à l'analyse des phénomènes pour découvrir leurs *lois* effectives, c'est-à-dire, leurs relations constantes de succession ou de similitude, et ne peuvent nullement concerner leur nature intime, ni leur *cause*, ou première ou finale, ni leur mode essentiel de production. Comment des suppositions arbitraires auraient-elles réellement plus de portée? Ainsi, toute hypothèse qui franchit les limites de cette sphère positive, ne peut aboutir qu'à engendrer des discussions interminables, en prétendant prononcer sur des questions nécessairement insolubles pour notre intelligence.

A l'époque actuelle, aucun physicien, sans doute, ne contestera directement la règle précédente. Mais, il faut que ce principe soit encore très imparfaitement compris, puisqu'il est, en réalité, continuellement violé dans l'application et sous les rapports fondamentaux, de manière à altérer radicalement, à mes yeux, le vrai caractère de la physique. En thèse générale, le domaine de la conjecture est bien conçu comme destiné à combler provisoirement les intervalles que laisse inévitablement çà et là le domaine de la réalité : examinez ensuite ce qui se pratique, et les deux domaines paraîtront, au contraire, entièrement séparés, le réel étant même encore, presque toujours, plus ou moins subordonné à l'imaginaire. Il est donc maintenant indispensable, après ces généralités préliminaires, de préciser directement le véritable état actuel de la question relativement à la philosophie de la physique.

Les diverses hypothèses employées aujourd'hui par les physiciens doivent être soigneusement distinguées en deux classes : les unes, jusqu'ici peu multipliées, sont simplement relatives aux lois des phénomènes; les autres, dont le rôle actuel est beaucoup plus étendu, concernent la détermination des agens généraux auxquels on rapporte les différens genres d'effets naturels. Or, d'après la règle fondamentale posée ci-dessus, les premières sont seules admissibles; les secondes, essentiellement chimériques, ont un caractère anti-scientifique, et ne peuvent désormais qu'entraver radicalement le progrès réel de la physique, bien loin de le favoriser : telle est la maxime philosophique que je dois maintenant établir.

En astronomie, le premier ordre d'hypothèses est exclusivement usité, depuis que la science céleste est complétement parvenue à l'état positif, sous les deux aspects généraux, géométrique et mécanique, qu'elle nous présente. Tel fait est encore peu connu, ou telle loi est ignorée : on forme alors à cet égard une hypothèse, le plus possible en harmonie avec l'ensemble des données déjà acquises; et la science, pouvant ainsi se développer librement, finit toujours par conduire à de nouvelles conséquences observables, susceptibles de confirmer ou d'infirmer, sans aucune équivoque, la supposition primitive. Nous en avons remarqué, dans la première partie de ce volume, de fréquens et heureux exemples, relatifs à la découverte des principales vérités astronomiques. Mais, depuis l'établissement de la loi fondamentale de la gravitation, les géomètres et les astronomes ont définitivement renoncé à créer des fluides chimériques pour expliquer le mode général de production des mouvemens célestes ; ou, du moins, ce qui revient au même, ceux qui l'ont entrepris, comme Euler entre autres, se livraient simplement à un goût personnel, en quelque sorte analogue à celui qui inspira jadis à Képler son fameux songe astronomique, et sans prétendre exercer ainsi aucune influence réelle sur le marche effective de la science.

Pourquoi, dans une étude où l'erreur est bien plus difficile à éviter, et qui exigerait, par sa nature, beaucoup plus de précautions, les physiciens n'imiteraient-ils point cette admirable circonspection ? Pourquoi, comme les astronomes, ne borneraient-ils pas les hypothèses à porter uniquement sur les circonstances encore inconnues des phénomènes ou sur leurs lois ignorées, et jamais sur leur mode de production, nécessairement inaccessible à notre intelligence? Quelle peut être l'utilité scientifique de ces conceptions fantastiques, qui jouent encore un si grand rôle, sur les fluides et les éthers imaginaires auxquels on rapporte les phénomènes de la chaleur, de la lumière, de l'électricité et du magnétisme? Ce mélange intime de réalités et de chimères ne doit-il pas, de toute nécessité, fausser profondément les notions essentielles de la physique, engendrer des débats sans issue, et inspirer à beaucoup de bons esprits une répugnance, naturelle quoique funeste, pour une étude qui offre un tel caractère d'arbitraire?

La seule définition habituelle de ces agens inintelligibles devrait suffire, ce me semble, pour les exclure immédiatement de toute science réelle; car, par son énoncé même, il est évident que la question n'est point jugeable, l'existence de ces prétendus fluides n'étant pas plus susceptible de négation que d'affirmation, puisque, d'après la constitution qui leur est soigneusement attribuée, ils échappent nécessairement à tout contrôle positif. Quelle argumentation sérieuse pourrait-on instituer pour ou contre des corps ou des milieux dont le caractère fondamental est de n'en avoir aucun? Ils sont expressément imaginés comme invisibles, intangibles, impondérables même, et d'ailleurs inséparables des substances qu'ils animent : notre raison ne saurait donc avoir sur eux la moindre prise. Sans la toute-puissance de l'habitude, ceux qui croient fermement aujourd'hui à l'existence du calorique, de l'éther lumineux, ou des fluides électriques, oseraient-ils prendre en pitié les esprits élémentaires de Paracelse, dont la notion n'est pas certainement plus étrange? N'est-ce point même par une véritable inconséquence qu'ils refusent d'admettre les anges et les génies? Pour me borner à un exemple plus analogue, on a vu de tels physiciens repousser dédaigneusement, comme indigne d'examen scientifique, l'idée du fluide sonore, proposée par un naturaliste du premier ordre, l'illustre Lamarck : et, cependant, le seul tort de cette hypothèse, tort irréparable, à la vérité, c'est d'être venue beaucoup trop tard, long-temps après que l'acoustique était pleinement constituée; créé dès la naissance de la science, comme les hypothèses sur la chaleur, la lumière et l'électricité, ce fluide eût fait, probablement, la même fortune que les autres.

La nature de cet ouvrage ne me permet nullement d'indiquer tous les détails spéciaux que comporterait un tel sujet. Le lecteur instruit y suppléera facilement quand il aura bien saisi mon idée principale. Je signalerai seulement encore, comme un symptome remarquable, la singulière facilité avec laquelle ces diverses hypothèses se renversent mutuellement, au grand scandale des esprits superficiels, qui qualifient dès lors la science d'arbitraire, parce que, à leurs yeux, elle consiste surtout en ces vaines discussions. Dans les différentes controverses de ce genre, qui ont eu lieu successivement depuis environ un demi-siècle, chaque secte a trouvé aisément de puissans motifs contre l'opinion de son antagoniste : la difficulté a toujours été d'en produire de décisifs pour sa propre hypothèse. Il eût même été ordinairement possible d'imaginer une troisième fiction, susceptible de soutenir, avec avantage, la concurrence avec les deux autres.

A la vérité, les physiciens se défendent vivement aujourd'hui d'attacher aucune réalité intrinsèque à ces hypothèses, qu'ils préconisent seulement comme des moyens indispensables pour faciliter la conception et la combinaison des phénomènes. Mais, n'est-ce point là l'illusion d'une positivité incomplète, qui sent la profonde inanité de tels systèmes, et pourtant n'ose point encore s'en passer? Est-il vraiment possible, après avoir adopté une notion qui ne comporte aucune vérification, d'en faire un usage continuel, de la mêler intimement à toutes les idées réelles, sans être jamais involontairement entraîné à lui attribuer une existence effective, qui, d'ailleurs, ne saurait être plus complète? Même en admettant cette sécurité, sur quels motifs rationnels pourrait-on philosophiquement fonder la nécessité d'une marche aussi étrange? L'astronomie se passe entièrement d'un tel secours, et cependant on y conçoit très nettement tous les phénomènes, et on les y combine d'une manière admirable. La véritable raison n'en serait-elle pas, au fond, comme je l'établirai tout à l'heure, que l'astronomie, étant à la fois plus simple et plus ancienne que la physique, a dû atteindre avant elle à l'entier développement de son vrai caractère scientifique?

En examinant directement la prétendue destination scientifique de ces hypothèses, il serait difficile de comprendre, par exemple, comment la dilatation des corps par la chaleur serait aucunement *expliquée*, c'est-à-dire éclaircie, par cette seule idée qu'un fluide imaginaire interposé dans les intervalles moléculaires, tend constamment à les augmenter, puisqu'il resterait à concevoir d'où vient à ce fluide cette élasticité spontanée, qui, certes, est encore moins intelligible que le fait primitif. De même, on ne conçoit pas mieux, en réalité, la propriété lumineuse des corps, après l'avoir attribuée à leur faculté incompréhensible de lancer un fluide fictif ou de faire vibrer un éther imaginaire; pareillement, à l'égard des phénomènes électriques ou magnétiques. Toutes ces prétendues explications ne sont pas, au fond, guère plus scientifiques que l'explication métaphysique des phénomènes humains, par l'action mystérieuse de l'âme sur le corps; dans l'un et l'autre cas, en effet, loin d'aplanir réellement aucune difficulté, on en fait naître artificiellement un grand nombre de nouvelles. Une tentative quelconque, même purement fictive, pour concevoir le mode de production des phénomènes, est nécessairement illusoire et directement opposée au véritable esprit scientifique. La faculté de se représenter les phénomènes eux-mêmes ne saurait résulter que de leur observation attentive; et, quant à la facilité de les combiner, elle ne peut être fondée que sur la connaissance familière de leurs relations positives. Ces hypothèses ne pourraient aujourd'hui y contribuer réellement tout au plus que comme de simples moyens mnémoniques, qui ont même, sous ce rapport, le grave inconvénient de détourner notre attention du véritable objet de nos recherches. Les motifs ordinairement allégués en faveur de ces artifices anti-scientifiques sont donc évidemment dépourvus de toute réalité. Il ne reste d'autre considération valable que celle relative à l'empire d'une habitude quelconque profondément contractée; d'où il résulterait probablement, en effet, que les physiciens de la génération actuelle combineraient plus difficilement leurs idées s'ils voulaient les dégager tout à coup de cet alliage, intime quoique hétérogène. Pour opérer complétement cette importante réforme, le langage scientifique aura lui-même besoin d'être convenablement épuré, puisqu'il s'est formé jusqu'ici sous l'influence prépondérante de cette fausse manière de philosopher. Toutefois, je pense qu'on s'exagère beaucoup, d'ordinaire, les difficultés qui proviennent de cette circonstance. Il suffit, pour s'en convaincre, de considérer que, depuis un demi-siècle, le fréquent passage de l'un de ces systèmes physiques au système antagoniste n'a pas rencontré beaucoup d'obstacles dans le langage primitivement adopté. On n'en éprouverait sans doute guère davantage, sous ce rapport, à écarter indifféremment toutes ces vaines hypothèses. En optique, par exemple, le mot *rayon*, si bien construit pour l'hypothèse de l'émission, continue aujourd'hui à être employé par les partisans des ondulations : il ne serait pas plus difficile de lui attacher un sens indépendant d'aucune hypothèse, et simplement relatif au phénomène. De telles variations facilitent même singulièrement cette transition définitive, en habituant peu à peu à dégager, dans les termes scientifiques, la signification réelle et fixe de l'interprétation imaginaire et variable.

Quelque vicieuse que soit évidemment une telle manière de philosopher, la discussion précédente serait essentiellement incomplète, si je ne donnais point une explication satisfaisante de l'introduction naturelle de cette méthode, qui, à l'origine, a dû sans doute être un vrai progrès. Mais, ma théorie fondamentale sur les lois nécessaires et effectives du développement général de l'esprit humain, exposée sommairement au début de cet ouvrage, me permet de démontrer aisément que cet usage anti-scientifique n'a tenu réellement et ne tient aujourd'hui qu'à une dernière et inévitable influence indirecte de la philosophie métaphysique, dont le joug prolongé pèse encore sur nous à tant d'égards. Quoique cette démonstration appartienne naturellement, sous le point de vue historique, au quatrième volume, je crois indispensable, au moins, de l'indiquer ici comme un complément d'explication, éminemment propre à éclaircir la question actuelle.

La filiation métaphysique de cette fausse manière de procéder doit d'abord être facilement présumée par tout esprit impartial qui considérera les *fluides* comme ayant pris la place des *entités*, dont la transformation a simplement consisté ainsi à se matérialiser. Qu'est-ce, au fond, de quelque façon qu'on l'interprète, que la chaleur, conçue comme existant à part du corps chaud; la lumière, indépendante du corps lumineux; l'électricité, séparée du corps électrique? Ne sont-ce pas évidemment de pures entités, tout aussi bien telles que la pensée, envisagée comme un être indépendant du corps pensant; ou la digestion, isolée du corps digérant? La seule différence qui les distingue des anciennes entités scolastiques, c'est d'avoir substitué, à des êtres essentiellement abstraits, des fluides imaginaires, dont la corporéité est fort équivoque, puisqu'on leur ôte expressément, par leur définition fondamentale, toutes les qualités susceptibles de caractériser une matière quelconque; en sorte que nous n'avons pas même réellement la ressource de les envisager comme la limite idéale d'un gaz de plus en plus raréfié. Quelle filiation d'idées pourrait être admise, si celle-là est méconnue? Le caractère fondamental des conceptions métaphysiques est d'envisager les phénomènes indépendamment des corps qui nous les manifestent, d'attribuer aux propriétés de chaque substance une existence distincte de la sienne. Qu'importe ensuite que, de ces abstractions personnifiées, on fasse des âmes ou des fluides ? L'origine est toujours la même, et se rattache constamment à cette enquête de la nature intime des choses, qui caractérise, en tout genre, l'enfance de l'esprit humain, et qui inspira primitivement la conception des dieux, devenus ensuite des âmes, et finalement transformés en fluides imaginaires.

Cette considération rationnelle et directe se trouve exactement en harmonie avec l'analyse historique. A l'origine de toute science positive, notre intelligence a toujours passé par cette phase de développement nécessaire, quoique transitoire. Un tel état constitue, à mon avis, un intermédiaire inévitable et même indispensable entre l'état franchement métaphysique et l'état purement positif, que la mathématique et ensuite l'astronomie ont seules atteint jusqu'ici d'une manière complète et définitive. L'esprit métaphysique et l'esprit positif sont trop radicalement opposés pour que notre faible raison puisse passer brusquement de l'un à l'autre. Quoique la métaphysique ne constitue elle-même, comme je l'ai établi, qu'une grande transition générale de la théologie à la science réelle : une transition secondaire, et, par là, beaucoup plus rapide, devient ensuite nécessaire entre les conceptions métaphysiques et les conceptions vraiment positives. Les physiciens, les chimistes, les physiologistes et les publicistes, se trouvent aujourd'hui dans cette dernière période transitoire ; les premiers tout près d'en sortir définitivement à la suite des géomètres et des astronomes, tous les autres encore engagés pour un temps plus ou moins long, à raison de la plus ou moins grande complication de leurs études respectives, comme je le constaterai spécialement plus tard en examinant chacune d'elles. Sans ce positivisme bâtard, l'esprit humain n'aurait jamais pu renoncer aux théories métaphysiques, qui lui permettaient, en apparence, la connaissance intime des êtres et du mode de production de leurs phénomènes. Il fallait bien que la science naissante satisfît d'abord à cette exigence profondément habituelle, et donnât le change à notre esprit en lui proposant, à la place des entités scolastiques, de nouvelles entités plus saisissables, destinées au même but, et susceptibles, par conséquent, d'être préférées ; en même temps que leur nature devait graduellement conduire à la considération de plus en plus exclusive des phénomènes et de leurs lois. Telle a donc été l'importante destination temporaire de ce système général d'hypothèses : permettre à l'intelligence humaine le passage des habitudes métaphysiques aux habitudes positives.

L'astronomie n'a pas réellement plus échappé que la physique, ou que toute autre branche de la philosophie naturelle, à cette obligation fondamentale : seulement, à son égard, cette phase nécessaire de développement est depuis longtemps pleinement accomplie; en sorte que personne n'y fait plus attention, l'histoire des sciences étant aujourd'hui fort négligée, d'ordinaire, par les savans, si ce n'est, tout au plus, comme l'objet d'une curiosité superficielle et stérile. Mais, en étudiant la marche de l'esprit humain au dix-septième siècle, on reconnaît aussitôt combien, à cette époque, les géomètres et les astronomes étaient généralement préoccupés d'hypothèses parfaitement analogues à celles que nous jugeons ici. Tel est éminemment le caractère de la vaste conception de Descartes sur l'explication des mouvemens célestes par l'influence d'un système de tourbillons imaginaires. L'histoire rationnelle de cette grande hypothèse est ce qu'on peut trouver de plus propre à éclaircir l'ensemble de la question actuelle : car, ici, l'analyse peut porter nettement sur une opération philosophique complétement achevée, où nous suivons aisément aujourd'hui l'enchaînement des trois phases essentielles, la création de l'hypothèse, son usage temporaire indispensable, et enfin son rejet définitif quand elle a eu rempli sa destination réelle. Ces fameux tourbillons, tant décriés maintenant par des physiciens qui croient fermement au calorique, à l'éther et aux fluides électriques, ont été, à l'origine, un puissant moyen de développement pour la saine philosophie, en introduisant l'idée fondamentale d'un mécanisme quelconque, là où le grand Képler lui-même n'avait osé concevoir que l'action incompréhensible des âmes et des génies. Une antique philosophie qui prétend tout expliquer, en pénétrant, à l'aide de ses entités, jusqu'à la nature intime des corps et aux causes premières des phénomènes, ne pouvait être définitivement renversée que par une physique audacieuse, remplissant le même office plus complétement encore et avec des moyens beaucoup plus intelligibles, quoique tout aussi chimériques. Quiconque a suivi la longue et mémorable controverse engendrée par le cartésianisme, a dû remarquer combien les meilleurs esprits de cette époque identifiaient le sort de la saine manière de philosopher avec celui d'une telle doctrine; et c'était, sans doute, à très juste titre, tant qu'il ne s'est agi que de lutter avec la philosophie métaphysique. Mais, plus tard, quand la discussion fut portée sur le terrain de la vraie mécanique céleste, fondée par la théorie de la gravitation newtonienne, l'influence, primitivement progressive, du système des tourbillons devint incontestablement rétrograde, en vertu de cette triste fatalité, qui pousse les doctrines, aussi bien que les institutions et les pouvoirs, à prolonger leur activité au-delà de la fonction plus ou moins temporaire que la marche générale de l'esprit humain leur avait assignée. Et, néanmoins, les derniers cartésiens soutenaient vainement, par des argumens d'ailleurs tout aussi plausibles que ceux de nos physiciens actuels, qu'il était impossible de philosopher sans le secours d'un tel genre d'hypothèses. Comment leur a-t-on définitivement répondu? En philosophant d'une autre manière. Ce rôle transitoire de l'hypothèse de Descartes a cessé spontanément aussitôt que le sentiment du véritable objet des études scientifiques est devenu suffisamment prépondérant chez les géomètres et les astronomes, par suite de l'impulsion définitive due à la découverte fondamentale de Newton. Les tourbillons dureraient encore, ou ils auraient été simplement remplacés par quelque doctrine analogue, si l'on n'avait point enfin senti complétement, à l'égard de la science céleste, ce qu'il faudra bien aussi arriver à comprendre successivement de la même manière envers toutes les autres : que, ne pouvant nullement connaître les agens primitifs ou le mode de production des phénomènes, toute science réelle doit concerner seulement les lois effectives des phénomènes observés; et que, ainsi, toute hypothèse auxiliaire qui aurait une autre destination, serait, par cela même, radicalement contraire au véritable esprit scientifique. L'utilité du cartésianisme a été de conduire graduellement notre intelligence à une telle disposition habituelle; et c'est en ce sens que l'empire de cette hypothèse a puissamment contribué, quoique pour peu de temps, à l'éducation générale de la raison humaine. Pourquoi en serait-il autrement des hypothèses analogues, employées aujourd'hui par les physiciens? Si, comme ils le croient, leur esprit est vraiment parvenu à cet état de positivité que je viens de caractériser, et dont le vrai type se trouve maintenant dans la science céleste, à quoi peuvent réellement servir désormais de telles hypothèses, primitivement indispensables pour nous conduire insensiblement du régime métaphysique au régime positif? Leur usage prolongé n'est-il point évidemment contradictoire avec le but même que, d'un aveu unanime, on se propose aujourd'hui dans toute recherche scientifique?

Ce n'est pas seulement en astronomie que nous pouvons observer pleinement la transition ci-dessus considérée. Elle est maintenant tout aussi accomplie dans les branches de la physique les plus avancées, et surtout dans l'étude de la pesanteur. Il n'a peut-être pas existé un seul savant de quelque valeur pendant le dix-septième siècle, même long-temps après Galilée, qui n'ait construit ou adopté un système sur les causes de la chute des corps. Qui s'occupe aujourd'hui de ces hypothèses, sans lesquelles, à cette époque, l'étude de la pesanteur semblait cependant impossible? Si cet usage a cessé en barologie, pourquoi se prolongerait-il indéfiniment pour les autres parties de la physique? L'acoustique en est également affranchie, à peu près depuis la même époque. L'influence philosophique des travaux du grand Fourier sur la théorie de la chaleur, a produit une heureuse impulsion qui tend, évidemment, aujourd'hui à débarrasser pour jamais la thermologie de tous les fluides et éthers imaginaires. Restent donc seulement l'étude de la lumière et celle de l'électricité; or, il serait certainement impossible de trouver, à leur égard, aucun motif réel qui dût les faire excepter de la règle générale. Pour tous ceux qui pensent que le développement historique de l'esprit humain est assujetti à des lois naturelles, déterminées et uniformes, j'espère donc que cette grande question philosophique sera désormais, d'après la discussion précédente, irrévocablement résolue : et que, par conséquent, on admettra, en physique, comme principe fondamental de la vraie théorie relative à l'institution des hypothèses, que *toute hypothèse scientifique, afin d'être réellement jugeable, doit exclusivement porter sur les lois des phénomènes, et jamais sur leurs modes de production* (1).

Je ne saurais trop fortement recommander, en

---

(1) Une influence accidentelle, mais aujourd'hui très puissante, que je dois signaler ici avec une sévère franchise, pourra retarder sensiblement, ou, du moins, entraver beaucoup, cette grande et inévitable réforme dans la philosophie de la physique. Je veux parler de l'influence des géomètres, ou, pour mieux dire, des algébristes, qui, de nos jours, ont tant abusé de l'analyse mathématique en l'appliquant à ces hypothèses chimériques, et qui, naturellement, devront s'efforcer d'éloigner le plus possible la démonétisation scientifique de leurs nombreux calculs, dès lors réduits à leur véritable valeur abstraite, souvent fort médiocre. Mais les physiciens comprendront, sans doute, le grand intérêt qu'ils ont à discréditer ces moyens, aujourd'hui faciles (depuis la vulgarisation, d'ailleurs si heureuse à d'autres égards, de l'art algébrique), d'usurper, en philosophie naturelle, une prépondérance momentanée : et tous les vrais géomètres s'empresseront certainement de concourir à cette indispensable épuration.

général, quant à toutes les hautes difficultés analogues que peut présenter la philosophie des sciences, l'usage de la méthode historique comparative que je viens d'appliquer. C'est du moins à une telle marche que j'ai toujours dû primitivement, non-seulement une analyse satisfaisante de la question précédente, mais une solution claire de tous mes problèmes philosophiques. Cette méthode universelle, que plusieurs philosophes positifs, et entre autres le grand Lagrange, ont si bien sentie en quelques cas particuliers, n'a jamais été jusqu'ici directement conçue, d'une manière rationnelle et générale : son exposition appartient naturellement à la dernière partie de cet ouvrage. Je dois ici me borner, à ce sujet, à poser en principe, que la philosophie des sciences ne saurait être convenablement étudiée séparément de leur histoire, sous peine de ne conduire qu'à de vagues et stériles aperçus; comme, en sens inverse, cette histoire, isolée de cette philosophie, serait inexplicable et oiseuse (1).

Il ne me reste plus maintenant qu'à caractéri-

(1) C'est surtout pour avoir voulu isoler ces deux aspects indivisibles d'une même pensée fondamentale, que des esprits d'une haute portée, très instruits d'ailleurs dans les principales sciences naturelles, se sont néanmoins occupés avec si peu d'efficacité de la philosophie des sciences, et n'ont abouti qu'à produire de vains systèmes de classifica-

ser sommairement le plan général suivant lequel je dois procéder, dans les leçons suivantes, à l'examen philosophique des différentes parties essentielles de la physique.

Dans la construction de cet ordre, je me suis efforcé, autant que possible, de me conformer toujours strictement au principe fondamental de classification que j'ai établi, dès le début de cet ouvrage, en constituant la hiérarchie générale des sciences, et que j'ai ensuite appliqué jusqu'ici à la distribution intérieure de la mathématique et de l'astronomie. Je devais donc disposer les diverses branches principales de la physique d'après le degré de généralité des phénomènes correspondans, leur complication plus ou moins grande, la perfection relative de leur étude, et enfin leur dépendance mutuelle. L'ordre obtenu par là peut d'ailleurs être contrôlé par l'analyse historique du développement de la physique, qui a dû suivre essentiellement la même marche. En outre, la position générale, déjà bien déterminée, de la physique entre l'astronomie et la chimie, introduit ici une

---

tions scientifiques, fondés sur des considérations essentiellement arbitraires, et qui, dans leur ensemble, sont aussi radicalement illusoires et éphémères que presque tous ceux journellement construits par les encyclopédistes métaphysiciens les plus dépourvus de toutes connaissances positives. M. Ampère vient d'en donner un illustre exemple, malheureusement irrécusable.

considération secondaire propre à vérifier et à faciliter un tel arrangement; puisque la première catégorie des phénomènes physiques doit ainsi naturellement comprendre ceux qui se rapprochent le plus des phénomènes astronomiques, et, de même, la dernière doit nécessairement être composée de ceux qui sont le plus immédiatement liés aux phénomènes chimiques. L'ensemble de ces conditions ne me paraît laisser aucune incertitude grave sur l'ordre rationnel des différentes parties essentielles de la physique, quoique leur disposition soit encore habituellement envisagée comme à peu près arbitraire.

Tous ces divers motifs généraux se réunissent évidemment pour assigner, en physique, le premier rang à la science des phénomènes de la pesanteur dans les solides et les fluides, envisagés sous les deux points de vue, statique et dynamique. C'est la seule partie de la classification sur laquelle tous les physiciens soient aujourd'hui pleinement d'accord. La généralité supérieure de ces phénomènes ne saurait être douteuse : car, non-seulement ils se manifestent dans un corps quelconque, comme tous les autres phénomènes vraiment physiques; mais, ce qui les caractérise exclusivement, le corps ne peut jamais cesser de nous les présenter, en quelques circonstances qu'il soit placé; en sorte qu'ils deviennent le symptome le plus irrécusable de l'existence matérielle, et souvent le seul, en effet, qui nous permette de la constater. Leur simplicité relative, et leur entière indépendance de tous les autres, ne sont pas moins sensibles. En même temps, et par une suite nécessaire de ces qualités fondamentales, leur étude, d'ailleurs plus ou moins indispensable à toutes les autres branches de la physique, constitue certainement la partie la plus satisfaisante de cette science, d'abord en vertu de sa positivité bien plus pure, comme je l'ai noté ci-dessus, et ensuite par sa plus grande exactitude, sa coordination beaucoup plus complète, et sa prévision plus rationnelle. C'est là où se trouve le point de contact naturel et général entre la physique et l'astronomie, et aussi le vrai berceau de la physique.

Les mêmes considérations, appliquées en sens exactement inverse, me paraissent converger également, quoique d'une manière moins évidente, pour placer l'étude des phénomènes électriques à l'extrémité opposée, dans l'échelle encyclopédique de la physique. Ces phénomènes, dont je ne crois pas devoir séparer les phénomènes magnétiques, sont incontestablement les moins généraux de tous, puisque leur production exige un concours de circonstances bien plus spécial. Ils sont, en même temps, les plus compliqués, et ceux dont l'étude rationnelle, constituée la dernière, est certainement la plus imparfaite encore, sous quelque rapport qu'on l'envisage, malgré les éminens progrès qu'elle a faits en ce siècle : c'est là que le caractère scientifique est aujourd'hui le plus profondément altéré par ces hypothèses inintelligibles que nous venons d'examiner. Enfin, c'est par là surtout que s'opère maintenant, et qu'aura lieu, sans doute, de plus en plus, la transition naturelle de la physique à la chimie.

Entre ces deux termes extrêmes, viennent successivement s'intercaler, pour ainsi dire spontanément, d'après les mêmes principes, la thermologie, l'acoustique et l'optique. La théorie de la chaleur doit aujourd'hui, ce me semble, être placée immédiatement après celle de la pesanteur, surtout en considération de la généralité de ses phénomènes, presque aussi universels que ceux de la gravité, puisque leur manifestation ne saurait être entièrement empêchée que par un concours de circonstances tout spécial et, en quelque sorte, artificiel, quoique réellement possible. Le vrai caractère scientifique y est bien plus prononcé que dans l'étude de l'électricité, ou même de la lumière. Enfin, malgré que l'application de l'analyse mathématique y ait lieu beaucoup plus tard, elle y présente un aspect infiniment plus rationnel, grâce à la haute supériorité philosophique de son illustre fondateur, qui, dédaignant la facile ressource de disserter algébriquement sur des fluides imaginaires, s'est admirablement imposé la condition sévère d'une parfaite positivité.

Cette dernière considération concourt avec celle de la généralité relative, pour placer l'acoustique avant l'optique. Sa positivité est certainement très supérieure, le son n'étant point aujourd'hui personnifié comme la lumière, si ce n'est dans un projet qui n'a eu aucune suite. On pourrait même réclamer, à certains égards, la priorité de l'acoustique sur la thermologie, puisque la théorie du son nous présente, après celle de la pesanteur, l'application la plus immédiate et la plus étendue de la mécanique rationnelle. Mais, le degré de généralité des phénomènes, qui constitue nécessairement, à mes yeux, le motif prépondérant, ne me permettrait point d'adopter un tel arrangement, qui serait, du reste, très plausible. Il me semble d'ailleurs que l'étude des phénomènes du son offre encore, sous plusieurs rapports, des lacunes essentielles, qui doivent la faire regarder aujourd'hui comme étant réellement moins avancée que celle de la chaleur.

Tel est donc, pour moi, l'ordre définitif des diverses branches principales de la physique : barologie, thermologie, acoustique, optique et électrologie (1). Il faudrait se garder, du reste, d'attacher à cette question d'arrangement une importance exagérée, vu le peu de liaison réelle qui existe malheureusement jusqu'ici entre ces différentes parties. Je dois seulement faire remarquer le soin que j'ai toujours pris, à ce sujet, de fonder toutes mes comparaisons sur les phénomènes eux-mêmes, sans aucun égard aux vains rapprochemens ni aux oppositions non moins vaines que peuvent suggérer les hypothèses antiscientifiques auxquelles on les rapporte encore. Ainsi, on a dû voir, par exemple, que, si je place l'optique immédiatement après l'acoustique, ce

---

(1) Il m'a paru convenable, pour abréger le discours, de donner des dénominations spéciales aux branches de la physique relatives à la pesanteur, à la chaleur, et à l'électricité, par analogie avec l'usage commode adopté depuis si long-temps envers les deux autres. De ces trois expressions, la première, quoique inusitée, remonte réellement au moins à quarante ans; j'ai seulement construit les deux autres; et encore même, après avoir formé le mot *thermologie*, j'ai reconnu qu'il avait été quelquefois employé par Fourier. Reste donc uniquement à ma charge le nom *électrologie*, que son utilité fera, j'espère, excuser. Personne, d'ailleurs, ne sent plus fortement que moi les graves inconvéniens scientifiques de ce néologisme pédantesque, qui sert si souvent à dissimuler le vide réel des idées, en imposant des noms étranges à des sciences qui n'existent pas ou à des caractères superficiellement conçus.

n'est nullement parce que, de nos jours, le système des vibrations lumineuses est devenu prépondérant : j'aurais agi d'une manière absolument identique, sous le règne de l'émission. La classification scientifique devrait sans doute être à l'abri de l'instabilité inhérente à ces conceptions arbitraires.

Par l'ensemble des diverses considérations générales exposées dans ce long discours, la philosophie de la physique me paraît être suffisamment caractérisée sous tous les rapports fondamentaux ; puisque nous avons successivement analysé l'objet propre de la physique, les différens modes essentiels d'exploration qui lui appartiennent, sa vraie position encyclopédique, son influence sur l'éducation universelle de la raison humaine, son véritable degré de perfection scientifique, son incomplète positivité actuelle, ainsi que le moyen d'y remédier par une saine institution des hypothèses, et enfin la disposition rationnelle de ses principales parties. L'importante discussion à laquelle j'ai dû me livrer sur la théorie des hypothèses, est éminemment propre à simplifier l'examen philosophique des diverses branches de la physique, auquel je dois maintenant procéder directement, suivant l'ordre que j'ai établi; car, je n'y devrai faire désormais aucune mention de tout ce qui se rapporte aux hypothèses anti-scientifiques, en me bornant strictement à la seule considération des lois effectives des phénomènes. On sait d'ailleurs que, par la nature de cet ouvrage, il ne saurait être ici question d'un traité, même sommaire, sur aucune des portions de la physique, mais seulement d'une suite d'études philosophiques sur l'ensemble de chacune d'elles, supposée préalablement connue, et envisagée sous nos deux points de vue habituels, de sa méthode propre et de ses résultats principaux, sans entrer jamais dans aucune exposition spéciale. La plus grande complication des phénomènes, et surtout la perfection si inférieure de leurs théories, ne peuvent même permettre de caractériser ici chaque section de la science aussi nettement, ni aussi complétement, à beaucoup près, que j'ai pu le faire dans une science aussi rationnelle que l'astronomie.

VINGT-NEUVIÈME LEÇON.

Considérations générales sur la barologie.

Nous savons déjà, d'après le discours précédent, que cette étude fondamentale constitue réellement aujourd'hui, vu la généralité et la simplicité de ses phénomènes, la seule partie de la physique dont le caractère de positivité soit parfaitement pur, c'est-à-dire irrévocablement dégagé de tout alliage métaphysique, direct ou indirect. Ainsi, indépendamment de la haute importance propre aux lois effectives qui la composent, cette première branche présente à tout esprit philosophique un puissant attrait spécial, comme offrant le modèle le plus parfait (quoique inférieur, sans doute, au type astronomique) et en même temps le plus immédiat et le plus complet, de la méthode fondamentale convenable aux recherches physiques, envisagée sous tous les rapports généraux qui la caractérisent, savoir : la netteté des observations, la bonne institution des expériences, la saine construction et l'usage rationnel des hypothèses, et enfin l'application judicieuse de l'analyse mathématique. A ces divers titres, une étude approfondie de la barologie offre à tout physicien rationnel un moyen d'éducation extrêmement précieux, à quelque section de la physique qu'il doive consacrer spécialement ses travaux, et quand même elle n'aurait, s'il est possible, aucune relation directe avec la science de la pesanteur. Malgré tous ces puissans motifs, le véritable esprit philosophique est encore tellement peu développé, que la théorie complète de la pesanteur n'existe aujourd'hui nulle part, convenablement coordonnée : on en trouve seulement les fragmens dispersés çà et là, dans les traités de mécanique rationnelle ou dans ceux de physique, et jamais combinés; en sorte que, sous le simple rapport de l'instruction scientifique ordinaire, il y aurait déjà un grand avantage à les réunir rationnellement, pour la première fois, en un seul corps de doctrine homogène et continu.

Pour effectuer nettement l'examen philosophique de la barologie il est indispensable de la diviser suivant qu'elle envisage les effets statiques ou les effets dynamiques produits par la gravité. Chacune de ces deux sections principales doit ensuite être subdivisée en trois portions, d'après les modifications importantes que présente le phénomène, statique ou dynamique, selon l'état solide, liquide, ou gazeux du corps considéré. Telle est la distribution rationnelle, directement indiquée par la nature du sujet, et d'ailleurs essentiellement conforme au développement historique de la barologie.

Examinons d'abord sommairement l'ensemble de la partie statique.

On n'a point, à cet égard, assez remarqué, ce me semble, que les premières notions élémentaires ayant un vrai caractère scientifique, au moins en ce qui concerne les solides, remontent véritablement jusqu'à Archimède. C'est par lui néanmoins que la barologie positive a réellement commencé; et ses travaux à ce sujet ont un caractère bien distinct de celui que présentent ses sublimes recherches de mathématique pure. Il établit nettement, le premier, en généralisant l'observation vulgaire, que l'effort statique produit dans un corps par la pesanteur, c'est-à-dire son *poids*, est entièrement indépendant de la forme de la surface, et dépend seulement du volume, tant que la nature et la constitution du corps ne sont pas changées. Quelque simple que doive nous paraître aujourd'hui une telle notion, elle n'en constitue pas moins le véritable germe primitif d'une proposition capitale de philosophie naturelle, qui n'a reçu que vers la fin du siècle dernier son complément général et définitif, savoir : que le poids d'un corps est non-seulement tout-à-fait indépendant de sa forme, et même de ses dimensions, mais encore du mode d'agrégation de ses particules, et des variations quelconques qui peuvent survenir dans leur composition intime, même par les diverses opérations vitales, en un mot, comme je l'ai indiqué dans la vingt-quatrième leçon, que cette qualité fondamentale devrait sembler absolument inaltérable, si elle n'était évidemment modifiée par la distance du corps au centre de la terre, seule condition réelle de son intensité. Archimède ne pouvait, sans doute, apprécier exactement, à cet égard, que la simple influence des circonstances purement géométriques. Or, sous ce rapport élémentaire, son travail fut vraiment complet. Car, après un tel point de départ, non-seulement il reconnut que, dans les masses homogènes, les poids sont constamment proportionnels aux volumes; mais encore il découvrit le meilleur moyen général, dont les physiciens feront indéfiniment usage, pour mesurer, en chaque corps solide, d'après son célèbre principe d'hydrostatique, ce coefficient spécifique qui permet, suivant cette loi, d'évaluer, l'un par l'autre, le poids et le volume du corps. Enfin, nous devons aussi à Archimède, comme on sait, la notion fondamentale du centre de gravité, ainsi que les premiers développemens de la théorie géométrique correspondante. Or, par cette seule notion, tous les problèmes relatifs à l'équilibre des solides pesans, rentrent immédiatement dans le domaine de la mécanique rationnelle. Ainsi, en exceptant uniquement l'importante relation des poids aux masses, qui n'a pu être exactement connue que des modernes, on voit que, sous tous les rapports essentiels, Archimède doit être regardé comme le vrai fondateur de la barologie statique, en ce qui concerne les solides. Toutefois, la rigueur historique obligerait aussi à distinguer une autre notion capitale, qui n'était pas encore bien nette à l'époque d'Archimède, quoiqu'elle le soit devenue peu de temps après : celle de la loi relative à la direction de la pesanteur, que l'homme a dû spontanément supposer d'abord constante, et que l'école d'Alexandrie a enfin reconnu devoir varier d'un lieu à un autre, en suivant toujours la normale à la surface du globe terrestre ; cette découverte essentielle est évidemment due à l'astronomie, qui seule offrait des termes de comparaison propres à manifester et à mesurer la divergence des verticales.

Quant à l'équilibre des liquides pesans, on ne peut pas dire que les anciens en aient eu réellement aucune idée juste. Car, le beau principe d'Archimède ne concernait, au fond, que l'équilibre des solides soutenus par des liquides, comme le rappelle si bien le titre même de son traité à ce sujet, qui, d'ailleurs, après un tel point de départ, ne se composait plus que d'une admirable suite de recherches purement géométriques, sur les situations d'équilibre propres aux différentes formes rigoureuses des corps. En outre, ce principe lui-même, produit immédiat d'un seul trait du génie d'Archimède, ne résultait point, comme aujourd'hui, d'une analyse exacte des diverses pressions du liquide contre les parois du vase, conduisant à évaluer la poussée totale que le fluide exerce pour soulever le solide plongé. On doit donc envisager la théorie de l'équilibre des liquides pesans comme réellement due aux modernes.

En considérant sommairement ici l'ensemble de cette théorie, il serait peu logique de discuter de nouveau, comme on le fait souvent, les principes généraux de l'hydrostatique rationnelle, qui forment un système parfaitement distinct, préalablement examiné dans le volume précédent : il ne peut être maintenant question que de leur application effective au cas actuel, et les notions physiques relatives à cette application doivent être la seule base des subdivisions à établir, ce qui, au contraire, ne conviendrait point en mécanique abstraite.

Toutefois, il appartient réellement à la physique d'examiner ici, avant tout, si la définition générale des liquides, sur laquelle repose l'hydrostatique mathématique, est suffisamment admissible. Or, les physiciens ont aisément reconnu que, ni le caractère général de la fluidité mathématique, consistant dans la parfaite indépendance des molécules, ni la rigoureuse incompressibilité par laquelle les géomètres spécifient l'état liquide, ne sont, et même ne sauraient être exactement vrais. L'adhérence mutuelle des molécules fluides se fait sentir dans une foule de phénomènes secondaires, et ses principaux résultats constituent, en effet, aujourd'hui une intéressante subdivision de la physique, complément naturel de notre étude actuelle, comme je l'indiquerai tout à l'heure. Quant à la compressibilité des liquides, on sait que, long-temps niée, quoique divers phénomènes, et surtout la transmission du son à travers l'eau, l'indiquassent avec une grande vraisemblance, elle a été enfin mise directement en évidence, par les expériences incontestables de plusieurs physiciens contemporains. Cependant, les plus fortes charges observées n'ont jamais pu produire qu'une très faible contraction; et nous ignorons encore complétement quelle loi réelle suit un tel phénomène en faisant varier la pression : ce qui empêche jusqu'ici d'avoir égard à cette condensation dans la théorie de l'équilibre des liquides naturels. Mais la petitesse même d'un semblable effet permet heureusement de le négliger dans presque tous les cas réels; et il en est ainsi de l'imparfaite fluidité, pourvu que la masse ait une certaine étendue. Néanmoins, il était indispensable de signaler ici ces deux considérations préliminaires et générales, dont l'étude est jusqu'à présent peu avancée.

En les écartant maintenant, nous devrons distinguer l'équilibre effectif des liquides pesans, selon qu'il s'agit d'une masse assez limitée pour que les verticales puissent être regardées comme parallèles, ainsi qu'il arrive le plus souvent; ou, au contraire, d'une masse très étendue, telle que la mer surtout, envers laquelle il est nécessaire de tenir compte de la direction variable de la gravité.

Le premier cas a dû être naturellement le seul considéré d'abord; c'est à lui, en effet, que se rapportèrent exclusivement les travaux de Stévin, par lesquels commença la véritable analyse de l'équilibre des liquides pesans. Dans un tel problème, la forme de la surface d'équilibre ne présentait évidemment aucune difficulté; et tous les efforts devaient se concentrer sur la détermination des pressions exercées par le liquide, en vertu de son poids, contre les parois du vase qui le renferme. Guidé par le principe d'Archimède, Stévin établit complétement la règle de leur évaluation, en prouvant d'abord que la pression sur une paroi horizontale est toujours égale, quelle que soit la forme du vase, au poids de la colonne liquide de même base qui aboutirait à la surface d'équilibre; et il ramena ensuite à ce cas fondamental celui d'une paroi plane inclinée d'une manière quelconque, en la décomposant en élémens horizontaux, comme nous le faisons aujourd'hui par nos intégrations; ce qui fit voir, en général, que la pression équivaut constamment au poids d'une colonne liquide verticale qui aurait pour base la paroi considérée, et pour hauteur celle de la surface d'équilibre au-dessus du centre de gravité de cette paroi. D'après cela, l'analyse infinitésimale permet de calculer aisément la pression exercée contre une portion, définie arbitrairement, d'une surface courbe quelconque. La plus intéressante conséquence physique qui en résulte, consiste dans l'évaluation de la pression totale supportée par l'ensemble du vase, et que l'on trouve toujours nécessairement équivalente au poids du liquide contenu, comme il est aisé de l'expliquer, en considérant l'équilibre mutuel des composantes horizontales dues aux pressions élémentaires opposées. C'est ainsi qu'a pu être complétement résolu le fameux paradoxe de Stévin, relatif au cas où le liquide exerçait sur le fond du vase une pression très supérieure à son propre poids, ce qui n'avait semblé contradictoire qu'en vertu de la confusion vicieuse que l'on établissait, par inadvertance, entre la pression supportée par le fond et la pression totale, sans tenir compte des pressions latérales, qui pouvaient tendre, et tendaient en effet, dans le cas paradoxal, à soulever le vase, et à contre-balancer ainsi partiellement la pression sur le fond, en sorte que la différence des deux efforts était réellement toujours égale au poids du liquide. Ici, les expériences instituées par divers physiciens, n'ont eu d'autre utilité que de vérifier ces importantes notions d'une manière aisément appréciable par les esprits étrangers aux études mathématiques ; elles n'eurent aucune part effective aux découvertes.

Cette mesure générale des pressions conduit aussitôt à la théorie complète de l'équilibre des corps flottans, qui n'en est qu'une simple application. Car, en regardant la partie plongée du solide comme une paroi, on aperçoit sur-le-champ que la poussée totale du liquide pour soulever ce corps équivaut à une force verticale égale au poids du fluide déplacé, et appliquée au centre de gravité de cette portion immergée. Or, cette règle, qui n'est autre que le principe même d'Archimède, ainsi rattaché aux fondemens généraux de l'hydrostatique, réduit immédiatement la recherche des situations d'équilibre propres aux divers corps homogènes, flottans sur des liquides homogènes, à ce simple problème géométrique, si bien traité par Archimède : dans un corps de forme connue, mener un plan qui le coupe en deux segmens dont les centres de gravité soient situés sur une même droite perpendiculaire au plan sécant, leurs volumes étant d'ailleurs en raison donnée ; ce qui ne peut présenter que des difficultés de détail, quelquefois très grandes. La seule recherche vraiment délicate à ce sujet concerne les conditions de la stabilité de cet équilibre, et l'analyse exacte des oscillations du corps flottant autour de sa situation stable, ce qui constitue une des applications les plus compliquées de la dynamique des solides. En se bornant aux oscillations verticales du centre de gravité, l'étude serait facile, parce qu'on apprécie aisément la manière dont la poussée augmente quand le corps s'enfonce, ou diminue lorsqu'il s'élève, en tendant toujours au rétablissement de l'état primitif. Mais il n'en est plus ainsi des oscillations relatives à la rotation, soit quant au roulis ou au tangage, dont la théorie aurait cependant beaucoup plus d'intérêt pour l'art naval. Ici, les travaux des géomètres, qui ne peuvent aborder les hautes difficultés mathématiques du problème qu'en faisant abstraction de la résistance et de l'agitation du liquide, deviennent essentiellement de purs exercices mathématiques, d'ailleurs quelquefois ingénieux, qui ne sauraient réellement fournir à la pratique aucune indication précise, lorsqu'on veut aller au-delà d'une simple analyse générale du phénomène, indépendante du calcul. On en peut dire presque autant des expériences tentées à ce sujet par divers physiciens, sur la demande de quelques géomètres.

Considérant maintenant l'équilibre des grandes masses liquides qui composent la majeure partie de la surface terrestre, il est d'abord évident que cette question se rattache immédiatement à la théorie générale de la figure des planètes, caractérisée dans la vingt-cinquième leçon. Mais, en regardant la forme de la surface d'équilibre comme suffisamment connue, et la supposant même sphérique, pour plus de simplicité, l'analyse réelle du problème présente encore des difficultés qui ne peuvent être exactement surmontées. Car, l'hydrostatique rationnelle enseigne ici que l'équilibre ne serait possible qu'en supposant la même densité à tous les points également distans du centre de la terre, ce qui, évidemment, ne saurait avoir lieu, en vertu de leurs températures nécessairement inégales, par la seule diversité de leurs positions. Cette impossibilité mathématique d'un équilibre rigoureux ferait, dès lors, consister la question dans l'étude, rationnellement inextricable, des divers courans, qui se compliquerait même de la loi inconnue des températures propres aux différentes parties de la masse. On doit remarquer, de plus, que la nature d'une telle recherche exigerait sans doute qu'on y eût aussi égard à la compressibilité des liquides, dont la loi est jusqu'ici entièrement ignorée, et qui, néanmoins, ne saurait être insensible pour les couches océaniques un peu profondes, vu l'immense pression qu'elles supportent. Il est donc peu étonnant qu'un problème tellement compliqué ne comporte encore aucune solution rationnelle, et que nos seules connaissances réelles à ce sujet soient le résultat d'études purement empiriques. Ces études, qui d'ailleurs n'appartiennent pas proprement à la physique et se rapportent à l'histoire naturelle du globe, sont même extrêmement imparfaites : car, jusqu'ici, par exemple, nous ne savons véritablement à quoi attribuer les simples différences de niveau si bien constatées entre les diverses parties de l'Océan général, qui semblent contradictoires avec les notions fondamentales de l'hydrostatique; celle, entre autres, mesurée à l'isthme de Suez, entre la mer Méditerranée et la mer Rouge, ou celle, plus remarquable, quoique moins prononcée, qui a été reconnue sur l'isthme de Panama, entre le grand Océan et l'Océan atlantique.

La théorie des marées, considérée dans la vingt-cinquième leçon, pourrait évidemment être classée ici comme un appendice naturel de cette partie de la barologie, dont l'analyse des perturbations périodiques de l'équilibre océanique forme, sans doute, le complément nécessaire. Quand les études physiques seront habituellement devenues aussi fortes et aussi bien coordonnées qu'elles devraient l'être, et que, par conséquent, elles auront été toujours précédées d'études astronomiques convenables, il est, en effet, très probable que cette doctrine rentrera d'elle-même dans la barologie, à laquelle, sans doute, elle appartient rationnellement : qu'importe, au fond, puisqu'il s'agit d'un phénomène terrestre, que la vraie cause en soit céleste?

Il faut maintenant envisager la dernière section de la barologie statique, relative à l'équilibre des gaz, et spécialement de l'atmosphère, en vertu de leur poids.

A cet égard, la physique a dû d'abord surmonter une grande difficulté préliminaire, qui ne pouvait exister envers les solides et les liquides, celle de découvrir la pesanteur du milieu général dans lequel nous vivons. L'air n'était point, en effet, directement susceptible d'être pesé, comme un liquide, par le simple excès de poids d'un vase plein, sur le même vase vide; car, le vase ne peut être vidé d'air qu'à l'aide d'ingénieux artifices, fondés sur la connaissance même de la pesanteur atmosphérique, exactement analysée dans ses principaux effets statiques. Cette pesanteur ne pouvait donc être constatée que d'une manière indirecte, par l'examen des pressions que l'atmosphère devait ainsi nécessairement produire sur les corps placés à sa base, en vertu des lois générales de l'équilibre des fluides. Une telle découverte était donc évidemment impossible avant la théorie mathématique de ces pressions, créée, comme nous venons de le voir, au commencement du dix-septième siècle, par les travaux de Stévin, dont la haute importance n'a pas été suffisamment appréciée. Mais, d'un autre côté, cette théorie devait nécessairement conduire à dévoiler promptement ce grand fait ; car, quoique Stévin n'eût point pensé à l'atmosphère, son analyse des pressions convenait aussi bien à ce cas, puisqu'elle n'était point arrêtée par l'hétérogénéité de la masse fluide. L'époque de cette vérité capitale était donc, pour ainsi dire, fixée ; elle n'a été retardée que par l'influence des habitudes métaphysiques : les moyens rationnels d'exploration étant convenablement préparés, il suffisait, en effet, désormais d'oser envisager, sous un point de vue positif, l'équilibre général de l'atmosphère. Tel fut le projet de Galilée, dans ses dernières années, si bien exécuté ensuite par son illustre disciple Torricelli. L'existence et la mesure de la pression atmosphérique devinrent irrécusables quand Torricelli eut découvert que cette force soutenait les différens liquides à des hauteurs inversement proportionnelles à leurs densités. L'ingénieuse expérience de Pascal compléta bientôt la conviction générale, en constatant, avec une pleine évidence, la diminution nécessaire de cette pression à mesure qu'on s'élève dans l'atmosphère. Enfin, la belle invention du célèbre bourguemestre de Magdebourg, déduction plus éloignée, mais inévitable, de la découverte fondamentale de Torricelli, vint permettre une démonstration directe, en donnant les moyens de faire le vide, et par suite, d'apprécier exactement la pesanteur spécifique de l'air qui nous entoure, jusque alors très vaguement mesurée. On voit comment cette grande vérité, outre sa haute importance propre, a spontanément doté la philosophie naturelle de deux des plus précieux moyens d'exploration matérielle qu'elle possède, le baromètre et la pompe pneumatique. En général, la création et le perfectionnement des instrumens d'observation ou d'expérimentation ont toujours été, en physique, le résultat nécessaire et définitif des principales découvertes scientifiques, dont leur histoire est réellement inséparable : plus nous connaissons la nature, mieux nous l'explorons sous de nouveaux rapports, ce qui doit faire attacher un prix tout spécial aux premiers instrumens, quelque grossière qu'ait été d'abord leur ébauche.

Le poids de l'air, et en général des gaz, étant une fois bien constaté, une dernière condition préliminaire restait seule à remplir pour qu'on pût appliquer à l'équilibre atmosphérique les lois fondamentales de l'hydrostatique : c'était l'indispensable connaissance exacte de la relation nécessaire entre la densité d'un fluide élastique et la pression qu'il supporte. Dans les liquides, du moins en les supposant tout-à-fait incompressibles, ces deux phénomènes sont absolument indépendans l'un de l'autre, tandis que, dans les gaz, ils sont inévitablement liés; et c'est ce qui constitue, comme on sait, la différence essentielle entre les théories mécaniques des deux sortes de fluides. La découverte capitale de cette relation élémentaire fut faite à la fois, et presque en même temps, par Mariotte en France, et Boyle en Angleterre, qui possédaient tous deux à un si éminent degré le véritable génie de la physique. Il était naturel, sans doute, de supposer d'abord que la compressibilité caractéristique des gaz est indépendante de leur densité; et en effet, ces deux illustres physiciens constatèrent, dans leurs expériences, que les divers volumes successivement occupés par une même masse gazeuze, sont exactement en raison inverse des différentes pressions qu'elle éprouve. Cette loi, primitivement établie entre des limites peu écartées, a été soigneusement vérifiée, dans ces derniers temps, en faisant croître la pression jusqu'à près de trente atmosphères. On a donc dû l'adopter, comme base de toute la mécanique des gaz et des vapeurs. Toutefois, il serait difficile d'admettre qu'elle soit l'expression mathématique de la réalité. Car, elle équivaut évidemment à regarder les fluides élastiques comme toujours également compressibles, quelques comprimés qu'ils soient déjà ; ou, en sens inverse, comme toujours aussi dilatables, à quelque dilatation qu'ils soient parvenus. Or, l'une et l'autre conséquence sont, au moins, fort invraisemblables, en considérant des pressions, ou très fortes ou très faibles : poussées à l'extrême, elles détruiraient, sans doute, dans un cas l'idée de gaz, et, dans l'autre, l'idée même de corps ou système. Cette loi ne peut donc être qu'une approximation de la réalité, suffisamment exacte seulement entre certaines limites, comprenant heureusement presque tous les cas qu'il nous importe d'étudier. Mais il ne faudrait pas croire qu'une telle remarque soit particulière à cette importante relation. Il en est nécessairement toujours ainsi dans l'application de nos conceptions abstraites à l'interprétation de la nature, dont les véritables lois mathématiques ne peuvent jamais nous être connues que par des approximations analogues, leurs limites étant seulement plus ou moins écartées, même à l'égard des phénomènes les plus simples et les mieux étudiés. Cette considération philosophique a déjà été expressément signalée, au sujet de la loi de la gravitation elle-même, à la fin de la vingt-quatrième leçon, où je me suis efforcé de faire sentir combien il serait hasardé de regarder cette loi comme nécessairement applicable à toute distance, quelque grande ou petite qu'elle fût. Non-seulement toutes nos connaissances réelles sont strictement circonscrites dans l'analyse des phénomènes et la découverte de leurs lois effectives; mais, même ainsi restreintes, nos recherches ne sauraient aboutir, en aucun genre, à des résultats absolus, et peuvent uniquement fournir des approximations plus ou moins parfaites, constamment susceptibles, il est vrai, de suffire à nos besoins véritables : tel est l'esprit fondamental de la philosophie positive, que je ne dois pas craindre de reproduire trop fréquemment dans cet ouvrage.

D'après la loi de Mariotte et Boyle, la théorie générale de l'équilibre atmosphérique tombe aussitôt sous la compétence de la mécanique rationnelle. On voit d'abord que l'ensemble de l'atmosphère ne peut jamais être réellement dans un état d'équilibre rigoureux, par les mêmes motifs indiqués ci-dessus envers l'Océan, leur influence étant seulement ici bien plus prononcée, puisque la chaleur dilate beaucoup moins l'eau que l'air. Il est néanmoins indispensable de considérer, abstraction faite de cette agitation nécessaire, l'équilibre partiel d'une colonne atmosphérique très étroite, afin de se former une juste idée générale du mode fondamental de décroissement propre à la densité et à la pression des diverses couches. La question ne présente aucune difficulté essentielle, quand on écarte les effets thermologiques; et l'on voit alors aisément que les densités et les pressions diminueraient en progression géométrique pour des hauteurs croissantes en progression arithmétique, si la température pouvait être la même en tous les points de la colonne, du moins en faisant abstraction du décroissement presque insensible de la gravité, qui peut d'ailleurs être facilement pris en considération exacte. Mais l'abaissement graduel et très prononcé qu'éprouve nécessairement la température des couches atmosphériques à mesure qu'elles sont plus élevées, doit en réalité ralentir notablement cette variation abstraite, en rendant chaque couche plus dense que ne le comporterait ainsi sa position. L'étude de ce grand phénomène se complique donc naturellement d'un nouvel élément, jusqu'ici tout-à-fait inconnu malgré quelques tentatives imparfaites, la loi relative à la variation verticale des températures atmosphériques, qui ne sera peut-être jamais suffisamment dévoilée, quelque intéressante qu'elle fût à plusieurs égards, comme je j'ai déjà indiqué au sujet de la théorie des réfractions astronomiques. On n'y supplée évidemment que d'une manière extrêmement grossière et radicalement incertaine, lorsque, pour formuler l'équilibre d'une portion déterminée de la colonne atmosphérique, on suppose une température uniforme égale à la moyenne arithmétique entre les deux températures extrêmes immédiatement observées. Car la loi inconnue pourrait être telle, que la moyenne géométrique, ou même quelque nombre très rapproché de l'un des extrêmes, représentât avec moins d'erreur le véritable état de la colonne, qu'aucune hypothèse de température commune ne saurait d'ailleurs fidèlement exprimer. L'intervention du calcul des probabilités serait, du reste, ici ou puérile ou sophistique, comme en tant d'autres occasions. Tout ce qu'on pourrait dire de raisonnable en faveur d'un tel usage, se réduirait réellement à la conformité de quelques-uns des résultats auxquels il conduit avec des observations directes, argument qui aurait en effet un grand poids, si cette confrontation avait jamais été convenablement établie, ce dont il y a lieu de douter. On ne doit donc employer qu'avec une grande circonspection, et seulement à défaut de déterminations géométriques, le procédé imaginé par Bouguer pour la mesure des hauteurs par le baromètre, dont la formule a été surchargée plus tard d'un grand nombre de détails, qui ont fortement altéré sa simplicité primitive, sans peut-être augmenter beaucoup son exactitude réelle, si ce n'est en ce qui concerne la meilleure évaluation des coefficiens, due à l'observation seule. Ce moyen est certainement fort ingénieux : et son principal défaut consiste précisément à l'être beaucoup trop, en faisant dépendre une grandeur aussi simple qu'une distance d'une foule d'autres qui s'y rattachent indirectement dans un phénomène très complexe. Mais il est évident que, quand on prétend à l'exactitude, on ne saurait accorder une confiance bien étendue à une méthode aussi indirecte, fondée sur la supposition préalable d'un état de stagnation atmosphérique qui ne peut exister, et ensuite sur une uniformité de température encore plus inadmissible. En considérant, dans l'estimable travail de Ramon, la longue série des précautions minutieuses qu'exige l'application exacte d'un tel procédé pour mériter quelque confiance, et, par suite, la durée souvent très grande de l'ensemble de l'opération, on voit même que ce moyen perd essentiellement cette facilité qui fait sa seule valeur, et qu'il y aurait fréquemment moins d'embarras, quand les circonstances le permettent, à entreprendre directement une mesure géométrique, dont la certitude serait d'ailleurs si supérieure. En principe, comme je l'ai remarqué dans une autre occasion, une mesure quelconque est d'autant plus précaire qu'elle est plus indirecte. Néanmoins, en renonçant à tout parallèle entre ce mode de nivellement et le mode géométrique, il conserve une valeur très réelle pour multiplier commodément nos renseignemens généraux sur le relief du globe terrestre. Je regrette seulement que la vérification n'en ait pas encore été convenablement instituée. En cette occasion, comme en bien d'autres plus importantes, les physiciens se sont jusqu'ici beaucoup trop subalternisés envers les géomètres.

Tel est essentiellement, en aperçu, l'ensemble de la barologie statique. Pour la compléter, il faudrait maintenant considérer les modifications importantes qu'éprouvent ses lois générales, à l'égard des petites masses fluides, en vertu de l'imparfaite fluidité des liquides et des gaz. Elles consistent surtout dans une élévation notable (quelquefois changée en dépression), relativement à la surface ordinaire d'équilibre, pour les filets liquides contenus dans des tubes très étroits : on les a encore peu étudiées sur les gaz. C'est donc ici, à mes yeux, le lieu naturel de la théorie de la capillarité. Plusieurs physiciens l'ont déjà placée ainsi, mais par des motifs indépendans de la nature des phénomènes, et seulement relatifs à leur mode actuel d'explication, en vertu d'une vague analogie entre la pesanteur, rattachée à l'*attraction* universelle, et la force moléculaire à laquelle on attribue ces effets remarquables. J'avoue qu'un tel rapprochement me touche peu, car il me paraît reposer essentiellement sur l'emploi du malheureux mot *attraction* pour désigner la pesanteur générale : supprimez cette expression abusive, dont j'ai signalé, dans la vingt-quatrième leçon, les graves inconvéniens, il n'y aura plus aucune assimilation à établir entre la gravité et la capillarité, leurs phénomènes étant réellement antagonistes. C'est donc seulement parce que les effets capillaires consistent dans une altération notable des lois fondamentales de la pesanteur, que leur étude me paraît devoir être classée comme un complément naturel et indispensable de la barologie proprement dite.

Quant au fond de la question à cet égard, c'est-à-dire, quant à la théorie actuelle de ces phénomènes, je dois déclarer, quoique je ne puisse me livrer ici à son examen spécial, que, malgré l'imposante apparence d'exactitude dont Laplace l'a revêtue en y déployant un si grand luxe analytique, elle m'a toujours paru fort peu satisfaisante, à cause de son caractère vague, obscur, et même, au fond, essentiellement arbitraire. Clairaut, pour ainsi dire en se jouant, avait imaginé l'idée principale de cette explication, sans y attacher une grande importance : Laplace, en voulant lui donner une consistance mathématique et une précision qu'elle ne comportait pas, n'a fait que rendre ses vices plus prononcés, aux yeux de quiconque ne se laisse point fasciner par un vain appareil algébrique. Cette force mystérieuse et indéterminée, évidemment créée pour le besoin de l'explication, et qui, par sa définition même, échappe nécessairement à tout contrôle réel, cette force dont l'intervention cesse ou reparaît presque à volonté, à laquelle on ajoute ou l'on retranche des qualités essentielles pour la faire correspondre aux phénomènes, ne serait-elle pas réellement une pure entité? Cette théorie a-t-elle sensiblement perfectionné l'étude de la capillarité, dont les progrès sont presque nuls depuis plus d'un demi-siècle? La principale loi numérique des phénomènes capillaires, celle des hauteurs inversement proportionnelles aux diamètres des différens tubes, était parfaitement connue long-temps avant cette théorie, qui n'a rien produit de semblable. Sa prépondérance n'aurait-elle point, au contraire, en ces derniers temps, attiédi le zèle des physiciens pour une exploration directe, menacée d'avance d'un accueil peu encourageant, si elle ne venait point confirmer les prescriptions analytiques? Si, par exemple, nous connaissons trop peu encore l'influence de la chaleur et de l'électricité sur l'action capillaire, n'est-ce point à une telle cause qu'on doit l'attribuer en grande partie?

Quoi qu'il en soit, l'étude réelle de ces phénomènes est en elle-même du plus haut intérêt. Indépendamment de son utile application pour augmenter la précision de plusieurs instrumens importans, elle occupe directement, en philosophie naturelle, un rang très éminent, en vertu du rôle fondamental de la capillarité dans l'ensemble des phénomènes physiologiques, comme leur examen général nous le démontrera. Les effets remarquables découverts par M. Dutrochet, sous les noms d'*endosmose* et d'*exosmose*, viennent s'y rattacher spontanément: c'est l'action capillaire envisagée en surface, au lieu de la simple capillarité linéaire, jusque alors étudiée par les physiciens.

Considérons maintenant, dans son ensemble, la seconde partie principale de la barologie, celle qui concerne les lois des mouvemens des corps pesans, et en premier lieu des solides.

La belle observation fondamentale relative à la chute identique de tous les corps dans le vide, a d'abord établi irrévocablement une dernière notion élémentaire sur la pesanteur, celle de la proportionnalité nécessaire entre les poids et les masses, qui manquait encore essentiellement à la barologie statique. Les phénomènes de pur équilibre pouvaient, à la rigueur, suffire à la dévoiler, mais d'une manière beaucoup moins frappante, par une analyse convenable des effets du choc, qui, permettant d'évaluer directement les rapports de deux masses, auraient ainsi conduit à reconnaître son égalité avec celui de leurs poids. Après cette notion préliminaire, nous devons surtout examiner ici la découverte des lois fondamentales propres aux mouvemens produits par la gravité. Non-seulement c'est par là que la physique réelle a dû être historiquement créée ; mais cette étude nous offre encore, à tous égards, le plus parfait exemple de la manière de philosopher qui convient à cette science.

L'accélération naturelle de la chute des corps pesans n'avait point échappé au génie si avancé d'Aristote, celui de tous les anciens penseurs qui fut le moins éloigné de la philosophie positive, quoiqu'on lui doive la coordination de la philosophie métaphysique. Mais l'ignorance des principes élémentaires de la dynamique rationnelle ne pouvait évidemment permettre de découvrir alors la vraie loi de ce phénomène. L'hypothèse d'Aristote, qui consiste à faire croître la vitesse proportionnellement à l'espace parcouru, pouvait être regardée comme plausible tant que la théorie générale des mouvemens variés n'était point formée. Aussi est-ce surtout cette création capitale, provoquée par les difficultés propres au problème de la chute des corps, qui constitue la gloire immortelle du grand Galilée. Cette théorie, indiquée dans le premier volume de cet ouvrage, rend aussitôt palpable l'absurdité de l'hypothèse d'Aristote, en montrant, avec une pleine évidence, d'après une intégration fort élémentaire, qu'une telle loi de mouvement équivaudrait mathématiquement à supposer l'intensité de la pesanteur graduellement croissante, pendant la chute, en raison de l'espace parcouru. Pour procéder, d'après cette théorie générale, à la découverte de la loi véritable, Galilée dut naturellement supposer que la gravité conservait toujours la même énergie, et il reconnut dès lors que la vitesse et l'espace étaient nécessairement proportionels, l'un au temps écoulé, l'autre à son carré. La vérification expérimentale pouvait être instituée de deux manières, également décisives, que Galilée fit connaître :

soit par l'observation immédiate de la chute ordinaire, soit en ralentissant à volonté la chute à l'aide d'un plan suffisamment incliné, sans que la loi essentielle pût en être altérée, sauf les précautions nécessaires pour atténuer l'influence du frottement. Atwood a imaginé plus tard un instrument fort ingénieux, qui permet de ralentir indifféremment la chute, tout en la laissant verticale, en obligeant une petite masse à en mouvoir une très grande : ce qui permet de vérifier commodément, sous tous les points de vue, la loi de Galilée.

Parmi les contestations innombrables que suscita d'abord cette grande découverte, la seule qui mérite aujourd'hui quelque attention est la discussion élevée par Baliani, qui prétendait substituer à la loi de Galilée une hypothèse peu différente en apparence, quoique radicalement inadmissible. Les espaces décrits par le corps, dans chaque seconde successive, doivent croître réellement comme la suite des nombres impairs, et c'est sous cette forme que Galilée avait présenté sa loi. Or, Baliani voulait remplacer cette progression par la série naturelle de tous les nombres entiers. A une époque où la dynamique était encore si peu connue, une telle concurrence pouvait être fort spécieuse, et la discussion se serait, en effet, long-temps prolongée, si l'on n'en eût appelé à l'expérience, qui condamna aussitôt Baliani. Car, cette hypothèse correspond, en effet, comme celle de Galilée, à une intensité constante de la pesanteur. Le seul caractère qui les distingue rationnellement consiste en ce que, suivant Galilée, la vitesse peut être aussi petite qu'on voudra, en choisissant une durée assez courte, tandis que, d'après Baliani, il y aurait toujours un *minimum* de vitesse très appréciable, indépendant du temps écoulé, et qui devrait être instantanément imprimé au corps dès l'origine du mouvement : ce qui eût suffi sans doute pour renverser immédiatement une telle hypothèse, si la validité de cette déduction mathématique avait pu être d'abord bien sentie.

Par cette seule loi de Galilée, tous les problèmes relatifs au mouvement des corps pesans rentrent aussitôt dans le domaine de la dynamique rationnelle dont, au dix-septième siècle, ils provoquèrent la formation sous les divers rapports fondamentaux, comme, au dix-huitième siècle, les questions de mécanique céleste déterminèrent son développement général. En ce qui concerne le mouvement de translation du corps libre dans l'espace, cette étude est essentiellement due à Galilée lui-même, qui établit la théorie du mouvement curviligne des projectiles, abstraction faite de la résistance de l'air. Les tentatives fréquemment renouvelées depuis par les géomètres pour y tenir compte de cette résistance, n'ont pas eu encore un résultat physique satisfaisant. Toutefois, il importe de noter ici combien, dans ces travaux, on s'est strictement conformé à l'esprit de la saine théorie des hypothèses, en se bornant à faire une supposition sur la loi mathématique de la résistance du milieu, relativement à la vitesse, dans l'impossibilité où l'on se trouve encore, et où l'on sera peut-être toujours, de découvrir rationnellement cette loi, par les seuls principes de l'hydrodynamique, dont une telle recherche constitue le problème le plus difficile. Une semblable supposition est, en effet, éminemment susceptible, par sa nature, d'une épreuve expérimentale qui ne saurait laisser aucune incertitude; et c'est ainsi qu'on a successivement reconnu l'imperfection de toutes les hypothèses jusqu'ici proposées à cet égard, depuis Newton, à qui l'on doit la première et la plus usuelle d'entre elles. La construction rationnelle de ces conjectures présente en elle-même de grandes difficultés, pour concilier ces deux conditions qui semblent contradictoires, et qui sont néanmoins également indispensables : faire toujours décroître la résistance à mesure que la vitesse diminue indéfiniment ; et, cependant, disposer la loi de telle manière que la vitesse initiale du mobile puisse être enfin complétement détruite, par la seule action graduelle de la résistance. La dernière de ces deux indications générales exige évidemment la présence d'un terme constant dans l'expression algébrique de la loi, tandis que la première semble devoir l'en exclure formellement. Quelle que soit l'utilité des études expérimentales directes dont cette question difficile a été jusqu'ici le sujet, elles n'ont pas eu encore de résultats pleinement satisfaisans. Enfin, quelques observations récentes viennent même d'augmenter à cet égard l'incertitude fondamentale, quoique propres peut-être à présenter ensuite sous un nouveau jour l'ensemble du sujet, en montrant que, lorsque les vitesses deviennent très grandes, elles peuvent augmenter sans faire croître les résistances ; cette importante remarque ne saurait cependant être admise, sans un nouvel et scrupuleux examen. Ainsi, en résumé, l'étude exacte du mouvement réel des projectiles est encore extrêmement imparfaite.

Quant aux mouvemens que produit la pesanteur dans un corps retenu, le cas où ce corps est assujetti sur une courbe donnée est le seul important à analyser; il constitue le problème général du pendule, dont la théorie, entièrement due à Huyghens, n'offre plus, comme application de la mécanique rationnelle, que de simples difficultés analytiques, en faisant abstraction de la résistance du milieu. Cette belle théorie a présenté, dès son origine, un puissant intérêt pratique, comme base de la plus parfaite chronométrie. J'ai déjà indiqué, sous ce rapport, dans la vingtième leçon, comment Huyghens, après avoir reconnu les oscillations cycloïdales pour les seules rigoureusement isochrones, était parvenu à les remplacer par les oscillations circulaires, seules réellement admissibles, en rendant leurs amplitudes très petites. Ainsi réglées, leurs durées ne dépendent que de la longueur du pendule simple et de l'énergie de la gravité, proportionnellement à la racine carrée du rapport numérique de ces deux grandeurs.

Indépendamment de sa haute importance chronométrique, cette loi capitale d'Huyghens a fourni deux conséquences générales, fort essentielles pour les progrès de la barologie. D'abord, le pendule a permis à Newton de vérifier la proportionnalité des poids aux masses avec beaucoup plus d'exactitude que n'en pouvait comporter la chute des corps dans le vide, ci-dessus mentionnée. Car, si cette relation n'avait pas lieu, ou, ce qui revient au même, si la pesanteur agissait inégalement sur les différens corps, cette diversité devrait se manifester nécessairement, d'une manière très sensible, par la durée variable de leurs oscillations pour des pendules d'égale longueur, comparativement formés de substances distinctes. Or, l'expérience constate, au contraire, une frappante coïncidence à cet égard entre les cas les plus opposés, pourvu qu'on l'institue de manière à y rendre identique l'influence du milieu résistant, condition facile à remplir en prenant les précautions adoptées par Newton. Tous les corps ont donc la même gravité.

En second lieu, le pendule nous a mis en état de reconnaître les variations qu'éprouve, à diverses distances du centre de la terre, l'intensité de cette commune pesanteur, suivant l'indication fournie par la théorie fondamentale de la gravitation. Il a suffi, en effet, d'apercevoir une différence irrécusable entre les longueurs du pendule à secondes observées en des lieux distincts, pour avoir aussitôt le droit d'en conclure mathématiquement l'inégalité des pesanteurs correspondantes, en raison directe des longueurs respectives. Reste ensuite, ce qui est facile, à isoler dans cette indication expérimentale la part de la force centrifuge, d'après la latitude du lieu, pour obtenir exactement la variation propre de la gravité. C'est d'après un tel principe que se multiplient chaque jour nos renseignemens sur la mesure de la pesanteur en divers points du globe, et par une suite indirecte, comme je l'ai indiqué dans la vingt-cinquième leçon, sur la vraie figure de la terre.

Dans ces différentes sections de la barologie dynamique, les corps solides sont envisagés, abstraction faite de leurs dimensions, et comme de simples points. Mais, tous ces problèmes doivent maintenant être repris avec un nouvel ordre de difficultés, en ayant égard aux diverses particules dont le corps est réellement formé. Sous ce rapport, la question du mouvement libre nous entraînerait nécessairement dans cet ensemble de recherches délicates et compliquées qui caractérisent en dynamique abstraite, l'analyse des rotations, même en se bornant au cas du vide, et qui serait ici entièrement indépendant de l'action de la pesanteur : heureusement, cette face du problème est, en réalité, peu importante pour le mouvement de nos projectiles. A l'égard du pendule, cette difficulté se réduit à déterminer suivant quelles lois les divers points du corps modifient, en vertu de leur liaison, les durées inégales de leurs oscillations respectives, afin que leur ensemble puisse osciller comme un point unique, idéal ou réel. Cette loi, découverte par Huyghens, et obtenue ensuite, d'une manière plus rationnelle, par Jacques Bernouilli, ramène aisément le pendule composé au pendule simple jusque alors étudié, quand on connaît le moment d'inertie du corps. Elle explique nettement un nouveau moyen de faire varier la durée des oscillations, en changeant seulement la répartition de la masse oscillante. C'est ainsi que l'étude du pendule se rattache à toutes les questions essentielles de la dynamique générale des solides. Quoique la résistance de l'air y exerce beaucoup moins d'influence que dans le mouvement des projectiles, il faut cependant l'y prendre aussi en considération, afin de donner à ce précieux instrument toute la précision dont il est susceptible. Ici, les tentatives ont pu être bien plus heureuses, surtout en établissant, comme l'a fait si judicieusement M. Bessel en dernier lieu, une exacte comparaison expérimentale entre les oscillations réelles, nécessairement affectées de la résistance du milieu, et les oscillations théoriques, relatives au cas du vide : aussi le passage de l'un à l'autre cas se fait-il maintenant avec beaucoup de sûreté et de facilité.

En considérant les immenses difficultés fondamentales que présente l'hydrodynamique abstraite, comme nous l'avons reconnu en philosophie mathématique, on ne sera pas surpris que la partie de la barologie dynamique relative aux fluides soit encore si imparfaite, au moins sous le point de vue rationnel. Le cas des gaz, et surtout de l'air, est, d'abord, presque entièrement négligé, tant on a senti l'impossibilité d'y atteindre réellement. Quant aux liquides, il n'y a jusqu'ici d'analysé, d'une manière à quelques égards satisfaisante, que leur écoulement par de très petits orifices percés au fond ou sur les côtés des vases, c'est-à-dire le mouvement purement linéaire, dont l'étude mathématique a été faite par Daniel Bernouilli, d'après sa célèbre hypothèse du parallélisme des tranches. Son principal résultat a été de démontrer la règle, proposée empiriquement par Torricelli, sur l'évaluation de la vitesse du liquide à l'orifice, comme égale à celle d'un poids qui serait tombé de toute la hauteur du liquide dans le vase. Or, cette règle n'a été mise en harmonie avec l'observation, même lorsque le niveau est entretenu invariable, qu'à l'aide d'une sorte de fiction ingénieuse, suggérée par le singulier phénomène de la *contraction* de la veine fluide. Le cas du niveau variable est à peine ébauché, et à plus forte raison celui où l'on doit tenir compte de la forme et de la grandeur de l'orifice. Quant au mouvement à deux dimensions, et surtout quant au mouvement général en tous sens, qui a toujours lieu plus ou moins, leur théorie est encore entièrement dans l'enfance, quoiqu'elle ait été le sujet de travaux mathématiques fort étendus, dont quelques-uns ont une éminente valeur abstraite. Corancez a fait, dans ces derniers temps, une tentative très estimable pour appliquer à cette recherche difficile les perfectionnemens généraux introduits par Fourier dans l'analyse mathématique, à l'occasion de sa théorie thermologique.

Les études expérimentales, d'ailleurs trop rares et surtout trop peu suivies, n'ont pas eu jusqu'ici, sous ces divers rapports, des résultats beaucoup plus satisfaisans, si ce n'est relativement à quelques données numériques. Elles ont été, en général, conçues dans un esprit trop subalterne envers les théories mathématiques, et entreprises ordinairement pour les vérifier. Or, les cas abstraits considérés par les géomètres diffèrent habituellement à tant de titres des cas réels, que cette confrontation est, en elle-même, fort délicate, et le plus souvent assez incertaine, vu l'embarras qu'on éprouve à démêler, parmi les circonstances que la théorie néglige, celles qui produisent principalement les écarts observés. Faut-il les rapporter à l'imparfaite fluidité du liquide, ou à son frottement contre les parois du vase, ou aux mouvemens obliques qui s'établissent dans l'intérieur de la masse fluide, etc.? C'est ce qui demeure ordinairement indécis. Néanmoins, cette importante branche de la barologie peut tirer un grand parti d'un système rationnel d'expérimentation, entre les mains de physiciens sachant bien apprécier la valeur réelle des théories mathématiques, sans s'exagérer leur portée. Mais il faut que les expériences soient instituées avec plus de génie, et d'une manière plus indépendante, afin d'éclaircir les nombreuses questions laissées intactes par la théorie. L'imperfection de cette partie de la science est fort sensible, lorsqu'on cherche à la faire correspondre aux grands cas naturels, non pas même aux mouvemens généraux de l'Océan ou de l'atmosphère, dont l'étude rationnelle doit encore être jugée trop peu accessible, mais seulement aux mouvemens des fleuves et des canaux, dont la théorie n'a guère dépassé aujourd'hui le degré de précision et de profondeur où l'avait laissée le judicieux Guglielmini, au milieu de l'avant-dernier siècle.

Telles sont les considérations générales extrêmement sommaires auxquelles je dois me borner ici, sur les principales parties de la barologie, successivement examinées. Elles me paraissent suffire pour faire ressortir leur véritable esprit, ainsi que l'état présent de l'ensemble de chacune d'elles, et la nature des progrès qu'elles comportent. Quoique nous l'ayons reconnue très imparfaite à beaucoup d'égards, cette première branche de la physique n'en est pas moins, non-seulement la plus pure, mais aussi la plus riche : nous y avons fréquemment remarqué un caractère de rationnalité et un degré de coordination que seront loin de nous offrir les autres parties de la science. Son imperfection est même essentiellement relative à ce que nous y cherchons naturellement une consistance et une précision presque astronomiques, bien plus difficiles ici qu'à l'égard des phénomènes célestes, et que nous n'oserions demander au reste de la physique. La barologie a depuis long-temps pleinement atteint son état de positivité définitive ; il n'y a pas une seule de ses nombreuses subdivisions qui ne soit au moins ébauchée ; tous les moyens généraux d'investigation y ont été successivement introduits et appliqués : ainsi, ses progrès futurs ne dépendent désormais essentiellement que d'une harmonie plus complète entre ces divers moyens, et surtout d'une combinaison plus homogène et plus intime entre le génie mathématique et le génie physique.

TRENTIÈME LECON.

Considérations générales sur la thermologie physique.

Après les phénomènes de la gravité, ceux de la chaleur sont, incontestablement, les plus universels de tous les phénomènes physiques. Dans l'économie générale de la nature terrestre, morte ou vivante, leur fonction est aussi importante que celle des premiers, dont ils sont habituellement les principaux antagonistes. Si l'étude géométrique ou mécanique des corps réels est surtout dominée par la considération de la gravité, l'influence de la chaleur devient, à son tour, prépondérante, lorsqu'on envisage les modifications plus profondes, relatives ou à l'état d'agrégation, ou à l'intime composition des molécules; la vitalité, enfin, lui est essentiellement subordonnée. Quant à l'action de l'homme sur la nature, c'est une sage application de la chaleur qui la constitue principalement. Ainsi, après la barologie, aucune partie de la physique ne saurait mériter autant que la thermologie l'attention des esprits qui conçoivent l'ensemble de la philosophie naturelle.

Les premières observations thermologiques, entreprises dans une intention scientifique, sont presque aussi anciennes que les découvertes de Stévin et de Galilée sur la pesanteur; puisque l'invention primitive du thermomètre remonte, comme on sait, au commencement du dix-septième siècle, et que l'illustre académie *del Cimento* n'a cessé de se livrer, avec un zèle persévérant, à l'étude de la chaleur, pendant toute la durée de sa trop courte existence. Il est néanmoins incontestable que, vu la complication supérieure de ses phénomènes, la thermologie a toujours été fort en arrière de la barologie. A la fin du dix-septième siècle, elle était encore si peu avancée, que les indications thermométriques ne pouvaient même être comparées, faute des deux points fixes, dont la nécessité fut alors signalée par Newton. Mais cette imperfection relative devient bien plus sensible en considérant surtout la nature si opposée des recherches dont ces deux branches de la physique étaient alors le sujet. Tandis que les physiciens avaient essentiellement renoncé, depuis long-temps, envers la pesanteur, à deviner la nature intime et le mode de production des phénomènes, pour se borner à en découvrir, par une observation rationnelle, les lois effectives, ils ne regardaient comme dignes de leur attention, dans l'étude plus difficile de la chaleur, que les tentatives chimériques sur la nature du feu, où les faits ne jouaient qu'un rôle pour ainsi dire épisodique. On voit encore, presque au milieu du siècle dernier, l'Académie des Sciences de Paris couronner, à ce sujet, des dissertations essentiellement métaphysiques, dont une entre autres, composée d'ailleurs avec un talent remarquable, était due à l'association de Voltaire avec Mme du Châtelet. C'est seulement pendant la dernière moitié de ce siècle, lorsque toutes les parties importantes de la barologie étaient déjà à peu près aussi développées qu'aujourd'hui, que la thermologie commença à prendre un caractère vraiment scientifique, en vertu de l'heureuse impulsion déterminée surtout par la découverte capitale de Black. Dès lors, l'analyse des phénomènes et la recherche de leurs relations ont attiré de plus en plus l'attention des physiciens, qui en ont fait enfin le principal objet de leurs travaux. Toutefois, ils n'ont pas encore entièrement renoncé aux hypothèses primitives sur la cause et l'essence du feu : seulement ils en ont subordonné l'usage à l'étude des phénomènes, que ces conceptions imaginaires sont destinées, dit-on, à faciliter. Mais, pour quiconque a suivi convenablement cette marche historique, une telle inversion des rôles, à l'égard d'hypothèses jadis souveraines, est un symptome irrécusable de leur décadence définitive et prochaine. La haute influence des travaux de l'illustre Fourier doit nécessairement hâter beaucoup ici le développement naturel de la saine philosophie, comme je l'ai indiqué déjà dans l'avant-dernière leçon. Il est certain, en effet, que de toutes les branches de la physique encore envahies par cet esprit antiscientifique, la thermologie est aujourd'hui la plus près d'échapper complétement à son influence. Cette importante réforme sera même accélérée par l'ébranlement que produit, depuis le commencement de ce siècle, le choc des deux principales hypothèses sur la nature de la chaleur, et qui tend à les discréditer également auprès des physiciens les plus rationnels.

Entre toutes les branches de la physique auxquelles on applique l'analyse mathématique, l'étude des lois générales de la chaleur se distingue éminemment par le caractère spécial qu'y présente aujourd'hui cette application. En barologie, cette analyse remplit, il est vrai, une fonction parfaitement rationnelle, comme je l'ai montré dans la leçon précédente; mais son introduction n'y offrait aucune difficulté propre, puisque, après les découvertes physiques fondamentales, la théorie de la pesanteur rentrait d'elle-même dans le ressort de la mécanique rationnelle. Il en est essentiellement ainsi, quoiqu'à un degré moindre, pour l'acoustique. En électrologie, et même, à certains égards, en optique, on a bien tenté de procéder d'une manière analogue, c'est-à-dire d'y appliquer l'analyse mathématique en ramenant les questions à de simples recherches de mécanique générale; mais ce n'a pu être qu'en se fondant sur les hypothèses arbitraires des fluides et des éthers imaginaires, ce qui rend une telle application radicalement illusoire. Au contraire, la théorie analytique de la chaleur présente un caractère scientifique aussi satisfaisant que celles de la pesanteur et du son; et, néanmoins, elle ne pouvait être traitée comme une dépendance de la mécanique abstraite, à moins de faire reposer une telle relation sur de semblables chimères, ce qu'a si parfaitement évité son illustre fondateur. Cette théorie a donc exigé une conception spéciale et directe, ainsi qu'une analyse non moins nouvelle. Afin de faire mieux ressortir ces propriétés fondamentales, je consacrerai exclusivement la leçon suivante à l'examen philosophique de la thermologie mathématique, et je me bornerai dans la leçon actuelle à considérer seulement l'étude purement physique de la chaleur, qui doit d'ailleurs servir, évidemment, de base nécessaire et d'introduction naturelle à son étude mathématique.

La thermologie physique se décompose rationnellement, suivant les phénomènes qu'elle envisage, en deux parties bien distinctes, quoique étroitement liées l'une à l'autre. Dans la première, on étudie les lois de l'action thermologique proprement dite; c'est-à-dire de l'influence mutuelle des corps pour faire varier leurs températures respectives, sans s'occuper des altérations qui en résulteront à d'autres égards. La seconde partie consiste, au contraire, dans l'étude de ces altérations, c'est-à-dire, des modifications ou même des changemens que la constitution physique des corps peut éprouver par suite de leurs variations de température, en s'arrêtant au degré où ces effets commenceraient à porter sur la composition moléculaire, et appartiendraient dès lors au domaine de la chimie (1). Considérons d'abord le

(1) On admet souvent une troisième partie, toutefois bien moins tranchée, relative aux sources de la chaleur et du froid. Mais, en excluant les sources chimiques, qui sont les principales, cette section rentre essentiellement dans les deux autres, sauf le cas de la production de la chaleur par le frottement, dont l'étude est jusqu'ici fort imparfaite.

premier ordre de phénomènes, dont l'analyse se réduit à la théorie de l'échauffement et du refroidissement.

Entre deux corps, dont les températures, d'ailleurs quelconques, sont exactement égales, il ne se produit jamais aucun effet thermologique. L'action commence aussitôt que, par une cause quelconque, les températures deviennent inégales. Envisagée d'une manière générale, elle consiste en ce que le corps le plus chaud élève la température de l'autre, tandis que celui-ci abaisse celle du premier; en sorte que leur influence mutuelle tend à les ramener plus ou moins promptement à une température commune, intermédiaire entre les deux primitives. Quoique, le plus souvent, cet état final soit inégalement éloigné des deux extrêmes, l'action, convenablement estimée, n'en est pas moins, dans un tel ordre de phénomènes, parfaitement équivalente à la réaction en sens contraire. Examinons sommairement leurs principales lois, en les dégageant de toute intervention des hypothèses arbitraires par lesquelles on prétend encore les expliquer, et qui n'ont d'autre effet réel que d'en obscurcir la notion et d'en compliquer l'étude (1).

Il convient, pour cela, de distinguer, d'après

(1) Cette tendance aux entités, quoique aujourd'hui fort affaiblie,

tous les physiciens, deux cas essentiels, suivant que les corps agissent thermologiquement les uns sur les autres à des distances plus ou moins considérables, ou bien au contact immédiat. Le premier cas constitue ce qu'on nomme le *rayonnement* de la chaleur.

La communication directe de la chaleur entre deux corps parfaitement isolés l'un de l'autre a été long-temps niée par des physiciens qui regardaient l'air, ou tout autre milieu, comme un intermédiaire indispensable. Mais elle est maintenant incontestable, puisque l'action thermologique s'accomplit même dans le vide; outre que le peu de densité et la faible conductibilité de l'air ne sauraient évidemment permettre d'expliquer, par sa seule intervention, les effets observés dans la plupart des cas ordinaires. Cette action, ainsi que celle de la gravité, s'étend sans doute à toutes les distances, conformément au rapprochement fondamental indiqué par Fourier entre ces deux grands phénomènes : car nous pouvons concevoir aujour-

est encore si prononcée chez la plupart des physiciens actuels, qu'on a été sur le point, au commencement de ce siècle, d'admettre définitivement, en thermologie, comme on le fait en électrologie, deux fluides imaginaires, l'un pour la chaleur, l'autre pour le froid, à cause des phénomènes connus sous le nom de *réflexion du froid*, qui, ayant été d'abord mal analysés, ne paraissaient point suffisamment expliqués avec un fluide unique, dont on a fini néanmoins par se contenter.

d'hui les divers astres de notre monde, comme exerçant à cet égard une influence mutuelle appréciable; et même, la température propre à l'ensemble de notre système solaire paraît devoir être essentiellement attribuée à l'équilibre thermométrique vers lequel tendent toutes les parties de l'univers.

La première loi générale relative à une telle action, consiste dans sa propagation constamment rectiligne. C'est ce fait capital qu'on a tenté de formuler, d'après l'hypothèse du fluide calorifique, par l'expression de *rayonnement,* qui indique le trajet des molécules du calorique, et qu'on a transportée ensuite à l'hypothèse de l'éther, où elle désigne les séries linéaires de vibrations. Mais la loi, en elle-même, est parfaitement indépendante de l'une ou l'autre supposition, et il importe beaucoup de l'en dégager, afin d'ôter à une vérité physique aussi essentielle l'apparence métaphysique d'une conception arbitraire. Cela n'empêche nullement de conserver l'expression utile de *rayon* de chaleur, pourvu qu'on la restreigne avec scrupule à désigner la droite suivant laquelle deux points agissent thermologiquement l'un sur l'autre; elle devient alors l'énoncé abstrait et concis de ce simple fait général, si fécond en applications importantes :

c'est selon une telle droite que doivent être placés les corps susceptibles d'absorber la chaleur pour empêcher cette action mutuelle.

Cette chaleur rayonnante peut être réfléchie comme la lumière, et conformément à la même règle, sous un angle de réflexion égal à celui d'incidence, comme le prouve la belle expérience des réflecteurs paraboliques. Quand elle est unie à la lumière, elle paraît éprouver les mêmes réfractions, sauf quelques différences notables qui seront indiquées ci-après : mais nous ignorons réellement s'il en est encore ainsi à l'égard de la chaleur obscure, vu la difficulté de distinguer suffisamment la chaleur simplement transmise par un corps intermédiaire de celle qui résulte de son propre échauffement.

L'action thermologique que deux corps exercent directement l'un sur l'autre dépend certainement de leur distance mutuelle, de manière à s'affaiblir lorsque cette distance augmente. Ce décroissement paraît même varier plus rapidement que la distance : mais on ignore encore quelle est sa loi véritable. On le suppose habituellement en raison inverse du carré de la distance. Il y a lieu de penser, néanmoins, que ce mode de variation a été bien plus imaginé qu'aperçu, soit afin d'obtenir une loi analogue à celle de la pesanteur, soit surtout par suite de la considération métaphysique sur la loi absolue des émanations quelconques. Aucun système d'expériences n'a jamais été jusqu'ici convenablement institué et exécuté pour résoudre directement une telle question, que ne sauraient trancher, sans doute, des conjectures aussi hasardées, et sur laquelle Fourier s'est sagement abstenu de prononcer.

Une autre condition générale relative à cette action thermologique, consiste dans la direction du rayonnement, envisagée, soit quant à la surface du corps échauffant, soit quant à celle du corps échauffé. Les expériences de M. Leslie, parfaitement confirmées d'ailleurs, comme l'indiquera la leçon suivante, par la théorie mathématique de la chaleur rayonnante, ont établi que, sous l'un ou l'autre rapport, l'intensité de l'action est d'autant plus grande que les rayons sont plus rapprochés de l'une ou de l'autre normale, et qu'elle varie proportionnellement au sinus de l'angle qu'ils forment avec chaque surface.

Enfin, la différence des températures entre les deux corps considérés constitue le dernier élément fondamental, et le plus important de tous, en continuant à analyser le phénomène d'une manière entièrement générale. Quand cette différence n'est pas très grande, l'intensité du phénomène lui est exactement proportionnelle, d'après les expériences les plus précises; mais cette relation paraît cesser lorsque les températures deviennent extrêmement inégales, et l'on ignore jusqu'à présent quelle est alors la véritable loi, quoiqu'il ne soit pas douteux que l'action continue toujours à dépendre exclusivement de la température relative.

Telles sont les lois élémentaires de l'influence thermologique mutuelle de deux corps quelconques, isolés l'un de l'autre, en supposant que la chaleur soit directement transmise. La chaleur lumineuse exigerait d'ailleurs une nouvelle distinction, relative à la couleur de la lumière; car les diverses parties du spectre solaire sont loin, comme on sait, de posséder au même degré la propriété d'échauffer. Mais, d'après les considérations très judicieuses présentées tout récemment à ce sujet, par M. Melloni, cette question réclame un examen plus approfondi, où l'on ait égard à l'action thermologique du prisme que la lumière a dû traverser avant de fournir le spectre solaire. Car suivant les expériences de ce physicien, le *maximum* de chaleur, que jusque alors on croyait invariablement fixé un peu au-delà des rayons rouges, passe successivement dans presque toutes les portions du spectre, en faisant convenablement varier la nature et même seulement les dimensions du prisme.

Quand le rayonnement calorifique, au lieu d'être direct, s'effectue à travers un intermédiaire susceptible de le transmettre, les conditions fondamentales signalées ci-dessus se compliquent de nouvelles circonstances, jusqu'ici peu étudiées, relatives à l'action du corps interposé. On doit à Saussure une belle série d'expériences, toutefois trop peu variées, sur l'influence d'une suite d'enveloppes transparentes pour altérer notablement le mode naturel d'accumulation ou de déperdition de la chaleur, soit lumineuse, soit surtout obscure. Plus tard, M. Melloni a signalé une distinction essentielle, jusque alors méconnue, entre la transmission de la chaleur et celle de la lumière, en prouvant irrécusablement que les corps les plus diaphanes ne sont pas toujours ceux que la chaleur traverse le mieux, comme on le croyait habituellement avant lui.

Quelque avantage que doivent trouver les physiciens, afin de mieux analyser les phénomènes thermologiques, à étudier le rayonnement de la chaleur à part de sa propagation au contact, il est néanmoins évident que, dans la nature, ces deux modes sont toujours et nécessairement liés, quoique à des degrés souvent fort inégaux. Car indépendamment de ce que l'air constitue presque toujours un intermédiaire inévitable, qui concourt à la production de l'équilibre thermométrique entre deux corps éloignés, on voit que c'est seulement l'état de la surface qui peut être déterminé par le simple rayonnement, soit que la température s'élève ou s'abaisse. Pour chacun des deux corps, les parties intérieures, qui contribuent aussi bien que les surfaces à l'état final, ne peuvent s'échauffer ou se refroidir que par voie de propagation contiguë et graduelle. Ainsi, l'étude de la chaleur rayonnante serait, par elle-même, insuffisante à analyser complétement aucun cas réel. De même, en sens inverse, outre que des circonstances artificiellement combinées peuvent seules mettre les deux corps à l'abri de tout rayonnement extérieur, leur action thermologique réciproque ne saurait avoir lieu au simple contact que dans les parties nécessairement limitées où cette contiguité existe, et le phénomène s'accomplit toujours inévitablement sous l'influence plus ou moins importante du rayonnement mutuel de tous les autres points des deux surfaces. Cette combinaison intime et permanente rend très difficile l'analyse exacte des deux modes fondamentaux de l'action thermologique, quoique leur distinction n'en soit pas moins réelle.

Parmi les trois conditions générales indiquées ci-dessus, relativement à l'intensité de cette action quand elle s'exerce à distance, la différence des températures, qui constitue, il est vrai, la principale, est la seule qui se reproduise certainement et d'une manière identique à l'égard de la propagation de la chaleur par contiguité. Puisque dans ce cas, les températures des parties simultanément considérées sont nécessairement beaucoup moins inégales, la loi qui fait croître l'influence thermologique proportionnellement à leur différence, peut même y être presque toujours regardée comme l'expression exacte de la réalité. Quant à la loi relative à la direction, elle paraît s'y maintenir aussi, sans qu'on ait pu toutefois s'en assurer formellement jusqu'ici. Mais celle qui concerne la distance doit s'y trouver totalement changée : car, d'une part, l'action des molécules presque contiguës ne saurait être à beaucoup près aussi grande que l'indiqueraient les variations qu'on éprouve tant que les distances restent appréciables ; et, d'un autre côté, en comparant entre eux les divers petits intervalles, le décroissement est sans doute bien plus rapide qu'à l'égard des corps éloignés.

Quel que soit le mode général suivant lequel s'accomplisse l'échauffement de l'un des corps et le refroidissement de l'autre, l'état final qui s'établit, conformément à ces lois fondamentales, est déterminé numériquement par trois coefficiens essentiels, particulièrement affectés à chaque corps naturel, comme l'est, en barologie, sa pesanteur spécifique, et qu'il faut maintenant caractériser.

Avant Fourier, les physiciens avaient toujours confondu sous le nom commun de *conductibilité*, deux propriétés thermologiques très différentes, dont les divers degrés d'intensité sont bien loin de se correspondre exactement dans un grand nombre de cas : 1° la faculté pour chaque corps d'admettre, par sa surface, la chaleur extérieure, ou, en sens inverse, de laisser dissiper au dehors sa chaleur superficielle ; 2° la facilité plus ou moins grande qu'il présente à propager graduellement dans l'intérieur de sa masse les changemens quelconques survenus à sa surface. Fourier a proposé de désigner ces deux qualités par les dénominations très expressives de *pénétrabilité* et de *perméabilité*, dont l'usage deviendra sans doute universel, quand on aura convenablement senti l'importance d'une telle distinction élémentaire.

La conductibilité intérieure, ou perméabilité, ne dépend essentiellement que de la nature du corps et de son état d'agrégation. Elle peut présenter, d'un corps à un autre, d'immenses différences, dont les plus prononcées ont été reconnues de tout temps par tous les hommes, en opposant, par exemple, à la propagation si facile et si prompte de la chaleur dans l'intérieur de beaucoup de métaux, son mouvement si lent et si pénible dans le charbon, qui, incandescent en certains points, est à peine sensiblement échauffé à quelques centimètres de là. Elle varie d'une manière non moins évidente, avec la constitution physique des corps. La fluidité la diminue tellement, que des physiciens aussi éminens que Rumford ont pu aller jusqu'à en nier complétement l'existence dans les liquides, où la propagation de la chaleur serait ainsi uniquement attribuée à l'agitation intérieure qu'elle y produit nécessairement. Quoique des expériences décisives aient montré ensuite la fausseté de cette opinion, il est demeuré incontestable que la perméabilité proprement dite est extrêmement faible dans les liquides, et moindre encore dans les gaz.

Quant à la conductibilité extérieure, ou pénétrabilité, elle varie sans doute suivant la nature des corps et leur état d'agrégation. Mais elle dépend, en outre, et principalement, des circonstances purement relatives à leur surface extérieure. On sait, par exemple, que la couleur seule de cette surface exerce, à cet égard, une très grande influence. Il en est encore ainsi de son degré de poli, de la manière plus ou moins régulière dont elle peut être rayée en divers sens, et de plusieurs autres modifications, insignifiantes en apparence, dont les effets généraux ont été soigneusement étudiés par les physiciens. Toutes ces variations se manifestent d'ailleurs identiquement, soit que le corps s'échauffe, soit qu'il se refroidisse. Enfin, la pénétrabilité est assujettie, par sa nature, à changer, pour une même surface, successivement exposée à l'action de divers milieux.

En principe, les degrés si différens que peuvent nous offrir ces deux sortes de conductibilité ne sauraient influer, sans doute, sur l'état thermologique final qui tend à s'établir entre deux corps quelconques par suite de leur action mutuelle, mais seulement sur l'époque de son entier établissement dans chacun d'eux. Toutefois, comme les questions réelles deviennent souvent, à tous égards, de pures questions de temps, il est clair que, si ces inégalités sont très prononcées, elles doivent influer effectivement sur l'intensité même des phénomènes que nous observons. Si, par exemple, la perméabilité est assez faible pour qu'on ne puisse produire, en temps opportun, une température déterminée dans l'intérieur du corps sans appliquer à quelques parties de sa surface une chaleur capable de les fondre ou de les brûler, le phénomène ne pourra évidemment avoir lieu, à moins d'y employer un temps démesuré. En général, plus l'une et l'autre conductibilité seront parfaites, mieux les corps se conformeront réellement aux lois fondamentales de l'action thermologique, à distance, ou au contact. Il serait donc très important de mesurer exactement les valeurs effectives de ces deux coefficiens pour tous les corps étudiés. Malheureusement, ces évaluations sont jusqu'ici extrêmement imparfaites. On conçoit aisément que les expériences de conductibilité, d'ailleurs peu étendues, tentées avant la distinction élémentaire établie par Fourier, ne sauraient fournir, à cet égard, que des renseignemens fort équivoques, avec quelque soin qu'elles eussent été exécutées, puisque la pénétrabilité et la perméabilité y étaient toujours confondues. Il est difficile de les instituer de manière à apprécier sûrement l'influence précise propre à chacune de ces qualités. Toutefois, Fourier a indiqué, d'après sa thermologie mathématique, les moyens généraux d'évaluer directement la perméabilité, et, par suite, de mesurer indirectement la pénétrabilité, en défalquant, dans la conductibilité totale, jusque alors seule évaluée, la part de la première propriété.

Mais l'application de ces procédés est encore à peine ébauchée.

Une dernière considération spécifique, qui concourt, avec les deux précédentes, à régler, dans les différens corps, les résultats définitifs de leur action thermologique, résulte de ce que, soit sous le même poids, soit à volume égal, les diverses substances consomment des quantités distinctes de chaleur pour élever également leur température. Cette importante propriété, dont on n'a commencé à se faire une juste idée que dans la dernière moitié du siècle précédent, dépend essentiellement, comme la perméabilité, de la nature des corps et de leur constitution physique, quoique celle-ci y influe beaucoup moins : elle paraît, au contraire, tout-à-fait indépendante des circonstances superficielles qui font tant varier la pénétrabilité. On la désigne habituellement sous la dénomination assez heureuse de *chaleur spécifique*. Elle doit évidemment exercer une influence directe et inévitable sur la valeur de la température commune due à l'équilibre thermologique de deux corps quelconques, et qui ne saurait être également éloignée de leurs températures primitives, si, tout étant d'ailleurs parfaitement semblable, ils différent sous ce seul rapport. L'évaluation exacte des chaleurs spécifiques a donc une très grande importance en thermologie. Les physiciens s'en sont convenablement occupés, et avec beaucoup de succès. La méthode primitive, imaginée par Crawford, et qu'on a nommée la *méthode des mélanges*, consiste précisément à comparer entre elles les différences de la température commune, une fois bien établie, aux deux températures initiales, pour des poids ou des volumes égaux des deux substances. Mais il est difficile d'obtenir ainsi des résultats bien précis, puisqu'il faudrait pour cela que le mélange et l'action fussent très rapides, et même que le vase et le milieu dans lesquels le phénomène s'accomplit fussent placés d'avance à cette température commune, condition évidemment impossible à remplir avec exactitude. Ce procédé n'est réellement applicable, d'une manière suffisamment approchée, que lorsque l'un des corps, au moins, est à l'état liquide; il a aussi été heureusement modifié à l'égard des gaz. La précieuse invention du calorimètre, par Lavoisier et Laplace, a fourni plus tard un moyen bien autrement exact, et surtout entièrement général, pour l'évaluation des chaleurs spécifiques. Il consiste à évaluer directement la quantité de chaleur consommée par un corps dans une élévation déterminée de sa température, d'après la quantité de glace que peut fondre la chaleur qu'il dégage, en revenant de la plus haute température à la plus basse. En prenant les diverses précautions nécessaires pour éviter toute action thermologique du vase et du milieu, ce que l'appareil permet aisément d'obtenir, l'exactitude d'un tel procédé ne laisse rien d'essentiel à désirer, si ce n'est envers les gaz, dont les chaleurs spécifiques sont jusqu'ici moins parfaitement connues.

Tels sont les trois coefficiens fondamentaux servant à fixer les températures finales qui résultent de l'équilibre thermologique entre les différens corps. Il est naturel de les supposer d'abord essentiellement uniformes et constans, jusqu'à ce qu'une exploration plus approfondie ait dévoilé clairement aux physiciens les lois de leurs variations effectives. Néanmoins, il serait peu rationnel de concevoir la conductibilité comme nécessairement identique en tous sens, au moins dans un grand nombre de corps, dont la structure varie certainement suivant plusieurs directions distinctes. De même, pour la chaleur spécifique, il est évidemment très vraisemblable qu'elle éprouve des changemens notables à des températures fort écartées, et surtout dans le voisinage de celles qui déterminent un nouvel état d'agrégation, comme quelques expériences paraissent l'avoir déjà nettement indiqué. Toutefois, ces différentes modifications sont encore tellement incertaines et surtout si peu connues, que les physiciens ne sauraient être blâmés aujourd'hui de ne pas les prendre en considération habituelle.

Caractérisons maintenant la seconde partie essentielle de la thermologie, celle qui concerne les altérations plus ou moins profondes déterminées par la chaleur dans la constitution physique des corps.

Il n'y a peut-être aucun corps dont la structure ne soit, à quelques égards, modifiée pour toujours par une variation de température un peu considérable. Mais il ne saurait être ici question de ces changemens permanens, dont l'étude est d'ailleurs jusqu'à présent à peine effleurée, et ne se rattache encore à aucune notion générale. Ils appartiennent, par leur nature, à ce que j'ai nommé, au commencement de cet ouvrage, la *physique concrète*, c'est-à-dire à l'histoire naturelle du corps correspondant, et nullement à la physique abstraite, seul objet de notre examen philosophique. En tout cas, ils ne se rapporteraient point à la théorie de la chaleur, et rentreraient essentiellement dans l'étude mécanique des diverses situations d'équilibre stable propres à chaque système de molécules. Telles sont, par exemple, les influences si remarquables de la chaleur et du froid, pour changer notablement les divers degrés d'élasticité de plusieurs corps. Mais on ne doit considérer, en thermologie que les modifications, à la fois générales et passagères, que produit, dans un corps quelconque, une certaine variation de température, et qui sont détruites par la variation inverse. Or, en se restreignant, comme il convient, aux altérations purement physiques, il faut les distinguer en deux classes, suivant qu'elles se bornent à un simple changement de volume, ou qu'elles vont jusqu'à produire un nouvel état d'agrégation. Sous l'un ou l'autre point de vue, cette partie de la thermologie est certainement aujourd'hui celle qui laisse le moins à désirer.

Quoique de tels phénomènes coexistent toujours, par leur nature, avec ceux de l'échauffement ou du refroidissement, ces deux ordres d'effets n'en sont pas moins parfaitement distincts, non-seulement, comme il est évident, quant aux circonstances qui les constituent, mais aussi quant à l'action thermologique qui les produit. Soit qu'il s'agisse d'une variation de volume ou d'un changement d'état, on doit les rapporter à une action thermologique tout-à-fait indépendante, dans sa loi et dans son degré, de celle d'où résulte la nouvelle température correspondante. Quand on échauffe un corps quelconque, l'élévation de la température n'est jamais déterminée que par une portion, souvent peu considérable, de la chaleur effectivement consommée, dont le reste, insensible au thermomètre, est absorbé pour modifier la constitution physique. C'est ce qu'on exprime ordinairement aujourd'hui en disant que cette partie de la chaleur est devenue *latente*, expression qui peut être conservée comme l'énoncé concis d'un fait capital, malgré qu'elle rappelle une hypothèse sur la nature de la chaleur. Telle est la loi fondamentale découverte par l'illustre Black, d'après l'observation des cas où elle était nécessairement irrécusable, c'est-à-dire, lorsqu'une modification physique très prononcée n'est accompagnée d'aucun changement de température dans le corps modifié, comme je l'indiquerai ci-dessous. Quand les deux effets coexistent, leur décomposition est beaucoup plus difficile à constater nettement, et surtout à mesurer, quoique toujours indiquée, au moins par l'analogie. On ignore d'ailleurs encore si elle suit constamment la même marche générale dans les différens corps, sauf la variété des coefficiens.

Après cette importante notion préliminaire, commune aux deux ordres de modifications physiques produites par la chaleur, considérons les lois générales de chacun d'eux, et en premier lieu, des changemens de volume.

En principe, tout corps homogène se dilate par la chaleur et se condense par le froid ; il en est encore ainsi pour les corps hétérogènes, tels surtout que les tissus organisés, lorsqu'on envisage séparément leurs diverses parties constituantes. Cette règle élémentaire ne souffre d'exception qu'à l'égard d'un très petit nombre de substances, et seulement même dans une portion fort limitée de l'échelle thermométrique. Toutefois, comme la principale anomalie est relative à l'eau, elle acquiert, en histoire naturelle, une très grande importance. Mais elle ne saurait en avoir beaucoup dans la physique abstraite, si ce n'est par l'ingénieux parti que les physiciens ont su en tirer pour se procurer une unité de densité parfaitement invariable, et facile à reproduire avec exactitude, du moins quand l'eau est chimiquement pure. Néanmoins, ces diverses anomalies, quoique évidemment trop rares et trop circonscrites pour infirmer aucunement la loi générale, sont très propres, sous le point de vue philosophique, à vérifier, d'une manière fort sensible, l'insuffisance radicale des conceptions chimériques par lesquelles on prétend expliquer *à priori* ces dilatations et ces contractions, puisque, d'après de telles hypothèses, toute augmentation de température devrait toujours produire un accroissement de volume, et toute diminution un décroissement, sans que l'inverse pût jamais avoir lieu.

Les solides se dilatent, en général, beaucoup moins que les liquides pour une même élévation de température, et ceux-ci, à leur tour, moins que les gaz, non-seulement lorsqu'un même corps passe successivement par ces trois états, mais aussi en comparant des substances différentes.

La dilatation des solides, quoique peu prononcée, s'effectue avec une parfaite uniformité, du moins entre les limites où elle a été examinée, et qui sont, il est vrai, fort éloignées, ordinairement, du point de leur fusion. Elles n'ont encore été exactement appréciées qu'envers un très petit nombre de corps.

On a plus complétement étudié la dilatation des liquides, dont les lois avaient naturellement une importance si fondamentale, à cause de la vraie théorie du thermomètre, sans laquelle toutes les explorations thermologiques seraient radicalement équivoques (1). La belle série d'expériences de MM. Dulong et Petit a pleinement démontré que, dans une étendue de plus de trois cents degrés centigrades, la dilatation du mercure suit une marche exactement uniforme, c'est-à-dire que des accroissemens égaux de volume sont toujours produits par des quantités de chaleur susceptibles de fondre des poids égaux de glace à zéro. On a tout lieu de penser qu'il en est ainsi d'un liquide quelconque, entre des limites sensiblement différentes de sa congélation et de son ébullition, quoique aucun autre cas n'ait été exploré jusqu'ici avec cette admirable circonspection et cette précision presque astronomique qui caractérisent si émi-

---

(1) Pour compléter une pensée que j'ai déjà eu l'occasion d'indiquer dans la leçon précédente, on doit remarquer, en général, que chaque branche principale de la physique peut être envisagée comme consistant essentiellement tout entière dans la théorie exacte et approfondie de quelque instrument capital. Cela est évident ici au sujet de la théorie du thermomètre, à laquelle aboutissent directement toutes les parties importantes de la thermologie physique, et qui comporte même, à plusieurs égards, une utile application de la thermologie mathématique. Pareillement, la théorie du pendule et celle du baromètre se rapportent naturellement à l'ensemble de la barologie. Il en est évidemment ainsi en optique, pour la théorie des divers télescopes ou microscopes; et, en électrogie, pour celles de la machine électrique, de la pile voltaïque et de la boussole. La naissance de chaque branche se manifeste toujours par la création de quelque instrument fondamental; et elle aurait atteint essentiellement son entière perfection, si elle était parvenue à en établir une théorie complète et précise.

nemment le mode général d'expérimentation de ces deux illustres physiciens.

C'est dans les gaz que la dilatation s'opère avec la plus parfaite régularité, en même temps qu'elle y est beaucoup plus prononcée. Non-seulement elle s'y fait toujours par degrés égaux, comme on le voit le plus souvent dans les liquides et les solides : mais en outre, tandis que, pour ceux-ci, son coefficient varie extrêmement d'un corps à un autre, sans relation fixe à aucun caractère, même thermologique, il a, au contraire, une valeur identique envers tous les gaz. Quoique ceux-ci diffèrent entre eux presque autant que les divers solides ou liquides, soit quant à la densité, ou à la chaleur spécifique, ou à la perméabilité, tous se dilatent néanmoins uniformément et également, leur volume augmentant toujours des trois huitièmes depuis la température de la glace fondante jusqu'à celle de l'eau bouillante. A cet égard, comme sous beaucoup d'autres points de vue physiques, les vapeurs se comportent exactement comme les gaz proprement dits. Telles sont les lois générales éminemment simples de la dilatation des fluides électriques, découvertes à la fois, au commencement de ce siècle, par M. Gay-Lussac à Paris, et par M. Dalton à Manchester.

Considérons enfin les changemens généraux produits par la chaleur dans l'état d'agrégation des corps.

La solidité et la fluidité, si long-temps envisagées comme des qualités absolues, sont, au contraire, reconnues désormais, depuis les premiers progrès de la philosophie naturelle, comme des états purement relatifs, qui dépendent nécessairement de plusieurs conditions variables, parmi lesquelles l'influence de la chaleur ou du froid constitue la plus générale et la plus puissante. Quoique plusieurs solides n'aient pu être encore liquéfiés, il n'est pas douteux maintenant que tous deviendraient fusibles si l'on pouvait produire en eux une température assez élevée, sans les exposer néanmoins à aucune altération chimique. De même, en sens inverse, on avait regardé, jusqu'à ces derniers temps, tous les gaz proprement dits comme devant conserver toujours leur élasticité, à quelque degré de refroidissement ou de pression qu'ils fussent soumis : on sait aujourd'hui que la plupart d'entre eux deviennent aisément liquides, quand on les saisit à l'état naissant, d'après les intéressantes expériences de M. Bussy et de M. Faraday ; il y a tout lieu de penser dès lors que, par une combinaison convenable de froid et de pression, on pourrait encore les liquéfier constamment, même quand ils sont pleinement développés. Les diverses substances ne se distinguent donc réellement à cet égard que par les différentes parties de l'échelle thermométrique indéfinie auxquelles correspondent leurs états successifs, solide, liquide et gazeux. Mais cette simple inégalité n'en constitue pas moins un caractère fort important, qui n'est encore exactement rattaché d'une manière fixe à aucune autre propriété fondamentale de chaque substance. La relation la plus évidente et la moins sujette à des anomalies, est avec la densité : tous les gaz sont, en général, moins denses que les liquides, et ceux-ci que les solides. Le second cas offre néanmoins plusieurs exceptions très notables; et, quoiqu'on n'en connaisse aucune pour le premier cas, cela tient peut-être uniquement à ce que les gaz n'ont pu être observés jusqu'ici dans des circonstances suffisamment variées, surtout relativement à la pression. Quant aux trois états d'une même substance, il y a toujours raréfaction dans la fusion des solides et dans la vaporisation des liquides; sauf quelques anomalies très rares, quoique fort importantes pour la physique concrète, constamment relatives au premier phénomène.

Tous ces divers changemens d'état ont été assujettis par l'illustre Black, à une grande loi fondamentale, qui constitue l'une des plus admirables découvertes de la philosophie naturelle, tant par son extrême importance que par sa rigoureuse universalité, que toutes les expériences des physiciens ont, depuis un demi-siècle, irrévocablement constatée. Elle consiste en ce que, dans le passage de l'état solide à l'état liquide, et de celui-ci à l'état gazeux, un corps quelconque absorbe toujours une quantité de chaleur plus ou moins notable, sans élever sa température; tandis que le passage inverse détermine constamment, au contraire, un dégagement de chaleur exactement correspondant à cette absorption. Ainsi, par exemple, la liquéfaction d'une masse de glace à zéro, sans aucun accroissement de température, exige l'absorption de toute la quantité de chaleur que renferme une masse égale d'eau à 75 degrés centigrades; et une masse d'eau à 100 degrés ne peut se vaporiser, quoiqu'elle ne s'échauffe pas, qu'en absorbant 660 fois plus de chaleur qu'il n'en faudrait pour élever d'un degré la température d'un poids égal d'eau liquide. Cette chaleur latente, qui redevient sensible au thermomètre dans le phénomène inverse, a été soigneusement mesurée par les physiciens à l'égard des principales substances naturelles, surtout à l'aide du calorimètre. On ignore encore si elle est rigoureusement fixe, c'est-à-dire si elle est toujours exactement indépendante des circonstances quelconques qui peuvent éloigner ou avancer artificiellement le degré ordinaire de l'échelle thermométrique où s'effectue le changement d'état. Le cas le mieux étudié, à cet égard, est celui de la vaporisation de l'eau, dont la température normale peut être si aisément augmentée ou diminuée en faisant varier la pression : l'opinion la plus accréditée aujourd'hui, quoiqu'elle soit loin, ce me semble, d'avoir obtenu encore l'assentiment unanime des physiciens, consiste à regarder la chaleur latente nécessaire à cette vaporisation comme parfaitement constante, à quelque température que le phénomène s'accomplisse.

Ces dégagemens et ces absoptions de chaleur constituent évidemment, après les phénomènes chimiques, les plus grandes sources de la chaleur et du froid. Sous ce dernier rapport surtout, c'est par une vaporisation, rendue artificiellement très rapide, dans la belle expérience de M. Leslie, qu'ont été produites les plus basses températures que nous connaissions. D'illustres philosophes naturels ont même pensé que la chaleur, si abondamment dégagée dans la plupart des fortes combinaisons chimiques, ne saurait jamais provenir que des divers changemens d'état qui en résultent ordinairement. Mais cette opinion, quoique vraie pour un très grand nombre de cas, ne peut plus être érigée aujourd'hui en un principe général, comme nous le reconnaîtrons dans le volume suivant, à cause des exceptions capitales et incontestables qui la contredisent trop fréquemment.

Tel est, en aperçu, l'ensemble de la thermologie physique, envisagée successivement sous tous ses divers aspects fondamentaux. Je crois devoir en outre classer à sa suite, comme un appendice naturel et indispensable, l'étude des lois relatives à la formation et à la tension des vavapeurs, et par suite l'hygrométrie. Cette importante théorie constitue en effet, envers les liquides, le complément nécessaire de la doctrine des changemens d'état. Elle ne saurait, évidemment, être rattachée à aucune autre branche principale de la physique ; or, d'un autre côté, son étendue n'est pas assez grande, et surtout, son caractère propre est trop peu tranché, pour qu'elle puisse constituer, par elle-même, une branche essentiellement distincte : c'est donc ici son lieu rationnel.

Saussure a fait rentrer irrévocablement dans le domaine de la physique le phénomène général de l'évaporation, regardé avant lui comme une sorte d'effet chimique, puisqu'on l'attribuait à l'action dissolvante de l'air sur les liqueurs. Il a montré que l'influence de l'air était alors purement mécanique; et que, loin de favoriser l'évaporation, la pression atmosphérique faisait, au contraire, toujours obstacle à sa rapidité; sauf, bien entendu, ce qui tient au renouvellement du milieu ambiant. Toutefois, cette étude n'est aujourd'hui vraiment complète que lorsque les vapeurs se forment dans un espace circonscrit. Saussure a trouvé alors que la quantité de vapeur formée, en un temps donné, à une température déterminée, dans un espace défini, est toujours la même soit que cet espace ait été entièrement vidé d'air ou rempli d'un gaz quelconque; il en est ainsi encore de l'élasticité de la vapeur dégagée. La masse et la tension de cette vapeur croissent d'ailleurs sans cesse avec la température ; sans qu'il paraisse exister toutefois aucun degré de froid susceptible d'annuller complétement cet important phénomène, puisque la glace elle-même produit une vapeur appréciable à l'exploration délicate de la physique actuelle, quoique sa force élastique soit extrêmement petite. On ignore suivant quelle loi exacte l'accroissement de la température accélère l'évaporation, du moins tant que le liquide reste au-dessous de son terme d'ébullition. Mais les physiciens se sont occupés soigneusement et avec succès des variations qu'éprouve l'élasticité de la vapeur produite.

A cet égard, les différens liquides offrent d'abord un point de départ commun, nettement caractérisé : c'est la température propre à l'ébullition de chacun d'eux, si bien marquée par l'immobilité du thermomètre, en vertu de l'absorption de chaleur qu'exige le changement d'état. Au moment de l'ébullition, la tension de la vapeur formée, jusque alors graduellement accrue, à mesure que la température s'élevait, est nécessairement devenue toujours égale, pour un liquide quelconque, à la pression atmosphérique; ce que l'expérience directe peut d'ailleurs confirmer exactement. Or, à partir d'une telle origine, l'illustre M. Dalton, dont tous les divers travaux scientifiques ont constamment présenté à un si haut degré l'indice du véritable esprit philosophique, a découvert cette loi importante, vérifiée jusqu'ici par l'ensemble des observations : les vapeurs émanées de tous les divers liquides ont des tensions continuellement égales entre elles, à des températures équidistantes des termes d'ébullition correspondans, quel que soit d'ailleurs le sens de la différence. Ainsi, par exemple, l'ébullition de l'eau ayant lieu à 100 degrés, et celle de l'alcool à

80 degrés, les deux vapeurs, qui ont alors la même tension, équivalente à la pression de l'atmosphère, auront encore des élasticités égales, d'ailleurs supérieures ou inférieures à la précédente, quand on fera varier ces deux températures caractéristiques d'un même nombre quelconque de degrés. Le nombre des liquides connus a déjà beaucoup augmenté par les travaux des chimistes, depuis l'époque de cette belle découverte; et ces épreuves inopinées n'ont fait jusqu'ici qu'en constater l'exactitude générale. Il est à regretter, pour la perfection rationnelle d'une telle étude, que le génie systématique de M. Dalton ne se soit pas appliqué avec persévérance à saisir une harmonie quelconque entre les températures d'ébullition propres aux différens liquides, sous la pression ordinaire de l'atmosphère, et toute autre de leurs qualités physiques essentielles : mais jusqu'ici aucune relation analogue n'a été généralement aperçue, et ces températures semblent encore tout-à-fait incohérentes, quoique leur fixité doive d'ailleurs les faire envisager comme d'importans caractères.

Quoi qu'il en soit, la loi de M. Dalton permet, évidemment, de simplifier à un très haut degré la recherche générale du mode suivant lequel la tension des vapeurs varie d'après leur température, puisqu'il suffit dès lors d'analyser ces variations dans une seule vapeur pour qu'elles soient aussitôt connues dans toutes. La suite d'expériences entreprises à cet effet sur la vapeur d'eau par M. Dalton lui-même, avait indiqué une règle fort simple, qui consistait à faire croître la tension en progression géométrique, pour des augmentations égales dans la température. Mais les mesures postérieures, soigneusement exécutées par plusieurs physiciens, ont montré que cette formule ne pouvait être regardée comme une approximation suffisante qu'en s'écartant de la température d'ébullition. M. Dulong a établi depuis, d'après une suite beaucoup plus étendue d'expériences fort exactes, une nouvelle loi empirique, qui correspond jusqu'ici, de l'aveu unanime des physiciens, à l'ensemble des observations : on y fait croître la force élastique de la vapeur proportionnellement à la sixième puissance d'une fonction du premier degré de la température. Quelques géomètres avaient essayé de déterminer *à priori* la loi rationnelle ; mais ces tentatives, beaucoup trop hypothétiques, n'ont conduit qu'à des formules infirmées presque à chaque instant par les observations directes.

L'étude de l'équilibre hygrométrique entre les différens corps humides, constitue un prolongement naturel de la théorie générale de l'évaporation. Cette importante recherche, dont Saussure et Deluc se sont tant occupés, a conduit, par leurs travaux, à un instrument fort précieux. Mais, quoique l'établissement nécessaire d'un tel équilibre soit maintenant facile à concevoir d'une manière générale, nous n'avons encore que des notions vagues et imparfaites sur les lois qui le régissent, même dans le cas d'un corps plongé dans un milieu indéfini, qu'on a presque exclusivement considéré, et dont l'importance est, à la vérité, prépondérante. La prévision, qui, en tout genre, est la mesure exacte de la science, devient ici à peu près nulle jusqu'à présent.

La faible influence des actions hygrométriques dans l'ensemble des phénomènes de la nature inorganique, contribue beaucoup sans doute au peu d'intérêt qu'une telle étude inspire habituellement aux physiciens. Mais, en considérant sous un point de vue général le système entier de la philosophie naturelle, on reconnaîtrait, au contraire, la haute importance de cette théorie à l'égard des phénomènes vitaux, comme j'aurai soin de le faire ressortir dans le volume suivant. D'après le bel aperçu de M. de Blainville, l'action hygrométrique constitue réellement, dans les corps vivans, le premier degré général et le mode le plus élémentaire de leur nutrition, comme la capillarité y est le germe des plus simples mouvemens organiques. L'imperfection actuelle de ces deux subdivisions de la physique est donc, sous ce rapport capital, extrêmement regrettable. On a ici l'occasion de vérifier expressément, comme je l'ai indiqué dès le début de cet ouvrage, combien l'instruction trop étroite de presque tous ceux qui cultivent aujourd'hui la philosophie naturelle, et les habitudes trop subalternes qui en résultent pour leur intelligence, sont directement nuisibles aux progrès effectifs des diverses sciences. Deux études fort importantes, que les physiciens peuvent seuls perfectionner convenablement, se trouvent néanmoins très négligées, uniquement parce que leur principale destination concerne une autre partie fondamentale du système scientifique général.

Je me suis efforcé, par les diverses considérations sommairement indiquées dans cette leçon, de caractériser le véritable esprit de la thermologie, envisagée sous tous ses aspects principaux. La nature de cet ouvrage interdisait évidemment de mentionner ici, soit la théorie des différens instrumens essentiels créés par le génie des physiciens et inspirés par le besoin de perfectionner les explorations, soit les nombreux moyens de vérification qui garantissent aujourd'hui la précision des résultats obtenus. Je ne pouvais pas même signaler ces résultats, en ce qu'ils offrent de spécial, et je devais me borner strictement à l'appréciation philosophique de leurs conséquences générales. Quelque imparfait que soit nécessairement ce rapide examen, il fera concevoir, j'espère, les vrais caractères essentiels propres à l'ensemble de cette belle partie de la physique ; il indiquera la liaison rationnelle des divers ordres de recherches qui la composent, ainsi que le degré de perfection où chacun d'eux est aujourd'hui parvenu, et les principales lacunes qu'il laisse encore à remplir.

Afin de compléter réellement cette analyse philosophique de la thermologie, il est maintenant indispensable d'examiner avec soin, quoique d'une manière générale, dans la leçon suivante, comment la partie la plus simple et la plus fondamentale des phénomènes de la chaleur, a pu être ramenée, par le génie de Fourier, à une admirable théorie mathématique.

TRENTE-UNIÈME LEÇON

Considérations générales sur la thermologie mathématique.

D'après la leçon précédente, on considère, en thermologie, deux ordres principaux de phénomènes : les premiers, directement relatifs à l'action thermologique proprement dite, consistent dans le mode suivant lequel certains corps quelconques s'échauffent tandis que d'autres se refroidissent, en vertu de leurs diverses influences mutuelles, à distance ou au contact, fondées sur l'inégalité de leurs températures; les seconds se rapportent, au contraire, aux modifications plus ou moins profondes et plus ou moins éloignées que le nouvel état thermométrique de chaque corps fait nécessairement éprouver à sa constitution physique primitive. Ces derniers phénomènes ne sauraient être jusqu'ici l'objet d'aucune théorie mathématique, si ce n'est par l'intervention illusoire des fluides ou des éthers imaginaires, et l'on ne conçoit pas même, d'une manière nette, comment ils pourraient jamais y être réellement assujettis, quoique rien, sans doute, n'en doive indiquer l'impossibilité radicale. Ainsi, la thermologie mathématique embrasse exclusivement aujourd'hui les phénomènes du premier genre, dont elle est destinée à compléter et à perfectionner l'étude fondamentale.

On conçoit, en effet, que la thermologie physique, ci-dessus examinée, puisse nous conduire jusqu'à connaître selon quelles lois la température s'élève successivement sur la surface extérieure de l'un des deux corps, et s'abaisse sur celle de l'autre, par suite de leur action réciproque. Mais là s'arrête évidemment, en général, par la nature même de cette question physique, le domaine de l'exploration directe; et, néanmoins, une semblable étude ne saurait être envisagée comme vraiment complète que dans le cas purement idéal d'un point géométrique. Comment la chaleur, une fois introduite dans un corps par son enveloppe extérieure, se propage-t-elle peu à peu en tous les points de sa masse, de manière à assigner à chacun d'eux, pour un instant désigné, une température déterminée; ou, en sens inverse, comment cette chaleur intérieure se dissipe-t-elle au dehors, à travers la surface, par une déperdition graduelle et continue? C'est ce qu'il faudrait évidemment renoncer à connaître avec exactitude, si l'analyse mathématique, prolongement naturel de l'observation immédiate devenue impossible, ne venait ici permettre à notre intelligence de contempler, par une exploration indirecte, les lois suivant lesquelles s'accomplissent ces phénomènes internes, dont l'étude semblait devoir nous être nécessairement impénétrable. Telle est la destination essentielle de la doctrine admirable que nous devons au beau génie du grand Fourier, et qu'il s'agit maintenant de caractériser nettement dans son ensemble.

Cette doctrine comprend deux parties générales bien distinctes : l'une, relative aux lois de la propagation proprement dite de la chaleur, d'une manière graduelle et continue, par voie de contiguïté immédiate; l'autre, qui concerne la théorie de l'action thermologique exercée à des distances quelconques, ou l'analyse du rayonnement. Je considérerai surtout, et d'abord, la première partie, principal objet des travaux de Fourier, et qui constitue, en effet, par sa nature, l'étude la plus fondamentale.

Afin de mieux circonscrire le sujet propre et essentiel de notre examen philosophique, il faut, enfin, décomposer cette étude en deux branches fort différentes, suivant qu'on envisage les lois de la propagation graduelle de la chaleur dans les solides ou dans les fluides. Outre que le premier cas est jusqu'ici le seul réellement exploré, c'est nécessairement celui où ces lois peuvent être contemplées dans toute leur pureté élémentaire. Quant aux masses fluides, la température effective de chacun de leurs points, à une époque donnée, ne tient pas seulement à l'action thermologique que les diverses molécules exercent, de proche en proche, les unes sur les autres; elle est surtout, en réalité, comme l'expérience le montre clairement, le résultat des mouvemens plus ou moins rapides que l'inégalité des températures fait naître inévitablement dans l'intérieur du système : en sorte que les recherches purement thermologiques se compliquent de questions hydrodynamiques, dont elles sont nécessairement inséparables. A la vérité, Fourier a su étendre à ce cas difficile sa théorie fondamentale, du moins en ce qui concerne les équations différentielles du problème. Mais, on conçoit que, la simple étude analytique des mouvemens réels produits dans les fluides par la seule pesanteur étant jusqu'ici, d'après la vingt-neuvième leçon, presque inextricable, la question, bien plus difficile, de la propagation mathématique de la chaleur y sera long-temps encore essentiellement inaccessible. Du reste, il convient d'observer que c'est principalement envers les gaz que les hautes difficultés propres à une telle recherche se trouvent profondément combinées, dans le cas, par exemple, des températures atmosphériques. Car les liquides pouvant être échauffés, dans les expériences des physiciens, de manière à prévenir la formation des courans intérieurs, ils constituent par leur nature, à cet égard comme à tant d'autres, une sorte d'intermédiaire entre le cas des solides et celui des gaz. Quoiqu'un tel mode d'échauffement soit, sans doute, essentiellement artificiel, son observation exacte et approfondie n'en serait pas moins très précieuse, par la facilité que procure l'état fluide de mesurer directement les températures internes, et de vérifier ainsi, d'une manière fort sensible, les lois fondamentales de la propagation de la chaleur, qui doit alors s'accomplir presque aussi régulièrement que si la masse était solide. Néanmoins, c'est, évidemment, au seul cas des solides que nous devons ici restreindre nos considérations générales.

Le phénomène fondamental de la diffusion de la chaleur dans l'intérieur d'une masse solide par la seule action graduelle et continue de ses molécules consécutives, est toujours modifié nécessairement par deux sortes de conditions générales, qu'il faut d'abord caractériser, afin que l'ensemble du problème soit nettement défini. Les unes se rapportent à l'état initial arbitraire, qui, dans chaque cas particulier, détermine la température primitive propre à un point quelconque du corps. Les autres concernent l'état thermométrique de la surface extérieure, en vertu de l'action, variable ou constante, inégale ou commune, du système ambiant. Ces deux ordres de données sont indispensables pour fixer exactement, à l'égard de chaque question spéciale, l'interprétation analytique de l'équation fondamentale de la propagation de la chaleur, qui, par son extrême généralité nécessaire, ne saurait renfermer aucune trace immédiate, ni de l'état initial propre aux diverses molécules, ni des circonstances permanentes particulières à l'enveloppe. Mais, par cela même que ces conditions sont essentiellement modificatrices, il importe de considérer, avant tout, la loi principale; quoique, en elle-même, elle ne puisse avoir de relation directe qu'avec un phénomène purement abstrait, dont l'entière réalisation immédiate ne saurait avoir lieu que dans le seul cas d'une masse solide indéfinie en tous sens.

Quant à l'objet analytique d'une telle recherche, il consiste toujours à découvrir la fonction qui exprime, à tout instant, la température d'un point quelconque de la masse solide. Cette fonction se rapporte donc, en général, à quatre variables indépendantes, puisque, outre le temps, elle doit contenir les trois coordonnées géométriques de chaque molécule : cependant, le nombre des variables est souvent réductible à trois, ou même à deux, quand la forme du corps et son mode d'échauffement permettent de supposer que la température change uniquement d'après une seule coordonnée.

Il paraîtrait d'abord nécessaire de distinguer deux cas essentiels dans la question fondamentale, suivant qu'on examine l'état variable des températures successives, ce qui constitue l'étude la plus complète, ou qu'on se borne à considérer l'état permanent vers lequel tend finalement l'ensemble de ces températures, sous l'influence d'une cause quelconque constante. Le système approche toujours très rapidement de ce dernier état, et d'autant plus que la perméabilité est plus parfaite, quoiqu'il ne pût jamais y atteindre rigoureusement que dans un temps indéfini. Quand on l'envisage isolément, la fonction cherchée, qui devient alors indépendante du temps, peut se réduire, dans les cas les plus simples, à ne contenir qu'une seule variable. Ce problème est susceptible, sans doute, d'être étudié, jusqu'à un certain point, indépendamment du premier, comme l'avait fait l'illustre Lambert à l'égard des températures permanentes d'une barre prismatique dont une extrémité est soumise à l'action d'un foyer constant. Mais une telle étude serait évidemment très imparfaite, et surtout peu rationnelle, puisque l'état final ne saurait être bien conçu qu'à la suite des modifications successives qui l'ont graduellement produit. On ne doit donc pas traiter cette question séparément de l'ensemble du problème; elle constitue seulement une des conséquences générales les plus importantes de la solution totale.

Relativement à la loi physique élémentaire, base nécessaire de cette théorie mathématique, elle consiste à supposer toujours l'intensité de l'action thermologique proportionnelle à la différence des températures, sans qu'on ait d'ailleurs besoin de rien préjuger habituellement quant au mode suivant lequel elle dépend de la distance. Si cette proportionnalité n'était point admise, il importe de remarquer, avant tout, que le véritable esprit fondamental de la doctrine générale créée par Fourier n'en saurait être aucunement altéré, ce que les physiciens ont quelquefois trop méconnu; mais l'obligation d'introduire, dans les élémens de cette doctrine, une fonction nouvelle et moins simple, compliquerait nécessairement beaucoup les équations différentielles, et pourrait ainsi rendre inextricables les difficultés purement analytiques. Or, les expériences de divers physiciens, et surtout celles de MM. Dulong et Petit, ont clairement constaté, comme je l'ai indiqué dans la leçon précédente, que cette loi, primitivement imaginée par Newton, ne pouvait plus être adoptée quand la différence des températures devenait très considérable. Toutefois, un tel résultat ne peut nullement affecter la formation des équations différentielles fondamentales relatives à la propagation intérieure de la chaleur. Car, en parvenant à ces équations, on n'a jamais à considérer que l'action thermologique instantanée de molécules infiniment voisines, dont les températures diffèrent infiniment peu. Dès lors il suffit que cette action dépende seulement de la différence des températures, ce qui demeurera toujours incontestable, pour qu'on doive la supposer ici simplement proportionnelle à cette différence, quelle que puisse être d'ailleurs la vraie fonction naturelle, conformément à l'esprit général de la méthode infinitésimale, si clairement prononcé dans toutes les recherches géométriques et mécaniques. Lorsque, en complétant chaque application effective, on arrivera à considérer l'état thermologique de la surface extérieure, modifié par voie de rayonnement, c'est seulement alors qu'une telle hypothèse deviendra purement approximative, et qu'on ne devra plus l'employer qu'avec la réserve convenable et en soumettant ses conséquences définitives aux diverses restrictions indiquées par l'expérience. Mais la théorie fondamentale ne peut jamais en être radicalement affectée.

Après ces considérations préliminaires indispensables sur la nature propre d'un tel problème, et sur l'esprit général de la solution, examinons directement la formation des équations fondamentales qui expriment les lois mathématiques de la propagation de la chaleur. Il faut, pour cela, envisager préalablement deux cas élémentaires, essentiellement abstraits sans doute, et constituant néanmoins une préparation nécessaire, puisque toutes les notions essentielles de cette théorie y trouvent leur véritable origine, et peuvent y être étudiées dans leur plus grande simplicité. Ils consistent, suivant la judicieuse expression de Fourier, dans le mouvement uniforme de la chaleur, d'abord en une seule direction, et ensuite en tous sens; ils remplissent, en effet, envers l'ensemble de la thermologie mathématique, le même office essentiel que la théorie du mouvement uniforme à l'égard de la mécanique rationnelle.

Le premier et le plus simple de ces deux cas concerne l'état final et permanent des températures dans un solide indéfini compris entre deux plans parallèles, dont chacun est supposé constamment entretenu à une température invariable, commune à tous ses points, et différente seulement de l'une à l'autre base. Quelles que soient les températures initiales des divers points intérieurs d'une masse ainsi définie, leur ensemble tendra vers un certain système définitif, qui ne serait exactement réalisé qu'au bout d'un temps infini, mais qui aurait la propriété caractéristique de subsister éternellement par lui-même s'il était une fois établi. Ce système est, par sa nature, entièrement indépendant des circonstances primitives, susceptibles seulement d'influer sur l'époque de sa réalisation, et sur les modifications qui l'auraient graduellement amenée. La définition de la masse proposée montre clairement que cet état final et fixe doit être identique en tous les points d'une même section quelconque parallèle aux deux bases, et varier uniquement d'une tranche à la suivante, d'après la distance à ces bases données. Toute la difficulté est donc réduite ici à connaître la loi précise de cette variation. Or, une telle loi doit être déduite de cette condition, caractéristique de la fixité : une tranche quelconque transmet à la suivante autant de chaleur qu'elle en reçoit de la précédente. Ce principe évident conduit aussitôt à reconnaître aisément que la température de chaque point est exprimée par une fonction du premier degré de sa distance à l'une des bases : puisque, en vertu d'une semblable distribution des températures, l'échauffement que tendrait à produire sur la molécule considérée une quelconque de celles qui l'avoisinent, serait toujours exactement compensé par le refroidissement dû à la molécule symétrique ; en sorte que toutes les actions thermologiques du système, ainsi comparées, se détruiraient mutuellement. Dans cette formule, le terme indépendant de l'ordonnée est égal à la température de la base à partir de laquelle cette ordonnée est comptée ; le coefficient du terme variable, a pour valeur le rapport de la différence des deux températures extrêmes données à la distance connue des deux bases.

Ce dernier coefficient est extrêmement remarquable, comme fournissant la première source élémentaire d'une notion fondamentale commune à toute la thermologie mathématique, celle de ce que Fourier a nommé le *flux* de chaleur, c'est-à-dire la quantité de chaleur plus ou moins grande, qui, en un temps donné, traverse perpendiculairement une aire plane de grandeur déterminée (1). La différence des températures de deux tranches quelconques étant ici toujours proportionnelle à leur distance, le flux relatif à l'unité de temps et à l'unité de surface, a pour mesure naturelle, le rapport constant de ces deux nombres, qu'exprime le coefficient proposé multiplié par la perméabilité propre à la substance considérée. Ce cas est le seul où le flux puisse être immédiatement évalué, et c'est d'après lui qu'on l'estime en toute autre circonstance, quand l'état du système varie, et que les températures ne sont pas uniformément réparties.

La même démonstration convient à l'analyse du second cas préparatoire, où l'on envisage l'égale distribution de la chaleur, non plus dans une seule direction, mais en tous sens. Il s'agit alors de l'état final et permanent d'une masse solide comprise entre trois couples de plans pa-

---

(1) Contraints de penser à l'aide de langues jusqu'ici toujours formées sous l'influence exclusive ou prépondérante d'une philosophie théologique ou métaphysique, nous ne saurions encore entièrement éviter, dans le style scientifique, l'emploi exagéré des métaphores. On ne doit donc pas reprocher à Fourier ce que les expressions précédentes contiennent, sans doute, de trop figuré. Mais il est aisé de sentir, malgré cette imperfection, qu'elles désignent seulement un simple fait thermologique général, entièrement indépendant de toute vaine hypothèse sur la nature de la chaleur, comme le savent très bien tous ceux qui ont quelque connaissance de cette théorie.

rallèles, respectivement rectangulaires, où les températures changent d'un point à un autre à raison de chacune de ses trois coordonnées. On prouve encore, dans un tel parallélépipède, que la température d'une molécule quelconque est exprimée par une fonction complète du premier degré relative aux trois coordonnées simultanément, pourvu qu'on suppose les six faces extérieures constamment entretenues aux diverses températures qu'une telle formule assignerait à chacun de leurs points. Il est aisé de reconnaître en effet, comme précédemment, que toutes les actions thermologiques élémentaires se détruisent deux à deux, en vertu de cette répartition des températures.

Ce cas donne lieu à une nouvelle remarque fondamentale sur l'interprétation thermologique des trois coefficiens propres aux diverses coordonnées contenues dans cette équation. Les échanges de chaleur s'effectuant ici en tous sens, chaque coefficient sert à mesurer le flux parallèle à l'ordonnée correspondante. Chacun de ces trois flux principaux se trouve avoir nécessairement la même valeur que si les deux autres n'existaient pas ; comme en mécanique, les divers mouvemens élémentaires s'accomplissent simultanément, sans aucune altération mutuelle. En estimant ce flux suivant une nouvelle direction quelconque, on voit aussi qu'il se déduit des premiers d'après les mêmes lois mathématiques qui président, en mécanique, à la composition des forces, et, en géométrie, à la théorie des projections.

On aperçoit ici un nouvel et mémorable exemple de cette admirable propriété radicalement inhérente à l'analyse mathématique de dévoiler, quand elle est judicieusement appliquée, des analogies réelles entre les phénomènes les plus divers, en permettant de saisir dans chacun ce qu'il présente d'abstrait, et par suite, de commun. Le premier et le plus fondamental des deux cas thermologiques élémentaires que nous venons de considérer, correspond exactement, en géométrie, à la marche des ordonnées d'une ligne droite, et, en mécanique, à la loi du mouvement uniforme. Les mêmes coefficiens dont la destination thermologique est de mesurer les flux de chaleur, servent, géométriquement, à estimer les directions, et, mécaniquement, à évaluer les vitesses. Quoique je me sois efforcé, dans le premier volume, de faire convenablement ressortir, par une étude directe et générale, ce caractère fondamental de l'analyse mathématique, je ne devais pas négliger d'en signaler ici une vérification aussi capitale.

D'après les théorèmes préliminaires indiqués

ci-dessus, la méthode infinitésimale permet de former aisément l'équation fondamentale relative à la propagation de la chaleur dans un cas quelconque. En effet, de quelque manière que doivent varier les températures successives d'une même molécule, ou les températures simultanées des différens points, on peut toujours concevoir la masse décomposée en élémens prismatiques, infiniment petits relativement à chacun des trois axes coordonnés, suivant les faces desquels les flux de chaleur soient uniformes et constans pendant toute la durée d'un même instant. Chaque flux sera donc nécessairement exprimé par la fonction dérivée de la température relativement à l'ordonnée correspondante. Cela posé, si le flux avait, dans les trois sens, la même valeur pour les deux faces égales et opposées perpendiculaires à la même ordonnée, la température de l'élément ne pourrait, évidemment, éprouver aucun changement, puisqu'il s'échaufferait autant par l'une de ces faces qu'il se refroidirait par l'autre. Ainsi, les variations de cette température ne sont dues qu'à l'inégalité de ces deux flux antagonistes. En évaluant cette différence, qui dépendra naturellement de la seconde dérivée de la température rapportée à l'ordonnée considérée, et ajoutant entre elles les différences propres aux trois axes, on évaluera donc exactement la quantité totale de chaleur alors introduite, et par suite, l'accroissement instantané que devra présenter effectivement la température de la molécule, pourvu qu'on ait convenablement égard à la chaleur spécifique et à la densité de cet élément. De là résulte immédiatement l'équation différentielle fondamentale, qui consiste en ce que la somme des trois dérivées partielles du second ordre de la température, envisagée tour à tour comme une fonction de chaque ordonnée isolément, est nécessairement toujours égale à la première dérivée de cette température relativement au temps, multipliée toutefois par un coefficient constant : ce coefficient a pour valeur le produit de la densité par le rapport de la chaleur spécifique à la perméabilité de la molécule. S'il était convenable de considérer directement l'état final et permanent du système, on le caractériserait aussitôt en se bornant à annuller le second membre de cette équation générale, qui ne contiendrait plus alors que trois variables indépendantes.

On voit que, conformément aux propriétés universelles des relations différentielles, une telle équation ne renferme immédiatement aucune trace, non-seulement de l'état thermologique initial, mais encore des circonstances perpétuelles propres à la surface extérieure. L'équation exprime simplement ce que le phénomène offre de plus général et de plus profond, l'échange continuel de la chaleur entre toutes les molécules du système, en vertu de leurs températures actuelles. C'est ainsi que le premier volume de cet ouvrage nous a fait voir les équations différentielles fondamentales de la géométrie et de la mécanique, représentant d'une manière uniforme, un même phénomène général, abstraction faite du cas particulier quelconque où il se réalisera. Telle est l'origine philosophique de cette parfaite coordination qu'introduit constamment l'emploi convenable de l'analyse mathématique, quand la nature de nos études les en rend susceptibles. Désormais, en thermologie, les recherches illimitées que pourront suggérer les innombrables variétés de la forme des corps et de leur mode d'échauffement seront toujours, aux yeux des géomètres, les diverses modifications analytiques d'un problème unique, invariablement assujetti à une même équation fondamentale. Les différens cas particuliers ne pourront, en effet, s'y distinguer que par la composition analytique des fonctions arbitraires propres à l'intégrale générale de cette équation.

Toutefois, comme le sens d'une telle relation

abstraite ne saurait devenir entièrement déterminé qu'en ayant égard aux conditions caractéristiques de chaque question spéciale, il importe de signaler maintenant, pour compléter cette indication sommaire, le mode uniforme suivant lequel Fourier a conçu l'introduction analytique de ces conditions complémentaires. Il faut distinguer, à cet effet, entre l'état initial des différens points du système et l'état permanent de la surface extérieure, titres généraux sous lesquels pourront toujours être classées toutes ces diverses particularités.

Quant à la considération des températures primitives, elle ne présente immédiatement aucune difficulté analytique qui lui soit propre, si ce n'est lorsqu'on en vient à exécuter les intégrations. Alors, les fonctions arbitraires doivent être choisies de telle manière que, en annulant le temps dans la formule générale qui représente la température de chaque point à un instant quelconque, afin de remonter à l'état initial, cette formule devienne exactement identique avec la fonction des coordonnées, préalablement définie, par laquelle a été caractérisé le système thermologique originel. Cette condition ne donne donc lieu à aucune relation différentielle générale.

Il n'en est pas de même relativement à l'état

de la surface. On doit alors exprimer que la formule générale des températures, quand on y suppose, entre les coordonnées qui s'y trouvent, la relation convenable à la surface proposée, coïncide, en tout temps, avec celle qui convient à cette surface. Or, cette condition étant, de sa nature, permanente, elle est susceptible d'être prise en considération d'une manière générale par une équation différentielle subsidiaire, puisqu'elle altère continuellement le mode fondamental de propagation, tandis que l'influence de l'état initial devait se borner uniquement à affecter les valeurs absolues des températures propres à un instant donné. Cette équation différentielle, qui est nécessairement du premier ordre, s'obtient en égalant, pour un élément quelconque de la surface, la quantité de chaleur qu'il reçoit, selon sa normale, de la part des molécules intérieures correspondantes, avec celle qui tend à sortir par l'influence donnée du système ambiant. L'ordre moins élevé d'une telle équation, comparativement à l'équation fondamentale de la propagation intérieure, résulte de ce que, dans celle-ci, il fallait inévitablement considérer la différentiation du flux entre les deux faces opposées de chaque élément, tandis que, pour la surface, on doit, au contraire, envisager le flux lui-même, immédiatement compensé par l'action du milieu. Si, par une cause quelconque, une certaine couche intérieure était assujettie d'avance à un système de températures déterminé, il en résulterait aussitôt, comme le remarque judicieusement Fourier, la même solution de continuité qu'à la surface dans le mode général de propagation de la chaleur.

Cette équation auxiliaire propre à tous les points de l'enveloppe, contient nécessairement, outre les fonctions dérivées de la température relativement aux coordonnées qui expriment le flux suivant chacune d'elles, les coefficiens différentiels purement géométriques par lesquels est définie analytiquement la direction de la normale en chaque point de la surface. Tel est le mode général suivant lequel la forme des corps se trouve convenablement introduite dans la thermologie mathématique, de manière à exercer toujours sur l'ensemble de la solution une influence inévitable et spéciale. L'observation avait, sans doute, signalé depuis long-temps une telle influence, par des indications incontestables; mais on conçoit qu'il était impossible de s'en faire une juste idée, avant que la doctrine de Fourier eût rationnellement assigné son véritable rang général parmi les diverses causes qui concourent à l'effet total, dont l'exploration directe ne saurait fournir à cet égard que des notions essentiellement vagues et confuses.

Tels sont les moyens généraux de mettre en équation tous les problèmes relatifs à la propagation de la chaleur dans les solides, ainsi que les deux sortes de conditions complémentaires destinées à déterminer, pour chaque cas particulier, les fonctions arbitraires correspondantes à cette équation différentielle du second ordre. La nature de cet ouvrage et ses limites nécessaires ne me permettent point de donner ici aucune idée, même sommaire, du système entièrement neuf de procédés analytiques créé par le génie de Fourier pour l'intégration de ces équations, qui se trouvaient dépendre inévitablement de la partie la plus difficile et la plus imparfaite du calcul intégral. Cette belle analyse est surtout caractérisée par le soin qu'on y prend constamment de chercher directement l'intégrale convenable à la question thermologique, sans la déduire de celle qui présente la plus grande généralité abstraite, et dont la formation serait presque toujours impossible. Les conditions subsidiaires relatives, soit à l'état primitif du système, soit à l'état permanent de la surface, y ont introduit la considération indispensable des fonctions discontinues, dont la théorie, maintenant si satisfaisante, était jusque alors à peine ébauchée dans ses premiers rudimens. Les théorèmes généraux sur la transformation de ces fonctions en séries trigonométriques, procédant selon les sinus ou les cosinus des multiples indéfinis de la variable, ou en intégrales définies équivalentes, ont notablement agrandi le domaine fondamental de l'analyse mathématique, indépendamment de leur destination directe pour la thermologie. J'ai déjà noté, dans le premier volume, comment la géométrie pouvait les employer à compléter la représentation analytique de toutes les figures, en l'étendant à des portions limitées des lieux géométriques ou à des assemblages quelconques des diverses formes, ce qui était d'ailleurs nécessaire à la thermologie mathématique, afin d'y pouvoir étudier la propagation de la chaleur dans les polyèdres. Mais la manière dont Fourier a dirigé l'usage de ses procédés analytiques n'est peut-être pas moins remarquable, sous le point de vue philosophique, que l'invention même de tels moyens. Non-seulement il s'est toujours scrupuleusement attaché, dans tous les cas importans, à obtenir finalement des formules claires, simples et facilement évaluables en nombres, comme on devrait le faire à l'égard de questions quelconques ; mais il les a, en général, tellement composées qu'elles dévoilent, au premier aspect, la marche essentielle du phénomène proposé, leurs différens termes exprimant sans cesse des états thermologiques élémentaires et distincts, qui se superposent continuellement, ainsi que l'exploration directe le ferait apercevoir, si elle était praticable avec un tel degré de précision.

Sous le point de vue purement analytique, les problèmes thermologiques offrent, par leur nature, une analogie fondamentale avec ceux que fait naître l'étude du mouvement des fluides. Il s'agit, de part et d'autre, de fonctions de quatre variables indépendantes, assujetties à des équations aux différences partielles du second ordre, dont la composition est habituellement semblable. La parité s'étend même, à beaucoup d'égards, aux conditions auxiliaires. Celles relatives aux températures primitives des diverses molécules, sont remplacées, dans les problèmes hydrodynamiques, par les vitesses initiales des différens points. De même, le maintien constant de la surface du fluide à un degré donné de pression extérieure, représente l'état permanent de l'enveloppe du solide échauffé à une température déterminée, indépendante de la propagation interne. Il y a toutefois, sous ce dernier rapport, une différence essentielle entre les deux cas, puisque, dans le problème thermologique, la forme de la surface demeure invariable pendant toute la durée du phénomène, tandis qu'elle change, dans la question hydrodynamique, à mesure que le phénomène s'accomplit, ce qui doit augmenter nécessairement les difficultés analytiques. Mais, quoique les deux analyses ne puissent pas, sans doute, être envisagées comme exactement identiques, leurs analogies naturelles n'en sont pas moins évidemment assez profondes pour que les progrès généraux de l'une, deviennent immédiatement applicables au perfectionnement de l'autre, ainsi que Fourier l'a annoncé. On doit donc compter que, lorsque l'ensemble de la doctrine de Fourier sera plus connu et mieux apprécié, les géomètres en feront un usage très étendu et fort important dans l'exploration analytique des mouvemens des fluides, comme Corancez l'a déjà tenté.

En considérant sous un aspect philosophique l'esprit général de cette analyse thermologique, elle m'a semblé comporter un perfectionnement fondamental, que je dois ici indiquer sommairement aux géomètres susceptibles de le comprendre et de l'utiliser. Il consisterait essentiellement dans l'application du calcul des variations à la thermologie, jusqu'ici tout-à-fait privée de cette précieuse méthode. Partout où une grandeur quelconque reçoit deux sortes d'accroissemens, non-seulement divers et indépendans, mais aussi radicalement hétérogènes, la conception des *variations* peut être introduite, et présente constamment la propriété essentielle d'améliorer, dans ses élémens, l'expression analytique des phénomènes, en distinguant mieux, par le calcul même, les causes naturellement différentes. C'est ainsi que Lagrange a si heureusement transporté cette conception dans l'analyse mécanique, où elle empêche de confondre désormais les différentiations purement géométriques avec celles dont le caractère est vraiment dynamique. Or, la thermologie me paraît comporter une telle application, tout aussi naturellement que la mécanique. Car on y considère toujours évidemment, à l'égard des températures, deux ordres bien tranchés de changemens généraux : ceux qu'éprouve, aux diverses époques du phénomène, la température d'une même molécule, et ceux qui se manifestent en un même instant, en passant d'un point à un autre. Deux points de vue différentiels aussi distincts, jusqu'ici sans cesse confondus dans les équations thermologiques, pourraient y être habituellement séparés avec facilité en appliquant à l'un d'eux l'algorithme spécial des variations, qui conviendrait surtout au second. Un tel perfectionnement ne se bornerait pas à l'amélioration des notations fondamentales, ce qui d'ailleurs aurait déjà, pour tout analyste, une extrême importance. Mais je ne doute pas, en outre, que l'emploi judicieux des transformations générales enseignées par le calcul des variations pour isoler les deux caractéristiques, ne contribuât beaucoup à simplifier l'ensemble de la solution analytique, en même temps qu'à l'éclaircir, et à la mettre mieux en harmonie avec la marche du phénomène thermologique. La nature et l'étendue de mes travaux propres ne me laissant guère l'espoir de suivre jamais cette pensée d'une manière convenablement spéciale, j'ai dû la livrer immédiatement aux géomètres qui seraient disposés à profiter d'une telle ouverture.

Après avoir suffisamment caractérisé sous ses principaux aspects la théorie mathématique de la propagation graduelle et continue de la chaleur ou du froid dans les corps solides, il resterait à analyser philosophiquement la doctrine générale de Fourier en ce qui concerne l'étude de la chaleur rayonnante. Mais cette opération ne pourrait s'effectuer clairement qu'à l'aide de développemens très étendus qui seraient ici déplacés. D'ailleurs, les considérations précédentes, relatives à la question la plus importante et la plus difficile, font assez concevoir comment les phénomènes thermologiques ont pu être irrévocablement ramenés à des lois mathématiques, ce qui devait être, dans cet ouvrage, mon seul but essentiel. Je me bornerai donc, quant à l'analyse du rayonnement, à signaler ici son résultat général le plus remarquable, qui consiste dans l'explication rationnelle du mode suivant lequel varie l'intensité du rayonnement d'après sa direction.

J'ai déjà noté à ce sujet, dans la leçon précédente, comment M. Leslie avait découvert, par une expérimentation ingénieuse, la variation continuelle de cette intensité proportionnellement aux sinus des angles que forment les rayons, soit émergens, soit incidens, avec la surface correspondante. Or, Fourier a pleinement démontré que cette loi est indispensable à l'établissement ou au maintien de l'équilibre thermométrique entre deux corps quelconques. Une molécule placée arbitrairement dans l'intérieur d'une enceinte très étendue, dont toutes les parties sont exactement à une même température constante, prend toujours, au bout d'un certain temps, cette température commune, et la conserve indéfiniment quand elle l'a une fois acquise : c'est ce qu'indiquent clairement les observations les plus vulgaires. Il est d'abord aisé de prouver qu'un tel résultat ne saurait avoir lieu si toutes les parties de l'enceinte rayonnaient sur la molécule avec la même énergie, abstraction faite de l'inégalité des distances : la chaleur émise perpendiculairement à la surface de l'enceinte ne peut donc avoir la même intensité que celle qui en émane suivant des directions plus ou moins obliques. Les considérations employées par Fourier montrent ensuite, d'après une analyse plus approfondie, que cette température commune n'existerait pas davantage si l'on faisait varier l'intensité du rayonnement suivant toute autre loi que celle du sinus de l'obliquité : l'état thermométrique de la molécule dépendrait alors de sa situation, et pourrait présenter les différences les plus absurdes d'une position à l'autre, au point d'être, en certains cas, très supérieur ou très inférieur à l'état général et permanent de l'enceinte. La démonstration est simple, quand on a seulement égard à la chaleur directement envoyée à la molécule par chaque élément de l'enceinte ; mais elle se complique beaucoup lorsqu'on vient à considérer, comme l'exige une analyse complète, celle qui peut en provenir aussi après un nombre quelconque de réflexions successives. Enfin, il suffit de remplacer la molécule proposée par un corps de dimensions sensibles, pour étendre le même raisonnement mathématique à la partie de la loi empirique de M. Leslie, qui concerne la chaleur reçue au lieu de la chaleur émise. Ainsi, ce beau travail de Fourier rattache directement au simple fait général et vulgaire de l'équilibre thermométrique cette loi remarquable, base principale de la théorie du rayonnement, et que les expériences des physiciens ne pouvaient sans doute établir que d'une manière seulement approximative. Cette démonstration difficile constitue certainement une des plus heureuses applications de l'analyse mathématique aux études physiques, envisagées sous un point de vue spécial.

D'après le plan général établi dans les prolégomènes de cet ouvrage, la philosophie naturelle, conçue abstraitement, doit être le seul sujet de notre examen habituel, et nous avons dû nous interdire d'y comprendre, d'ordinaire, les considérations concrètes relatives à l'ensemble de l'histoire naturelle proprement dite, le système des sciences secondaires ne pouvant être qu'une dérivation de celui des sciences fondamentales (voyez la deuxième leçon). Je ne saurais donc envisager ici, avec toutes les indications spéciales qu'exigerait son exacte appréciation philosophique, l'importante théorie des températures terrestres, qui constitue cependant l'application la plus essentielle et en même temps la plus difficile de la thermologie mathématique. Toutefois, je ne puis m'empêcher de signaler sommairement une partie aussi neuve et aussi intéressante de la doctrine générale créée par Fourier.

La température propre à chaque point de notre globe est essentiellement due, abstraction faite des influences purement locales ou accidentelles, à l'action diversement combinée de trois causes générales et permanentes : 1° la chaleur solaire, affectant inégalement les différens lieux, et partout assujettie à des variations périodiques ; 2° la chaleur intérieure propre à la terre dès l'origine de sa formation à l'état de planète distincte ; 3° enfin, l'état thermométrique général de l'espace occupé par le monde dont nous faisons partie. La seconde cause agit seule directement sur tous les points de la masse terrestre ; l'influence des deux autres est immédiatement limitée à la seule surface extérieure. Elles sont, d'ailleurs, énumérées ici dans l'ordre effectif suivant lequel elles ont pu nous être successivement dévoilées, c'est-à-dire d'après leur participation plus ou moins étendue et plus ou moins évidente à la production des phénomènes thermologiques de la surface, les seuls complètement observables.

Avant Fourier, ces phénomènes étaient regardés, par l'ensemble des physiciens et des naturalistes, comme devant être uniquement attribués à l'action solaire, tant leur analyse avait été jusque alors vague et superficielle. L'opinion d'une chaleur centrale était à la vérité très ancienne; mais cette hypothèse, arbitrairement rejetée par les uns, tandis que les autres l'admettaient d'une manière non moins hasardée, n'avait réellement aucune consistance scientifique, la discussion n'ayant jamais porté sur la part que cette chaleur originaire pouvait avoir aux variations thermologiques de la surface. La théorie mathématique de Fourier lui a montré clairement que, à cette surface, les températures différeraient extrêmement de ce que nous observons, soit quant à leur valeur, soit surtout quant à leur comparaison générale, si la masse terrestre n'était point partout pénétrée d'une chaleur propre et primitive, indépendante de l'action du soleil, et qui tend à se perdre, à travers l'enveloppe, par son rayonnement vers les autres astres, quoique l'atmosphère doive ralentir beaucoup cette déperdition naturelle. Cette chaleur originaire contribue directement très peu aux températures superficielles effectives; mais elle empêche que leurs variations périodiques suivent d'autres lois que celles qui doivent résulter de l'influence solaire, laquelle, sans cela, se perdrait, en majeure partie, dans la masse totale du globe. En considérant les points intérieurs, même très près de l'enveloppe, et à une distance d'ailleurs d'autant moindre qu'ils sont plus rapprochés de l'équateur, la chaleur centrale devient prépondérante, et bientôt c'est elle qui règle exclusivement les températures correspondantes, dont la fixité rigoureuse, et l'accroissement graduel à mesure que la profondeur augmente, ont tant attiré dans ces derniers temps l'attention des observateurs.

Quant à la troisième cause générale des températures terrestres, personne, jusqu'à Fourier, n'en avait seulement conçu la pensée. Et néanmoins, comme cet illustre philosophe avait coutume de l'indiquer à ceux qu'il honorait de ses entretiens familiers, si, quand la terre a quitté une partie quelconque de son orbite, elle y laissait un thermomètre, cet instrument, supposé soustrait à l'action solaire, ne pourrait sans doute baisser indéfiniment; la liqueur s'arrêterait nécessairement à un certain point, qui indiquerait la température de l'espace où nous circulons. Cette ingénieuse supposition n'est que l'énoncé le plus simple et le plus frappant du résultat général des travaux de Fourier à ce sujet, qui ont clairement établi que la marche effective des températures à la surface de notre globe serait totalement inexplicable, même en ayant égard à la chaleur intérieure, si l'espace ambiant n'avait point une température propre et déterminée, qui doit très peu différer de celle qu'on observerait réellement aux deux pôles de la terre, quoique son évaluation véritable présente jusqu'ici quelque incertitude. Il est remarquable que, des deux causes thermologiques nouvelles découvertes par Fourier, la première soit susceptible d'être directement mesurée à l'équateur, à quelques centimètres de la surface, et la seconde aux pôles; tandis que, sur tous les points intermédiaires, l'observation a besoin d'être dirigée et interprétée par une analyse mathématique approfondie pour qu'on puisse démêler, dans ses indications totales, l'influence propre à chacune des trois actions fondamentales.

Le grand problème des températures terrestres étant ainsi défini quant à ses élémens généraux, sa solution mathématique constitue l'application la plus difficile de la thermologie analytique. Il s'agit alors d'analyser exactement la marche des températures dans une sphère donnée, dont l'état initial est exprimé par une fonction déterminée, mais inconnue, des coordonnées d'une molécule quelconque, et dont la surface, en même temps qu'elle rayonne vers un milieu qu'on doit supposer à une température constante, d'ailleurs ignorée, reçoit continuellement l'influence d'une cause thermologique variable, exprimée par une fonction périodique très complexe, quoique donnée, du temps écoulé : il faut encore avoir égard à l'enveloppe gazeuse dont cette sphère est entourée, et qui doit sensiblement modifier le mouvement naturel de la chaleur à sa surface. L'extrême complication d'un tel problème, et notre ignorance nécessaire à l'égard de l'une des conditions essentielles, ne sauraient permettre d'en obtenir une solution rationnelle vraiment complète, quoiqu'on puisse le simplifier en regardant la température initiale de chaque molécule intérieure comme dépendant seulement de sa distance au centre. Toutefois, l'état thermologique de la surface ou des couches qui l'avoisinent devant constituer ici la plus intéressante partie de la recherche, il a été possible, en dirigeant judicieusement tous les efforts vers ce seul but, de parvenir, sous ce rapport, à des résultats très satisfaisans, essentiellement dégagés de toute hypothèse précaire sur la loi relative à la chaleur intérieure, envers laquelle Fourier s'est toujours si sagement abstenu de prononcer. La marche générale des températures superficielles est désormais nettement caractérisée dans ses variations principales, soit diurnes, soit annuelles; nous connaissons le mode suivant lequel y participe chacune des trois causes thermologiques; enfin, nous apprécions convenablement l'influence essentielle de l'atmosphère, qui, par une alternative périodique, échauffe et refroidit tour à tour la surface, et contribue ainsi à la régularité des phénomènes. Quoique cette étude difficile soit encore si près de sa naissance, ses progrès principaux, relativement à ce que nous pouvons espérer d'en connaître d'une manière positive, ne dépendent essentiellement désormais que du perfectionnement des observations, dont la belle théorie de Fourier a d'ailleurs nettement tracé le plan le plus rationnel. Quand les données indispensables du problème seront ainsi mieux connues, cette théorie permettra de remonter avec certitude à quelques indications précises sur l'ancien état thermologique de notre globe, aussi bien que sur ses modifications futures. Mais, dès aujourd'hui, nous avons obtenu par là un résultat définitif d'une haute importance philosophique, en reconnaissant que l'état périodique de la surface est maintenant devenu essentiellement fixe, et ne peut éprouver que d'imperceptibles variations par le refroidissement continu de la masse intérieure dans la suite des siècles postérieurs. Ce résumé rapide, quelque imparfait qu'il soit, montre clairement quelle admirable consistance scientifique a pris tout à coup, par les seuls travaux d'un homme de génie, cette branche fondamentale de l'histoire naturelle du globe terrestre, qui, jusqu'à Fourier, ne se composait que d'opinions vagues et arbitraires, entremêlées de quelques observations incomplètes et incohérentes, d'où ne pouvait résulter aucune exacte notion générale.

Tels sont, en aperçu, les principaux caractères scientifiques de la thermologie mathématique créée par le génie du grand Fourier. Beaucoup de géomètres contemporains se sont déjà empressés de parcourir cette nouvelle carrière ouverte à l'esprit mathématique, mais sans ajouter réellement jusqu'ici rien de vraiment capital aux résultats des travaux de Fourier. On doit même dire que la plupart d'entre eux n'ont vu essentiellement encore, en de telles recherches, qu'un nouveau champ d'exercices analytiques, où l'on pouvait aisément obtenir une célébrité momentanée, en modifiant, d'une manière plus ou moins intéressante, les cas traités par l'illustre fondateur. Ces travaux secondaires n'indiquent pas, le plus souvent, ce sentiment profond de la vraie philosophie mathématique, dont Fourier fut peut-être plus éminemment pénétré qu'aucun autre grand géomètre, et qui consiste surtout dans la relation intime et continue de l'abstrait au concret, comme je me suis tant efforcé de l'établir nettement. On a vu, par exemple, un géomètre, aujourd'hui très renommé, attacher une puérile importance à reprendre l'équation fondamentale de la propagation de la chaleur, en y concevant variable, d'un point à un autre, la perméabilité, que Fourier avait supposée constante, mais en continuant d'ailleurs à l'y regarder comme identique en tous sens. Néanmoins, dans cet ensemble, déjà très étendu, de recherches analytiques sur la thermologie, il faut distinguer les travaux de M. Duhamel, les seuls dignes jusqu'ici d'être remarqués comme ajoutant réellement quelque chose à la théorie fondamentale de Fourier, en cherchant à perfectionner la représentation analytique des phénomènes effectifs. J'indiquerai surtout l'heureuse conception de ce géomètre sur la perméabilité.

M. Duhamel a senti qu'il serait illusoire de faire varier cette propriété dans les différens points d'un corps, si, pour chaque molécule, on la laissait égale en tous sens, ses modifications réelles devant être, évidemment, bien plus prononcées selon les directions que suivant les lieux. Il a donc reformé l'équation générale de la thermologie, en y regardant la perméabilité comme assujettie à ces deux ordres simultanés de variations. Son analyse l'a conduit à découvrir un théorème général très remarquable sur les relations fixes des diverses perméabilités d'une même molécule quelconque dans toutes les directions différentes. Ce théorème est relatif au cas où la perméabilité serait la même en tous les points du corps, et varierait seulement, pour chacun d'eux, suivant les directions. Il consiste en ce que, dans une telle hypothèse, il existe toujours, pour une masse quelconque, trois directions rectangulaires déterminées, que M. Duhamel a judicieusement nommées *axes principaux de conductibilité*, et selon lesquelles le flux de chaleur a la même valeur que si la conductibilité était constante : le flux est un *maximum* relativement à l'un de ces axes, et varie, en tout autre sens, proportionnellement au cosinus de l'angle correspondant. Ces axes thermologiques offrent, en général, par l'ensemble de leurs propriétés, une analogie intéressante et soutenue avec les axes dynamiques découverts par Euler dans la théorie des rotations : il est digne de remarque que les uns et les autres soient caractérisés par les mêmes conditions analytiques, comme l'a montré M. Duhamel. Leur considération présente surtout la même importance pour faciliter l'étude analytique du phénomène, puisque, en y rapportant les coordonnées, M. Duhamel est parvenu à rendre l'équation fondamentale aussi simple, dans le cas de la perméabilité variable, que Fourier l'avait établie pour la conductibilité constante, avec cette seule différence que les trois termes du second ordre n'y ont plus des coefficiens égaux. Cette intéressante découverte, envisagée sous le point de vue philosophique, complète, d'une manière remarquable, l'harmonie fondamentale, déjà signalée à tant d'autres égards par Fourier, entre l'analyse thermologique et l'analyse dynamique. Son utilité effective est, toutefois, notablement diminuée par la nature essentiellement hypothétique de la constitution thermologique correspondante : car, le théorème cesse nécessairement d'avoir lieu lorsqu'on vient à envisager la perméabilité comme variable, non-seulement selon les directions, mais aussi suivant les points, ce qui est, néanmoins, sans doute, le cas réel, à l'égard duquel M. Duhamel a d'ailleurs établi ensuite l'équation différentielle complète du phénomène.

On n'a point encore tenté d'examiner les modifications que devrait éprouver la thermologie mathématique, en tenant compte des changemens que l'accomplissement du phénomène peut introduire, à ses diverses époques, dans la perméabilité propre à chaque molécule et à chaque direction : il en est ainsi des altérations analogues de la chaleur spécifique. Aucune de ces propriétés, et surtout la dernière, ne saurait cependant être envisagée comme rigoureusement invariable à toutes les températures, conformément à ce que j'ai indiqué dans la leçon précédente. Leurs inégalités doivent, sans doute, exercer une influence réelle sur tous les cas qui comportent des changemens de température très étendus. Il serait difficile d'y avoir égard sans compliquer beaucoup les équations thermologiques fondamentales, dont l'intégration deviendrait alors peut-être entièrement inextricable, comme on le voit ordinairement dans l'étude analytique des phénomènes physiques quelconques, même les plus simples, quand on veut trop rapprocher l'état abstrait de l'état concret. Ces modifications sont même celles qui, par leur nature, compliqueraient le plus les difficultés fondamentales du problème thermologique, envisagé sous le point de vue analytique ; car, en y ayant égard, l'équation différentielle de la propagation de la chaleur, cesserait nécessairement d'être *linéaire*, et par conséquent échapperait dès lors à toutes les méthodes d'intégration employées jusqu'ici, toujours essentiellement relatives à un tel genre d'équations. Toutefois, l'ignorance complète où nous sommes encore des lois effectives de ces altérations, dont l'existence est à peine constatée jusqu'ici par les observations, obligera longtemps les géomètres et les physiciens à supposer ces deux propriétés spécifiques parfaitement constantes, quoique cette hypothèse primitive doive être rectifiée plus tard. La philosophie astronomique nous a fréquemment montré combien il importe que le véritable esprit scientifique n'introduise pas, dans ses conceptions rationnelles, une complication prématurée, quand l'exploration plus attentive des phénomènes n'en a point encore manifesté la nécessité positive.

Il y a tout lieu de penser que cette maxime philosophique, dont la sagesse est évidente, a seule empêché Fourier de prendre en considération toutes les diverses modifications indiquées ci-dessus. Il a dû même s'abstenir essentiellement d'attirer l'attention sur elles, dans la crainte de compliquer l'exposition fondamentale d'une théorie aussi neuve par l'introduction de difficultés accessoires, qui en auraient obscurci le caractère principal. Ses méditations lui avaient sans doute montré comment ses successeurs, en poursuivant la carrière ouverte par son génie, pourraient avoir aisément égard à toutes les considérations secondaires qu'il avait judicieusement élaguées, lorsqu'elles auraient été convenablement définies, sauf les embarras analytiques qui en résulteraient.

Je me suis efforcé, dans cette leçon, de donner, aussi nettement que possible, sans sortir des limites conformes à la nature de cet ouvrage, une faible idée générale de l'admirable théorie mathématique créée par Fourier pour perfectionner l'étude des phénomènes thermologiques fondamentaux. Indépendamment du génie, non-seulement analytique, mais surtout mathématique, qui caractérise si éminemment ce bel ensemble de découvertes, on a dû remarquer, dans mon imparfaite indication, avec quelle persévérante sagesse philosophique Fourier s'était scrupuleusement attaché, dès l'origine de ses recherches, à la thermologie positive, dont il ne s'écarta jamais un seul instant tout en prenant l'essor le plus sublime, à une époque où néanmoins, partout autour de lui, on s'accordait à ne regarder comme dignes de l'attention des penseurs que les travaux propres à appuyer telle ou telle conception arbitraire sur la nature de la chaleur. En considérant d'une manière impartiale et approfondie l'harmonie de ces hautes qualités, dont la perte est peut-être encore trop récente pour être convenablement appréciée par le vulgaire des savans, je ne crains pas de prononcer, comme si j'étais à dix siècles d'aujourd'hui, que, depuis la théorie de la gravitation, aucune création mathématique n'a eu plus de valeur et de portée que celle-ci, quant aux progrès généraux de la philosophie naturelle : peut-être même, en scrutant de près l'histoire de ces deux grandes pensées, trouverait-on que la fondation de la thermologie mathématique par Fourier était moins préparée que celle de la mécanique céleste par Newton.

Et cependant un tel génie a été long-temps méconnu ; ses créations ont été contestées par d'indignes rivaux ; et, lorsqu'il n'a plus été possible de nier ses droits irrécusables, on s'est efforcé d'atténuer l'importance de ses immortels travaux. Enfin, quand il nous fut ravi, à peine commençait-il à jouir librement, depuis quelques années, de la plénitude d'une gloire si hautement méritée : il a disparu sans avoir exercé, dans le monde savant, cette prépondérance paisible et continue du maître sur les disciples, dernière fonction sociale naturellement assignée aux hommes de génie, dont elle constitue la principale récompense après le libre développement de leur activité essentielle, que Newton, Euler et Lagrange obtinrent si complétement, et que Fourier était, comme eux, si propre à rendre éminemment profitable aux progrès généraux de l'esprit humain. Une telle destinée a dû être sans doute bien imparfaitement compensée par la conviction profonde et habituelle que la postérité le classerait indéfiniment dans le très petit nombre des géomètres vraiment créateurs, dès l'époque prochaine où l'on aurait oublié presque jusqu'au nom de ceux que la médiocrité de ses contemporains avait osé placer à son niveau et même au-dessus de lui (1).

(1) On excusera, j'espère, ce faible témoignage spécial, consacré à la mémoire vénérée d'un illustre ami, dont le génie vraiment supérieur n'a généralement obtenu qu'une tardive et incomplète justice.

TRENTE-DEUXIÈME LEÇON.

Considérations générales sur l'acoustique.

Quoique cette branche fondamentale de la physique ait évidemment passé, comme toutes les autres, par l'état théologique et ensuite par l'état métaphysique, elle a pris, aussi complétement que la barologie, et presque depuis la même époque, son caractère scientifique définitif. Par une suite nécessaire de la nature beaucoup plus compliquée des phénomènes si délicats dont elle s'occupe, la théorie du son est certainement bien moins avancée que celle de la pesanteur, qui doit sans doute rester toujours supérieure à toute autre partie de la physique, quels que puissent être nos progrès futurs. Mais, malgré cette inévitable gradation, la positivité de l'acoustique est néanmoins tout aussi parfaite que celle de la barologie elle-même, depuis que la connaissance exacte des propriétés mécaniques élémentaires de l'atmosphère a permis de concevoir nettement, vers le milieu de l'avant-dernier siècle, la production et la transmission des vibrations sonores. Aujourd'hui, en effet, l'acoustique n'est pas moins radicalement affranchie que la barologie de ces hypothèses anti-scientifiques, derniers vestiges de l'esprit métaphysique, qui vicient encore, plus ou moins profondément, tout le reste de la physique. On a tenté, il est vrai, au commencement de notre siècle, ainsi que je l'ai indiqué dans la vingt-huitième leçon, de personnifier le son comme la chaleur, la lumière, et l'électricité. Mais cette aberration isolée et intempestive ne pouvait acquérir aucune consistance, et n'a pas, en effet, exercé la moindre influence sur la marche des physiciens, pour la plupart desquels elle a passé inaperçue, malgré l'incontestable supériorité de l'illustre naturaliste qui s'y était laissé entraîner. La même doctrine générale des vibrations qui, abusivement transportée à l'étude des phénomènes lumineux, par exemple, ne peut y conduire qu'à des conceptions chimériques, convient parfaitement, au contraire, à l'analyse des phénomènes sonores, où elle nous offre l'expression exacte d'une évidente réalité.

Indépendamment du haut intérêt philosophique que doit naturellement inspirer aujourd'hui une telle étude par cette entière pureté de son caractère scientifique, et abstraction faite de l'extrême importance directe évidemment propre aux phénomènes qu'elle considère, cette belle partie de la physique mérite, sous deux rapports principaux, l'attention spéciale des esprits qui envisagent l'ensemble des connaissances positives, vu l'application générale très précieuse dont l'acoustique est susceptible pour perfectionner les notions fondamentales relatives, soit aux corps inorganiques, soit à l'homme lui-même.

D'une part, en effet, l'examen des vibrations sonores constitue notre moyen le plus rationnel et le plus efficace, si ce n'est le seul, d'explorer, jusqu'à un certain point, la constitution mécanique intérieure des corps naturels, dont l'influence doit surtout se manifester dans les modifications qu'éprouvent les mouvemens vibratoires de leurs molécules. Les faibles renseignemens obtenus jusqu'ici à cet égard par une telle voie, à cause de l'imperfection actuelle de l'acoustique, ne sauraient indiquer, ce me semble, l'impossibilité d'employer ultérieurement, avec un vrai succès, ce mode général d'exploration, quand l'étude du son sera plus avancée. Les belles suites d'observations de M. Chladni et de M. Savart, quoique trop peu variées, n'ont-elles pas déjà fourni à ce sujet quelques indications précieuses sur les propriétés essentielles d'un tel système d'expérimentation. L'étude approfondie des phénomènes sonores ne nous révèle-t-elle pas certaines propriétés délicates des corps naturels, qui ne pourraient s'y apercevoir d'aucune autre manière? Par exemple, la faculté de contracter de véritables *habitudes*, c'est-à-dire des dispositions fixes, d'après une suite suffisamment prolongée d'impressions uniformes, faculté qui semblait exclusivement appartenir aux êtres animés, n'est-elle pas ainsi clairement indiquée, à un degré plus ou moins grand, pour les appareils inorganiques eux-mêmes? N'est-ce point aussi aux mouvemens vibratoires qu'il faut attribuer l'influence remarquable que peuvent exercer l'un sur l'autre, en certains cas, deux appareils mécaniques entièrement séparés, comme, entre autres, dans la singulière action mutuelle de deux horloges placées sur un support commun?

D'une autre part, l'acoustique présente évidemment à la physiologie un point d'appui indispensable pour l'analyse exacte des deux fonctions élémentaires les plus importantes à l'établissement des relations sociales, l'audition et la phonation. En séparant avec soin tout ce qui concerne la perception des sons, et même leur simple transmission au cerveau, phénomènes essentiellement nerveux, de ce qui est purement relatif à leur impression sur l'organe de l'ouïe, on voit clairement que l'étude de ces derniers phénomènes, sans lesquels les autres resteraient nécessairement inexplicables, doit avoir pour base rationnelle une connaissance approfondie des lois générales de l'acoustique, qui règlent inévitablement le mode de vibration de tout appareil auditif. Il en est ainsi, à plus forte raison, quant à la production de la voix, phénomène essentiellement assimilable, par sa nature, à l'action de tout autre instrument sonore, sauf la complication supérieure due aux modifications presque continuelles de l'appareil vocal, en vertu des innombrables variations organiques, et dont les plus délicates seront toujours, sans doute, à peu près inappréciables.

Mais, malgré cette incontestable relation, ou, plutôt, en y ayant convenablement égard, ce n'est pas aux physiciens proprement dits qu'appartient rationnellement l'étude de ces deux grands phénomènes, dont les anatomistes et les physiologistes ne doivent pas se dessaisir, pourvu qu'ils empruntent désormais à la physique toutes les notions nécessaires. Car, les physiciens sont, en eux-mêmes, essentiellement impropres, soit à l'usage judicieux des données anatomiques du problème, soit surtout à la saine interprétation physiologique des résultats obtenus. On aperçoit ainsi combien sont déplacées, dans nos systèmes actuels de physique, les théories, d'ailleurs si superficielles, de l'audition et de la phonation : on en peut dire autant, par les mêmes motifs fondamentaux, quant à la théorie si imparfaite de la vision. Il semble que les physiciens aient voulu tenter, à ces divers égards, la combinaison inverse de celle qui devrait être réellement entreprise par les physiologistes, seuls compétens pour l'établir : aussi aurons-nous lieu de constater, dans le volume suivant, les graves préjudices qu'a nécessairement produits cette marche irrationnelle, relativement à nos vraies connaissances sur ces sujets difficiles.

Parmi toutes les branches principales de la physique, l'acoustique est, sans doute, après la barologie, celle qui, par sa nature, comporte le plus directement, et de la manière la plus satisfaisante, une large application des doctrines et des méthodes mathématiques. Considérés, en effet, sous le point de vue le plus général, les phénomènes sonores se rattachent évidemment à la théorie fondamentale des oscillations très petites d'un système quelconque de molécules autour d'une situation d'équilibre stable. Car, pour que le son se produise, il faut d'abord qu'il y ait perturbation brusque dans l'équilibre moléculaire, en vertu d'un ébranlement instantané; et il est tout aussi indispensable que ce dérangement passager soit suivi d'un retour suffisamment prompt à l'état primitif. Les oscillations plus ou moins perceptibles et continuellement décroissantes qu'effectue ainsi le système en-deçà et au-delà de sa figure de repos, sont, par leur nature, sensiblement isochrones, puisque la réaction élastique en vertu de laquelle chaque molécule tend à reprendre sa position initiale est d'autant plus énergique que l'écartement a été plus grand, comme dans le cas du pendule. Pourvu que ces vibrations ne soient pas trop lentes, il en résulte toujours un son appréciable. Une fois produites dans le corps directement ébranlé, elles peuvent être transmises à de grands intervalles, à l'aide d'un milieu quelconque suffisamment élastique, et principalement de l'atmosphère, en y excitant une succession graduelle de dilatations et contractions alternatives, que leur analogie évidente avec les ondes formées à la surface d'un liquide a fait justement qualifier d'*ondulations* sonores. Dans l'air, en particulier, vu sa parfaite élasticité, l'agitation doit se propager, non-seulement suivant la direction de l'ébranlement primitif, mais encore en tous sens au même degré. Enfin, les vibrations transmises sont toujours nécessairement isochrones aux vibrations primitives, quoique leur amplitude puisse être d'ailleurs fort différente.

L'analyse la plus élémentaire du phénomène général des vibrations sonores, a donc suffi pour faire concevoir cette étude, presque dès son origine, comme immédiatement subordonnée aux lois fondamentales de la mécanique rationnelle. Aussi, d'après Newton, auquel est due la première tentative pour déterminer rationnellement la vitesse de propagation du son dans l'air, l'acoustique a-t-elle toujours été plus ou moins mêlée à tous les travaux des géomètres sur le développement de la mécanique abstraite. Ce sont même de simples considérations d'acoustique qui ont primitivement suggéré le beau principe général découvert par Daniel Bernouilli, relativement à la coexistence nécessaire et sans confusion des petites oscillations de diverses sortes que produisent à la fois, dans un système quelconque, plusieurs ébranlemens distincts. Un tel théorème n'est plus maintenant, sans doute, aux yeux des géomètres, comme je l'ai indiqué dans la dix-huitième leçon, que l'interprétation naturelle et générale du caractère analytique propre aux équations différentielles qui expriment les perturbations quelconques de tout l'équilibre stable. Mais, c'est dans les phénomènes sonores que se trouve directement sa réalisation la plus évidente et la plus étendue; puisque, sans cette loi, il serait impossible d'expliquer le phénomène le plus vulgaire de l'acoustique, la simultanéité des sons nombreux et néanmoins parfaitement distincts que nous entendons à chaque instant.

Quoique la relation de l'acoustique avec la mécanique rationnelle soit ainsi presque aussi directe et aussi complète que celle de la barologie elle-même, les moyens de perfectionnement qui doivent naturellement résulter de ce caractère mathématique n'ont point, à beaucoup près, autant d'efficacité réelle dans la théorie du son que dans l'étude de la pesanteur. Les recherches barologiques, du moins quand on s'y borne aux questions les plus simples, qui sont aussi les plus importantes, se rattachent directement aux théories mécaniques les plus fondamentales et les plus nettes : leurs équations ne présentent point ordinairement de grandes difficultés analytiques. Au contraire, l'étude mathématique des vibrations sonores dépend uniquement d'une théorie dynamique très difficile et fort délicate, celle des perturbations d'équilibre : les équations différentielles qu'elle fournit se rapportent toujours nécessairement à la partie la plus élevée et la plus imparfaite du calcul intégral. La nature de cet ouvrage ne saurait permettre de considérer ici, même sommairement, le mode de formation de ces équations : mais il est évident qu'elles doivent être aux différences partielles, et au moins du second ordre ; leur composition, nécessairement *linéaire*, est la seule circonstance favorable qui ait pu fournir un point d'appui aux efforts des géomètres pour parvenir, dans les cas les plus simples, à leur intégration. Le mouvement vibratoire suivant une seule dimension, est encore, même à l'égard des solides, le seul dont la théorie mathématique soit jusqu'ici vraiment complète par les travaux successifs de D'Alembert, de Daniel Bernouilli, et de Lagrange. La mémorable impulsion donnée à la science, sous ce rapport, par le génie d'une illustre contemporaine, dont la perte récente est si regrettable (1), a conduit, il est vrai, les géomètres à considérer, dans ces derniers temps, un cas plus

---

(1) On apprécierait imparfaitement la haute portée de mademoiselle Sophie Germain, si l'on se bornait à l'envisager comme géomètre, quel que soit l'éminent mérite mathématique dont elle a fait preuve. Son excellent discours posthume, publié en 1833, *sur l'état des sciences et des lettres aux différentes époques de leur culture*, indique en elle une philosophie très élevée, à la fois sage et énergique, dont bien peu d'esprits supérieurs ont aujourd'hui un sentiment aussi net et aussi profond. J'attacherai toujours le plus grand prix à la conformité générale que j'ai aperçue dans cet écrit avec ma propre manière de concevoir l'ensemble du développement intellectuel de l'humanité.

difficile et plus rapproché de la réalité, les vibrations des surfaces. Mais jusqu'à présent cette nouvelle étude mathématique n'est point assez avancée pour concourir utilement au perfectionnement effectif de l'acoustique, encore essentiellement réduite à cet égard aux seules ressources de la pure expérimentation, comme à l'époque des premières observations de M. Chladni. Quant au mouvement vibratoire, envisagé suivant les trois dimensions, sa théorie analytique est aujourd'hui entièrement ignorée, même en ce qui concerne le simple établissement de l'équation : et, cependant, c'est peut-être le cas dont l'examen mathématique aurait le plus d'importance, soit comme étant, au fond, le seul pleinement réel, soit à cause des obstacles presque insurmontables qu'il oppose, par sa nature, à l'exploration directe.

Afin de se former une juste idée générale des hautes difficultés que présente nécessairement l'étude mathématique des mouvemens vibratoires, il faut considérer, en outre, que ces vibrations doivent déterminer habituellement, dans la constitution moléculaire des corps, certaines modifications physiques d'une autre nature, dont la réaction peut affecter ensuite le phénomène sonore primitif. Quoique ces modifications soient trop faibles, et surtout trop passagères, pour être jusqu'ici, et peut-être jamais, directement appréciables, on conçoit que leur influence sur un phénomène aussi délicat que celui des vibrations sonores puisse n'être pas réellement insensible: seulement, la difficulté fondamentale du problème en sera beaucoup augmentée, par la nécessité de le compliquer d'élémens essentiellement inconnus. La seule action de ce genre qu'on ait encore tenté de prendre en considération, consiste dans les effets thermologiques qui résultent nécessairement du mouvement vibratoire. Laplace en a très heureusement profité pour expliquer, d'une manière satisfaisante, la notable différence entre la vitesse du son dans l'air, déterminée expérimentalement, et celle qu'indiquait la formule dynamique, dont le résultat était en défaut d'environ un sixième, ce qui ne pouvait évidemment être attribué aux erreurs d'observation. Cette différence a été comblée en ayant convenablement égard à la chaleur dégagée par la compression des couches atmosphériques, qui doit faire varier leur élasticité dans un plus grand rapport que leur densité, et, par conséquent, accélérer la propagation du mouvement vibratoire. A la vérité, une telle explication présente encore une lacune essentielle; puisque, dans l'impossibilité de mesurer directement ce dégagement de chaleur, il a fallu lui supposer expressément la valeur propre à faire cesser la discordance des deux vitesses. Quoique cette valeur n'offre aucune invraisemblance, il reste à désirer qu'une estimation réelle de cet effet thermologique vienne confirmer définitivement cette ingénieuse conjecture, comme une expérience intéressante de M. Clément permet de l'espérer. Mais, quelle que puisse être l'issue d'une telle comparaison, cette idée de Laplace aura toujours mis en évidence désormais la nécessité permanente de combiner les considérations thermologiques avec la théorie purement dynamique des mouvemens vibratoires, malgré la nouvelle complication que le problème doit ainsi inévitablement éprouver. La modification qui en résulte est, sans doute, par sa nature, beaucoup moins prononcée, quant à la propagation du son dans les liquides, et surtout dans les solides : toutefois, le défaut d'expériences comparatives suffisamment exactes ne permet point encore de juger si elle est alors tout-à-fait négligeable.

Nonobstant les difficultés capitales qui caractérisent nécessairement la théorie mathématique des vibrations sonores, elle n'en a pas moins exercé jusqu'ici, quelque imparfaite qu'elle soit encore, l'influence la plus heureuse sur les progrès effectifs de l'acoustique, qui lui sont, en réalité, essentiellement dus. Sous le point de vue le plus philosophique, la simple formation des équations différentielles propres aux phénomènes sonores constitue déjà, par elle-même, et indépendamment de leur intégration, une connaissance fort importante, à cause des lumineux rapprochemens que comporte si naturellement l'emploi judicieux de l'analyse mathématique entre les questions, d'ailleurs hétérogènes à tous autres égards, qui peuvent conduire à des équations semblables. Cette admirable propriété fondamentale, si fréquemment signalée jusqu'ici dans cet ouvrage, s'applique d'une manière très remarquable à la théorie du son, surtout depuis la création de la thermologie mathématique, dont les principales équations offrent tant d'analogie avec celles des mouvemens vibratoires, qui n'en diffèrent quelquefois que par le signe d'un coefficient.

Outre la haute importance directe évidemment propre aux lois précises des vibrations sonores, dans les cas, malheureusement trop rares, où l'analyse mathématique a pu jusqu'ici nous les dévoiler complétement, ce précieux moyen d'investigation acquiert un surcroît spécial de valeur, vu les difficultés particulières que présente, par sa nature, l'exploration directe des phénomènes du son, considérés d'une manière un peu approfondie. Il est aisé, sans doute, de rendre sensible, par une expérience décisive, la nécessité du milieu atmosphérique pour la transmission habituelle des vibrations sonores, comme on l'a fait dès l'origine de l'acoustique. On conçoit de même que, par des expériences convenablement instituées, il nous soit possible de déterminer avec exactitude la durée effective de cette propagation, d'abord dans l'air, et ensuite dans tout autre milieu. Mais les lois générales des vibrations des corps sonores échappent presque toujours à l'observation immédiate. Quoique l'existence de ces vibrations soit constamment évidente, leur faible intensité habituelle, et leur durée trop fugitive sans aucun vestige appréciable, ne permettent guère à nos sens de les explorer d'une manière suffisamment précise. Le degré de rapidité qu'elles doivent avoir pour qu'il en résulte un son perceptible, doit même s'opposer le plus souvent à leur simple énumération directe. Ainsi, nos connaissances réelles à cet égard étant encore bien peu étendues, elles seraient, évidemment, presque nulles si la théorie mathématique, liant entre eux les divers phénomènes sonores, ne nous donnait point la faculté de remplacer les observations immédiates, ordinairement impossibles ou trop imparfaites, par l'examen équivalent des cas plus favorables assujettis à la même loi. On conçoit, par exemple, que les plus rapides vibrations d'une corde très courte aient pu néanmoins être exactement comptées, quand l'analyse du problème des cordes vibrantes a fait connaître que, tout étant d'ailleurs rigoureusement égal, le nombre des oscillations est inversement proportionnel à la longueur de la corde, puisque cette loi permet dès lors de se borner à l'observation effective de vibrations très lentes. Il en est de même en beaucoup d'autres occasions où la substitution est plus indirecte.

Toutefois, les physiciens ont, ce me semble, trop compté jusqu'ici sur le secours de l'analyse mathématique, si fréquemment inefficace; et l'on doit regretter, pour les progrès réels de l'acoustique, qu'ils ne se soient pas occupés davantage de perfectionner directement leur système général d'expérimentation, encore essentiellement dans l'enfance. Quelles que soient les difficultés caractéristiques d'un tel ordre d'observations, tout esprit impartial reconnaîtra, sans doute, aujourd'hui que les modes actuels d'exploration sont presque toujours fort inférieurs à ce que permettrait effectivement la nature des phénomènes. L'acoustique ne paraît point au niveau des autres parties de la physique, quand on l'envisage relativement à l'invention et à l'emploi des moyens artificiels d'observation : on y remarque peu de ces ingénieuses créations de l'esprit expérimental, si multipliées et si importantes en thermologie, en optique, et en électrologie : les légers chevalets de Sauveur, et le sable fin de M. Chladni, soutiendraient mal une telle concurrence, quelque précieux que soit d'ailleurs leur emploi pour distinguer commodément les points qui participent le moins au mouvement vibratoire. Je ne doute pas que cette stérilité relative de l'art des expériences ne doive être attribuée, en partie, à l'opinion exagérée que se sont formée les physiciens du rôle de l'analyse mathématique dans le développement de l'acoustique, et qui leur a fait négliger à cet égard les ressources de l'expérimentation directe. Depuis les expériences vraiment fondamentales de Sauveur, on ne retrouve, en acoustique, après plus d'un siècle, d'autre suite importante d'observations que celles de notre illustre contemporain M. Chladni, complétées et perfectionnées par les judicieux travaux de M. Savart : tout l'intervalle est rempli par des recherches essentiellement mathématiques. Et, néanmoins, quelle que soit ici l'indispensable nécessité de ce puissant auxiliaire, comme j'ai essayé de le faire sentir ci-dessus, nous avons reconnu combien il serait, par lui-même, radicalement insuffisant, à cause des difficultés capitales inséparables d'une telle analyse, d'après laquelle on n'a pas même pu jusqu'à présent expliquer, d'une manière pleinement satisfaisante, les expériences de Sauveur, et, à plus forte raison, celles de M. Chladni. Sans renoncer au perfectionnement si désirable de la théorie mathématique des mouvemens vibratoires, il importe donc extrêmement que les physiciens proprement dits suivent désormais, en acoustique, une marche moins passive, en s'attachant avec plus de force et de persévérance à y développer convenablement le génie expérimental. L'indifférence qui pourrait en résulter quant à ces brillans exercices analytiques, où l'on ne trouve, sous le point de vue physique, que d'insignifiantes modifications des recherches antérieures, serait loin, sans doute, d'être aujourd'hui un inconvénient pour la science réelle. J'ai déjà indiqué, dans la vingt-neuvième leçon, des remarques analogues au sujet des parties les plus difficiles de la barologie: mais elles ont ici une importance très supérieure.

Après cet examen sommaire de la nature générale des études acoustiques et des principaux moyens d'investigation qui leur sont propres, il nous reste à considérer directement, par un aperçu non moins rapide, l'ensemble des parties dont se compose aujourd'hui cette branche fondamentale de la physique.

Nos connaissances à l'égard des lois des vibrations sonores se rapportent à ces trois points de vue élémentaires : le mode de propagation des sons ; leur intensité plus ou moins grande, et, enfin, leur ton musical. L'acoustique actuelle, peu avancée sous le second rapport, présente sous les deux autres un aspect beaucoup plus satisfaisant. Il existe naturellement, à la vérité, une quatrième considération fondamentale, dont l'analyse scientifique serait d'un haut intérêt, celle du *timbre*, c'est-à-dire, du mode particulier de vibration propre à chaque corps et à chaque appareil sonore. Sans que nous sachions encore en quoi consiste réellement cette propriété, nous lui reconnaissons évidemment une telle fixité et une si grande importance que nous l'employons habituellement, soit dans la vie commune, soit même en histoire naturelle, comme tout-à-fait caractéristique. Toutefois, la physique générale n'a point à s'enquérir de ce qui peut constituer le timbre particulier à chacune des diverses substances, comme les pierres, les bois, les métaux, les tissus organisés, etc.; ces distinctions appartiennent proprement à la physique concrète, en traitant de l'histoire des différens corps : il est même évident que, sous ce rapport, comme en tout ce qui concerne les qualités primordiales des êtres naturels, certains phénomènes ne peuvent qu'être observés, et ne comportent aucune explication. Mais la manière dont le timbre propre à chaque substance peut être modifié, soit par la disposition de l'appareil sonore, soit par les pressions qu'il éprouve, ou par plusieurs autres circonstances générales, rentre pleinement dans le domaine rationnel de l'acoustique, qui doit donc être regardée aujourd'hui comme présentant, sous ce rapport essentiel, une véritable et grave lacune.

Dans l'étude de la propagation du son, la question la plus intéressante, et aussi la plus simple et la mieux explorée, consiste à mesurer la durée de cette propagation uniforme, surtout à travers l'atmosphère. En négligeant d'abord les variations de température qui résultent de la compression des couches atmosphériques, la théorie mathématique, quand on se borne au mouvement linéaire, conduit aisément à une telle détermination, énoncée par Newton sous cette forme très simple : la vitesse du son est celle qu'acquiert un corps pesant tombant d'une hauteur égale à la moitié de la hauteur totale de l'atmosphère supposée homogène. On a pu calculer d'une manière analogue la vitesse du son dans les différens gaz, d'après leur densité et leur élasticité plus ou moins grandes. Suivant cette loi, la vitesse du son dans l'air doit être regardée comme essentiellement indépendante des vicissitudes atmosphériques, puisque, d'après la règle de Mariotte, la densité et l'élasticité de l'air varient toujours proportionnellement, et que leur rapport seul influe ainsi sur cette vitesse. J'ai déjà eu ci-dessus l'occasion d'indiquer comment Laplace avait heureusement rectifié la formule de Newton d'une manière conforme aux prescriptions expérimentales, en ayant égard aux effets thermologiques : la correction consiste à multiplier la quantité primitive par la racine carrée du rapport des deux chaleurs spécifiques de l'air, à pression constante et à volume égal.

Une importante notion générale, qui résulte immédiatement de cette loi mathématique, et que l'observation confirme entièrement avec une pleine évidence, c'est l'identité nécessaire de la vitesse des différens sons, malgré leurs degrés si divers, soit d'intensité, soit d'acuité. On sent que s'il existait, à cet égard, une inégalité réelle, nous la constaterions sans peine, d'après l'altération qui en résulterait inévitablement, à une certaine distance, dans la régularité des intervalles musicaux.

L'évaluation mathématique de la vitesse du son dans l'air ne pouvant se rapporter, par la nature même de cette théorie, qu'à une masse atmosphérique essentiellement immobile, animée seulement du mouvement vibratoire, il était intéressant d'observer jusqu'à quel point l'agitation effective de l'air modifiait réellement cette valeur moyenne. Les expériences fondamentales d'après lesquelles la durée de la propagation avait été primitivement mesurée, pouvaient indiquer déjà que cette cause perturbatrice n'exerçait point, à cet égard, une influence bien sensible, puisque l'observation étant toujours faite comparativement dans les deux sens opposés, ne présente, sous ce rapport, aucune différence notable. Une telle comparaison n'est point à la vérité décisive, vu l'état de calme atmosphérique qu'on avait toujours dû choisir pour exécuter convenablement une semblable opération ; mais les expériences directes tentées à ce sujet par divers physiciens contemporains ont conduit à un résultat presque exactement identique. On a reconnu, du moins entre les limites des vents ordinaires, que l'agitation de l'air n'exerce aucune influence appréciable sur la vitesse du son quand la direction du courant atmosphérique est perpendiculaire à celle suivant laquelle le son se propage, et qu'elle l'altère faiblement, soit en plus, soit en moins, lorsque ces deux directions coïncident, selon que leurs sens sont conformes ou contraires : la valeur exacte, et, à plus forte raison, la loi précise de cette légère perturbation sont d'ailleurs encore essentiellement inconnues.

C'est seulement dans l'air que la durée de la propagation du son a été jusqu'ici convenablement étudiée, soit par l'observation, soit d'après la théorie mathématique. A l'égard des milieux liquides ou solides, nous ne possédons aujourd'hui que certaines indications mathématiques affectées d'hypothèses précaires, et quelques expériences directes très imparfaites. On a simplement constaté que le son se propage beaucoup plus rapidement dans presque toutes les substances soumises à cette comparaison, et surtout dans les métaux très sonores, que dans l'atmosphère, sans que cette supériorité de vitesse ait été exactement mesurée, du moins pour la plupart des cas, vu les difficultés qu'on doit éprouver à réunir les conditions nécessaires au succès de ce genre d'évaluations immédiates.

Lorsque, dans la propagation ordinaire du son, les ondulations aériennes viennent à rencontrer un obstacle immobile, de manière à produire un écho, elles éprouvent des modifications dont l'analyse exacte et complète présente de grandes difficultés mathématiques, et sur lesquelles aussi les expériences des physiciens ont peu ajouté encore aux notions vulgaires. Il ne s'opère point alors évidemment, comme le terme habituel tendrait à l'indiquer, une véritable réflexion mécanique analogue à celle des corps élastiques par les corps durs : le phénomène consiste en une simple répercussion en sens contraire qu'éprouvent les vibrations du milieu, d'ailleurs immobile. La loi de cette répercussion n'a été découverte, d'une manière entièrement satisfaisante, que dans le cas où l'obstacle est terminé par une surface plane. Il est clair d'abord que, si ce plan est perpendiculaire à la direction de la série linéaire d'ondulations, la dilatation des particules aériennes adjacentes ne pouvant plus avoir lieu dans le sens de l'obstacle, leur réaction nécessaire fera naître en sens contraire, et suivant la même droite, un ébranlement secondaire, sans que la vitesse des vibrations ni la durée de leur propagation doivent être d'ailleurs aucunement altérées. On démontre ensuite que, pour une inclinaison arbitraire du plan sur la direction du son, la modification s'opère toujours comme si le centre d'ébranlement primitif avait été transporté symétriquement, de l'autre côté de l'obstacle, à la même distance, ce qui reproduit alors la loi commune de toutes les réflexions. Quand la forme de l'obstacle est quelconque, on ignore si, en général, le phénomène serait encore exactement représenté d'après la même loi, en substituant à la surface courbe le plan tangent correspondant. Cette extension n'a été jusqu'ici bien constatée que dans le cas d'un ellipsoïde de révolution, et en supposant même que l'ébranlement sonore primitif soit produit à l'un des foyers; on reconnaît alors que l'ébranlement secondaire émane en effet de l'autre foyer, ce que l'expérience a pleinement confirmé. Quant à l'influence évidente que peut exercer sur la répercussion du son la constitution physique de l'obstacle, elle n'a été le sujet d'aucune étude scientifique, et nous n'avons à cet égard d'autres notions réelles que celles qui résultent des observations communes.

Il en est essentiellement de même pour toute la partie de l'acoustique qui concerne l'intensité des sons. Non-seulement les notables variétés spécifiques que présentent sous ce rapport les sons transmis par différens corps solides, et quelquefois par le même corps, suivant les diverses directions, n'ont jamais été ni analysées, ni mesurées : mais les travaux des physiciens n'ont encore ajouté rien de vraiment essentiel à ce qu'enseigne spontanément l'expérience vulgaire relativement aux influences générales qui règlent l'intensité du son, comme l'étendue des surfaces vibrantes, l'amplitude des excursions, l'éloignement du corps sonore, etc. A ces divers égards, les physiciens ne pourraient avoir d'autre mérite propre que de préciser des notions naturellement vagues, en les assujettissant à d'exactes lois numériques, ce que, jusqu'à présent, on n'a pas même entrepris.

C'est donc improprement que ces différens sujets figurent dans nos sytèmes actuels de physique : l'application d'une telle remarque est malheureusement trop fréquente dans l'ensemble de nos études. Ne semblerait-il pas aujourd'hui, d'après nos habitudes scolastiques, que, avant de se livrer régulièrement à la culture méthodique et spéciale de la philosophie naturelle, les auditeurs ou les lecteurs n'avaient jamais exercé ni leurs sens, ni leur intelligence, puisqu'on se croit obligé de leur enseigner, d'un ton doctoral, même les choses que souvent ils savent déjà tout aussi bien que leurs maîtres? Ce dogmatisme puéril tient sans doute à ce qu'on méconnaît le vrai caractère de la science réelle, qui, en tout genre, ne peut jamais être qu'un simple prolongement spécial de la raison et de l'expérience universelles; et dont, par conséquent, le vrai point de départ est toujours dans l'ensemble des notions acquises spontanément par la généralité des hommes relativement aux sujets considérés. L'observance scrupuleuse de ce précepte évident tendrait à simplifier beaucoup nos expositions scientifiques actuelles, en les dégageant d'une foule de détails superflus, susceptibles seulement d'obscurcir le plus souvent la manifestation directe de ce que la science proprement dite ajoute réellement à la masse fondamentale des connaissances communes.

Quant aux lois relatives à l'intensité des sons, le seul point qui ait été jusqu'ici le sujet d'un véritable éclaircissement scientifique, et dont l'examen était à la vérité extrêmement facile, consiste dans l'influence qu'exerce la densité plus ou moins grande du milieu atmosphérique sur l'énergie des sons transmis. A cet égard, l'acoustique confirme et surtout explique immédiatement, d'une manière très satisfaisante, l'observation vulgaire sur la dégradation nécessaire qu'éprouve l'intensité du son à mesure que l'air devient plus rare, sans qu'on sache toutefois si cette diminution est exactement proportionnelle, comme il est naturel de le penser, au décroissement de la densité, de quelque source qu'il provienne.

Dans la manière habituelle de concevoir l'acoustique, on présente, comme effectivement résolue, une question intéressante, qui me semble au contraire jusqu'ici essentiellement intacte, celle relative au mode d'affaiblissement des sons suivant la distance du corps sonore, sur laquelle la science n'a point encore réellement dépassé les résultats de l'expérience commune. On a coutume de supposer ce décroissement en raison inverse du carré de la distance, ce qui constituerait sans doute une loi fort importante, si nous pouvions compter sur sa réalité. Mais, outre qu'aucune suite d'expériences précises n'a jamais été instituée pour la vérifier, les considérations mathématiques sur lesquelles on l'appuie uniquement sont, il faut l'avouer, extrêmement précaires, si ce n'est frivoles, puisqu'elles exigent d'abord une assimilation fort gratuite entre l'intensité du son et l'énergie du choc d'un fluide contre un obstacle, et que l'on y fait ensuite varier ce choc proportionnellement au carré de la vitesse, conformément à l'ancienne hypothèse sur la résistance des fluides, si souvent démentie par l'observation. Si l'on accordait ces deux prémisses très hasardées, la loi ordinaire en résulterait en effet nécessairement ; car il est certain, d'après la théorie mathématique du mouvement vibratoire, que la vitesse de vibration des molécules situées sur un même rayon sonore varie, à très peu près, en raison inverse de leur distance au centre d'ébranlement. Mais ne serait-il pas bien préférable d'avouer nettement notre ignorance actuelle à cet égard, au lieu de tendre à dissimuler une vraie lacune scientifique, en s'efforçant vainement de la remplir par des considérations aussi peu péremptoires? Cette marche est, à mon gré, tellement arbitraire que je ne serais pas éloigné de l'attribuer, en grande partie, à l'influence inaperçue de la prédisposition trop commune à retrouver dans tous les phénomènes la formule mathématique de la gravitation, en vertu du préjugé métaphysique sur la loi absolue des irradiations quelconques.

Du reste, ne serait-il pas étrange, en général, qu'on pût avoir aujourd'hui aucune notion exacte sur les lois de l'intensité du son, lorque l'acoustique est encore à cet égard dans une telle enfance, que les idées ne sont pas même fixées jusqu'ici sur la manière dont cette qualité comporterait une estimation précise, ni peut-être seulement sur le sens rigoureux du mot? Nous ne possédons jusqu'ici aucun instrument susceptible de remplir, envers la théorie du son, l'office capital si bien exercé, pour l'étude de la pesanteur, par le pendule et le baromètre, et par les divers thermomètres ou électromètres, quant à la mesure des phénomènes correspondans. On n'a pas même aperçu nettement le principe d'après lequel de tels *sono-*

mètres pourraient être conçus. Tant que la science restera à cet égard dans un état aussi imparfait, convient-il de hasarder aucune loi numérique sur les variations que peut éprouver l'intensité des sons?

Considérons enfin la dernière partie essentielle de l'acoustique actuelle, celle relative à la théorie des tons, qui, malgré ses imperfections, est, à tous égards, la plus satisfaisante par les nombreux et intéressans phénomènes dont elle a dévoilé l'explication exacte et complète.

Les lois qui déterminent la nature musicale des différens sons, c'est-à-dire, leur degré précis d'acuité ou de gravité, marqué par le nombre de vibrations exécutées en un temps donné, ne sont jusqu'ici bien connues, d'après une heureuse combinaison de l'expérience avec la théorie mathématique, que pour le cas élémentaire d'une série de vibrations, linéaire, et même rectiligne, produite, soit dans une verge métallique, fixée par un bout et libre par l'autre, soit, enfin, dans une colonne d'air remplissant un tuyau cylindrique très étroit. Ce cas fondamental est, à la vérité, le plus important pour l'analyse des instrumens inorganiques les plus usités, mais non quant à l'étude du mécanisme de l'audition et de la phonation.

A l'égard des cordes tendues, la théorie mathématique, dont les principales conséquences ont été pleinement vérifiées par des expériences nombreuses et précises, fixe le ton propre à chaque ligne sonore, d'après sa masse, sa longueur et sa tension. Toutes les lois qui s'y rapportent peuvent être résumées en cette seule règle générale : le nombre des vibrations exécutées dans un temps donné est en raison directe de la racine carrée de la tension de la corde, et en raison inverse du produit de sa longueur par son épaisseur.

Dans les tiges métalliques droites et homogènes, ce nombre est proportionnel au rapport de leur épaisseur au carré de leur longueur. Cette différence profonde entre les lois de ces deux sortes de vibrations est la suite nécessaire de la flexibilité du corps sonore dans le premier cas, et de sa rigidité dans le second. Elle était déjà nettement indiquée par l'observation, surtout quant à l'influence si opposée de l'épaisseur.

Ces lois sont relatives aux vibrations ordinaires, qui s'opèrent transversalement. Mais M. Chladni a considéré en outre, soit pour les cordes, soit pour les verges, un nouveau genre de vibrations dans le sens longitudinal. Elles sont en général beaucoup plus aiguës que les précédentes, et la marche en est d'ailleurs essentiellement distincte, car l'épaisseur ne paraît exercer sur elles aucune influence, et la différence indiquée ci-dessus entre les cordes et les tiges disparaît entièrement, le nombre des vibrations variant alors toujours réciproquement à la longueur ; identité à laquelle on devait naturellement s'attendre, puisque, dans cette manière de vibrer, l'inextensibilité de la corde équivaut à la rigidité de la tige. Enfin, les verges métalliques comportent encore un troisième genre de vibrations, découvert et étudié expérimentalement par M. Chladni, celles qui résultent de la torsion, et qui s'effectuent dans un sens plus ou moins oblique. Toutefois, il importe de noter que, d'après les travaux postérieurs de M. Savart, ces trois ordres de vibrations ne sont pas, au fond, essentiellement distincts, puisqu'ils peuvent être transformés les uns dans les autres, en faisant seulement varier par degrés la direction suivant laquelle les sons se propagent, et qui est toujours parallèle à celle de l'ébranlement primitif successivement produit de la même manière en divers sens.

Quant aux sons rendus par une mince colonne d'air, le nombre des vibrations est encore, d'après la théorie et l'observation, inversement proportionnel à la longueur de chaque colonne, si l'état mécanique de l'air reste inaltérable ; mais il varie en outre, comme la racine carrée du rapport entre l'élasticité de l'air et sa densité. De là résulte, entre autres conséquences remarquables, que les changemens de température, qui font nécessairement varier ce rapport dans le même sens, doivent avoir ici une action absolument inverse de celle qu'ils produisent sur les cordes ou sur les tiges. C'est ainsi que l'acoustique a nettement expliqué l'impossibilité, remarquée de tout temps par les musiciens, de maintenir, sous l'influence des notables variations thermométriques, l'harmonie d'abord établie entre les instrumens à corde et les instrumens à vent.

Dans tout ce qui précède, la ligne sonore est envisagée comme vibrant en totalité. Mais si, ce qui arrive le plus souvent, elle présente, à l'un de ses points, un léger obstacle, naturel ou artificiel, aux vibrations, le son éprouve alors une modification fondamentale extrêmement remarquable dont la loi générale, qui n'aurait, sans doute, pu être indiquée par la théorie mathématique, a été découverte depuis long-temps par le créateur de l'acoustique expérimentale, l'illustre physicien Sauveur. Elle consiste en ce que le son rendu par la corde coïncide toujours avec celui que produirait une corde analogue, mais plus courte, et d'une longueur égale à celle de la plus grande commune mesure entre les deux parties de la ligne totale. L'explication donnée par Sauveur de ce phénomène capital se réduit, comme on sait, à concevoir que l'obstacle détermine alors la division nécessaire de la corde en parties égales à cette commune mesure, qui vibrent à la fois mais indépendamment, et que séparent des nœuds de vibration immobiles. Quoiqu'on n'ait pu réellement se rendre compte jusqu'ici de la manière dont cette division est ainsi établie d'après la seule influence de l'obstacle primitif, une telle conception n'en est pas moins l'exacte représentation du phénomène, puisque Sauveur a constaté, par une ingénieuse expérience, devenue maintenant vulgaire, l'immobilité effective de ces points remarquables, comparativement à tous les autres points de la ligne sonore.

Cette découverte de Sauveur est d'autant plus importante, qu'elle indique immédiatement l'explication la plus satisfaisante d'une autre loi fondamentale dévoilée par le même physicien, celle de la série des sons harmoniques plus ou moins distincts qui accompagnent constamment le son principal de chaque ligne sonore, et dont l'acuité croît comme la suite naturelle des nombres entiers, ainsi qu'on le constate aisément, soit par l'audition directe, quand une oreille délicate est suffisamment exercée, soit surtout en disposant, à côté de la corde primitive, d'autres cordes semblables et plus courtes, qui en soient les diverses parties aliquotes, et que le seul ébranlement de la première suffit alors pour faire vibrer. Un tel phénomène général peut être, sinon réellement expliqué, du moins exactement représenté, en le rapprochant de celui qui précède. Car il suffit d'imaginer que la corde se divise alors spontanément, de diverses manières, en ses parties aliquotes, qui vibreraient isolément, ainsi que la ligne totale, à des intervalles très rapprochés, quoiqu'il soit, sans doute, difficile de concevoir, non-seulement le mode de production de ces divisions, mais encore même la simple conciliation effective de tous ces divers mouvemens vibratoires, qui sont presque simultanés.

Telles sont les principales lois des tons simples. Nous ne possédons encore que des notions très imparfaites relativement à la théorie de la composition des sons, qui aurait cependant une grande importance. On la regarde habituellement comme ébauchée par la belle expérience du célèbre musicien Tartini, relative aux sons résultans, et dans laquelle la production exactement simultanée de deux sons quelconques, suffisamment intenses, et surtout bien caractérisés, fait entendre un son unique plus grave que chacun des deux autres, suivant une règle invariable et très simple. Toutefois, quelque intérêt que doive évidemment inspirer un phénomène général aussi remarquable, il ne me semble point appartenir strictement à la véritable acoustique, mais à la théorie physiologique de l'audition, qui doit désormais en être soigneusement séparée, comme je l'ai établi au commencement de cette leçon. Car, un tel phénomène me paraît être, par sa nature, essentiellement nerveux; c'est, à mon avis, une sorte d'hallucination normale du sens de l'ouïe, analogue aux illusions d'optique : l'explication ordinaire, fondée sur la coïncidence de certaines parties régulières des deux séries d'ondulations, ne fait que reculer la difficulté, sans la résoudre effectivement. Du reste, ce phénomène a pris, ce me semble, un nouvel intérêt scientifique depuis que l'attention a été fixée, comme je l'indiquerai dans la leçon suivante, sur l'important phénomène des *interférences* lumineuses, qui offre réellement avec lui une analogie profonde, quoique jusqu'à présent inaperçue.

Quant aux vibrations, non plus d'une simple fibre sonore, mais d'une surface également étendue en tous sens, et dont nous avons déjà remarqué que la théorie mathématique est encore dans l'enfance, la belle suite d'observations de M. Chladni a fait connaître, à cet égard, de très curieux phénomènes, surtout relativement aux formes régulières des lignes nodales. Ces recherches ont reçu, dans ces derniers temps, un important complément par les expériences de M. Savart, d'où ce judicieux physicien a déduit, d'abord, la remarque générale relative à la dissemblance constante des figures nodales qui correspondent aux deux surfaces d'une même lame, et ensuite la connaissance plus exacte de l'influence qu'exerce la direction de l'ébranlement sur la forme de ces lignes, qui cesse d'être ainsi nettement caractéristique du mode de vibration propre à chaque corps. En même temps, les travaux de M. Savart ont donné à cette étude une extension fort essentielle, par ses intéressantes observations sur le mouvement vibratoire des membranes tendues, qui doivent fournir des renseignemens indispensables pour l'intelligence du mécanisme fondamental de l'audition, en ce qui concerne l'influence sonore du degré de tension, de l'état hygrométrique, etc.

L'étude du cas le plus général et le plus compliqué des mouvemens vibratoires, celui d'une masse qui vibre suivant les trois dimensions, a été encore à peine ébauchée par les physiciens, sauf pour quelques solides creux et réguliers.

C'est cependant celui dont l'analyse exacte aurait le plus d'importance, puisque, sans lui, il est évidemment impossible de compléter l'explication d'aucun instrument réel, même de ceux où le son principal est produit par de simples lignes, dont les vibrations effectives doivent toujours être plus ou moins modifiées par les masses qui leur sont constamment liées. On peut dire, en général (et cette remarque me semble propre à résumer utilement l'esprit de l'ensemble des considérations indiquées dans cette leçon), que l'état de l'acoustique ne permet pas d'atteindre encore à l'entière explication des propriétés fondamentales d'aucun instrument musical, malgré les ingénieux travaux de Daniel Bernouilli sur la théorie des instrumens à vent. Cette condition, qui d'abord paraît si simple, se rapporte réellement, au contraire, à la plus grande perfection de la science, même en excluant ces effets extraordinaires, radicalement inaccessibles à toute analyse scientifique, que le jeu d'un habile artiste peut obtenir d'un instrument quelconque, et en se bornant uniquement, comme on doit le faire, aux influences susceptibles d'être nettement définies et fixement caractérisées.

Telles sont les considérations principales, que la nature de cet ouvrage m'interdisait de développer davantage, relativement à l'examen philosophique de l'acoustique, envisagée dans son ensemble et dans ses parties. Quelque imparfait que soit, sans doute, ce rapide aperçu, il permettra, j'espère, d'apprécier exactement le vrai caractère général propre à cette belle partie de la physique, la haute importance des lois qu'elle nous a dévoilées jusqu'ici, les connexions fondamentales de ses diverses parties essentielles, ainsi que le degré de développement auquel chacune d'elles est maintenant parvenue, et les lacunes plus ou moins profondes qu'elle laisse encore à remplir pour correspondre convenablement à sa destination essentielle.

TRENTE-TROISIÈME LEÇON.

Considérations générales sur l'optique.

La révolution fondamentale, et de plus en plus prononcée, par laquelle, depuis environ deux siècles, l'esprit humain, en fondant la philosophie naturelle, tend à se dégager irrévocablement de toute influence théologique ou métaphysique, ne s'est composée essentiellement jusqu'ici que d'une succession d'efforts plus ou moins partiels, toujours conçus d'une manière isolée, quoique tous, en réalité, aient convergé sans cesse vers un même but final, presque constamment inaperçu de ceux qui ont coopéré avec le plus d'ardeur et de succès à cette immense régénération intellectuelle. Si une telle incohérence a fait ressortir d'une manière plus éclatante l'irrésistible spontanéité de cet instinct universel qui caractérise les intelligences modernes, elle a produit aussi beaucoup de lenteur et d'embarras, et même, à certains égards, une véritable hésitation dans la marche générale de notre émancipation définitive. Personne n'ayant encore conçu directement la philosophie positive dans son ensemble réel, les conditions radicales de la positivité n'ayant jamais été rationnellement analysées, ni, à plus forte raison, nettement formulées, avec les modifications essentielles convenables aux divers ordres de recherches, il en est résulté que, sur les parties du système scientifique qui ne constituaient point le sujet spécial de leurs travaux, la plupart des illustres fondateurs de la philosophie naturelle ont continué, à leur insu, à subir cette même impulsion métaphysique et théologique dont leurs découvertes propres tendaient avec tant d'énergie à détruire les bases, et sous la prépondérance de laquelle s'était jusque alors exclusivement accomplie l'éducation générale de la raison humaine. Aucun penseur ne s'est autant rapproché, sans doute, que notre grand Descartes de cette conception, à la fois claire et complète, de l'ensemble de la philosophie moderne avec son vrai caractère : aucun n'a exercé aussi sciemment, dans cette transformation universelle, une action aussi directe, aussi étendue, et aussi efficace, quoique d'ailleurs essentiellement transitoire ; aucun surtout ne s'est montré aussi indépendant de l'esprit dominant de ses contemporains. Cependant Descartes lui-même, dont la persévérante hardiesse renversait si vigoureusement tout l'édifice de l'ancienne philosophie relativement à l'ensemble des phénomènes inorganiques, et même quant aux phénomènes purement physiques de l'animalité, était, sous d'autres rapports, involontairement entraîné par son siècle en un sens tout-à-fait inverse, lorsqu'il entreprit tant de vains efforts, pour étayer, en les rajeunissant, les conceptions théologiques et métaphysiques sur l'étude de l'homme moral, ainsi que je l'expliquerai soigneusement en analysant, dans la dernière partie de cet ouvrage, la marche générale du développement effectif de l'humanité, dont Descartes fut incontestablement un des types essentiels. Après un tel exemple, on ne saurait être étonné de reconnaître chez les hommes d'un génie plus spécial, qui ont concouru à la formation ou au développement du système scientifique, sans s'occuper directement de la régénération fondamentale de la raison humaine, cette radicale inconséquence philosophique qui leur faisait suivre, à certains égards, une direction métaphysique, en même temps que, sous d'autres rapports, quelquefois peu éloignés, ils produisaient des manifestations si décisives du véritable esprit positif.

Ces réflexions générales préliminaires sont éminemment applicables à l'histoire philosophique de l'optique, celle peut-être de toutes les branches essentielles de la physique où l'état de positivisme incomplet, caractérisé dans la vingt-huitième leçon, conserve encore aujourd'hui la plus profonde consistance, surtout à cause des importans travaux mathématiques qui malheureusement s'y rattachent. La formation de cette belle science est due principalement aux philosophes qui ont le plus puissamment contribué, sous d'autres rapports capitaux, à jeter les bases essentielles de la philosophie positive, tels que Descartes, Huyghens et Newton : et, néanmoins, l'influence inaperçue du vieil esprit métaphysique et absolu a poussé chacun d'eux à la création d'une hypothèse, nécessairement chimérique, sur la nature de la lumière. Un tel contraste est spécialement remarquable chez le grand Newton, qui, par son admirable doctrine de la gravitation universelle, comme je l'ai soigneusement établi dans la première partie de ce volume, avait élevé d'une manière irrévocable la conception fondamentale de la philosophie moderne au-dessus de l'état où le cartésianisme l'avait placée, en constatant l'inanité radicale de toutes les études dirigées vers la nature intime et le mode de production des phénomènes, et en assignant désormais, comme seul but nécessaire des efforts scientifiques vraiment rationnels, l'exacte réduction d'un système plus ou moins étendu de faits particuliers à un fait unique et général. Ce même Newton, dont l'exclamation favorite était : *ô physique! garde-toi de la métaphysique!* s'est laissé entraîner, dans la théorie des phénomènes lumineux, par les anciennes habitudes philosophiques, jusqu'à la personnification formelle de la lumière, envisagée comme une substance distincte et indépendante du corps lumineux ; ce qui constitue évidemment une conception tout aussi métaphysique que pourrait l'être celle de la gravité, si on lui attribuait une existence propre, isolée du corps gravitant.

Après la discussion générale établie dans la vingt-huitième leçon sur la théorie fondamentale des hypothèses en philosophie naturelle, il serait entièrement superflu d'examiner ici, d'une manière spéciale, soit la fiction de Newton sur la lumière, soit celle, tout aussi nécessairement vaine, qu'on lui substitue maintenant, d'après Descartes, Huyghens et Euler : chacun leur appliquera aisément, avec les particularités convenables, tous les principes essentiels de cette nouvelle doctrine philosophique. La nullité radicale de ces conceptions antiscientifiques, relativement à leur destination directe, n'a pas besoin d'être formellement constatée ;

il suffit de se demander, en se dégageant des préjugés scolastiques ordinaires, si la faculté lumineuse des corps est réellement expliquée, en aucune manière, par cela seul qu'on l'a transformée dans la propriété de lancer, avec une incompréhensible vitesse, de chimériques molécules, ou dans celle de faire vibrer les particules immobiles d'un fluide imaginaire, doué d'une inappréciable élasticité. N'est-il pas évident, au contraire, qu'on entasse ainsi mystères sur mystères, comme il doit arriver toutes les fois que nous voulons tenter de concevoir *à priori* une notion vraiment primordiale, qui, par sa nature, ne saurait comporter d'explication? Du reste, on peut s'en rapporter, sur ce sujet, aux critiques irrésistibles que se sont mutuellement adressées, surtout depuis Euler, les partisans de ces deux hypothèses opposées. La préférence alternative qui, aux diverses époques de l'optique a été successivement accordée à chacun de ces systèmes, n'a tenu certainement qu'à ce que le développement naturel de la science attirait, d'une manière trop exclusive, l'attention générale des physiciens vers les phénomènes qui lui semblaient favorables, en la détournant momentanément de ceux qui lui étaient contraires, quoique l'ensemble réel des connaissances acquises leur fût, au fond, également opposé. Sans doute, les nombreuses objections présentées par Euler, avec une logique si nette et si pressante, contre la doctrine de l'émission, sont nécessairement insolubles : mais n'en est-il pas essentiellement ainsi de celles trop dissimulées aujourd'hui par notre système habituel d'enseignement, que les partisans de cette hypothèse faisaient autrefois, ou ont adressées depuis, au système des ondulations ? Pour me borner à l'exemple le plus simple, a-t-on réellement concilié la propagation en tout sens, propre au mouvement vibratoire, avec le phénomène vulgaire de la nuit, c'est-à-dire, de l'obscurité produite par la seule interposition d'un corps opaque ? L'objection fondamentale élevée à cet égard par les newtoniens contre le système de Descartes et d'Huyghens, n'est-elle pas effectivement restée aussi vierge aujourd'hui qu'elle l'était plus d'un siècle auparavant, malgré tant d'inintelligibles subterfuges ?

La juste appréciation de ces hypothèses arbitraires n'est pas moins évidente par la considération des phénomènes qui conviennent également à toutes deux. Cette possibilité de concevoir aussi bien les mêmes phénomènes généraux d'après les deux systèmes antagonistes, doit manifester à tous les esprits que les lois de ces phénomènes constituent seules la science réelle, dont de tels systèmes ne forment qu'une vague et inutile superfétation, échappant, par sa nature, à toute vérification effective. En voyant, par exemple, les lois de la réflexion et de la réfraction découler indifféremment de l'émission ou de l'ondulation, la nature arbitraire de ces explications chimériques ne devient-elle pas irrécusable? Sous ce rapport du moins, les travaux mathématiques dont chacune de ces conceptions a été le sujet n'auront pas été inutiles, dans un prochain avenir, à l'éducation générale de l'esprit scientifique, en contribuant à dissiper le prestige encore trop souvent attaché au seul emploi, judicieux ou abusif, de l'instrument analytique. Pourrait-on persévérer à regarder un tel appareil comme le vêtement caractéristique de la vérité, lorsqu'on le voit également applicable à deux hypothèses opposées, ainsi qu'il le serait sans doute à beaucoup d'autres conceptions analogues qu'on formerait aisément, si les progrès du véritable esprit positif ne tendaient point évidemment, au contraire, à l'exclusion totale et définitive de cette manière vicieuse de philosopher?

De nos jours, il est vrai, les partisans les plus éclairés du système émissif ou du système vibratoire sacrifient assez volontiers la réalité de ces conceptions, pour se retrancher dans leur prétendue propriété scientifique de faciliter, à titre de simple artifice logique, la combinaison des idées acquises, que l'on proclame essentiellement impossible sans elle. Mais le passage même d'une hypothèse à l'autre, sans que la science en ait certes éprouvé aucun préjudice, ne suffirait-il point pour témoigner clairement, envers chacune d'elles, contre une indispensabilité aussi gratuitement admise? Il faut convenir toutefois, comme je l'ai indiqué dans la discussion générale, que, pour des esprits déjà formés sous l'influence prépondérante des habitudes actuelles, la combinaison des idées scientifiques deviendrait nécessairement plus difficile, si tout à coup on les obligeait à se priver d'un tel mode de liaison, quelque vicieux qu'il soit en effet. Une telle considération, commune à tout régime intellectuel devenu, à une époque quelconque, suffisamment familier, ne saurait prouver, en aucune façon, que la nouvelle génération scientifique ne combinerait pas ses idées d'une manière encore plus facile, et surtout plus parfaite, si elle était élevée à envisager directement les relations générales des phénomènes, sans jamais recourir à ces vains artifices, par lesquels les réalités scientifiques doivent toujours être plus ou moins altérées.

L'histoire effective de l'optique, envisagée dans son ensemble, montre clairement, à mon gré, que ces secours illusoires n'ont exercé aucune influence notable sur les vrais progrès de la théorie de la lumière, puisque toutes les acquisitions importantes leur sont évidemment étrangères. Cette remarque n'est pas seulement incontestable à l'égard des lois fondamentales de la réflexion et de la réfraction, dont la découverte a essentiellement précédé la construction de ces systèmes arbitraires. Elle est aussi réelle, quoique moins évidente, envers toutes les autres vérités principales de l'optique. L'hypothèse de l'émission n'a pas plus inspiré à Newton la notion de l'inégale réfrangibilité des diverses couleurs, que celle de l'ondulation n'a réellement contribué à dévoiler à Huyghens la loi de la double réfraction propre à certaines substances. C'est constamment après coup que la coexistence, chez d'aussi grands hommes, de ces chimériques conceptions avec ces immortelles découvertes, a pu faire croire à l'influence effective des unes sur les autres. Même dans un ordre d'idées moins général, c'est exclusivement à la comparaison directe des phénomènes qu'ont toujours été dues les nouvelles notions, et jusqu'aux heureuses conjectures. Quand la combustibilité du diamant a été si judicieusement présumée par la profonde sagacité de Newton, cette indication ne résultait-elle pas uniquement du simple rapprochement de deux phénomènes généraux, la nature inflammable des corps les plus réfringens? Lorsque, plus tard, Euler, contrairement aux opinions établies, pressentit avec tant de succès la possibilité nécessaire de l'achromatisme rigoureux, cette idée ne lui fût-elle pas immédiatement suggérée par la simple considération de l'existence évidente d'une telle compensation dans l'appareil oculaire, à laquelle d'ailleurs il mêlait indûment un caractère de finalité qu'on en pouvait aisément écarter? Quelle part effective le système émissif ou le système ondulatoire ont-ils eue à ces diverses notions optiques, et à tant d'autres plus ou moins importantes, qu'il serait facile de citer?

J'ai expliqué dans la vingt-huitième leçon, à laquelle je renvoie, la destination réelle et le genre d'utilité purement philosophique qui me paraissent propres à ces conceptions imaginaires, dont le véritable office se réduit à servir momentanément, mais d'une manière très puissante et même strictement indispensable, au développement général de l'esprit scientifique, en permettant à notre faible intelligence la transition graduelle du régime franchement métaphysique au régime entièrement positif : elles n'ont pas en effet d'autre but essentiel. Or, j'ai aussi indiqué alors les motifs principaux qui doivent faire envisager cette fonction temporaire comme étant aujourd'hui, et même depuis long-temps, suffisamment accomplie, et l'empire trop prolongé de cette méthode vicieuse comme tendant par suite à entraver notablement le vrai progrès de la science. L'une et l'autre considération me semblent particulièrement incontestables à l'égard de l'optique, pour quiconque examinera sans prévention et d'une manière assez approfondie son état actuel, surtout depuis l'adoption presque universelle du système vibratoire au lieu du système émissif.

Il importe, en outre, de signaler ici une dernière disposition qui sans doute contribue beaucoup aujourd'hui, même chez d'excellens esprits, à la prolongation abusive de cette marche antiscientifique, parce qu'elle présente un caractère fort spécieux, comme n'étant que l'exagération d'un penchant d'ailleurs très convenable à la plus entière coordination possible de nos diverses études. Les plus recommandables défenseurs de ces vaines hypothèses, ceux qui déjà sentent avec énergie le vide nécessaire des recherches absolues sur la nature intime et le mode essentiel de production des phénomènes, se persuadent encore que du moins l'optique acquiert ainsi une rationnalité bien plus satisfaisante en se rattachant d'une manière générale aux lois fondamentales de la mécanique universelle. Il est certain en effet que le système émissif, par exemple, ne peut avoir d'autre sens intelligible que de présenter les phénomènes lumineux comme radicalement analogues à ceux du mouvement ordinaire : de même la seule signification admissible de l'hypothèse des ondulations consiste évidemment dans l'assimilation des phénomènes de la lumière avec ceux de l'agitation vibratoire qui constitue le son : d'une part, c'est à la barologie, de l'autre à l'acoustique, que l'on prétend comparer l'optique. Mais comment des analogies aussi gratuites, aussi incompréhensibles même, pourraient-elles avoir aucune véritable efficacité scientifique? En quoi perfectionneraient-elles réellement nos moyens généraux de coordination? Quand des phénomènes peuvent effectivement rentrer sous le ressort de la mécanique rationnelle, une telle propriété n'est jamais équivoque ni arbitraire ; elle résulte immédiatement, et à tous les yeux, de la simple inspection des phénomènes; elle n'a pu devenir, à aucune époque, un sujet sérieux de contestation : toute la difficulté a toujours été seulement de connaître d'une manière assez complète les lois générales du mouvement pour pouvoir en réaliser une semblable application. Ainsi, personne ne méconnaissait la nature évidemment mécanique des principaux effets relatifs à la pesanteur ou au son long-temps avant que les progrès de la dynamique rationnelle eussent permis de l'employer à leur exacte analyse. On conçoit qu'une telle application a puissamment contribué, comme j'ai tâché de le faire sentir, au perfectionnement réel de la barologie et de l'acoustique ; mais cela tient essentiellement à ce qu'elle n'avait rien de forcé ni d'hypothétique. Il ne saurait en être de même quant à l'optique. Malgré toutes les suppositions arbitraires, les phénomènes lumineux constitueront toujours une catégorie *sui generis*, nécessairement irréductible à aucune autre : une lumière sera éternellement hétérogène à un mouvement ou à un son.

Les considérations physiologiques elles-mêmes s'opposeraient invinciblement, à défaut d'autres motifs, à une telle confusion d'idées, par les caractères inaltérables qui distinguent profondément le sens de la vue, soit du sens de l'ouïe, soit du sens de contact ou de pression. Si ces séparations radicales pouvaient être arbitrairement effacées d'après des hypothèses gratuites, d'ailleurs plus ou moins ingénieuses, on ne voit pas où s'arrêteraient de telles aberrations. Ainsi, par exemple, un philosophe, dont la prédilection scientifique porterait sur les effets chimiques, serait dès lors suffisamment autorisé, en prenant pour type le sens du goût ou celui de l'odorat, à prétendre expliquer à son tour les couleurs et les tons en les assimilant à des saveurs ou à des odeurs. Cette bizarre conception n'exigerait pas peut-être, en réalité, de plus grands efforts d'imagination, ni des subtilités plus étranges, qu'il n'en a fallu pour aboutir, par un procédé de même nature, à la similitude, aujourd'hui classique, entre les tons et les couleurs.

Que l'esprit humain sache donc, à cet égard, renoncer enfin à l'irrationnelle poursuite d'une vaine unité scientifique, et reconnaisse que les catégories radicalement distinctes de phénomènes hétérogènes sont plus nombreuses que ne le suppose une systématisation vicieuse. L'ensemble de la philosophie naturelle serait sans doute plus parfait s'il pouvait en être autrement; mais la coordination n'a de mérite et de valeur qu'autant qu'elle repose sur des assimilations réelles et fondamentales; déduite d'analogies purement hypothétiques, elle est à la fois sans consistance et sans utilité.

Les physiciens vraiment rationnels devront donc s'abstenir désormais de rattacher, par aucune fiction scientifique, les phénomènes de la lumière à ceux du mouvement, vu leur hétérogénéité radicale. Tout ce que l'optique, dans son état actuel, peut comporter de mathématique, dépend, en réalité, non de la mécanique, mais de la géométrie, qui s'y trouve éminemment applicable, attendu la nature évidemment géométrique des principales lois de la lumière. A d'autres égards, on ne pourrait concevoir qu'une application directe de l'analyse, dans certaines recherches optiques, comme, par exemple, celles de Lambert sur la photométrie, où l'observation fournirait immédiatement quelques relations numériques : mais, en aucun cas, l'étude positive de la lumière ne saurait vraiment donner lieu à une analyse dynamique. Telles sont les deux directions générales suivant lesquelles les géomètres peuvent efficacement concourir aux progrès réels de l'optique, dont ils ont souvent à se reprocher aujourd'hui d'entraver le développement naturel en prolongeant l'empire des hypothèses anti-scientifiques par des analyses inopportunes et mal conçues, où brille d'ailleurs quelquefois, comme on le voit surtout dans les travaux si remarquables de M. Cauchy, une grande valeur abstraite, qui n'a malheureusement d'autre effet ordinaire que de rendre plus pernicieuse leur influence sur la philosophie de la science.

Il m'a semblé nécessaire d'indiquer ainsi, quant à l'optique, l'application formelle de la doctrine générale établie, dans la vingt-huitième leçon, sur la théorie des hypothèses. Ni la barologie, ni l'acoustique ne l'exigeaient, au contraire, en aucune manière, et l'heureuse impulsion philosophique produite par le génie de Fourier a pu même m'en dispenser essentiellement pour la thermologie : cet examen est enfin moins nécessaire envers l'électrologie, quoique ces conceptions chimériques y soient au moins aussi prépondérantes, leurs vices radicaux étant tellement sensibles que presque tous leurs partisans les reconnaissent aujourd'hui. La consistance plus spécieuse qu'elles ont en optique, y demandait, à un certain degré, un jugement spécial.

Procédons maintenant, d'une manière sommaire, sans nous occuper davantage de ces vaines hypothèses, à l'analyse philosophique de l'ensemble des connaissances réelles actuellement acquises sur la théorie de la lumière. Il est malheureusement difficile aujourd'hui, surtout quant aux découvertes récentes, de dégager nettement une telle exposition de toute allusion aux systèmes arbitraires d'après lesquels le langage scientifique a été jusqu'ici presque toujours formulé. Un physicien qui, pénétré de la doctrine philosophique établie dans cet ouvrage, entreprendrait un traité spécial pour exécuter convenablement cette épuration fondamentale, rendrait, j'ose le dire, à la science un service capital.

L'ensemble de l'optique se décompose naturellement en plusieurs sections, d'après les différentes modifications générales dont la lumière, soit homogène, soit diversement colorée, est reconnue susceptible, suivant qu'on l'envisage comme directe, réfléchie, réfractée, ou enfin diffractée. Quoique le plus souvent coexistans dans les phénomènes ordinaires, des effets élémentaires aussi distincts ont dû être soigneusement séparés par les physiciens. A ces quatre parties principales, qui comprennent les seuls phénomènes optiques rigoureusement universels, il convient d'ajouter aujourd'hui, comme un indispensable complément, deux autres sections fort intéressantes, relatives à la double réfraction et à ce qu'on appelle la *polarisation*. Ces deux derniers ordres de phénomènes sont, sans doute, essentiellement propres à certains corps; mais ils n'en devraient pas moins être exactement analysés, ne fût-ce qu'à titre de modification remarquable des phénomènes fondamentaux : d'ailleurs, les corps qui nous les manifestent deviennent chaque jour plus nombreux, et leurs conditions se rapportent bien plus à certaines circonstances générales de structure qu'à de véritables particularités de substance. Il est, du reste, évidemment superflu de classer ici les différentes applications de ces six parties intégrantes de l'optique, soit à l'histoire naturelle, comme dans la belle théorie newtonienne de l'arc-en-ciel, soit aux arts, comme dans l'analyse, si difficile à établir avec précision, des divers instrumens visuels, y compris l'appareil oculaire lui-même. Quelque importantes que soient de telles applications, et quoique, à vrai dire, elles constituent la meilleure mesure du degré de perfection de la science, elles n'appartiennent pas au domaine rationnel de l'optique, que nous devons seul avoir en vue.

Par les motifs généraux déjà indiqués, dans la leçon précédente, quant aux théories de l'audition et de la phonation, je dois condamner ici, d'une manière directe et formelle, comme radicalement irrationnel, l'usage encore presque universel, de comprendre, parmi les études optiques, la théorie de la vision, qui appartient, avec tant d'évidence, à la seule physiologie. Quand des physiciens veulent s'occuper d'une telle recherche, il est clair que la nature de leurs études propres ne s'adapte qu'à une partie des conditions de ce difficile problème; sous tout autre rapport, ils ne sont pas mieux préparés que le vulgaire : et quelque importante que soit, sans doute, cette partie, puisqu'elle constitue un préliminaire indispensable, elle ne saurait être prise pour l'ensemble, dont la considération est toujours, néanmoins, l'objet final du travail. Aussi en résulte-t-il d'ordinaire que plusieurs conditions capitales sont essentiellement négligées, ce qui rend les explications incomplètes, et, par suite, illusoires. A peine pourrait-on citer aujourd'hui une seule loi de la vision, qu'on puisse regarder comme établie, d'une manière vraiment fondamentale et positive, sur des bases immuables, même en se bornant aux phénomènes les plus simples et les plus vulgaires. C'est ainsi, par exemple, que la faculté élémentaire de voir distinctement à des distances fort inégales reste encore sans explication satisfaisante, après toutes les vaines tentatives des physiciens pour l'attribuer successivement à la plupart des élémens de l'appareil oculaire. Cette ignorance presque honteuse a, sans doute, principalement tenu jusqu'ici à ce que les vrais savans, physiciens ou physiologistes, laissaient la théorie des sensations entre les mains des seuls métaphysiciens, qui n'en pouvaient tirer que d'illusoires dissertations idéologiques. Mais sa durée trop prolongée résulte certainement aujourd'hui, en majeure partie, de la mauvaise organisation du travail scientifique à cet égard, depuis l'époque, déjà assez éloignée, où ces questions ont commencé à devenir le sujet de quelques tentatives de solution positive. Si, dès lors, les anatomistes et les physiologistes, empruntant à l'optique les documens préliminaires indispensables, s'étaient convenablement occupés de la théorie de la vision, au lieu d'attendre vainement, de la part des physiciens, des solutions qu'ils ne pouvaient fournir, nos connaissances réelles sur cet important sujet seraient, évidemment, dans un état moins déplorable.

Une autre étude qui me semble devoir être radicalement bannie de l'optique, et même de toute la philosophie naturelle, non comme simplement déplacée, mais comme nécessairement inaccessible, consiste dans la théorie de la coloration des corps. Il serait, sans doute, inutile d'expliquer spécialement à ce sujet que je ne saurais avoir en vue, dans une telle critique, l'admirable série d'expériences de Newton et de ses successeurs sur la décomposition de la lumière, qui ont constitué irrévocablement une notion fondamentale, commune à toutes les parties de l'optique. Je veux parler des efforts, nécessairement illusoires, qu'on a si souvent tentés pour expliquer, soit par le système émissif, soit par le système vibratoire, le phénomène primordial, évidemment inexplicable, de la couleur élémentaire propre à chaque substance. Ces tentatives irrationnelles sont, à mon avis, des témoignages irrécusables et directs de la fâcheuse influence qu'exerce encore, sur nos intelligences à demi positives, l'antique esprit de la philosophie, essentiellement caractérisé par la tendance aux notions absolues. Il faut que notre raison naturelle soit aujourd'hui bien obscurcie par la longue habitude de ces conceptions vagues et arbitraires que j'ai si souvent signalées, pour que nous puissions envisager, comme une véritable explication de la couleur propre à tel corps, la prétendue faculté de réfléchir ou de transmettre exclusivement tel genre de rayons, ou celle, non moins inintelligible, d'exciter tel ordre de vibrations éthérées, en vertu de telle disposition chimérique des molécules, beaucoup plus difficile à concevoir que le fait primitif lui-même. Les explications placées par l'admirable Molière dans la bouche de ses docteurs métaphysiciens, ne sont pas, au fond, plus ridicules. N'est-il pas déplorable que le véritable esprit scientifique soit encore assez peu développé, pour qu'on soit obligé de formuler expressément de telles remarques ? Personne n'entreprend plus aujourd'hui d'expliquer la pesanteur spécifique particulière à chaque substance ou à chaque structure. Pourquoi en serait-il autrement, quant à la couleur spécifique, dont la notion n'est pas, sans doute, moins primordiale? Cette seconde recherche n'est-elle point, par sa nature, tout aussi métaphysique que l'autre?

Que la considération des couleurs soit, en physiologie, d'une importance capitale pour la théorie de la vision; que, de même, le système de coloration puisse devenir, en histoire naturelle, un moyen utile de classification : cela est évidemment incontestable, et je serais bien mal compris si l'on pouvait penser que je prétends condamner de telles études, ou d'autres tout aussi positives. Mais, en optique, la vraie théorie des couleurs doit se réduire à perfectionner l'analyse fondamentale de la lumière, de manière à apprécier l'influence de la structure, ou de telle autre circonstance générale, même accidentelle ou fugitive, sur la couleur transmise ou réfléchie, sans jamais s'engager d'ailleurs dans la recherche illusoire des causes premières de la coloration spécifique : le champ d'études ainsi circonscrit offre certainement, encore une assez vaste carrière à l'activité des physiciens.

Considérant maintenant, d'une manière directe, les parties essentielles dont l'optique est composée, nous trouvons d'abord, comme la première et la plus fondamentale de toutes, l'optique proprement dite, ou l'étude de la lumière directe. Si, comme il convient, on fait remonter l'origine scientifique de cette étude à la connaissance nette et générale de la loi élémentaire relative à la propagation rectiligne de la lumière dans tout milieu homogène, l'époque exacte de ce point de départ est à peu près inassignable; c'est, avec la catoptrique, la seule branche de l'optique que les anciens aient cultivée. Cette première loi suffit évidemment pour que les nombreux problèmes relatifs à la théorie des ombres deviennent aussitôt réductibles à des questions purement géométriques, qui peuvent d'ailleurs donner lieu à de véritables difficultés d'exécution précise, sauf dans les cas, heureusement les plus importans à analyser, d'un corps lumineux très éloigné, ou à dimensions négligeables. Cette théorie dépend, en général, comme on sait, tant pour l'ombre que pour la pénombre, de la détermination d'une surface développable circonscrite à la fois au corps éclairant et au corps éclairé.

Quelle que soit son antiquité réelle, cette première partie de l'optique n'en est pas moins encore extrêmement imparfaite, quand on l'envisage sous le second point de vue fondamental qui lui est propre, c'est-à-dire, relativement aux lois de l'intensité de la lumière, ou à ce qu'on appelle la *photométrie*, dont la connaissance exacte et approfondie aurait néanmoins une grande importance. L'intensité de la lumière est modifiée par plusieurs circonstances générales bien caractérisées, telles que la direction, soit émergente, soit incidente; la distance; l'absorption qu'exerce le milieu; enfin la couleur. Or, à ces divers égards, les notions que nous possédons aujourd'hui sont presque toujours, ou très vagues, ou essentiellement précaires.

Il est d'abord évident que, sous ce rapport capital, l'optique actuelle pèche directement par la base, puisqu'elle manque d'instrumens photométriques, sur la certitude et la précision desquels on puisse réellement compter, et qui soient propres, dès lors, à fournir les seules vérifications décisives susceptibles d'élever au rang de lois naturelles les conjectures, plus ou moins plausibles, relatives aux divers modes de dégradation de la lumière. Tous nos photomètres reposent, au contraire, sur une sorte de cercle vicieux fondamental, puisqu'ils sont conçus d'après les lois mêmes qu'ils seraient destinés à vérifier, et ordinairement d'après la plus douteuse de toutes, en vertu de son origine essentiellement métaphysique, celle qui concerne la distance. Chacun sait par quelles vaines considérations absolues sur les émanations quelconques on suppose habituellement l'intensité de la lumière réciproque au carré de la distance, sans qu'une seule expérience ait jamais été instituée pour éprouver une conjecture aussi équivoque. Et telle est cependant la base incertaine que l'on donne aujourd'hui à la photométrie tout entière! Les vains systèmes sur la nature de la lumière, ont, comme je l'ai établi, si peu d'utilité réelle pour guider notre esprit dans l'étude effective de l'optique, que lorsque l'ondulation a été, de nos jours, universellement substituée à l'émission, ses partisans, exclusivement préoccupés des phénomènes qui avaient provoqué ce changement, n'ont pas même aperçu que la plupart des notions photométriques reposaient directement sur l'ancienne hypothèse, et réclamaient, par conséquent, une révision fondamentale, à laquelle nul ne paraît avoir pensé.

On conçoit aisément ce que peut être la photométrie actuelle avec une telle manière de procéder. La loi relative à la direction, en raison du sinus de l'angle d'émergence ou d'incidence, n'est pas, au fond, mieux démontrée que celle propre à la distance, quoique la source en soit un peu moins suspecte. Il n'y a rien ici de semblable au beau travail de Fourier sur la chaleur rayonnante, dont j'ai caractérisé l'esprit dans l'avant-dernière leçon ; et, néanmoins, le sujet pourrait être conçu, ce me semble, de façon à comporter une élaboration mathématique analogue. La seule branche de la photométrie qui présente aujourd'hui une vraie consistance scientifique, est la théorie mathématique de l'absorption graduelle et plus ou moins énergique exercée sur la lumière par un milieu quelconque, qui a été pour Bouguer, et ensuite pour Lambert, le sujet de travaux fort intéressans, quoique le défaut d'expériences précises et irrécusables se fasse sentir ici, comme dans les autres cas, quant à la vérification des principes, nécessairement précaires, d'un tel examen. Enfin, l'influence photométrique de la couleur a donné lieu à quelques observations exactes, mais dépourvues, par le même motif fondamental, de conclusions générales et précises, si ce n'est la fixation du *maximum* de clarté au milieu du spectre solaire. Ainsi, en résumé, dans cette première partie de l'optique, quoiqu'elle soit de beaucoup la plus ancienne, et qu'elle semble la plus facile, les physiciens n'ont pas encore réellement dépassé, d'une manière très notable, le terme où conduit spontanément l'observation vulgaire, du moins en écartant tout ce qui se rattache à la géométrie, et la mesure de la vitesse de propagation de la lumière, fournie par l'astronomie.

Il en est tout autrement à l'égard de la catoptrique, et surtout de la dioptrique, si l'on élague, bien entendu, les questions radicalement insolubles relatives aux causes premières de la réflexion et de la réfraction. Les notions universelles sur ces deux ordres de phénomènes généraux ont été considérablement étendues et perfectionnées par les études scientifiques, d'après lesquelles tous les effets variés qui s'y rattachent sont désormais ramenés à un très petit nombre de lois uniformes, d'une précision et d'une simplicité remarquables.

La loi fondamentale de la catoptrique, déjà bien connue des anciens, et vérifiée par une multitude d'expériences diverses, soit directes, soit surtout indirectes, consiste en ce que, quelles que soient la forme et la nature du corps réflecteur, ainsi que la couleur et l'intensité de la lumière, l'angle de réflexion est constamment égal à l'angle d'incidence, et dans le même plan normal. D'après cette seule loi, l'analyse exacte des divers effets produits par toutes les espèces de miroirs est immédiatement réduite à de simples problèmes géométriques, qui pourraient, il est vrai, suivant la forme du corps, conduire souvent à de longs et pénibles calculs, si les cas très faciles du plan, de la sphère, et tout au plus du cylindre circulaire droit, n'étaient point, en réalité, les plus nécessaires à examiner complétement. Toutefois, dans ces cas élémentaires, la détermination rationnelle des images présenterait d'assez grandes difficultés géométriques, si l'on y prétendait à une précision rigoureuse, qui, heureusement, n'est pas en effet nécessaire. Cette détermination repose essentiellement, en général, sous le point de vue mathématique, sur la théorie des *caustiques,* créée par Tschirnaüs, et qu'il est aisé de caractériser.

Le seul principe exact qui paraisse établi d'une manière irrécusable dans la théorie physiologique de la vision consiste en ce que l'œil rapporte toujours la position d'un point au lieu d'où lui paraissent diverger les rayons lumineux qui en émanent, quelques déviations qu'ils aient d'ailleurs éprouvées avant de parvenir à l'organe. D'après ce principe, l'appréciation rigoureuse de l'image d'un point quelconque vu à l'aide d'un miroir donné exige naturellement la considération des deux surfaces *caustiques* contenant le système des points d'intersection des rayons réfléchis consécutifs qui correspondent aux rayons dirigés du point primitif vers toutes les parties du miroir; car, ces deux surfaces étant une fois déterminées, il suffirait de leur mener de l'œil une tangente commune pour avoir aussitôt la direction suivant laquelle il apercevra le point proposé. Quant à la position précise de l'image sur cette droite, dans le cas où les deux points de contact seront du même côté de l'organe, on ne le détermine habituellement que d'une manière fort hasardée, qui consiste à prendre, sans aucune raison vraiment fondée, le milieu entre ces deux points. Il en est essentiellement de même à l'égard des images que produisent les lentilles, et dont la détermination mathématique reposerait, d'une manière analogue, sur la considération des caustiques par réfraction assujetties à une théorie semblable, quoique nécessairement plus compliquée. Du reste, le défaut d'expériences directes et exactes, à ce sujet, et l'incertitude fondamentale qui caractérise encore presque toutes les parties de la théorie de la vision, ne permettent peut-être pas de garantir suffisamment la réalité rigoureuse de conséquences aussi éloignées fournies par le principe général sur lequel on s'appuie dans ces diverses déterminations.

Toute réflexion lumineuse sur un corps quelconque est constamment accompagnée de l'absorption d'une partie plus ou moins notable, mais toujours très grande, de la lumière incidente; ce qui donne lieu, en catoptrique, à une seconde question générale fort intéressante. Mais l'imperfection radicale que nous avons constatée dans la photométrie actuelle affecte nécessairement une telle étude, qui a été jusqu'ici à peine ébauchée par quelques observations incomplètes et peu suivies, d'où l'on ne peut tirer aucune loi certaine. Ce décroissement d'intensité est-il le même sous toutes les incidences? Sa valeur relative est-elle indépendante du degré de clarté? Quelle est, à cet égard, l'influence de la couleur? Les notables variations de ce phénomène, dans les différens corps réflecteurs, sont-elles en harmonie avec d'autres caractères spécifiques, surtout optiques? Ces diverses questions sont encore tout-à-fait intactes, ou n'ont pas même été posées ; ce qui sans doute doit peu nous étonner si nous considérons l'absence d'instrumens propres à mesurer avec exactitude l'intensité de la lumière, et par suite les variations quelconques de cette intensité. Nous ne possédons réellement aujourd'hui à ce sujet aucun autre renseignement général, si ce n'est que l'absorption de la lumière paraît être toujours plus grande, à un degré d'ailleurs inconnu, par réflexion que par transmission ; d'où est résulté, dans ces derniers temps, l'usage des phares lenticulaires, si heureusement introduit par Fresnel.

Enfin, l'étude de la réflexion donne lieu, pour

toutes les substances diaphanes, à un dernier ordre de recherches plus avancé que le précédent, mais dont les principales lois sont encore mal connues. Dans de tels corps, la réflexion accompagne toujours la réfraction, et par conséquent on peut examiner suivant quelles lois générales ou spéciales s'accomplit la répartition entre la lumière transmise et la lumière réfléchie. On sait seulement que celle-ci est d'autant plus abondante que l'incidence est plus oblique, et que la réflexion commence à devenir totale à partir d'une certaine inclinaison propre à chaque substance, et mesurée exactement pour plusieurs corps. Cette inclinaison paraît être toujours d'autant moindre que la substance est plus réfringente, quoique la loi exacte admise d'ordinaire à ce sujet se rattache uniquement jusqu'ici aux hypothèses hasardées sur la nature de la lumière, ce qui laisse à désirer une comparaison faite d'après des expériences directes et précises, dégagées de toute prévention systématique.

De toutes les parties fondamentales de l'optique, la dioptrique est incontestablement aujourd'hui la plus riche en connaissances certaines et précises, réduites à des lois simples et peu nombreuses, embrassant des phénomènes très variés. La loi fondamentale de la réfraction simple, entièrement ignorée des anciens, et découverte à la fois, sous deux formes distinctes et équivalentes, par Snellius et par Descartes, consiste dans la proportionnalité constante des sinus des angles que le rayon réfracté et le rayon incident, toujours contenus d'ailleurs dans un même plan normal, forment avec la perpendiculaire à la surface réfringente, en quelque sens que la réfraction ait lieu. Le rapport fixe de ces deux sinus, quand la lumière passe du vide dans un milieu quelconque, constitue le coefficient optique le plus important de chaque corps naturel, et tient même un rang essentiel dans l'ensemble de ses caractères physiques. Les physiciens se sont occupés de le déterminer avec beaucoup de soin et de succès, par des procédés ingénieux et d'une exactitude admirable : ils en ont dressé des tables fort précieuses et très étendues, qui peuvent rivaliser aujourd'hui, pour la précision, avec les tables de pesanteur spécifique, l'incertitude n'étant pas habituellement d'un centième sur la valeur numérique du pouvoir réfringent. Si la lumière passe d'un milieu réel dans un autre, le rapport de réfraction dépend alors de la nature de tous deux ; mais en un cas quelconque, le passage inverse lui donne toujours une valeur exactement réciproque, comme l'expérimentation l'a constamment montré. L'étude des réfractions consécutives, à travers un nombre quelconque d'intermédiaires terminés par des surfaces communes, a fait connaître, en général, cette loi importante et très simple : la déviation définitive est la même que si la lumière eût immédiatement passé du premier milieu dans le dernier. C'est en vertu de cette loi remarquable que les tables ordinaires de réfraction contiennent seulement les valeurs du rapport de réfraction propres au cas, presque idéal, mais fournissant une unité commode, où la lumière pénétrerait du vide dans chaque substance : la simple division de ces nombres les uns par les autres suffit, dès lors, pour en déduire les rapports effectifs qui conviennent à toutes les comparaisons binaires qu'on juge à propos d'établir.

Tant qu'un corps n'éprouve aucune altération chimique, et qu'il devient seulement plus ou moins dense, le rapport de réfraction qui lui est propre varie proportionnellement à la pesanteur spécifique, comme il est aisé de la constater, surtout pour les liquides, et encore mieux pour les gaz, où la température et la pression permettent de tant modifier la densité. C'est pourquoi les physiciens, afin d'obtenir des caractères plus fixes, et par suite plus spécifiques, dans la comparaison dioptrique des diverses subtances, ont dû considérer, de préférence au rapport de réfraction proprement dit, son quotient par la densité, qu'ils ont nommé spécialement *pouvoir réfringent;* distinction réellement motivée, malgré son origine suspecte, qui se rattache aux systèmes sur la lumière. Toutefois, il ne paraît pas que ce quotient reste invariable quand le corps, même sans subir aucune modification chimique, passe successivement par divers états d'agrégation, comme on l'a surtout reconnu à l'égard de l'eau. L'existence de ces variations du pouvoir réfringent est assez prononcée pour que, dans ces derniers temps, les partisans du système vibratoire aient pu en tirer un de leurs argumens formels contre le système émissif, qui semblait exiger, en effet, la fixité numérique d'un tel caractère, quoique le vague inhérent à ces hypothèses arbitraires eût permis, sans doute, aux newtoniens d'adapter leur thèse à cette modification expérimentale. Il est fort à craindre, sans qu'on doive néanmoins l'affirmer, qu'une révision aussi scrupuleuse ne renversât également la loi ordinaire relative au pouvoir réfringent d'un mélange quelconque, et qui consiste en ce que le produit de ce nombre par le poids du mélange, ou le produit équivalent du rapport de réfraction par le volume, est toujours la somme des produits analogues propres à toutes les parties intégrantes.

Cette relation constituerait, pour la philosophie naturelle, un théorème général très remarquable et fort important, si l'on pouvait définitivement compter sur sa réalité, et, en même temps, l'étendre à toutes les combinaisons, au lieu de la borner aux simples mélanges gazeux, et surtout enfin la dégager de toute présupposition hasardée sur la permanence nécessaire du pouvoir réfringent. En général, ce n'est pas aujourd'hui l'un des moindres inconvéniens inséparables de l'emploi des hypothèses anti-scientifiques sur la nature intime des phénomènes, que la confusion vicieuse, et souvent presque inextricable, qui en résulte continuellement entre les notions vraiment constatées et celles purement systématiques, et qui, pour les esprits impartiaux, peut rendre fort équivoque le caractère effectif de la science.

La loi fondamentale de la réfraction a reçu un complément indispensable par les belles découvertes de Newton sur l'inégale réfrangibilité des diverses couleurs élémentaires. Du fait même de la décomposition de la lumière dans un prisme, il s'ensuit évidemment que le rapport du sinus d'incidence, quoique constant pour chaque couleur, varie de l'une à l'autre partie du spectre solaire. L'accroissement total qu'il éprouve depuis les rayons rouges jusqu'aux violets mesure la *dis-*

persion propre à chaque substance, et doit compléter la détermination de son pouvoir réfringent dans les tables usuelles, où l'on ne peut insérer que la réfraction moyenne. Cette évaluation, attendu sa petitesse, constitue, en général, une des plus délicates opérations de l'optique actuelle, et ne saurait comporter autant d'exactitude que celle de l'action réfringente proprement dite, surtout dans les corps qui dévient peu la lumière, comme les gaz principalement : elle est, néanmoins, bien connue maintenant pour un assez grand nombre de substances, solides ou liquides. En comparant ainsi les changemens qu'éprouve le pouvoir dispersif quand on passe d'un corps à un autre, on a reconnu que ses variations sont loin d'être proportionnelles, comme Newton l'avait cru, à celles du pouvoir réfringent ; on voit même, en plus d'un cas, que la lumière est moins dispersée par des substances qui la réfractent davantage. Ce défaut général de correspondance entre deux qualités aussi analogues en apparence (découvert, vers le milieu du siècle dernier, par le célèbre opticien Dollond) est justement regardé comme constituant, en optique, une notion capitale, puisqu'il en résulte la possibilité de l'achromatisme, par la compensation des actions opposées dues à deux substances différentes, qui, sans cela, ne pourraient cesser de disperser la lumière qu'en cessant aussi de la dévier.

D'après les seules lois de la réfraction, on conçoit aisément que l'analyse exacte des nombreux effets relatifs à l'action des milieux homogènes sur la lumière qui les traverse ne peut plus présenter que des difficultés purement géométriques. La grande complication que pourrait y introduire la forme du corps réfringent, est notablement diminuée dans les cas ordinaires, où l'on peut se borner à envisager des surfaces planes, sphériques ou cylindriques (1). Toutefois, un examen complet deviendrait même alors fort embarrassant, surtout en ayant égard à la dispersion, si, pour le simplifier, on ne le réduisait à l'appréciation suffisamment approximative des seules circonstances qui se présentent le plus souvent.

(1) A l'origine de la dioptrique, Descartes entreprit de belles recherches géométriques, qui avaient une haute valeur mathématique dans un temps antérieur à la création de l'analyse infinitésimale, sur les formes rigoureuses qu'il faudrait donner aux surfaces réfringentes pour produire une parfaite concentration des rayons en un foyer unique. Mais l'impossibilité reconnue d'exécuter avec assez de précision des lentilles aussi compliquées, dont chacune d'ailleurs ne s'adapterait, par sa nature, qu'à un seul cas, a généralement déterminé ensuite les physiciens à employer exclusivement les surfaces sphériques ou cylindriques, sauf à tenir compte approximativement de leur défaut de concentration, peu étendu dans la plupart des circonstances ordinaires.

Outre la réflexion et la réfraction, la lumière peut éprouver une autre modification générale fort importante, dont l'étude, ébauchée par Grimaldi et par Newton, constitue maintenant, depuis les belles recherches du docteur Young, complétées par celles, non moins remarquables, de Fresnel, une des parties essentielles de l'optique. Cette modification, connue sous le nom de *diffraction*, consiste dans la déviation, toujours accompagnée d'une dispersion plus ou moins prononcée, que subit la lumière en passant très près des extrémités d'un corps quelconque. Elle se manifeste, de la manière la plus simple, par les franges inégales et diversement colorées, les unes extérieures, les autres intérieures, qui entourent les ombres produites dans la chambre obscure. Le fameux principe général des *interférences*, découvert par le docteur Young, constitue désormais la plus importante notion propre à cette théorie. Ce principe, si remarquable en lui-même, n'a été bien apprécié que depuis l'usage très étendu que Fresnel en a fait pour l'explication satisfaisante de plusieurs phénomènes intéressans et difficiles à analyser, et entre autres du célèbre phénomène des anneaux colorés, sur lequel les beaux travaux de Newton laissaient encore beaucoup à désirer. La loi de ces singulières interférences consiste en ce que dans l'action mutuelle de deux faisceaux lumineux émanés d'un même point et ayant suivi, par une cause quelconque, deux routes distinctes, mais peu inclinées l'une à l'autre, les intensités propres aux deux lumières se neutralisent et s'ajoutent alternativement, en faisant croître par degrés égaux et très rapprochés, dont la valeur est déterminée, la différence de longueur entre les chemins que parcourent en totalité les deux faisceaux. Il est fort regrettable qu'un principe aussi important n'ait pas été encore nettement dégagé des conceptions chimériques sur la nature de la lumière, qui ont presque toujours altéré jusqu'ici son usage.

L'esprit de cet ouvrage et ses limites nécessaires m'interdisent rigoureusement ici les détails qui seraient indispensables pour caractériser avec clarté, même par une simple indication, l'étude des phénomènes si remarquables de la double réfraction propre à plusieurs cristaux, et dont la loi générale a été découverte par Huyghens sous une forme géométrique fort élégante, où l'on passe de la réfraction ordinaire à cette nouvelle déviation par la seule substitution d'un ellipsoïde à une sphère. Il en est de même, à plus forte raison, quant aux nombreux phénomènes, si bien dévoilés par l'illustre Malus, sous le nom, d'ailleurs peu convenable, de *polarisation*, qui se rapportent aux modifications qu'éprouve la lumière lorsqu'elle a été réfléchie par un corps quelconque sous une certaine inclinaison, propre à chaque substance, et qui paraît dépendre uniquement de son rapport de réfraction.

Tels sont les aperçus rapides et très incomplets auxquels je suis obligé de me borner, par la nature de cet ouvrage, sur le caractère général des diverses branches principales de l'optique. Quoique j'aie dû signaler sommairement, dans cet examen philosophique, les lacunes fondamentales et peu senties que présentent aujourd'hui la plupart d'entre elles, j'espère avoir fait ressortir aussi, avec encore plus de soin, les grands et nombreux résultats déjà obtenus pendant les deux derniers siècles, quant à cette partie capitale de la physique, malgré la subalternité évidente où le génie de l'expérimentation rationnelle y a toujours été retenu jusqu'ici par la prépondérance désastreuse des vaines hypothèses sur le prétendu principe de la lumière.

TRENTE-QUATRIÈME LEÇON.

Considérations générales sur l'électrologie.

Cette dernière branche principale de la physique, relative aux phénomènes les plus compliqués et les moins apparens, n'a pu se développer qu'après toutes les autres. Quoique l'invention de la machine électrique soit aussi ancienne que celle de la machine pneumatique, c'est seulement un siècle plus tard que cette étude a commencé à prendre un vrai caractère scientifique, par les travaux de Dufay et de Symner sur la distinction des deux électricités, par l'expérience fondamentale de Musschembroëk sur la bouteille de Leyde, et peu après par l'immortelle découverte météorologique du grand Franklin, première manifestation importante de l'influence capitale d'un tel ordre de phénomènes dans le système général de la nature. Jusque alors, les observations, essentiellement isolées, des divers physiciens n'avaient eu d'autre résultat philosophique que de dévoiler peu à peu le caractère de généralité inhérent à cette partie de la physique comme à toutes les autres, en augmentant de plus en plus le nombre des corps susceptibles de ces remarquables phénomènes, si long-temps attribués, d'une manière exclusive, à certaines substances, ainsi que le témoigne encore la dénomination qu'on leur a conservée. Enfin, c'est uniquement depuis les mémorables travaux de l'illustre Coulomb, il y a cinquante ans, que cette étude a présenté, par sa consistance et par sa précision, un aspect rationnel, comparable, quoique plus ou moins inférieur, à celui des autres branches fondamentales de la physique.

Cette complication supérieure et cette formation plus récente de l'électrologie, suffisent pour expliquer aisément son imperfection scientifique actuelle, comparativement à tout le reste de la physique. Sous le simple rapport des observations, aucune autre étude peut-être ne nous offre aujourd'hui une aussi grande variété de phénomènes curieux et importans. Mais, les faits seuls ne constituent point la science, quoiqu'ils en forment à la fois les fondemens nécessaires et les indispensables matériaux. Pour tout esprit philosophique, la science consiste essentiellement désormais dans la systématisation réelle, la plus complète et la plus exacte possible, des phénomènes observés, d'après certaines lois générales irrécusablement constatées. Or, à cet égard, quelque imparfaites que soient effectivement aujourd'hui, suivant l'ensemble des leçons précédentes, les diverses branches principales de la physique, l'électrologie est, sans doute, encore moins avancée qu'aucune d'elles. La plupart des observations y sont essentiellement incohérentes, les phénomènes n'y étant presque jamais assujettis jusqu'à présent qu'à des relations vagues ou même illusoires, et, par suite, n'admettant le plus souvent aucune explication vraiment satisfaisante. Si l'on éprouvait quelque difficulté à reconnaître directement cet état d'imperfection, il suffirait, pour s'en convaincre, d'une manière irrécusable, d'envisager la science, relativement à son but final, la prévision des phénomènes d'après leurs lois générales. Il est évident que, par l'étude actuelle des phénomènes électriques, on peut rarement prévoir, non-seulement avec précision, mais simplement même avec certitude, ce qui se passera dans des circonstances qui ne seraient pas entièrement identiques à celles dont l'influence a déjà été immédiatement observée : en sorte que la destination nécessaire de tout système de recherches vraiment scientifiques est jusqu'ici presque toujours manquée en électrologie.

Dans aucune autre partie de la physique, pas même en optique, l'influence des hypothèses arbitraires et quasi-métaphysiques sur les agens chimériques des phénomènes n'est aussi étendue, ni surtout aussi nettement caractérisée, l'absence presque totale des lois réelles rendant ici une telle influence beaucoup plus saillante. La naïve confiance avec laquelle on y explique si facilement tous les phénomènes, en douant des fluides imaginaires d'une nouvelle propriété pour chaque nouvelle occurrence, rappelle, d'une manière frappante, l'esprit des anciennes explications métaphysiques, sauf que l'entité a été remplacée par un fluide idéal, comme je l'ai établi dans la vingt-huitième leçon. Mais, une intervention aussi complète et aussi marquée est, par cela même, moins dangereuse aujourd'hui. Elle n'a pas autant besoin d'un examen spécial que l'influence analogue qui s'exerce encore, d'une manière bien plus spécieuse, quoiqu'à un moindre degré, dans la théorie de la lumière, où le mélange intime de ces vains systèmes avec d'admirables lois rend plus difficile leur juste appréciation, par l'imposant aspect qu'ils en acquièrent, comme j'ai dû l'indiquer expressément dans la leçon précédente. En électrologie, au contraire, les physiciens même les moins philosophes doivent maintenant reconnaître la stérilité radicale de ces hypothèses illusoires, qui n'ont eu, évidemment, aucune part effective aux nombreuses découvertes dont la science s'est enrichie depuis un demi-siècle, et qu'il a fallu y rattacher arbitrairement après coup. Aussi, la plupart ne voient aujourd'hui, dans ces vicieux artifices, qu'une sorte d'appareil mnémonique, propre à faciliter la liaison des souvenirs, quoique ayant eu primitivement une tout autre destination. Sans doute, sous ce rapport secondaire lui-même, un tel appareil serait mal construit; et, à supposer qu'un semblable secours soit nécessaire, ce qui me paraît fort exagéré, on devrait certainement préférer, à cet égard, un système de formules scientifiques, spécialement adapté à cette fonction (1). Mais, l'allégation d'un pareil

(1) Plusieurs philosophes du premier ordre, entre autres Descartes, Leibnitz, et plus tard, Condorcet, se sont occupés avec zèle de la formation d'un langage spécial pour la combinaison des idées scientifiques. Mais cette question, quoique intéressante à examiner, ne me paraît pas avoir, au fond, l'importance extrême qu'on y a attachée, sauf, bien entendu, en ce qui concerne les systèmes de nomenclature. Car, l'analyse mathématique se trouve déjà remplir un tel office, d'une manière admirable, à l'égard des études assez simples, et, par suite, assez perfectibles pour qu'un semblable besoin de concision s'y fasse réellement sentir. Quant aux sciences qui ne comportent pas l'application effective de cette analyse, leur complication nécessaire me semble devoir y limiter toujours à tel point la généralité et le prolongement des déductions réelles, que ces besoins y seront, sans doute, à toutes les époques, amplement satisfaits par le perfectionnement graduel et

motif n'est, en réalité, aujourd'hui, qu'un indice certain du sentiment confus de l'inanité caractéristique de ces conceptions arbitraires, sans qu'on ose encore renoncer définitivement à leur usage. Toutefois, quoique leur empire n'ait point, à beaucoup près aujourd'hui, autant de consistance, en électrologie, qu'il en conserve encore en optique, elles n'y exercent pas moins une influence très pernicieuse, ne fût-ce qu'en dissimulant à la plupart des esprits les besoins essentiels de la science. Il faut considérer d'ailleurs que, de la physique, cette action anti-scientifique se répand, d'une manière indirecte, mais nécessaire, sur toutes les parties plus compliquées de la philosophie naturelle, qui, à raison même de leur difficulté supérieure, auraient tant besoin d'une méthode plus sévère, dont il est naturel qu'elles cherchent le type dans les sciences antécédentes, tandis que les physiciens, au contraire, leur transmettent ainsi un modèle radicalement vicié. Ces mêmes hypothèses, auxquelles les physiciens se

---

continu que le langage ordinaire reçoit spontanément. Une sorte de langue sacrée pour les savans pourrait d'ailleurs opposer, dans l'avenir, quelques entraves à la civilisation générale. On peut s'en faire aujourd'hui une faible idée par l'emploi abusif de l'instrument analytique lui-même, qui sert trop souvent à déguiser, pour soi-même, et surtout pour les autres, le vide réel des idées sous l'abondance illusoire du discours algébrique.

défendent d'attribuer sérieusement aucune réalité intrinsèque, deviennent néanmoins, par une suite naturelle de leur emploi, le sublime de la physique, aux yeux des savans qui, livrés à l'étude des phénomènes les plus complexes, croient y trouver la base préliminaire indispensable de leurs travaux propres; ce qui contribue singulièrement aujourd'hui à maintenir les notions vagues et hasardées. Sous ce rapport indirect, l'influence des systèmes relatifs à la nature des phénomènes électriques doit être plus spécialement dangereuse, surtout à l'égard des sciences physiologiques, comme nous aurons occasion de le reconnaître dans le volume suivant, par suite de l'incontestable relation qui existe, à tant de titres, entre les actions, soit chimiques, soit vitales, et les actions électriques. C'est ainsi que la conception des fluides électriques et magnétiques tend à fortifier spontanément celle du fluide nerveux, et souvent même contribue encore au maintien des plus absurdes rêveries sur ce qu'on appelle le *magnétisme animal*, dont les adeptes ont pu quelquefois s'enorgueillir d'avoir entraîné dans leurs rangs d'éminens physiciens. D'aussi déplorables conséquences sont propres à manifester combien peut devenir funeste, pour le système général de notre entendement, par suite d'une philosophie vicieuse, une étude qui, en elle-même, est, au contraire, éminemment favorable au développement positif de l'intelligence humaine.

Vu la nature plus compliquée des phénomènes variés dont elle s'occupe, l'électrologie comporte, à un degré beaucoup moindre qu'aucune autre partie de la physique, l'application des doctrines et des méthodes mathématiques, même en se bornant, comme nous devons le concevoir ici, aux actions purement physiques, à l'exclusion de tout effet chimique. Aussi ce moyen n'a-t-il point, en réalité, notablement participé jusqu'à présent au perfectionnement de cette étude. Toutefois, il importe de distinguer soigneusement, à cet égard, les deux manières opposées, l'une illusoire, l'autre réelle, dont une telle application a été conçue en électrologie.

Les uns, en effet, l'ont uniquement fondée sur les fluides imaginaires auxquels on attribue vulgairement les phénomènes électriques et magnétiques, en transportant à l'action mutuelle de leurs molécules les lois générales de la mécanique rationnelle; le corps réel ne constitue alors qu'un simple *substratum*, nécessaire à la manifestation du phénomène, mais inutile à sa production, qui se passe tout entière dans le fluide. On comprend que de tels travaux mathématiques sont radicalement frappés d'inanité comme le prétendu principe qui leur sert de base; ils ne peuvent avoir de valeur essentielle qu'à titre de simples exercices analytiques, sans comporter aucune influence utile sur l'accroissement de nos vraies connaissances. Cette stérilité nécessaire est clairement vérifiée pour quiconque considère que l'on a pu ainsi parvenir seulement jusqu'ici à représenter imparfaitement une petite portion des nombreux et importans résultats obtenus, trente ans auparavant, par l'illustre Coulomb, d'après des études directes et vraiment rationnelles, sur l'état électrique ou magnétique des diverses parties d'un même corps ou de plusieurs corps contigus. Il serait superflu d'insister davantage à cet égard.

En d'autres cas, au contraire, l'élaboration mathématique a reposé essentiellement comme l'exige la saine philosophie, sur quelques lois générales et élémentaires, que l'expérience avait constatées, d'une manière directe ou indirecte, et d'après lesquelles on a procédé à l'étude de phénomènes effectifs propres aux corps eux-mêmes : abstraction faite, d'ailleurs, de l'intervention ordinaire des hypothèses chimériques, qui caractérise malheureusement toute la physique actuelle, mais dont ces intéressans travaux pourraient être aisément dégagés, puisque leurs bases en sont réellement indépendantes. Tel est surtout le caractère remarquable des belles recherches de M. Ampère et de ses successeurs sur l'exploration mathématique des phénomènes électro-magnétiques, où l'on a pu appliquer avec efficacité les lois de la dynamique abstraite à certains cas d'action mutuelle entre des conducteurs électriques ou des aimans. De semblables travaux présentent, sans doute, sous le point de vue mathématique, un aspect bien moins imposant que ceux auxquels je viens de faire allusion, et qui paraissent remonter directement à la loi fondamentale de l'ensemble des phénomènes électriques; mais leur positivité doit leur faire attribuer réellement une valeur bien supérieure pour le progrès effectif de la science. C'est ainsi que, dans cette importante spécialité, l'immortelle série d'études de M. Ampère, en même temps qu'elle a si notablement agrandi le domaine de nos vraies connaissances, a offert un mémorable exemple de cette combinaison judicieuse entre l'esprit physique et l'esprit mathématique, que j'ai tant recommandée, en général, dans la vingt-huitième leçon, comme constituant aujourd'hui le plus puissant moyen de perfectionnement fondamental des diverses branches de la physique (1).

(1) Il est très regrettable, pour l'extension de nos connaissances réelles

Après ces considérations préliminaires sur le caractère général de l'électrologie, examinons sommairement, sous le point de vue philosophique, la composition effective de ses principales parties, en excluant avec soin tout ce qui est purement

et pour le progrès du véritable esprit philosophique, que M. Ampère n'ait pas cru devoir se consacrer exclusivement à la grande spécialité scientifique qui a irrévocablement immortalisé son nom. Ni la nature de son intelligence, ni l'ensemble de son éducation, ne semblaient l'appeler aux travaux de philosophie générale, où ses tentatives éphémères, depuis quelques années, n'ont abouti qu'à une déplorable rétrogradation vers l'état métaphysique et même théologique, qui réveillera un jour le souvenir involontaire de Newton commentant l'Apocalypse.

Les savans livrés à l'étude particulière des diverses sections de la science naturelle, prescrivent habituellement, à très juste titre, comme maxime fondamentale de la philosophie moderne, la spécialisation exclusive des intelligences. Ils finiront, sans doute, par s'appliquer judicieusement à eux-mêmes ce principe inflexible, en cessant désormais d'envisager la culture de la philosophie des sciences comme une sorte de délassement des travaux scientifiques proprement dits, à l'usage d'un savant quelconque. Outre une vocation spéciale nettement caractérisée, cette carrière purement philosophique exige, évidemment, un système tout particulier de longues et difficiles études préliminaires, à la fois historiques et dogmatiques, sur le développement rationnel et la coordination réelle des connaissances humaines : ce qui doit, presque toujours, rendre essentiellement impropres à toute autre destination les esprits capables de poursuivre avec fruit un tel ordre de recherches ; et, réciproquement, les savans ordinaires doivent être ainsi naturellement incompétens quant à l'étude des généralités scientifiques, à l'égard de laquelle ils ne peuvent utilement exercer qu'une simple action critique, du point de vue correspondant à leur spécialité. La division rationnelle du travail intellectuel est donc jusqu'ici très imparfaitement comprise par ceux-là même qui d'ordinaire insistent le plus impérieusement sur cette règle indispensable.

relatif à l'influence chimique ou physiologique de l'électricité, et aussi tout ce qui concerne l'application des études électriques à ce que j'ai appelé, dès l'origine de cet ouvrage, la *physique concrète*, et surtout à la météorologie.

Ainsi réduite à sa partie strictement physique et abstraite, l'électrologie comprend aujourd'hui trois ordres essentiels de recherches fondamentales : dans le premier, on étudie la production des phénomènes électriques, leur manifestation et leur mesure ; le second, se rapporte à la comparaison de l'état électrique propre aux diverses parties d'une même masse ou à divers corps contigus ; le troisième a pour objet les lois des mouvemens qui résultent de l'électrisation. On doit classer, en outre, comme une quatrième et dernière section, l'application de l'ensemble des connaissances précédentes à l'étude spéciale des phénomènes magnétiques, qui en est désormais inséparable.

Quoique tous les corps soient, sans doute, susceptibles d'électrisation positive et négative, tous ne sont pas actuellement électriques, et cet état est même, au contraire, essentiellement passager, semblable, à cet égard, à l'état sonore. Il y a donc lieu d'examiner dans quelles circonstances générales il s'établit ou se détruit, par l'action des différens corps les uns sur les autres ; et cette étude doit même précéder toutes les autres études électriques, qui en dépendent nécessairement.

L'ensemble des observations paraît devoir conduire aujourd'hui à regarder l'état électrique comme étant, à un degré plus ou moins prononcé, la suite invariable de presque toutes les modifications, de nature quelconque, que les corps peuvent éprouver. Néanmoins, les principales causes d'électrisation, sont, dans l'ordre de leur énergie et de leur importance scientifique actuelle : les compositions et décompositions chimiques; les variations de température; le frottement; la pression, et enfin le simple contact. Cette distribution diffère extrêmement de celle que les premières recherches avaient indiquée, puisque le frottement avait été long-temps réputé le seul moyen, et ensuite le plus puissant, pour produire l'état électrique. Quoique la comparaison de ces divers modes généraux d'électrisation ne soit pas encore suffisamment approfondie et définitivement arrêtée, il n'y a plus lieu de craindre désormais que les travaux ultérieurs puissent radicalement altérer l'ordre précédent.

Les actions chimiques constituent certainement les sources électriques, non-seulement les plus générales, mais aussi les plus abondantes, comme à l'égard de la chaleur. Dans les appareils électriques les plus puissans, et surtout dans la pile de l'illustre Volta, l'action chimique, d'abord inaperçue ou négligée, est aujourd'hui reconnue, depuis les travaux de Wollaston et de plusieurs autres physiciens, comme la principale cause de l'électrisation, qui devient, en effet, presque insensible quand on a soin d'éviter scrupuleusement toute production de phénomènes chimiques.

Après cette influence prépondérante, il n'y a pas, en réalité, de cause d'électrisation plus étendue ni plus énergique que les actions thermologiques, quoique, jusqu'à ces derniers temps, leur puissance électrique n'eût été reconnue que dans un seul cas particulier, aujourd'hui peu important, l'électrisation de la tourmaline échauffée. On sait maintenant que de notables différences de température entre des barreaux consécutifs de diverses natures, d'ailleurs quelconques, ou même homogènes, suffisent pour déterminer, dans un tel système, un état électrique très prononcé, et d'autant plus intense, à parité de circonstances thermométriques, que les élémens y sont plus nombreux.

La prépondérance bien constatée de deux moyens d'électrisation aussi généraux, doit rendre fort délicate l'exacte appréciation de tous les autres, par l'extrême difficulté d'y distinguer, sans incertitude, ce qui leur est véritablement propre d'avec ce qui tient aux premiers, dont l'influence est presque impossible à écarter entièrement. C'est ainsi que, malgré l'état électrique que le frottement semble développer avec tant d'énergie, il est, pour ainsi dire, douteux aujourd'hui, aux yeux des plus judicieux physiciens, si le frottement, en tant que tel, contribue réellement, d'une manière notable, à l'électrisation, ou si celle-ci ne résulte pas essentiellement des effets thermométriques et même chimiques dont le frottement est toujours accompagné, et auxquels on n'avait eu d'abord aucun égard. Il en est à peu près de même envers la pression, dont l'influence électrique, quoique bien moins prononcée, semble toutefois plus irrécusable, en ce qu'on peut plus aisément l'isoler. Mais cette remarque est surtout applicable à la production de l'état électrique par le simple contact des corps hétérogènes, d'où l'immortel inventeur de la pile avait fait résulter toute l'énergie de cet admirable instrument, tandis qu'il est bien reconnu désormais que l'action chimique y a la principale part, et que le contact n'y contribue que d'une manière très secondaire, ou même fort équivoque.

Outre ces causes générales d'électrisation, une

foule d'autres moins importantes peuvent, en certaines circonstances, produire l'état électrique. On peut citer entre autres les changemens dans le mode d'agrégation, abstraction faite des variations thermométriques qui les accompagnent : en plusieurs cas la fusion des solides, et surtout l'évaporation des liquides, déterminent une électrisation notable. Il n'est pas jusqu'au simple mouvement même qui ne suffise, sous des conditions spéciales, pour faire naître quelquefois, indépendamment de tout autre motif, un véritable état électrique, comme le montre si bien la belle expérience de M. Arago, relative à l'influence de la rotation d'un disque métallique sur une aiguille aimantée non contiguë, quoique voisine.

Il convient toutefois que les physiciens se tiennent en garde aujourd'hui contre une tendance exagérée à considérer les moindres phénomènes quelconques comme des causes d'électrisation plus ou moins énergiques, afin de ne point encourir le reproche inverse de celui qu'ils font justement à leurs prédécesseurs, de n'avoir observé que les sources électriques les plus apparentes, en méconnaissant les plus essentielles. Une exploration grossière est sans doute radicalement préjudiciable à l'électrologie; mais une analyse trop subtile n'aurait peut-être pas moins d'inconvéniens pour la science, où il deviendrait, dès lors, presque impossible de considérer des phénomènes suffisamment caractérisés. Cet avis semble surtout acquérir une grande importance pour la théorie électro-chimique, comme nous le reconnaîtrons dans le volume suivant; car, après avoir admis, sur de faibles indices, des électrisations fort équivoques, on peut être souvent conduit à leur attribuer une grande influence chimique, ce qui tend à produire des explications essentiellement arbitraires.

La cessation graduelle de l'état électrique a été beaucoup moins étudiée jusqu'ici que sa formation, et les lois n'en sont pas cependant moins intéressantes à bien connaître. On est pleinement autorisé à poser en principe que l'électrisation, une fois établie d'une manière quelconque, persisterait indéfiniment, comme l'état thermométrique, si le corps pouvait être rigoureusement soustrait à toute influence extérieure, ou, suivant l'expression technique, strictement *isolé*, soit de l'atmosphère, soit de la masse générale du globe. Depuis que l'identité entre les phénomènes magnétiques et les phénomènes électriques a été irrécusablement démontrée par la belle série de recherches de M. Ampère, fondée sur la découverte capitale de M. Œrsted, ce principe général a été puissamment fortifié, en considérant la persévérance, beaucoup plus facile à prolonger, de l'état magnétique. Toutefois, comme les corps le plus justement qualifiés de mauvais conducteurs de l'électricité sont néanmoins toujours susceptibles, à un degré quelconque, de transmettre réellement l'influence électrique, il est évident que l'électrisation doit nécessairement cesser, à la longue, dans nos appareils même le mieux isolés, par suite de l'action continuelle, quoique très faible, qu'exerce sur eux le milieu atmosphérique incessamment renouvelé, dans lequel ils sont habituellement plongés, et la masse immense du globe terrestre avec laquelle ils communiquent d'une manière plus ou moins directe, indépendamment des autres sources secondaires d'une déperdition plus rapide, que nous pouvons artificiellement écarter. Mais les lois effectives de cette déperdition inévitable sont jusqu'ici très peu connues. Coulomb est le seul grand physicien qui s'en soit directement occupé, dans son importante suite d'expériences sur la dissipation graduelle de l'électricité le long des supports isolans de la machine électrique, ou à travers un air plus ou moins humide : sous ce dernier point de vue, il a exactement analysé l'influence incontestable, vaguement aperçue dès l'origine de l'électrologie, de l'état hygrométrique de l'atmosphère sur la déperdition électrique.

A chacun des modes généraux d'électrisation, correspond naturellement un instrument spécial, ou plutôt une classe d'instrumens, destinés à réaliser, par un ensemble de dispositions convenablement instituées, les conditions les plus favorables à la production et au maintien de l'état électrique. Quelle que soit l'importance de ces nombreux appareils, qui sont la base nécessaire des recherches habituelles, et malgré l'organisation profondément ingénieuse de quelques-uns d'entre eux, et surtout de la pile voltaïque, il serait évidemment déplacé de les considérer ici. Mais, il convient, au contraire, de mentionner, d'une manière générale, les instrumens destinés à la manifestation et surtout à la mesure de l'état électrique, c'est-à-dire, les électroscopes et les électromètres. Les plus grands physiciens ont, avec raison, attaché une extrême importance au perfectionnement de tels appareils, dans l'invention desquels un vrai génie se fait plus d'une fois sentir. On conçoit même que l'amélioration de ces instrumens est encore plus nécessaire que celle des machines électriques proprement dites, uniquement destinées à l'électrisation : car, de bons indicateurs permettent d'utiliser de très faibles puissances électriques ;

et, en effet, dans les recherches délicates, d'où dépend surtout le progrès de l'électrologie actuelle, on n'emploie désormais habituellement que des appareils peu énergiques, préférables à cause de leur extrême simplicité, et tous les artifices sont réservés pour l'institution des moyens propres à manifester ou à mesurer les moindres effets électriques.

Quoique la mesure de l'état électrique ne puisse évidemment avoir lieu sans sa manifestation, et même que celle-ci conduise toujours, d'une manière directe, à une évaluation quelconque, la distinction générale entre les *électroscopes* proprement dits et les vrais *électromètres* n'en est pas moins très réelle et fort utile à considérer pour se faire une juste idée de l'ensemble des moyens d'exploration propres aux électriciens. Parmi les simples électroscopes, il faut surtout distinguer, comme adaptés aux recherches délicates, ceux qui, sous le nom caractéristique de *condensateurs*, sont destinés à rendre sensibles, par une ingénieuse accumulation graduelle, de très faibles effets électriques. Tous ces instrumens sont d'ailleurs disposés de manière à indiquer, par le mode même d'expérimentation, la nature, positive ou négative (1), de l'électrisation étudiée.

(1) Ces dénominations sont aujourd'hui, par plusieurs motifs impor-

Quant aux électromètres, le plus parfait consiste certainement jusqu'ici dans la célèbre balance électrique de notre immortel Coulomb, où l'intensité des attractions et des répulsions électriques est mesurée, avec une admirable précision, d'après l'important principe de l'équilibre de torsion, par le nombre d'oscillations que l'indicateur exécute, en un temps donné, autour de sa situation statique. C'est à l'aide de cet instrument capital que Coulomb découvrit, et que l'on démontre journellement, la loi fondamentale relative à la variation de l'action électrique, répulsive ou attractive, inversement au quarré de la distance, loi qui ne pouvait être obtenue par aucune autre voie irrécusable. Lorsque, dans les quinze dernières années, la science s'est enrichie des importantes notions propres à l'électro-magnétisme, cette nouvelle étude a naturellement amené une nouvelle classe d'électromètres, destinés à des mesu-

---

tans, très heureusement substituées, sans doute, à celles radicalement impropres d'électricité *vitrée* et *résineuse*, qui, jusqu'à ces derniers temps, étaient généralement usitées en France. Toutefois, il convient d'observer à ce sujet que le principal inconvénient réel de ces anciennes expressions, c'est-à-dire, leur relation naturelle et exclusive à deux substances déterminées, existe, d'une manière encore plus complète et plus grave, dans le nom général de la science électrique elle-même, que, par une singulière inconséquence, aucun physicien ne juge néanmoins convenable de changer, tant est grande la puissance des habitudes sur les esprits les plus rationnels.

res que l'appareil de Coulomb ne pouvait indiquer, et dont la première idée, due à M. Schweigger, a été beaucoup perfectionnée par plusieurs physiciens, et surtout par M. Nobili. Ils consistent dans les divers *multiplicateurs*, où l'action naturelle d'un conducteur métallique sur une aiguille aimantée est considérablement amplifiée par des circonvolutions très rapprochées et presque parallèles. Toutefois, quelque précieux que soient de tels instrumens, et quoiqu'ils puissent rivaliser, pour la délicatesse des manifestations, avec la balance de torsion elle-même, ils sont loin, du moins jusqu'ici, de pouvoir être appliqués, avec autant de certitude, à des mesures exactes, vu l'extrême difficulté d'une graduation précise, vraiment conforme à l'intensité effective du phénomène observé (1).

(1) D'après l'influence électrique de la chaleur, ces instrumens ont pu être heureusement appliqués à la mesure des moindres effets thermométriques, sauf les mêmes embarras de graduation. M. Melloni a surtout utilisé cette ingénieuse modification, pour étudier tout récemment le rayonnement spécifique des différens corps, jusqu'alors vaguement exploré. M. Becquerel vient aussi d'adapter très heureusement le même principe à la mesure des températures propres aux parties les plus profondes des divers tissus organisés qui composent les corps vivans, dont l'état thermométrique ne pouvait jusqu'ici être observé que d'une manière confuse et incomplète. Enfin, M. Peltier propose aujourd'hui une importante extension de cet ingénieux procédé général, pour explorer commodément les températures des lieux profonds ou des diverses couches atmosphériques.

Tels sont, en aperçu, les principaux objets de cette première partie fondamentale de l'électrologie, si riche en appareils puissans ou précis. La seconde partie concerne, comme je l'ai indiqué, ce qu'on appelle vulgairement la *statique électrique,* par une dénomination essentiellement relative aux hypothèses illusoires sur la nature de l'électricité. Toutefois, une telle expression n'est pas, au fond, entièrement dépourvue de justesse, puisqu'il s'agit alors, en effet, de la répartition de l'électricité dans une masse ou dans un système de corps, dont l'état électrique est envisagé comme sensiblement invariable. On peut donc continuer à employer désormais ce terme abrégé, pourvu qu'on en écarte désormais avec soin toute idée mécanique sur l'équilibre du prétendu fluide électrique, et qu'on cesse, par exemple, de penser à la mesure des divers degrés d'épaisseur de la couche imaginaire dont quelques géomètres ont voulu recouvrir les corps électrisés. En un mot, on pourra parler encore de l'*équilibre* électrique, si l'on attache à cette expression un sens exactement analogue à celui dans lequel Fourier prenait habituellement l'équilibre de la chaleur, et comme les économistes entendent tous les jours l'équilibre de la population : toute autre acception serait absurde, et même inintelligible. C'est ainsi que la plupart des formules de langage successivement introduites en physique, sous l'influence prépondérante des vains systèmes qui doivent désormais en être radicalement exclus, sont susceptibles néanmoins d'être essentiellement maintenues, si l'on prend la précaution d'en rectifier scrupuleusement le sens fondamental, de manière à le réduire au strict énoncé d'un phénomène général, ce qui me semble presque toujours possible.

En considérant d'abord l'équilibre électrique dans chaque corps isolé, Coulomb a irrécusablement établi, à cet égard, une première loi fondamentale, la tendance constante (suivant le style métaphorique encore exclusivement usité) de l'électricité à se porter immédiatement à la surface : ce qui signifie, en termes rationnels, que, après un instant jusqu'ici inappréciable, l'électrisation est toujours strictement limitée à la surface des corps, de quelque manière qu'elle ait été primitivement produite. Quant à la répartition de l'état électrique entre les diverses parties de cette surface, elle dépend principalement, d'après les belles suites d'expériences de Coulomb, de la forme des corps : uniforme pour la sphère seule, elle est inégale pour toute autre figure, mais toujours soumise néanmoins à des lois régulières, dont il est, d'ailleurs, facile de concevoir que l'analyse exacte et complète présente, par sa nature, des difficultés presque insurmontables, malgré l'expédient illusoire des vaines spéculations algébriques, dépourvues de tout fondement scientifique. Néanmoins, Coulomb a constaté, sous ce rapport, un fait général d'une grande importance, en comparant l'état électrique propre aux extrémités d'un ellipsoïde graduellement allongé : il a ainsi reconnu que leur électrisation augmente rapidement à mesure que la figure s'allonge, en diminuant sur le reste du corps ; d'où il a déduit une heureuse application à l'explication de ce remarquable pouvoir des pointes, si bien dévoilé par Franklin.

Les lois de l'équilibre électrique entre plusieurs corps contigus, constituent, par leur nature, comme il est aisé de le sentir, une recherche encore plus difficile et plus étendue. Coulomb ne les a exactement étudiées que dans le cas très limité, et trop insuffisant pour les applications, de diverses masses sphériques. Toutefois, les travaux de ce grand physicien ont conduit, à cet égard, à cette notion générale fort essentielle, que la nature des substances n'exerce aucune influence sur la répartition électrique qui s'établit entre elles, et dont le mode dépend seulement de leur figure et de leur grandeur : seulement, l'état électrique

que prend chaque surface est plus ou moins persévérant et se manifeste avec plus ou moins de rapidité, suivant le degré de conductibilité du corps. L'action mutuelle de deux sphères égales a été complétement analysée par Coulomb, dont l'admirable sagacité a dévoilé le mode singulier de répartition, que rien ne pouvait auparavant indiquer, et suivant lequel l'état électrique, toujours nul au point de contact, et à peine sensible à 20 degrés de là, augmente ensuite rapidement de 60 à 90 degrés, et continue à croître encore, quoique plus lentement, jusqu'à 180 degrés, où se trouve constamment son *maximum*. La même marche se manifeste quand les deux globes sont inégaux, sauf que le moindre est toujours le plus électrisé. Enfin, le mode d'action semble d'ailleurs identique, soit que les deux corps ou seulement l'un d'eux aient été primitivement électrisés. La question devient encore plus complexe en considérant plus de deux corps : elle présente alors des subdivisions extrêmement multipliées, même en la restreignant à des figures semblables, suivant le nombre des masses, leur rapport de grandeur, et leur disposition mutuelle. Coulomb s'est borné à examiner, dans ses expériences, une suite de globes égaux rangés en ligne droite. On conçoit que les seules variétés d'arrangement peuvent donner naissance à de nombreuses combinaisons, dont les résultats doivent sans doute notablement différer; car, si les sphères de Coulomb, au lieu d'être consécutives, avaient été disposées de telle sorte que chacune en touchât à la fois trois ou quatre autres, par des points situés à des distances angulaires quelconques, le mode de répartition électrique eût inévitablement éprouvé de grands changemens. Cette intéressante et difficile étude, à laquelle, depuis Coulomb, personne n'a rien ajouté d'important, doit donc être envisagée comme seulement ébauchée par les travaux de cet illustre physicien; elle offre évidemment aux électriciens un sujet de recherches presque inépuisable.

Considérons maintenant la troisième partie fondamentale de l'électrologie actuelle, justement qualifiée de *dynamique électrique*, parce qu'elle a pour objet l'étude des mouvemens qui résultent de l'électrisation. Malgré sa fondation toute récente, cette section n'en est pas moins, à mon avis, par le bel ensemble des travaux de M. Ampère, celle dont l'état scientifique est aujourd'hui le plus satisfaisant, en y élaguant, bien entendu, l'influence des conceptions chimériques sur l'essence des phénomènes électriques.

L'analyse exacte et complète des effets si variés

relatifs à cette branche capitale de l'électrologie, a été essentiellement ramenée par M. Ampère à un seul phénomène général et élémentaire, dont il a pleinement dévoilé toutes les lois, l'action directe et mutuelle de deux fils conducteurs électrisés par des piles voltaïques, habituellement réduites à leur plus grande simplification, c'est-à-dire, presque toujours composées d'un seul élément. C'est donc à cette action fondamentale que nous devons ici borner notre examen philosophique.

Deux conducteurs ainsi disposés tendent toujours, quand ils sont suffisamment mobiles, à se placer dans des directions parallèles entre elles; et, après y être parvenus, ils s'attirent ou se repoussent, suivant que les deux courans électriques sont conformes ou contraires. Mais, pour observer avec exactitude les lois de ce phénomène principal, il est indispensable de soustraire les deux fils à l'action directrice analogue qu'exerce sur eux, en vertu de son état électrique, la masse générale du globe terrestre, et qui altérerait notablement l'effet de leur influence mutuelle. Après avoir découvert cette action remarquable, qui est, d'ailleurs, en elle-même, si importante à connaître, M. Ampère a imaginé des dispositions expérimentales, aussi simples qu'ingénieuses, pour garantir les observations de cette perturbation générale, soit en plaçant d'avance chaque conducteur dans le plan où l'influence de la terre tendrait à le ramener, soit même en neutralisant complétement cette influence par l'opposition rigoureuse des effets égaux qu'elle produirait sur les deux parties du conducteur convenablement modifié. L'observation étant ainsi préservée de toute altération, il devient facile dès lors de saisir les lois élémentaires du phénomène, où, pour plus de généralité et de simplicité, on doit avoir seulement en vue des portions infiniment petites des divers conducteurs. Ces lois, mathématiquement envisagées, sont relatives ou à l'influence de la direction, ou à celle de la distance.

Quant à la direction, il faut distinguer deux cas, suivant que l'on compare deux élémens conducteurs situés dans le même plan, ou dans des plans différens. Pour le premier cas, l'intensité de l'action dépend seulement de l'angle formé par chacun des deux élémens avec la ligne qui joint leurs milieux : elle est nulle en même temps que cet angle, et augmente avec lui, en atteignant son *maximum* lorsqu'il devient droit, et changeant d'ailleurs de signe en même temps que lui. Tous les phénomènes, directs ou indirects, paraissent être exactement représentés, si l'on fait varier cette intensité proportionnellement au sinus de l'inclinaison, suivant la formule adoptée par tous les successeurs de M. Ampère. Quand les deux conducteurs ne sont pas dans un même plan, l'action dépend en outre de l'inclinaison mutuelle des plans menés par chacun d'eux et par la ligne commune de leurs milieux ; et la marche de cette seconde relation est totalement différente. Sous ce nouveau rapport, la perpendicularité de ces deux plans détermine au contraire l'absence d'action, soit attractive, soit répulsive : il y a attraction tant que l'angle est aigu, et elle augmente à mesure qu'il diminue, son *maximum* ayant lieu au moment de la coïncidence ; quand l'angle est obtus, l'action devient répulsive et présente une intensité d'autant plus grande que chaque plan s'approche davantage du prolongement de l'autre, situation qui produit le *maximum* de répulsion. L'ensemble de ces variations tend à faire envisager une telle action comme étant proportionnelle au cosinus de l'angle des deux plans, quoique d'ailleurs les observations n'aient point prononcé jusqu'ici sur le degré d'exactitude réelle de cette simple supposition, aussi clairement qu'à l'égard de la première relation.

Dès l'origine de ses recherches, M. Ampère a été conduit à supposer, par analogie avec la loi fondamentale de Coulomb sur les attractions et les répulsions électriques ordinaires, que l'action des deux élémens conducteurs est toujours réciproque au carré de la distance de leurs milieux. Mais, cette simple analogie, parmi tant de différences essentielles, ne pouvait évidemment suffire pour établir, d'une manière catégorique, une loi aussi importante. D'une autre part, l'action mutuelle des parties infiniment petites n'était pas susceptible d'une observation directe, toujours nécessairement affectée par la forme et la grandeur réelles des deux conducteurs effectifs. Toutefois, il était aisé de démontrer mathématiquement, comme le fit Laplace, que, dans l'hypothèse adoptée par M. Ampère, l'action d'un conducteur rectiligne, de longueur indéfinie, sur une aiguille aimantée, devait varier exactement en raison inverse de leur plus courte distance. Or, cette conséquence nécessaire, directement vérifiée, de la manière la plus précise, par les expériences délicates de MM. Savart et Biot, a dû évidemment mettre hors de doute la réalité de la loi proposée.

Une telle loi tendrait à présenter la marche de ces actions électriques comme essentiellement analogue, sous le point de vue mathématique, à celle de la gravitation. Mais l'ensemble du parallèle détruit aussitôt tout semblable rapprochement, en montrant, comme nous venons de le voir, la grande et fondamentale influence exercée, dans la dynamique électrique, par la direction mutuelle, dont la gravitation est au contraire radicalement indépendante. Cette différence profonde peut faire sentir avec quelle réserve on doit transporter, dans l'étude mathématique de ces singuliers mouvemens, les procédés ordinaires de la dynamique abstraite, qui a presque toujours en vue, dans ses théorèmes les plus usuels, des actions essentiellement indépendantes de la direction, et variant d'après la seule distance. On conçoit aisément que, par suite de ce caractère propre aux forces électriques, leur composition analytique doit présenter beaucoup plus de difficultés que celle des gravitations moléculaires, dont la complication est déjà, comme nous l'avons reconnu dans la première partie de ce volume, presque entièrement inextricable, sauf pour les cas les plus simples. Aussi jusqu'à présent la dynamique électrique n'a-t-elle été, en réalité, mathématiquement étudiée, que suivant une seule dimension, et jamais en surface, par les divers successeurs de M. Ampère, et surtout par M. Savary, qui s'en est le plus heureusement occupé. Cette étude, ainsi réduite au cas le plus simple, offrirait même encore de grands obstacles, si l'on n'y mettait continuellement à profit une dernière notion fondamentale, établie par M. Ampère d'après des expériences décisives, et qui consiste en ce que, dans une étendue infiniment petite, et tant que la distance n'est pas sensiblement changée, l'action électrique est exactement identique pour deux élémens conducteurs aboutissant aux mêmes extrémités, quelle que soit d'ailleurs leur différence de forme. Une semblable propriété doit évidemment introduire de précieuses simplifications analytiques, par l'heureuse faculté qui en résulte de substituer, dans les calculs électriques, à l'action de tout élément curviligne, celle, dès lors équivalente, de l'ensemble des différentielles de ses coordonnées quelconques, ce qui établit une analogie remarquable entre les décompositions électriques et les décompositions dynamiques ordinaires.

Tel est l'ensemble des notions fondamentales d'après lesquelles on procède à l'étude exacte et rationnelle des actions variées produites par des fils conducteurs, contournés et disposés de diverses manières. Le cas le plus intéressant se rapporte aux conducteurs pliés en hélices, surtout lorsque leurs spires sont très rapprochées, et dont M. Ampère a si judicieusement montré l'extrême importance pour imiter le plus complétement possible, dans les expériences purement électriques, les phénomènes propres aux corps aimantés. L'observation confirme pleinement, à leur égard, toutes les conséquences, plus ou moins éloignées, qui résultent naturellement de la combinaison des lois précédentes.

La destination scientifique la plus essentielle de cette dynamique électrique, consiste dans l'explication exacte des principaux phénomènes magnétiques, dont l'étude constitue irrévocablement désormais la quatrième et dernière branche fondamentale de l'électrologie, depuis la découverte capitale faite par M. Œrsted, il y a quinze ans, de l'influence exercée par un conducteur voltaïque sur une aiguille aimantée.

Malgré l'éminent mérite d'une telle découverte, des esprits superficiels ont souvent tenté de la représenter comme essentiellement due au hasard, qui, néanmoins, en thèse générale, n'a jamais pu conduire, sous aucun rapport, à une création de quelque importance, même dans les cas les plus simples. Ces étranges philosophes auraient bien dû toutefois nous expliquer pourquoi, avant M. Œrsted, personne n'avait encore aperçu cette action mutuelle, quoique le hasard eût, sans doute, placé très fréquemment, sous les yeux des physiciens, une aiguille aimantée à côté d'une pile galvanique. Il est clair, en principe, que ce ne sont pas ordinairement les phénomènes qui manquent à nos découvertes, mais surtout les observateurs capables et convenablement disposés, prêts à démêler, dans la foule de circonstances qui affectent nos sens à chaque instant, les faits susceptibles d'une véritable signification scientifique. Suivant une autre explication plus rationnelle, quoique vicieusement systématique, cette grande découverte devrait uniquement son origine à des idées *à priori* sur l'identité nécessaire du magnétisme et de l'électricité, rattachées aux vaines hypothèses dont la nature intime de ces deux ordres de phénomènes a été le sujet. Mais, sans entreprendre l'analyse impossible de l'influence effective qu'ont pu avoir ces conceptions arbitraires sur la marche réelle d'un esprit qui en était préoccupé, il est évident que la simple comparaison générale des phénomènes devait conduire à soupçonner cette identité, comme paraît l'avoir fait M. Œrsted, long-temps avant qu'elle fût constatée. L'influence magnétique si prononcée de l'électricité atmosphérique, remarquée, dès l'origine de l'électrologie, dans tous les cas de vaisseaux frappés par la foudre, suffisait certainement, par exemple, pour indiquer, d'une manière générale, la relation fondamentale des deux sortes d'actions. On peut, ce me semble, plus judicieusement demander si, à cet égard, comme à tant d'autres, les systèmes illusoires n'ont pas, en réalité, contribué davantage à retarder cette importante découverte qu'à l'accélérer, en rapportant les deux ordres de phénomènes à des causes radicalement différentes, qui tendaient à faire méconnaître la valeur des analogies manifestées entre eux par l'observation rationnelle de plusieurs effets naturels, connus de tous les physiciens.

Quoi qu'il en soit de cette question philosophique, l'ensemble des expériences décisives imaginées par divers physiciens, dans la direction tracée par M. Œrsted, a mis entièrement hors de doute l'identité générale des effets magnétiques et électriques. La propriété la plus vulgaire des aimans, leur puissance attractive à l'égard du fer, a été constatée par M. Arago, pour les conducteurs voltaïques de nature quelconque. Ce même physicien a reconnu, dans une expérience capitale, la possibilité d'aimanter une aiguille d'acier en l'entourant d'un conducteur voltaïque plié en hélice, ou même en l'électrisant par des procédés ordinaires, indépendans de l'action galvanique; et ces nouveaux modes d'aimantation ont été ensuite l'objet d'un judicieux travail de M. Savary, qui en a exactement analysé toutes les circonstances essentielles. Enfin, le plus important caractère des phénomènes magnétiques, la direction constante de l'aiguille aimantée, a été rattaché par M. Ampère à l'électrologie, aussitôt que cet illustre physicien eût fait la découverte fondamentale de l'action directrice exercée par la terre sur un conducteur voltaïque, dont le plan tend toujours à se placer perpendiculairement à la situation naturelle de l'aiguille aimantée. D'un autre côté, pour compléter un tel parallèle, la plupart des phénomènes électriques ordinaires ont pu être imités à l'aide des aimans; et M. Faraday est même parvenu jusqu'à produire ainsi de véritables étincelles électriques. En un mot, par la combinaison rationnelle de ces diverses séries d'observations nouvelles, M. Ampère a été justement conduit à représenter tous les phénomènes magnétiques comme fidèlement interprétés en concevant la surface d'un aimant quelconque recouverte d'une suite de circuits voltaïques fermés, perpendiculaires à son axe.

Dans cette belle théorie, il ne resterait essentiellement à expliquer qu'un seul caractère fondamental de la vertu magnétique, sa relation exclusive à un petit nombre de substances déterminées. Sans doute, il serait anti-scientifique de vouloir, à cet égard, remonter jusqu'à la propriété spécifique primordiale; de même qu'on ne saurait, par exemple, raisonnablement chercher pourquoi tel corps est un bon ou un mauvais conducteur de l'action électrique. Toutefois, en écartant cette enquête irrationnelle, il semble que, les phénomènes électriques étant, de leur nature, généraux, la doctrine électro-magnétique laissera quelque chose de capital à désirer, tant qu'on n'aura pas rattaché la constitution propre aux aimans à quelque autre condition électrique, susceptible de généralité. Le progrès continuel des observations, tend, il est vrai, à affaiblir chaque jour davantage la différence, primitivement absolue, entre les substances propres à l'aimantation, et celles qui ne le sont pas : et nous sommes aujourd'hui autorisés à penser qu'il n'existe, sous ce rapport, entre les divers corps naturels que de simples distinctions de degrés, qui, peut-être, ne nous paraissent aussi tranchées que par l'imperfection des moyens d'observation. Déjà Coulomb avait constaté des indices non équivoques, quoique très faibles, de l'état magnétique, dans un grand nombre de substances, réduites en minces filets : mais ces résultats avaient été alors généralement attribués à l'action de quelques particules ferrugineuses, dont l'absence ne pouvait être, à cette époque, irrécusablement garantie. Or, les expériences électro-magnétiques ont conduit aujourd'hui à multiplier beaucoup le nombre des effets analogues, en même temps que le perfectionnement de l'analyse chimique a permis d'assurer que le fer n'avait aucune part à leur production. Nonobstant ces considérations subsidiaires, il demeure cependant incontestable que jusqu'ici on n'aperçoit de relation entre aucun caractère électrique des substances ferrugineuses et leur singulière prépondérance magnétique : il y a, sous ce rapport, dans l'électro-magnétisme actuel, une véritable lacune essentielle, qu'on ne doit pas dissimuler.

Pour faire entièrement rentrer dans la dynamique électrique ordinaire le phénomène fondamental de la direction propre à l'aiguille aimantée, il suffit de concevoir la terre, comme tout autre aimant, recouverte à sa surface d'une suite de circuits voltaïques, parallèles à l'équateur magnétique. M. Ampère a formé, sur l'origine d'un tel état électrique, une conjecture fort ingénieuse et même très philosophique, en l'attribuant, d'après l'action incontestable de la chaleur sur le développement de l'électricité, aux températures inégales et périodiquement variables des divers points de la surface terrestre. L'expérience capitale de M. Arago sur l'influence magnétique du mouvement de rotation, porte d'ailleurs à penser que le mouvement diurne de la terre contribue vraisemblablement, d'une manière directe, à une semblable électrisation. Enfin, il y aurait peut-être lieu d'admettre aussi, comme sous le rapport thermologique, une certaine constitution électrique fondamentale, propre à l'ensemble de notre globe. Du reste, suivant l'esprit général et le plan de cet ouvrage, expliqués dès l'origine, il ne saurait être ici essentiellement question de ce qui concerne l'histoire naturelle du globe, quand même elle ne serait point encore, à tous égards, dans un état de véritable enfance. Je ne puis donc nullement envisager les lois relatives à la distribution du magnétisme à la surface de notre planète, dont l'étude, quoique fort imparfaite, constitue aujourd'hui une des plus intéressantes parties de la géographie physique. La théorie magnétique propre à la physique abstraite et générale, se borne, sous ce rapport, à caractériser exactement, et à assujettir à des mesures précises, les objets essentiels sur lesquels doit porter l'observation comparative des naturalistes, savoir : l'intensité relative de l'action magnétique, estimée d'après le nombre d'oscillations que l'aiguille aimantée exécute, en un temps donné, autour de sa position d'équilibre ; la direction de cette action, définie par les deux élémens rigoureusement appréciables, connus sous les noms de *déclinaison* et d'*inclinaison*, dont l'évaluation se fait aujourd'hui avec une grande justesse. On commence maintenant à entrevoir quelques lois empiriques sur diverses valeurs normales de ces deux angles dans les différens lieux, et l'on présume, par exemple, que la tangente de l'inclinaison est toujours double de celle de la latitude magnétique : mais cette recherche est à peine ébauchée, et présente même encore une notable incertitude. Il en est ainsi, à plus forte raison, des singulières variations périodiques, de plusieurs ordres de grandeur et de durée, qu'éprouve, en chaque lieu, la direction de l'aiguille aimantée, soit en déclinaison, soit en inclinaison, et qui paraissent jusqu'ici totalement inexplicables. Toutefois, je ne dois pas négliger de signaler à ce sujet, à cause de sa rationnalité, l'heureuse tentative entreprise récemment par un célèbre navigateur, M. le capitaine Duperrey, pour rattacher l'ensemble de ces diverses variations aux changemens réguliers qu'éprouve l'état thermométrique du globe. Il serait fort désirable qu'une telle conception, pleinement en harmonie avec la théorie fondamentale de M. Ampère, fût finalement confirmée par une discussion judicieuse et approfondie du système des observations relatives au magnétisme terrestre.

Telles sont, en aperçu, les principales considérations générales que fait naître l'examen philosophique des quatre parties essentielles de l'électrologie actuelle. Quelle que soit l'imperfection relative de cette branche fondamentale de la physique, par suite de la complication supérieure de ses phénomènes, on a dû remarquer, dans cette sommaire indication, combien ses progrès ont été comparativement plus rapides, à partir de l'époque, si peu éloignée, où elle a commencé à prendre un véritable aspect scientifique. Les parties les plus nouvelles surtout ont acquis, avec une extrême promptitude, une consistance et une rationnalité très remarquables, qu'il faut sans doute attribuer avant tout au sentiment devenu plus profond, plus complet, et plus unanime de la saine méthode scientifique, mais qui tiennent aussi, à quelques égards, à l'unité de construction naturellement produite à ce sujet par la prépondérance des travaux d'un grand physicien. Quoique aucune autre branche de la physique ne soit altérée, d'une manière aussi étendue, par l'usage des vaines et absurdes hypothèses relatives à l'essence des phénomènes et à leur mode primitif de production, ces systèmes arbitraires n'y sont pas néanmoins très profondément enracinés : leur radicale nullité y est plus facile à saisir ; et son épuration présentera réellement peu d'obstacles, quand les physiciens en auront dignement compris l'importance.

Dans cette leçon, et dans l'ensemble des six précédentes, je me suis attaché à faire exactement apprécier le caractère général propre à la philosophie de la physique, successivement envisagée sous les divers aspects fondamentaux que peut présenter l'étude des propriétés communes à toutes les substances et à toutes les structures, et qui constituent, par leur nature, autant de sciences vraiment distinctes, quoique liées entre elles à plusieurs titres, plutôt que les différentes branches d'une science unique. Ce travail a nécessité partout une opération philosophique d'une grande importance, qu'avait à peine exigée la science astronomique, mais qui, désormais, deviendra, dans la suite de cet ouvrage, de plus en plus indispensable ; celle qui consiste à dégager la science réelle de la déplorable influence qu'exerce encore sur elle, d'une manière si prononcée, quoique indirecte, l'ancien esprit de la philosophie métaphysique, dont nous sommes encore fort incomplétement affranchis, et qui se manifeste, surtout en physique, par les conceptions, nécessairement illusoires et arbitraires, sur les agens primordiaux des phénomènes. Après avoir démontré en général le vice fondamental d'une telle manière de philosopher, j'ai dû l'assujettir à un examen sommaire, mais spécial, pour chaque partie de la physique qui en est notablement affectée. La nature de cet ouvrage s'opposait sans doute à l'exécution convenable d'une telle épuration, qui ne pouvait y être qu'indiquée : j'espère, toutefois, que cette indication sera suffisante pour attirer sur cette question vitale l'attention de quelques physiciens rationnels, en leur faisant sentir que ces vaines hypothèses constituent, dans le système de la science actuelle, une superfétation hétérogène, qui ne peut que nuire au progrès des connaissances réelles, en altérant leur positivité caractéristique, et dont il serait aussi facile que désirable de se passer désormais entièrement. La principale utilité scientifique de ce traité consistant à perfectionner l'esprit général de chaque science fondamentale, mon but ne sera atteint, à cet égard, que si quelque physicien spécial entreprend, d'après une telle ouverture, la réalisation d'un projet dont j'ai dû me borner à signaler ici l'importance et la possibilité. C'est dans les mêmes vues que j'ai essayé de caractériser sommairement l'application judicieuse des théories mathématiques aux diverses branches principales de la physique, tout en indiquant les graves dangers de la systématisation démesurée et illusoire qu'on a si souvent tenté d'obtenir par l'emploi de ce puissant moyen, au-delà de ce que comportait la nature trop complexe des phénomènes correspondans. Toutefois, en m'occupant, par-dessus tout, de la méthode, je n'ai pas négligé de signaler, en aperçu, dans la composition effective de chaque doctrine physique, les principales lois naturelles déjà dévoilées par l'esprit humain pendant les deux siècles écoulés depuis la naissance de la vraie physique, et aussi les lacunes essentielles que cet examen philosophique a fait ressortir.

Je dois mainten poursuivre la grande tâche que je me suis tracée, en procédant, dans la première partie du volume suivant, à l'appréciation philosophique d'une nouvelle science fondamentale, la dernière de toutes celles qui composent l'ensemble des connaissances générales ou inorganiques. Cette science, relative aux réactions moléculaires et spécifiques que les diverses substances naturelles exercent les unes sur les autres, est nécessairement plus compliquée, et, par suite, beaucoup plus imparfaite que celles considérées dans ces deux premiers volumes. Mais sa subordination aux sciences antérieures, dont nous avons établi la philosophie, peut fournir les moyens de perfectionner notablement son caractère général.

FIN DU TOME DEUXIÈME.

Avril 1835.

TABLE DES MATIÈRES

CONTENUES DANS LE DEUXIÈME VOLUME.

	Pages
Avis de l'Auteur...	5
19ᵉ Leçon. Considérations philosophiques sur l'ensemble de la science astronomique..	7
20ᵉ Leçon. Considérations générales sur les méthodes d'observations en astronomie..	47
21ᵉ Leçon. Considérations générales sur les phénomènes géométriques élémentaires des corps célestes.....................	93
22ᵉ Leçon. Considérations générales sur le mouvement de la terre..	139
23ᵉ Leçon. Considérations générales sur les lois de Képler, et sur leur application à l'étude géométrique des mouvemens célestes..	179
24ᵉ Leçon. Considérations fondamentales sur la loi de la gravitation..	219
25ᵉ Leçon. Considérations générales sur la statique céleste....	261
26ᵉ Leçon. Considérations générales sur la dynamique céleste.	301
27ᵉ Leçon. Considérations générales sur l'astronomie sidérale, et sur la cosmogonie positive..	351
28ᵉ Leçon. Considérations philosophiques sur l'ensemble de la physique..	389
29ᵉ Leçon. Considérations générales sur la barologie..........	465
30ᵉ Leçon. Considérations générales sur la thermologie physique..	507

TABLE DES MATIÈRES.

                                                                                                  Pages

31ᵉ Leçon. Considérations générales sur la thermologie mathématique 549

32ᵉ Leçon. Considérations générales sur l'acoustique......... 595

33ᵉ Leçon. Considérations générales sur l'optique............ 637

34ᵉ Leçon. Considérations générales sur l'électrologie........ 677

FIN DE LA TABLE DU DEUXIÈME VOLUME.

www.ingramcontent.com/pod-product-compliance
Lightning Source LLC
Chambersburg PA
CBHW071709300426
44115CB00010B/1360